EDITION

Directeurs de collection et auteurs : Dominique AUZIAS et Jean-Paul LABOURDETTE
Responsable d'édition : Julia VESQUE
Auteurs : Thierry DESAULES, Julia VESQUE, Christine BECCARI, Pierre SCHNITTER, Angélina MONTIGNY, Valentine SUAREZ, Arnaud RIBARD, Françoise HERRMANN, Cindy GREYER, Thomas MONNERAIS, Marine ORENGA, Jean-Paul LABOURDETTE, Dominique AUZIAS et alter
Directeur Editorial : Stéphan SZEREMETA
Rédaction France : Briséis CREAC'H-MENUT, Tony DE SOUSA, Mélanie COTTARD, Audrey VEDOVOTTO
édaction Monde : Laure CHATAIGNON, Morgane VESLIN, Pierre-Yves SOUCHET, Natalia COLLIER

FABRICATION

Maquette et Montage : Romain AUDREN, Julie BORDES, Delphine PAGANO
onographie et Cartographie : Anne DIOT, Julien DOUCET

WEB ET NUMERIQUE

Directeur Web : Louis GENEAU DE LAMARLIERE
Développeurs : Guillaume BARBET, Adeline CAUX et Roland SPOUTIL
Intégrateur Web : Mickael LATTES, Antoine DION
Webdesigner : Caroline LAFFAITEUR
Community Traffic Manager : Alice BARBIER, Mariana BURLAMAQUI et Noémie LE SAUX

DIRECTION COMMERCIALE

Directeur commercial : Guillaume VORBURGER
ordinatrice des Régies commerciales : Manon GUERIN
Account Manager Marketplace : Leila ROUGEOT assistée de Lola FAVRE-MOT
Responsable Régies locales : Michel GRANSEIGNE
Responsables Développement régie inter : Jean-Marc FARAGUET et Guillaume LABOUREUR
efs de Publicité Régie internationale : Camille ESMIEU
Chefs de Publicité Régie nationale : Caroline AUBRY, François BRIANCON-MARJOLLET, Perrine DE CARNE MARCEIN, Yannick LE MARRE

DIFFUSION ET PROMOTION

Directrice des Ventes : Bénédicte MOULET assistée d'Aissatou DIOP
Responsable des ventes : Jean-Pierre GHEZ assisté de Nelly BRION
Relations Presse-Partenariats : Jean-Mary MARCHAL

ADMINISTRATION

Président : Jean-Paul LABOURDETTE
irectrice des Ressources Humaines : Dina BOURDEAU assistée de Sandra DOS REIS et Eva BAELEN
Directrice Administrative et Financière : Valérie DECOTTIGNIES
Comptabilité : Guillaume PETIT, Aminata BAGAYOKO, Jeannine DEMIRDJIAN
Recouvrement : Fabien BONNAN assisté de Sandra BRIJLAL
Responsable informatique : Elie NZUZI-LEBA

PETIT FUTÉ STRASBOURG

LES NOUVELLES EDITIONS DE L'UNIVERSITE
18, rue des Volontaires - 75015 Paris.
✆ 01 53 69 70 00 - Fax 01 42 73 15 24
Internet : www.petitfute.com
SAS au capital de 1 000 000 € - RC PARIS B 309 769 966
Couverture : © FRANCK TEILLARD
Impression : IMPRIMERIE CHIRAT - 42540 Saint-Just-la-Pendue
Achevé d'imprimer : décembre 2021
Dépôt légal : 26/01/2022
ISBN : 9782305059273

Pour nous contacter par email, indiquez le nom de famille en minuscule suivi de @petitfute.com
Pour le courrier des lecteurs : info@petitfute.com

IMPRIMÉ EN FRANCE

W0365829

STRASBOURG

[RE]DÉCOUVREZ LA CAPITALE ALSACIENNE !

Après des temps troublés, il est plus important que jamais de (re) découvrir Strasbourg.

Redécouvrir pourquoi ? Car Strasbourg a su se réinventer, évoluer, changer, progresser et dans tous les domaines. Que vous soyez touriste ou local de l'étape, vous trouverez au fil de ces pages tout ce qu'il faut pour passer un agréable séjour ou pour vivre de manière futée au quotidien.

Petit Futé, c'est tout d'abord de nombreux bons plans, que ce soit pour les visites, pour les restaurants et les hôtels bien sûr, mais aussi pour faire plaisir ou vous faire plaisir, prendre soin de vous, faire votre marché, vous cultiver, jouer, bouger, et même créer votre espace de vie ! Plus qu'un simple guide touristique, votre City Book deviendra vite votre livre de chevet, le livre de votre vie strasbourgeoise !

Grâce à des rencontres inspirantes et des portraits de commerçants, d'acteurs du tourisme local ou tout simplement d'habitants, sortez des sentiers battus et osez pousser les portes de lieux que vous ne connaissez pas encore, ouvrez votre esprit et laissez-vous guider au fil de ces pages écrites par des auteurs du cru passionnés. Et si vous pensez avoir tout vu et tout connaître, détrompez-vous ! Cette année, il y a eu des fermetures certes, mais aussi et surtout des ouvertures de nombreux établissements en tous genres que nous avons testés et approuvés. Vous pensez avoir été à la pointe, que toute cette année vous avez testé et visité tous les nouveaux lieux proposés ? Alors, vous êtes vous aussi un futé ! Mais avez-vous pensé à aller visiter les autres communes de l'Eurométropole, ou même à tenter une escapade ? Non ? Ça tombe bien ! On a ça aussi dans votre guide Strasbourg !

Seul, en couple, en famille, avec (ou sans, parfois cela fait du bien) les enfants, il y a dans votre City Book des adresses pour tous les goûts, toutes les envies, tous les budgets : alors prêts ? Découvrez !

PEFC
10-31-1895
Certifié PEFC
Ce produit est issu de forêts gérées durablement et de sources contrôlées.
pefc-france.org

OFFERT ce guide au format numérique

RETROUVEZ CETTE OFFRE EN PAGE 24

SOMMAIRE

© LUC KAISER

Le musée de l'Oeuvre Notre-Dame.

© LUCULLUS

Les desserts gourmands chez Lucullus.

© AR'TISANE

Un thé gourmand chez Ar'Tisane.

Quai de la Bruche.

SOMMAIRE

© SQUARE INDOOR

Piscine à boules pour adultes uniquement !

© FRATELLI MARMI

Plateau apéro gourmand chez Fratelli Marmi.

© AVOBOWL

Yann et ses avocats chez Avobowl.

NOUVELLE LIGNE DE TRAM

Après l'extension de la ligne F du tram vers Koenigshoffen, ce sera bientôt au tour de Wolfisheim et de Bischheim de voir le tram arriver à leurs portes. Dans une démarche visant à promouvoir toujours plus les transports en commun, l'Eurométropole devrait ainsi voir très prochainement ses lignes de tram s'étendre à nouveau, permettant au passage le développement de nouveaux quartiers riverains.

© LUC KAISER

PISTE CYCLABLE

Le Plan Vélo est en marche ! Seront créés pour cela 120 km de piste cyclable supplémentaires, pour 170 000 trajets supplémentaires dans la métropole ainsi que des contournements du centre-ville, le tout dans un réseau cyclable qui pourra desservir les 33 communes de l'Eurométropole. Les travaux commenceront cette année pour une mise en service progressive des différents itinéraires jusqu'à 2026.

© JULIA VESQUE

NOUVEAUX VÉLHOP

© LUC KAISER

Vélhop innove encore et pense cette fois à nos aînés avec six tricycles, trois classiques et trois électriques. Ces nouveaux vélos plus stables permettront aux personnes pour qui garder l'équilibre devient difficile de partir l'esprit tranquille. Après les électriques, les cargos et les tandems, Vélhop propose donc toujours plus de choix et de services pour répondre aux besoins particuliers.

SHOPPING PROMENADE

Au cœur de l'une des plus grandes zones commerciales de France, Shopping Promenade Cœur Alsace offre à ses visiteurs une véritable expérience augmentée avec un mix-merchandising varié, de véritables espaces de loisirs et de restauration, le tout dans un cadre verdoyant et accueillant. Sur 150 hectares, on se promène aussi bien qu'on fait son shopping, pourquoi pas en famille avec les enfants.

© JULIA VESQUE

CLICK AND COLLECT OU LIVRAISON

© JULIA VESQUE

La pandémie n'aura pas apporté que du mauvais. Plus que jamais, les commerçants de la ville ont su s'adapter et ils sont nombreux maintenant à proposer des services de click and collect ou de livraison à domicile. Directement sur leur site, sur des applications nationales ou alors sur de nouveaux réseaux locaux, on n'a plus l'excuse du manque de temps pour acheter chez nos artisans et commerçants.

PLACE KLÉBER

La place Kléber a bien changé ! Avec la fermeture d'anciens établissements implantés depuis des années et des travaux chez d'autres qui la bordent encore, on ne la reconnaîtrait presque plus ! C'est donc l'occasion de réinvestir cette place et de venir y découvrir les nombreuses nouveautés. Bien sûr, la place Kléber reste le lieu de rassemblement et de fêtes par excellence de la vie strasbourgeoise.

© JULIA VESQUE

INTERVIEW

VALÉRIE SUZAN
STRASBOURG ACTION SOLIDARITÉ

Valérie Suzan est depuis de nombreuses années la présidente de l'association Strasbourg action solidarité, qui œuvre auprès des personnes sans domicile fixe, des réfugiés, et de tous ceux qui rencontrent de graves difficultés au cours de leur vie.

Comment est née l'association ?

L'association est née officiellement en 2016. Auparavant, nous étions une antenne d'une association parisienne. Nous avons voulu créer une association locale pour avoir plus de poids à Strasbourg, pour pouvoir mener des actions concrètes indépendantes.

Quelles sont vos principales actions ?

Nous possédons un local d'accueil de jour où nous servons des petits déjeuners et déjeuners du lundi au vendredi. C'est l'un des points cruciaux lorsque l'on vit dans la rue. Nous proposons aussi des douches le matin et les personnes peuvent faire leur lessive et sécher leur linge. Le mardi soir est l'occasion d'une distribution alimentaire pour plus de 350 personne. Nous proposons également chaque mardi une aide vestimentaire et une distribution de croquettes par l'association Gamelles Pleines. La soirée se poursuit par une maraude qui nous permet de prendre des nouvelles des personnes concernées et de nous assurer que tout va bien pour elles ou de les renvoyer vers des services de soins. Le mercredi et le vendredi, des colis alimentaires pour les familles et les personnes précaires sont distribués.

Quels sont vos combats ?

Notre principal combat est la mise à l'abri des personnes isolées ainsi que des familles, nous prenons en charge régulièrement des nuitées d'hôtel.

Quels sont vos besoins ?

Nous avons évidemment des besoins financiers pour nos actions : repas, hôtel... Il nous faut aussi régulièrement des couvertures, sacs de couchage, couettes pour les nombreuses personnes qui dorment dehors. En complément, des vêtements chauds, des jouets, des couches peuvent nous aider. Tous les dons sont les bienvenus, y compris le don de soi en venant s'engager à nos côtés.

Quels sont vos projets ?

Nous souhaitons accentuer nos efforts sur la question de l'hébergement d'urgence mais aussi à plus long terme et nous souhaitons également pouvoir distribuer plus de colis alimentaires. Cela pare à l'urgence et il faut répondre à des demandeurs de plus en plus nombreux. Pour que les personnes aient de meilleures perspectives d'avenir, nous souhaitons enfin trouver plus de partenaires pour favoriser le retour à l'emploi et agrandir notre épicerie solidaire.

› STRASBOURG ACTION SOLIDARITÉ

https://www.facebook.com/strasbourg.action.solidarite/

© VALÉRIE SUZAN

© VALÉRIE SUZAN

© VALÉRIE SUZAN

CE QUI A BOUGÉ

RUES PIÉTONNES

© JULIA VESQUE

Une expérimentation de piétonnisation du quart nord-est de l'ellipse insulaire est lancée à Strasbourg. Pour permettre aux commerces d'ouvrir des terrasses, les rues concernées passent du statut de « zone de rencontre » à celui de « rue piétonne » aux heures élargies des repas. Si l'expérimentation était concluante, cela pourrait se pérenniser et les zones concernées pourraient être étendues.

FIN DE TRAVAUX

Les travaux du portail du transept sud sont enfin finis ! Après presque dix années, la façade est désormais libre de tout échafaudage et la statue d'Erwin von Steinbach et son piédestal ont été réinstallés. Certains vitraux ont eux aussi été rénovés. On peut donc à nouveau observer l'intégralité de cette face sud qui s'est d'ailleurs illuminée cet été. Le transept nord n'est lui pas terminé.

© JULIA VESQUE

ANIMATIONS D'ÉTÉ

© JULIA VESQUE

Cet été, la Ville et Eurométropole de Strasbourg vous ont invité à l'imagination, à la découverte et au voyage.

Le cinéma plein air, le FARSe, la culture, le sport, les grands formats et tant d'autres événements nous ont offert des parenthèses enchantées pleines d'émotions au centre-ville, mais aussi dans tous les quartiers. Ces formules étendues géographiquement devraient se pérenniser en 2022.

MARCHÉ DE NOËL

© JULIA VESQUE

Le marché de Noël aura bien lieu cette année ! Après une annulation l'année passée, Strasbourgeois et touristes pourront à nouveau profiter du vin chaud et des illuminations. Cette année marque la fin des check-points. Elle sera aussi l'occasion de la mise en place d'une nouvelle formule avec des chalets disséminés plus dans la ville et dans l'Eurométropole et des allées plus larges pour profiter.

GRATUITÉ DES TRANSPORTS POUR LES JEUNES

© CTS

Depuis le 1er septembre 2021, les jeunes de moins de 18 ans habitant l'Eurométropole de Strasbourg peuvent voyager avec un abonnement bus et tram 4-17 ans gratuit. Pour en bénéficier, les démarches doivent être faites en ligne. Attention toutefois, si vous êtes touristes, l'offre ne s'applique pas et pour les résidents il est nécessaire de présenter son abonnement validé même s'il est offert.

PUMA FRANCE S'INSTALLE À STRASBOURG

Après avoir passé 34 années à Illkirch-Graffenstaden, les 120 salariés de Puma France ont investi le nouveau siège situé au cœur du quartier d'affaires européen du Wacken. C'est donc une nouvelle grande entreprise du sport qui s'installe dans ce quartier en pleine mutation, juste après Adidas. Le nouveau siège de Puma devrait permettre à l'entreprise de relocaliser et d'embaucher du personnel.

© JULIA VESQUE

PHILIPPE KRAUTH

UN ÉDITEUR 100 % LOCAL

Philippe Krauth est éditeur aux Éditions du Bastberg, une belle maison qui propose des livres pour enfants, des livres de recettes, des romans et des polars aux accents locaux.

Quel est ton parcours ?

Mon parcours est atypique, à la base je suis graphiste de formation, rien à voir avec le métier d'éditeur même si c'est complémentaire. Il y a 13 ans, mes collègues et moi avons racheté la maison d'édition suite à une liquidation. Le pari semblait fou étant donné que le métier d'éditeur était complètement nouveau pour nous. Mais 13 ans après nous sommes encore là !

C'est quoi être éditeur ?

Éditeur ? Pour moi c'est l'épanouissement, c'est l'aventure, c'est du partage ! On a la chance d'exercer un métier absorbant. On pourrait en parler des heures sur le plan personnel, mais n'oublions pas que notre rôle principal c'est l'accompagnement des auteurs. Du début du projet, de la proposition de texte, jusqu'à la publication de celui-ci en librairie. Les liens sont tellement forts que je considère nos auteurs, nos libraires comme une grande famille avec ses hauts et ses bas bien sûr !

Pourquoi avoir choisi d'ancrer des polars en Alsace ?

Ce n'est pas un choix personnel, la collection des polars régionaux était déjà ancrée dans le catalogue de la maison d'édition, nous avons juste fait le choix de la continuer, de la développer. Le lecteur va se plonger dans les petits villages alsaciens, dans des lieux réels, une lecture immersive assurée ! Mais si vous me demandez pourquoi l'Alsace, je vais vous dire que c'est notre terre natale, on a à cœur de partager l'histoire, la culture, la langue régionale, le patrimoine de notre belle région.

Qu'est-ce qui fait de l'Alsace une bonne terre de polars ?

Sa richesse, son patrimoine, son histoire… Tous ces ingrédients font qu'au final nos auteurs se régalent et j'espère que nos lecteurs aussi.

Comment choisis-tu tes auteurs ?

Alors pour la sélection… Quand nous recevons des manuscrits, c'est-à-dire tous les jours, il y a déjà un premier tri qui s'effectue avec une question primordiale, le texte rentre-t-il dans la ligne éditoriale de la maison ? Si oui, nous l'envoyons à un comité de lecture qui nous donnera son avis par la suite. Après réception de celui-ci et après des échanges avec l'auteur, nous décidons de publier l'ouvrage… ou pas ! Je fonctionne essentiellement au feeling et à l'intuition, ne me demandez pas pourquoi… je suis comme ça. Ce n'est pas la science exacte je vous l'accorde, mais pour le moment je touche du bois !

› ÉDITIONS DU BASTBERG

www.editions-bastberg.fr

© JAJADESIGN

LES PERSONNALITÉS

Que serait une ville sans les gens qui la composent ? Une ville, ce sont des humains, des individualités, des passions et des envies, des volontés… Dans ce top, nous avons décidé de rendre hommage à ceux qui n'en manquent pas, de volonté, et qui se battent chaque jour pour les autres, pour des projets qui tendent à rendre meilleure la ville de Strasbourg. Chacun et chacune, dans son domaine respectif, apporte sa pierre à l'édifice. Sans la solidarité et l'entraide, la vie serait bien triste… Il est directeur de théâtre, elle est chanteuse, ils et elles sont engagés par une profonde conviction : les messages que tous portent sont inspirants et pleins d'espoir, peu importe à qui ils s'adressent ! Ce ne sont pas des donneurs de leçons que nous vous présentons, mais bien des personnalités à découvrir pour s'enrichir !

© CHRISTINEK

MATILDE

UNE ARTISTE ACCOMPLIE

Mathilde a perdu le [h] de son prénom pour se faire un nom. Musicienne pour bon nombre d'artistes alsaciens – Marie-Anne Alizon, Corinne Guth, Fabyien, pour ne citer qu'eux –, elle sort en 2019 un nouvel album intitulé *En attendant que*… Réalisé par Foes, et enregistré au Studio Barberousse, le titre est tiré de la chanson *En attendant que vienne le rouge* dont les paroles sont signées Thierry Desaules.

© JEAN-LOUIS FERNANDEZ

STANISLAS NORDEY

UN DIRECTEUR DE THÉÂTRE ENGAGÉ

Stanislas Nordey a été nommé en 2014 par le ministère de la Culture directeur du Théâtre national de Strasbourg. Depuis, il n'a eu de cesse de promouvoir ce bel établissement et d'y encourager la création sous toutes ses formes. Engagé par nature, c'est un fervent défenseur et défricheur des écritures contemporaines, qu'il n'a cessé de mettre à l'honneur dans son projet pour le TNS et son école.

© MARIE FURLAN

MARIE FURLAN

UNE FEMME AUX ENGAGEMENTS MULTIPLES

Marie a lancé un site web et un compte Instagram dédiés à l'alimentation végétale et s'investit dans divers domaines : l'écologie, le zéro déchet, le féminisme, la lutte contre les discriminations et les questions de genre. Elle est l'initiatrice de Cleanwalk Strasbourg. C'est un nouveau challenge qu'elle se lance cette année avec la création d'une association militante et d'événementiel queer, Juin69.

© XAVIER NOEL

XAVIER NOËL

UN ARTISTE ACCOMPLI

Après des études d'arts plastiques et d'histoire de l'art, Xavier Noël se forme au métier de doreur. Il apprend auprès d'un Meilleur Ouvrier de France et ouvre son atelier en 2012. Mêlant formes archaïques, couleurs vives, matériaux pauvres et feuilles d'or, ses œuvres empruntent aussi bien au sacré qu'à la pop culture. Son travail a été exposé à Paris, à Los Angeles et à la Villa Noailles à Hyères.

© VALÉRIE SUZAN

VALÉRIE SUZAN

UNE FEMME AU GRAND CŒUR

Depuis des années Valérie Suzan est présidente de l'association Strasbourg Action Solidarité. Avec ses bénévoles, elle se bat au quotidien pour venir en aide aux personnes sans abri, grâce à des maraudes pour leur apporter de la nourriture, des vêtements et des produits d'hygiène. Elle est en veille constante et engagée sur d'autres problématiques telles que l'immigration ou le droit des femmes.

LES RESTAURANTS

Le territoire de l'Eurométropole regorge de restaurants en tous genres : pour tous les budgets, de toutes les inspirations... Il est difficile de choisir parmi toutes ces propositions alléchantes ! Dans les pages du guide, à la rubrique « Je me régale », vous découvrirez plusieurs inspirations, quelles que soient vos envies du moment, mais dans ce top 10 vous allez pouvoir piocher parmi les restaurants que nous avons préférés cette année. Nous les avons testés et ce sont ceux qui nous ont le plus plu, que ce soit par la qualité de leur cuisine, par l'exemplarité du service, par la créativité de la décoration ou par l'ambiance. Selon nos critères bien précis, ce sont ces restaurants qui sont les immanquables de l'année, à vous donc d'aller les tester et c'est sûr, vous aussi vous les aimerez !

LES PLAISIRS GOURMANDS

UNE SORTIE GASTRONOMIQUE IMMANQUABLE !

Le Chef Guillaume Scheer est incontournable pour qui aime les repas gastronomiques ou souhaite les découvrir dans l'Eurométropole ! On vient de loin déguster sa cuisine inventive et raffinée et c'est amplement mérité. Avec des menus dégustation en plusieurs temps, laissez-vous aller aux plaisirs des papilles, mais aussi des yeux, car ici tous vos sens seront en éveil de l'entrée au dessert ! ▶▶ Page 51

© LES PLAISIRS GOURMANDS

© AU BŒUF

AU BŒUF

DEUX SALLES, DEUX AMBIANCES

Au Bœuf à Plobsheim, on choisit sa salle et son ambiance, entre petit chalet kota ou restaurant classique. C'est une histoire entre père et fils. Vincent et Sébastien s'allient en effet ici pour vous proposer toujours des nouveautés. L'imagination vient de l'échange et il est ici partout, y compris avec les clients dans une ambiance détendue des plus agréables, parfois même festive ou à thème. ▶▶ Page 69

© LA RIVIÈRE

LA RIVIÈRE

LA CUISINE ASIATIQUE LUDIQUE

La Rivière, c'est le restaurant asiatique où tout y est ! On a bien sûr d'excellents plats très variés et réalisés avec des produits de qualité, mais aussi et c'est sans doute ce qui fait le charme du lieu, un service tout simplement irréprochable. Les attentions sont nombreuses tant et si bien que vous aurez non seulement l'impression d'être dans un pays étranger, mais aussi chez de vieux amis.

▶▶ Page 81

© DR

KIM

LA CUISINE CORÉENNE À L'HONNEUR

Le restaurant Kim est l'un des rares de Strasbourg à ne proposer que de la cuisine coréenne. Et quelle cuisine ! Dans une ambiance détendue et familiale, on se laisse guider par les explications sur les plats et on embarque pour la Corée, dont on a du mal à s'imaginer la variété des mets. Ici l'essentiel est d'éveiller sa curiosité sans aucun préjugé et on vous garantit un très beau moment !

▶▶ Page 82

© AVOBOWL

AVOBOWL

LE PARADIS DES AMATEURS D'AVOCAT

Avobowl, c'est un tout nouveau restaurant proposant, comme son nom le laisse deviner, des bowls à base d'avocat... On n'imagine pas à quel point les recettes à base de ce fruit peuvent être variées et créatives ! On le redécouvre ici sous toutes ses formes et on ne se lasse jamais, car il y a toujours de nouvelles recettes. Sur place, à emporter ou en livraison, c'est toujours aussi délicieux !

▶▶ Page 72

© AU PETIT TONNELIER

LE PETIT TONNELIER

LA CUISINE TRADITIONNELLE ET LA CULTURE

Le Petit Tonnelier a fait le pari réussi de mêler cuisine traditionnelle et culture dans un même lieu. Que l'on y vienne pour déguster de bons petits plats ou pour écouter un concert ou voir une expo, on ressort toujours ravi ! Ce qui fait aussi l'âme de ce lieu, c'est son ambiance intimiste, mais originale, parfaite pour se retrouver entre amis ou pourquoi pas pour un premier rendez-vous...

▶▶ Page 54

© JULIA VESQUE

LAMIAN

QUAND LES PÂTES SONT UN ART

Lamian, ce sont des nouilles tirées chinoises traditionnelles et on ne les trouve à Strasbourg que chez Lamian ! Avant de les goûter, sautées ou en bouillon, vous aurez l'occasion d'observer le chef les préparer selon une recette ancestrale. Et quel spectacle ! C'est un véritable émerveillement que de le regarder faire, d'observer sa technique si précise et surprenante, avant de déguster bien sûr !

▶▶ Page 79

© MAISON ROUGE

MAISON ROUGE

UN RESTAURANT D'HÔTEL QUI A TOUT D'UN GRAND

Maison Rouge a fait peau neuve et son nouveau restaurant aussi, renommé pour l'occasion le 1387. Il faut oser passer les portes de ce restaurant d'hôtel qui est accessible à tous, car on y passe toujours un bon moment. Autour de finger food haut de gamme, accompagnés de cocktails spécifiques à chaque plat réalisés par César Debus, les soirées entre amis se prolongent jusqu'au bout de la nuit !

▶▶ Page 53

© THE DRUNKY STORK

THE DRUNKY STORK SOCIAL CLUB

LIEU MYTHIQUE ET CUISINE NOVATRICE

Drunky Stork Social Club, c'est le tout nouveau restaurant installé dans un lieu mythique du centre-ville trop longtemps abandonné. Avec un décor détonnant et des espaces pour toutes les envies, on y vient pour boire un verre ou pour déguster d'excellents. Entre inspirations diverses et mélange de saveurs, les mets se prennent à partager, ou pas !

▶▶ Page 66

© LA CASSEROLE

LA CASSEROLE

LE BEAU, LE BON, L'AGRÉABLE

Incontournable des belles et bonnes tables strasbourgeoises, La Casserole reste l'un des restaurants gastronomiques les plus abordables. Que l'on soit habitué ou que l'on ait envie de se faire plaisir, on se retrouve dans un cadre épuré, mais chaleureux et sans trop de chichis. La Casserole, c'est en fait la qualité des plus grandes tables dans une ambiance un peu moins pesante, combo gagnant !

▶▶ Page 50

INTERVIEW

© NIS&FOR

MAUD DAVID

LA CHEF QUI RÉVOLUTIONNE LE BOMA

La jeune et pétillante Maud David, fraîchement arrivée à Strasbourg, a pris les commandes du restaurant du Boma, lui donnant ainsi un air nouveau grâce à des inspirations méditerranéennes et à une carte plus variée. Grâce à elle, ce n'est plus un simple restaurant d'hôtel que le Boma propose, mais un véritable lieu où se retrouver, une bonne table à découvrir.

Avez-vous toujours voulu cuisiner ?

J'ai toujours voulu faire cela et j'ai intégré le CFA puis fait une première année de BEP. Je voulais travailler en restaurant, pas dans les autres établissements, et cette volonté s'est confirmée au fil de mes apprentissages avec beaucoup de chefs passionnés qui m'ont transmis leur amour du métier et leur passion. Je crois que cela remonte à mon enfance, à la riche cuisine méditerranéenne qui a toujours fait partie de ma famille, notamment avec la financière, ma recette préférée.

Qu'est-ce qui vous plaît dans la cuisine alsacienne ?

Le plus frappant dans la cuisine alsacienne, c'est la transmission, les gens y tiennent. Et puis il y a la charcuterie, la générosité, la convivialité, c'est une cuisine qui rassemble différemment de celle de la méditerranée.

Comment avez-vous vécu votre arrivée à Strasbourg ?

J'ai eu un véritable coup de cœur pour Strasbourg. J'y étais déjà venue plusieurs fois en vacances et il y a ce côté nature, un grand respect des produits. Je travaille plus avec les producteurs locaux qu'à Marseille qui est plus grande, sans producteurs proches, sans biocoop. Il y a bien sûr eu l'angoisse de la nouveauté, mais en même temps cette région est accueillante et on trouve un vrai soutien entre restaurateurs, qui s'est encore renforcé avec le Covid. Même entre voisins il y a de l'entraide.

Comment votre aventure au Boma a-t-elle commencé ?

Cela a matché directement : tout s'est fait naturellement, on allait dans la même direction, tout est allé vite. Nous avions cette volonté de changer le côté bar du soir en vrai restaurant et d'imposer une cuisine vivante et locale, de nous imposer comme un vrai restaurant du soir où on vient souvent et cela a fonctionné avec de super retours des anciens habitués. La mixité est une valeur prépondérante, on accueille tout le monde, tous les souhaits alimentaires, on répond aux attentes de chacun avec un vrai plat. Le but est de donner l'occasion de s'ouvrir et d'être surpris, de faire découvrir aux Strasbourgeois un lien entre Alsace et Méditerranée, par exemple en mélangeant les fruits à d'autres produits avec audace.

© NIS&FOR

© LUCAS MULLER

> BOMA
7, rue du Vingt-Deux Novembre
www.boma-hotel.com

LES INSOLITES

Quand on habite un territoire, on a vite fait de se laisser aller à la routine quotidienne : on fait toujours les mêmes choses et on ne sait pas quoi faire pour changer. Dans ce top 10 des insolites de l'année, vous allez pouvoir trouver de belles adresses pour vous changer les idées, vous amuser, déguster autrement, vous émerveiller et vous mettre tous les sens en éveil. Il faut oser tenter de nouvelles choses parfois, et nous avons osé ! Comme nous en sommes sortis plus que convaincus, nous vous avons sélectionné ces établissements qui sortent de l'ordinaire et au sein desquels vous serez assurés de passer un agréable moment. Vous n'aviez jamais pensé à tester la réalité virtuelle, à vous prendre pour un ninja ou à manger dans le noir ? Alors maintenant plus d'excuses, vous en avez l'idée !

GROOVE BOX

LE KARAOKE OÙ LA HONTE N'EXISTE PAS

Soirée karaoké ? Non, je ne sais pas chanter, je ne veux pas me ridiculiser devant des inconnus ! Chez Groove Box cela ne sera pas le cas ! Osez chanter tout ce que vous voulez, vous êtes dans des salles privatisées ! Avec cette pression en moins et un service aux petits soins, vous allez vite devenir accros. Alors, Céline Dion, Michael Jackson ou plutôt du rap ? À vous de choisir, il y a de tout ! ▶▶ Page 128

© GROOVEBOX

© THE PEOPLE HOSTEL

THE PEOPLE HOSTEL

L'AUBERGE DE JEUNESSE NOUVELLE GÉNÉRATION

The People Hostel, c'est le tout nouvel établissement de la Manufacture de Tabacs. Une sorte d'auberge de jeunesse nouvelle génération où les services sont nombreux et de qualité, du bar au restaurant en passant par la salle de réunion. Et si l'idée de dormir en dortoirs ne vous tente pas, vous aurez aussi la possibilité de louer une chambre privée, pourquoi pas familiale, le tout à très petits budgets. ▶▶ Page 47

© COLMENA

COLMENA

DE L'ART, UN BAR ET UN RESTAURANT

Mais qu'il est étonnant ce lieu qui mêle galerie d'art, boutique de créateurs, café et restaurant ! Étonnant certes, mais accueillant aussi ! Peu importe pourquoi on vient chez Colmena, on y passera toujours un bon moment. La galerie d'art et la boutique de vêtements en pièces uniques regorgent de belles choses et l'on ne sait que choisir alors on déguste de bons petits plats en faisant son choix. ▶▶ Page 140

© ECHAPPÉE BIÈRE STRASBOURG

L'ÉCHAPPÉE BIÈRE

DÉCOUVRIR LA BIÈRE EN S'AMUSANT

Avec un animateur, partez à la découverte des bières et de l'activité brassicole à Strasbourg ! Plusieurs challenges vous attendent : un défi d'orientation (à vous de trouver votre chemin ainsi que les quatre bars dans lesquels faire halte) ; un questionnaire de dégustation portant sur chaque bière goûtée à l'aveugle ; de nombreuses énigmes à résoudre. Un défi à se lancer en famille ou entre amis ! ▶▶ Page 36

© NINJASTORM

NINJASTORM

DEVENEZ DE VÉRITABLES NINJAS

Assis sur le canapé devant la télé et une émission de parcours, on lance comme ça : moi je le ferai ! Eh bien, faites-le ! Chez Ninjastorm, il y a des parcours pour tous les niveaux physiques, et si l'esprit de compétition prend vite le dessus attention, vos adversaires ne seront pas forcément ceux que vous croyez... Petit Futé a testé, Petit Futé s'est fait largement dépasser par une petite fille ! ▶▶ Page 159

© DANS LE NOIR ?

DANS LE NOIR AU HILTON

DÎNER À L'AVEUGLE

Si vous avez une certaine curiosité et que vous n'avez pas peur de tester de nouvelles choses, alors pourquoi ne pas vous lancer dans un dîner à l'aveugle ? On connaît déjà les bons plats du Hilton et la qualité de son service, mais ses dîners dans le noir sont l'occasion de les redécouvrir sous un œil nouveau, ou plutôt sans ses yeux ! ▶▶ Page 43

© JULIA VESQUE

LA MANDRAGORE

UN VERRE DANS UN CABINET DE CURIOSITÉS

La Mandragore, c'est le bar incontournable pour les amoureux de cabinets de curiosités. L'ambiance y est surprenante, et on ne s'ennuie jamais, même seul, en observant tous les petits objets disséminés dans chaque recoin. On y déguste bières et cocktails en papotant volontiers avec ses voisins de tablée, car ici tout le monde est le bienvenu. Vous pouvez même acheter certaines des décorations !

▶▶ Page 117

© CYCLORAMA STRASBOURG

CYCLORAMA

DÉCOUVRIR STRASBOURG À VÉLO

Visites privées ou balades nocturnes, découvrez Strasbourg autrement en vous laissant transporter à travers les rues et ruelles de la vieille ville jusqu'aux institutions européennes en vélo-calèche. Pour les plus sportifs, quoique les parcours soient faciles, il est aussi possible de se balader en pédalant, pourquoi pas lors d'une visite guidée autour du vin ou de la bière. Une sortie qui change !

▶▶ Page 35

© AU FOND DU JARDIN

AU FOND DU JARDIN

LA MADELEINE COMME VOUS NE L'AVEZ JAMAIS GOÛTÉE

Au Fond du Jardin porte bien son nom : on change totalement d'univers alors que l'on est en plein cœur de Strasbourg. Les inconditionnels du goûter le savent, c'est ici que l'on trouve les meilleures madeleines ! Elles sont ici sous leur meilleur jour, décorées de mille façons, à mille saveurs, et surtout présentées dans de véritables écrins. La décoration est de plus un ravissement pour les yeux.

▶▶ Page 115

© EVA STRASBOURG

EVA STRASBOURG

LE MEILLEUR DE LA RÉALITÉ VIRTUELLE

Eva, c'est le temple de la réalité virtuelle. Seul, en famille ou entre amis, on compose des équipes et on part à l'assaut de ses adversaires, casque sur les yeux et arme connectée à la main. Les mondes proposés sont surprenants de réalité et même les plus réticents se feront vite prendre au jeu. Pour encore plus d'expériences, Eva propose d'autres activités comme un escarpe game et des jeux en solo.

▶▶ Page 163

PHILIPPE LOUBRY

UN PARISIEN AMOUREUX DE L'ALSACE

Philippe Loubry est une figure incontournable de Strasbourg depuis plusieurs années, un personnage à part dans le paysage local. Nous l'avons rencontré afin qu'il nous parle de notre région et de son amour pour elle.

Quel est ton parcours, ton (tes) métier(s) ?

Je suis né à Paris et j'ai été élevé par ma grand-mère qui tenait un cabaret dans le bas de Montmartre, proche de Pigalle. Bon élève à l'école à condition de m'y rendre, je n'ai fait aucune étude et il m'est arrivé de le regretter par la suite. Homme de paradoxes, j'ai tenté un grand nombre de choses, notamment le mannequinat, la chanson, la voyoucratie mais papa à 19 piges j'ai dû commencer à travailler en cabaret la nuit (Le Lido / Chez Régine) puis dans la restauration où j'ai fini par passer 40 ans de ma vie.

Pourquoi avoir choisi de t'installer à Strasbourg ?

Je suis tombé raide dingue d'une Alsacienne qui vivait à Paris et qui m'a dit que pour la garder je devrai la suivre en Alsace, ce que j'ai fait juste avant qu'elle ne me quitte pour s'installer dans le Sud avec un Marseillais me laissant comme deux ronds de flan à Strasbourg. On peut conclure en racontant ceci que je suis venu au pays des cigognes par amour.

Que représentent Strasbourg et l'Alsace pour toi ?

J'aime l'Alsace avec un petit penchant pour la Bossue et celle du Nord. Citadin, j'ai construit ma vie à Strasbourg où j'ai été engagé politiquement de 1989 à 2005 au sein du Parti Radical de Gauche et dans bien d'autres domaines mais je reste Montmartrois dans l'âme. Un homme libre, un républicain laïque indépendant de toutes structures et chapelles.

Quels sont tes engagements ?

Je reste totalement opposé à la grande région et suis pour le retour à une Alsace/Moselle. Je reste un homme de gauche orphelin auquel les gens de ce parti n'ont cessé de donner des idées de droite, une gauche libérale qui aime les gens et l'entreprise et qui surtout ne serait ni sectaire ni punitive. J'aime l'écologie, je me déplace à vélo, mais n'apprécie pas l'état d'esprit dont font preuve les écologistes français.

De manière plus perso je suis à la retraite et en profite pour assouvir ma passion pour l'écriture en préparant un second bouquin et en tentant de respecter mon devoir de transmission envers une génération montante qui a beaucoup moins de chance que la mienne. Je sais que je finirai ma vie en Alsace avec mes greffiers à moins que je ne tombe amoureux d'une Chinoise qui me demande de la suivre dans son pays juste avant de m'y larguer…

© DR

LES GRAINES DE VAINQUEUR

Les graines de vainqueurs, ce sont les établissements tout fraîchement ouverts, les plus jeunes, mais aussi les plus prometteurs. Prometteurs pourquoi ? Parce que tous ont su innover, miser sur la qualité, l'ambiance, le service impeccable ! Des nouveautés, il y en a chaque année beaucoup dans l'Eurométropole et on a parfois du mal à se lancer et à passer leur porte. Vous en trouverez tout au long du guide avec un petit pictogramme qui les indique, mais dans ce top nous avons choisi celles que nous avons préférées lors de nos enquêtes sur le territoire. Avec ces nouveautés qui, on le sait, deviendront vite des incontournables, vous êtes certains de ne pas vous tromper ! Alors, laissez-vous donc tenter par ce nouveau restaurant ou par ce bar où l'on s'amuse autant que l'on se rafraîchit !

SPUNTINO

LE NOUVEL ITALIEN DE CHARME

Spuntino, c'est le petit nouveau du groupe Aeden et il tient toutes ses promesses ! Avec une carte 100 % italienne qui fait la part belle aux bons produits, on s'attable avec plaisir devant des focaccias ou d'autres bons petits plats dans une rue calme, ensoleillée et pleine de vie. Grâce à une évolution à chaque saison et en fonction des inspirations du chef, on ne se lasse jamais de Spuntino ! ▶▶ *Page 76*

© SPUNTINO

© DONATIEN

DONATIEN

L'ÉCLAIR COMME VOUS NE L'AVEZ JAMAIS VU

Donatien est un maître éclair. Mais qu'est-ce donc ? C'est tout simplement le pâtissier qui vous propose l'éclair comme vous ne l'avez jamais vu ! Classiques, revisités, en recettes éphémères... Le choix est plus que vaste. Avant même de goûter, on veut déjà tout acheter tant la pâtisserie classique de notre enfance est ici magnifiée. Il n'y a plus qu'à choisir votre délicieuse œuvre d'art ! ▶▶ *Page 100*

© LA GRANDE DAME

LA GRANDE DAME

LE NOUVEAU BISTROT AUX PIEDS DE LA CATHÉDRALE

La Grande Dame, c'est bien sûr notre cathédrale ! Mais c'est aussi un nouveau bistrot à ses pieds, charmant avec ses poutres apparentes, ses fauteuils confortables et ses voilages blancs. On y déguste de bons petits plats traditionnels de la cuisine française ou de la région avec une vue imprenable sur notre plus beau monument. En été, la terrasse est des plus agréables, ensoleillée à souhait ! ▶▶ Page 60

© BARAKA

BARAKA

JOUER EN BUVANT UN VERRE

Sur la place de l'Homme de Fer, on monte les escaliers pour arriver dans l'espace incroyablement ludique de Baraka. Ici, on peut venir boire un verre bien sûr, mais aussi et surtout jouer ! Avec d'innombrables références et animations, chacun trouve son bonheur, des jeux les plus classiques aux toutes dernières nouveautés. Les formules sont avantageuses, pour défier ses amis jusqu'au bout de la nuit ! ▶▶ Page 119

© STRASBOAT

STRASBOAT

STRASBOURG SE DÉVOILE PAR L'EAU

Depuis longtemps déjà il est possible de découvrir Strasbourg par ses voies navigables, mais avec Strasboat, on va encore plus loin ! Avec un skipper passionné, partez en bateau privatif en famille ou entre amis à la découverte de la ville sous un autre angle. Ce passionné distillera tout au long de la promenade ses petites anecdotes et fera même monter à bord une guide professionnelle au besoin ! ▶▶ Page 182

© YOU JUMP

YOU JUMP

SAUTER SANS S'ARRÊTER

You Jump et sa version pour les petits You Jump Kids vous accueillent pour un moment de détente et d'activités sportives dans la bonne humeur dans un immense parc à trampolines. La salle de jeux fait plus de 1 500 m² et rassemble tous types de trampolines, pour tous les âges : inclinés, mini-trampolines, Walking Wall... Venez donc vous amuser et vous défouler en défiant les lois de la gravité ! ▶▶ Page 160

© L'OREE 85

L'ORÉE 85

UN LIEU ALTERNATIF POUR TOUS

Un bar-restaurant avec des produits locaux pour toutes les bourses et tous les estomacs, une programmation culturelle et artistique variée, un espace d'accueil de réunions militantes ou de débats... l'Orée 85 est le tout nouveau tiers-lieu qui va animer les bords du canal à la Meinau. Même l'extérieur est animé grâce à sa ferme pédagogique, avec un potager en permaculture, des ruches et un poulailler. ▶▶ Page 122

© L'ALSACE À BOIRE

ALSACE À BOIRE

BACCHUS S'Y ARRÊTERAIT VOLONTIERS

L'Alsace à boire, c'est la toute nouvelle cave et bar à vins du centre-ville ! Avec de nombreuses références, majoritairement locales, il y en a pour tous les goûts et tous les budgets, du rouge au blanc en passant par le rosé. Des conseils avisés vous aideront à faire votre choix et si le doute devait persister, il n'y aurait qu'à goûter ! Voilà donc une bonne adresse pour les œnologues en herbe. ▶▶ Page 107

© MIRO

MIRO

MI-RESTAURANT, MI-BOUILLON DE CULTURE

À la croisée des mondes, entre restaurant, lieu d'évasion, salon de tatouage (avec invités venus du monde entier), le lieu propose autant de soirées tarte flambée au bord de l'eau que de live session, le tout accompagné par la cuisine créative locale, fraîche et inspirée de Robin. Miro, c'est donc le tout nouveau lieu à suivre à Ostwald quand on veut s'assurer de passer une belle soirée animée. ▶▶ Page 59

© LE MANNELE

MÄNNELE

LA NOUVELLE BIERGARTEN DU WACKEN

On connaît le Mannele, mais on connaît encore peu le restaurant homonyme. Cette nouvelle bierstub et brasserie qui sert à toute heure de la journée de bons petits plats régionaux est idéale pour déjeuner ou pour s'offrir une petite pause bien méritée quand dans la journée on a un petit creux à combler. Et que serait une bierstub digne de ce nom sans de bonnes bières ? Elles sont là évidemment ! ▶▶ Page 67

INTERVIEW

ALIX STEMMELIN

UN ARTISTE MULTIFACETTE

Jeune artiste aux facettes multiples, Alix Stemmelin a décidé de s'installer à Strasbourg, pour notre plus grand plaisir. Il exerce dans de nombreux lieux de la ville avec toujours un œil pertinent sur l'actualité et notre société et vient d'obtenir un prix aux Hopla'Awards.

Quel est ton parcours ?

Je viens d'un petit village du Sundgau, Koestlach. Je suis venu à Strasbourg faire des études d'Arts Appliqués et de Mode, j'ai obtenu mon diplôme mais je me suis vite aperçu que les écoles d'Arts et de Design n'encouragent pas réellement les élèves à développer leur unicité, mais plutôt à les conformer à une norme établie, un courant imposé. J'ai donc commencé à travailler assez tôt pour obtenir mon indépendance et de l'argent pour développer en parallèle mon activité d'illustrateur et styliste en free-lance.

Quelles sont tes actualités ?

Après une année 2021 riche en collaborations (Rich Mnisi, Coze, Les Galeries Lafayette...), je suis concentré sur mon rôle de styliste pour HackYourCloset, entreprise de mode à but écologique, et j'ai toujours une exposition chez Colmena, nouveau lieu culturel à Strasbourg. Vous pouvez y découvrir quelques illustrations, vêtements, ma BD *Rolandina*...

Que représentent Strasbourg et l'Alsace pour toi ?

La seule chose à laquelle j'aspirais quand j'avais 20 ans, c'était de quitter l'Alsace. Pourtant conscient du patrimoine et de la richesse culturelle de ma région, j'ai eu besoin d'aller vivre ailleurs, pour finalement me rendre compte combien j'apprécie Strasbourg et l'Alsace. Je ne suis pas chauvin, mais parmi toutes mes inspirations, la tradition alsacienne occupe une place de choix. J'aime dessiner la nourriture de notre région qui nous offre d'exceptionnelles recettes, que ma grand-mère me faisait déjà goûter étant enfant. De nombreux modèles culturels de ma jeunesse sont alsaciens : Gustave Doré ou Manfred Thierry Mugler en tête.

Quels sont tes projets ?

Je tiens toujours à publier ma BD *La Baba Yaga*, avis aux éditeurs ! Je prépare en ce moment une exposition d'illustrations centrées autour de l'Alsace que vous pourrez découvrir chez Colmena, pour la période de Noël. Toujours plus investi pour la sauvegarde de notre planète, je continue à œuvrer avec HackYourCloset pour limiter le gaspillage vestimentaire et modifier progressivement nos modes de consommation néfastes à l'environnement. Je prépare également une mini-collection de vêtements upcyclés, créés uniquement à partir de ressources récupérées.

petit futé
2022
STRASBOURG

JE VISITE MA VILLE

Grâce à la rubrique « Agenda », plus de risque de manquer une manifestation ! Salons, festivals, animations festives, illuminations... Une véritable invitation à danser, s'ouvrir à l'art, échanger et faire des rencontres ! En plus, dans cette rubrique, le patrimoine est aussi recensé : mémoire du passé mais aussi ouverture vers de nouvelles connaissances ! Il y a de quoi faire plein de nouvelles découvertes et il n'y a plus qu'à choisir : musées insolites, sites historiques, découvertes ludiques... Envie d'une balade ? Des jardins remarquables, des parcs qui invitent parfois à la rencontre de sympathiques animaux comme au Parc Friedel à Illkirch... Et les enfants ? Ils sont aussi à l'honneur, avec le recensement des structures particulièrement adaptées à ce jeune public. Vous cherchez un lieu pour vos amis de passage dans la ville et épuisés par ces visites ? Pas d'angoisse, il suffit de feuilleter les pages « Et pour dormir ». Les campings, hôtels mais aussi de charmants gîtes sont compilés. À coup sûr, on trouvera un endroit calme, typique ou pittoresque pour passer une ou plusieurs nuits.

NOUVEAU !

VOTRE GUIDE DEVIENT INTERACTIF

TAPEZ PETITFUTE.APP DANS LE NAVIGATEUR DE VOTRE SMARTPHONE.

PRENEZ UNE PHOTO DE LA PAGE DÈS QU'ELLE A CE PICTO !

CINÉMA

FESTIVAL EUROPÉEN DU FILM FANTASTIQUE

✆ 09 52 83 73 88

www.strasbourgfestival.com

En septembre. 12 € le pass Festival.

Le Festival européen du film fantastique de Strasbourg diffuse pendant une semaine des films d'horreur, thriller, science-fiction, d'animation ou encore en réalité virtuelle. Leur format peut être long ou court. L'événement a lieu aux cinémas Vox, Star-Saint-Exupéry, Star, et UGC, mais aussi dans des lieux plus surprenants comme au Shadok, aux Bains Municipaux, à l'église Saint-Guillaume ou encore en plein air. Des expositions, des conférences et des Master Class sont également proposées en parallèle. Le meilleur long-métrage européen est récompensé par un Méliès d'or.

CULTURE

FESTIVAL AU GRÉ DES BIÈRES

Quai des Bateliers - Entre la place du Corbeau et la rue Sainte-Madeleine.

Fin septembre chaque année.

Déjà réputé depuis plusieurs éditions, les Brasseurs d'Alsace et l'Eurométropole se donnent rendez-vous sur le quai des Bateliers pour une déambulation au fil de l'eau à la découverte des 18 brasseries alsaciennes. Petite restauration et plus de 60 bières proposées. Des animations musicales s'associent à l'événement pour pouvoir déguster une petite mousse tout en savourant du bon son. Un festival gratuit et qui dure deux jours, jusqu'à 22 heures. Possibilité de découvrir de nouvelles bières locales que vous ne connaissiez pas, ainsi que le travail des brasseurs.

CINÉMA

LE PRINTEMPS DU CINÉMA

www.printempsducinema.com

Fin mars chaque année. Entrée : 4 € (la séance).

Après la Fête du cinéma et Ciné Cool, les Alsaciens sont plutôt gâtés question Grand Écran ! Tous ont inscrit dans leur agenda ce rendez-vous cinématographique annuel ! Le Printemps du cinéma est l'occasion de sortir de chez soi après un rude hiver afin d'aller découvrir les nouveautés sur grand écran. À l'affiche : animation, fantastique, comédie, horreur, drame, thriller... Vous accéderez à un vaste choix pour un prix unique vraiment attractif ! Des programmations uniques et originales pour des droits d'entrée permettant un véritable marathon cinématographique sur trois jours. De quoi régaler les cinéphiles de tous bords, particulièrement les plus endurants !

CULTURE

FESTIVAL DES ARTS DE LA RUE DE STRASBOURG

✆ 03 68 98 50 00

www.ete.strasbourg.eu

En août. Tous les spectacles sont gratuits.

Le Festival des Arts de la Rue de Strasbourg Eurométropole (FARSe) propose des spectacles de rue entièrement gratuits. Sur divers lieux de la ville, une trentaine de compagnies artistiques mettent en avant les arts de la rue à travers des scènes de théâtre de rue, des apéros musicaux, des spectacles sur l'eau, du cirque-théâtre burlesque mais aussi de la danse contemporaine et des processions nocturnes festives et atypiques qui transforment les rues de la ville en véritables animations familiales, insolites et colorées. Un programme différent chaque année vous est proposé !

CULTURE

BIENNALE D'ART CONTEMPORAIN

Rue Wencker

https://biennale-strasbourg.eu

Avec la vocation de s'adresser à l'ensemble des citoyens, qu'ils soient sensibilisés ou non à l'art contemporain, la Biennale de Strasbourg propose toute une série d'expositions accessibles à tous les publics accompagnées d'ateliers créatifs, de conférences d'artistes et de débats, qui nous interrogent sur notre rapport à l'art à l'heure de la révolution numérique. Plusieurs dizaines d'œuvres, et tout autant d'artistes, sont installées dans un lieu emblématique de Strasbourg. Toutes les créations artistiques exposées sont liées par une thématique commune.

CULTURE

STRASBOURG MON AMOUR

✆ 03 88 52 28 28

www.strasbourg-monamour.eu

De début février à mi février chaque année.

Chaque année, l'office de tourisme organise tout un programme sur le thème de l'amour. Pendant dix jours, Strasbourg devient la ville la plus romantique de France et offre aux amoureux la possibilité de déclarer leur flamme à travers plusieurs rencontres devenues emblématiques : baignade au clair de lune, slow party, guinguette amoureuse, Pont des Soupirs, apéritif à l'Opéra, séances photos, café des amours, concerts insolites... Des moments d'exception pour séduire encore plus votre partenaire ou tout simplement profiter d'une ambiance atypique au sein de la capitale alsacienne. À Strasbourg, la Saint-Valentin dure dix jours, alors on en profite au maximum !

FÊTE

FÊTE DE LA BIÈRE SCHILTIGHEIM

Place de l'Hôtel de Ville - **SCHILTIGHEIM**
✆ 03 88 62 57 24

La fête a lieu début août, pendant 4 jours d'affilée. Informations sur le site Internet. Accès PMR. Accès libre.

C'est le festival brassicole le plus important en Alsace ! Chaque année, au cœur de la Citée des Brasseurs, sur la place de l'Hôtel de Ville, la petite comme la grande mousse sont à la fête. Des animations se déroulent toute la journée, et un orchestre différent assure une ambiance très festive en soirée. Lors de ces soirées, un marché aux puces est organisé dans les rue de la ville, une belle occasion de chiner tout en s'amusant. L'animation se déroule sous un chapiteau, donc vous serez assuré d'être au sec en cas de mauvais temps. Ambiance typique garantie.

FÊTE

FÊTE DE LA CHOUCROUTE

6, rue du Maire François Nuss - **GEISPOLSHEIM**
✆ 03 90 29 72 72 - Parking aux abords du village.
www.geispolsheim.fr

En général le dernier dimanche du mois d'août. Entrée libre. Repas choucroute midi et soir : 20 €.

Cette fête traditionnelle, fortement ancrée dans le cœur des Alsaciens, démarre dès le petit matin, les stands de vide-greniers s'installent dans les rues de la ville. Puis les cours des fermes ouvrent leurs portes au grand public pour présenter des expositions artistiques, faire des démonstrations de métiers anciens et vous permettre de déguster l'incontournable choucroute. Vers midi, c'est l'apéritif-concert. L'après-midi un cortège folklorique déambule dans le village. Vous apprécierez le défilé en costume traditionnel, les musiques, les danses folkloriques et l'exposition d'outils anciens. Un marché d'art, d'artisanat et de produits du terroir ravira les fins connaisseurs.

FÊTE

LES MARCHÉS DE NOËL DE STRASBOURG

www.noel.strasbourg.eu

Inauguration le dernier vendredi de novembre. Ouvert jusqu'au 24 décembre (pour certains quartiers jusqu'au 30).

Ce sont près de 300 chalets en bois qui vous attendent ! Le *Christkindelsmärik*, place Broglie est historique tout comme celui de la cathédrale, et propose de l'artisanat et des décoration pour votre sapin de Noël. Le marché des Bredeles est situé place d'Austerlitz. Le marché du Carré d'Or réunit des producteurs et pas seulement de la région. Sur la place Kléber : le grand sapin et des stands. Et à la Petite France, vous trouverez des stands de producteurs et d'artisanat. Ce marché incontournable attire les touristes du monde entier. Une sortie magique en famille !

FOIRE

FOIRE EUROPÉENNE

Avenue Herrenschmidt ✆ 03 88 37 21 46 - Tram arrêt Lycée Kléber
www.foireurop.com

Durant 10 jours début septembre. Entrée : 7 €. Tarif réduit : 5,50 €. Gratuit pour les -12 ans.

Gigantesque foire, il faudrait prendre une journée pour pouvoir regarder tous les stands ! Vous trouverez des produits locaux (espace artisanat d'Alsace), des vêtements, des meubles, des exposants internationaux, des scènes musicales ou encore des animaux (espace agricole). Créé en 1925, chaque année l'événement accueille un pays, nouvel invité d'honneur. À la fois espace d'achat et miroir de l'activité économique régionale, mais aussi nationale et internationale, la Foire Européenne reçoit chaque année plus de 200 000 visiteurs, pour près de 1 200 exposants. Possibilité de se restaurer sur place. Petit bémol pour le peu d'indications pour trouver un stand en particulier.

FOIRE

SALON RÉSONANCES

1, rue du Wacken ✆ 03 88 08 39 96 - Tram arrêt Wacken.
www.salon-resonances.com

En novembre. Entrée : 8 €. Gratuit pour les -18 ans et les étudiants. Restauration.

Résonance(s), c'est le salon européen des métiers d'arts qui, depuis 2012, est organisé par la fédération régionale des métiers d'arts (Fremaa), au Parc des expositions du Wacken. Durant quatre jours, des artisans, des créateurs de bijoux, de vêtements et chapeaux, de meubles, des graveurs sur métal, des verriers, des céramistes et bien d'autres encore, venus des quatre coins de la France et d'Europe, exposent au public leurs dernières créations. Des pièces uniques, rares et atypiques que chacun peut admirer et/ou acquérir tout en rencontrant leurs créateurs. N'hésitez pas à vous renseigner sur le site Internet du salon pour connaître la liste des exposants !

FOIRE

ST'ART

Parc des Expositions ✆ 03 88 37 21 21
Tram arrêt Wacken.
www.st-art.com

Fin novembre. Restauration.

St'Art, la foire d'art contemporain de Strasbourg, est devenue au fil des années un événement incontournable pour les galeristes et les collectionneurs, qu'ils viennent de Strasbourg ou des quatre coins du globe. De dimension internationale, ce vaste salon accueille des artistes et des galeries de toute l'Europe. Si les professionnels y font acquisitions et rencontres, les amateurs peuvent déambuler au milieu d'œuvres comme des peintures, sculptures, photographies ou encore des installations du XXe et du XXIe siècle. Et pourquoi pas se faire plaisir et craquer pour l'une d'entre elles si le budget le permet ? L'offre étant pléthorique, difficile de ne pas tomber sous le charme d'une œuvre !

LIVRE

BIBLIOTHÈQUES IDÉALES

✆ 03 68 98 68 69

1re quinzaine de septembre chaque année. Gratuit.

La Ville de Strasbourg, en partenariat avec la Librairie Kléber et les médiathèques, organise les Bibliothèques Idéales, un festival dédié aux livres, à la littérature, aux auteurs, ainsi qu'à la pensée. Dix jours durant, une centaine d'auteurs français et étrangers, très renommés ou plus confidentiels, viennent à Strasbourg pour échanger avec leur public autour de thèmes variés. Conférences, lectures, spectacles et concerts se tiennent dans divers lieux publics de la ville (Opéra, Aubette, Palais de la Musique...) et dans de nombreuses libraires. Plus de 70 rendez-vous littéraires et musicaux chaque année ! Une rencontre culturelle pour tous avec une chance d'approcher vos auteurs favoris !

LIVRE

STRASBULLES - FESTIVAL DE LA BANDE DESSINÉE

Place Kléber

www.strasbulles.fr

De fin mai à début juin chaque année.

Créé par une association rassemblant des passionnés du 9e Art, Strasbulles est le festival européen de la bande dessinée de Strasbourg. Alsace Bande Dessinée (ADB) invite à Strasbourg de nombreux auteurs et illustrateurs provenant de toute l'Europe afin de participer à des séances de dédicaces sur la place Kléber mais aussi pour animer des conférences et débattre à des tables rondes. Des expositions dans les salons de l'Aubette sont également organisées. Elles permettent de mettre en avant le fantastique travail des artistes et de contempler leurs planches originales.

MUSIQUE

FESTIVAL SACRÉES JOURNÉES

10, rue du Hohwald

✆ 03 88 16 31 09

www.sacreesjournees.eu

Fin janvier - début février.

Ce festival a pour objectif de valoriser les musiques du monde, de se rencontrer, de partager la musique et ainsi de s'ouvrir à des cultures différentes. Chaque année, le festival Sacrées Journées de Strasbourg a lieu début février sur plusieurs jours. Un rendez-vous qui permet d'assister à des concerts thématiques dans des lieux de culte d'ordinaire réservés aux communautés de croyants. Un rendez-vous atypique qui bouscule les conventions, crée des émotions et fait se rencontrer des personnes issues d'horizons et de croyances différentes pour des moments intenses.

MUSIQUE

WOLFI JAZZ

Rue du Fort

WOLFISHEIM

http://wolfijazz.com

En juin.

Dans le beau cadre du Fort Kléber, se déroule pendant plusieurs jours une programmation fort variée en termes de jazz. Une vingtaine de groupes, venus du monde entier se produisent sur scène. Des artistes présentent leur programme tous les soirs sur deux scènes (l'une en accès libre, l'autre payante). De nombreux spectacles sont gratuits (voir la programmation sur le site). En parallèle, le village du festival et le village des P'tits Loups pour les plus jeunes, proposent des animations tout au long du festival. Les installations offrent un confort optimal. Et si vous avez une petite faim, dirigez-vous vers la Table du Loup, le restaurant qui s'installe provisoirement sur le site.

PARADE

MARCHE DES VISIBILITÉS LGBTI

www.festigays.net

Marche un samedi à la mi-juin. Evènements supplémentaires les semaines précédentes et suivantes.

Que vous soyez homo, bi, trans, pan ou hétérosexuel, ne ratez pas la marche des visibilités ! Chaque année a lieu un immense défilé festif et chamarré dans les rues de la ville. Les gens dansent au son de musiques entraînantes, chantent et sont déguisés. En tenues extravagantes ou encore envoûtantes, cette journée demeure pour les militants une réelle revendication, un appel à la tolérance et à la liberté d'être soi-même. De nombreux chars sont aussi présents. L'atout ? Un événement pour lutter contre les discriminations mais aussi solidaire et riche en ouverture d'esprit.

SPECTACLE

ILLUMINATIONS DE LA CATHÉDRALE

Place de la Cathédrale

www.ete.strasbourg.eu

De juillet à septembre. Juillet : de 22h30 à minuit. Août et septembre : à 22h. Gratuit. Durée 10 min.

À la tombée de la nuit, la municipalité offre un spectacle quotidien son et lumières sur la façade de la cathédrale de Strasbourg. L'occasion de redécouvrir le célèbre édifice Notre-Dame. Lors de cette représentation, la cathédrale se pare de mille et une illuminations sur un thème différent chaque année. Un fil conducteur permet de se focaliser sur différents points de la façade de manière époustouflante. L'histoire et les anciennes croyances défilent sous vos yeux. Un instant magique et inédit, pendant lequel on en prend véritablement plein les yeux !

EDIFICE RELIGIEUX
ABBATIALE SAINT TROPHIME
Rue de la 1ère-Division-Blindée - **ESCHAU**
✆ 03 88 64 20 74
Ouverte en journée. Visites gratuites : premier et dernier dimanche du mois de juin à septembre à 14h, sur inscription

Eschau fut pendant 750 ans (770-1525) le siège d'une communauté de bénédictines. En 1143, sur cette « Route Romaine », un hôpital pour pèlerins fut fondé. Rénovée en 996, cette abbatiale romane est l'un des plus beaux exemples en Europe de la basilique à transept bas de l'époque carolingienne-ottonienne. À gauche de la croisée de celui-ci, un sarcophage en grès renferme les reliques de sainte Sophie. Admirez les statues de saints, certaines datent de 1500. Des dalles funéraires et des vitraux datant du XIXe siècle sont également visibles. Un jardin monastique a été aménagé en face de l'abbatiale. Des fiches d'information sur l'histoire de cet édifice vous seront proposées.

EDIFICE RELIGIEUX
CATHÉDRALE NOTRE-DAME
Place de la Cathédrale
www.cathedrale-strasbourg.fr
Cathédrale ouverte en visite libre tous les jours de 7h à 11h20 et de 12h40 à 19h. Plateforme accessible de 9h30 à 20h.

Construite à l'emplacement d'une ancienne basilique rhénane de 1015 détruite par un incendie, la réalisation de Notre-Dame s'étala sur trois siècles entre 1176 et 1439. La flèche de cet édifice en grès rose culmine à 142 m. Allez voir la rosace, les vitraux de la nef, le pilier des anges et le buffet d'orgue orné de curieux personnages et surtout l'horloge astronomique de 1547 : une vidéo explicative précède le défilé des apôtres (tous les jours à 12h sauf dimanche et jours fériés). La plate-forme offre un point de vue exceptionnel à 66 m de hauteur et vaut la peine de gravir les 332 marches qui y mènent. Aux équinoxes du printemps et de l'hiver, venez admirer le mythique « rayon vert ».

EDIFICE RELIGIEUX
ÉGLISE LUTHÉRIENNE SAINT-THOMAS
Place Saint-Thomas ✆ 03 88 32 14 46
www.saint-thomas-strasbourg.fr
En hiver de 10h à 17h du lundi au samedi. En été de 10h à 18h du lundi au samedi. Dimanche de 12h à 17h. Visite guidée

Surnommée à juste titre la « petite-fille de la cathédrale », l'église Saint-Thomas n'a pourtant rien d'une jeunette avec ses quelque 800 ans d'existence ! Fondée au VIIe siècle par l'évêque saint Florent, elle fut reconstruite en 1144 après un incendie. Véritable musée de sculptures funéraires, cette nécropole abrite de nombreuses pierres tombales et sarcophages dont l'imposant mausolée du maréchal Maurice de Saxe. C'est l'une des œuvres majeures du sculpteur Pigalle commandée par Louis XV. L'église abrite aussi un monumental orgue Silbermann, classé Monument historique.

EDIFICE RELIGIEUX
ÉGLISE PROTESTANTE SAINT-PIERRE-LE-JEUNE
5, place Saint-Pierre-le-Jeune ✆ 03 88 32 41 61
Tram arrêt Broglie
www.saintpierrelejeune.org
Visite guidée (s'adresser au secrétariat paroissial).

Au cœur du quartier historique, elle est l'une des plus remarquables de Strasbourg. Elle est luthérienne depuis 1524. Les points d'intérêt : crypte tombale du VIIe siècle, cloître avec galeries à arcades du XIe siècle, chapelles et somptueuse voûte sur croisée d'ogives, fresques, jubé, dalles et monuments funéraires, tableau central du maître-autel, tous de la fin de l'époque gothique (XIVe siècle), un orgue de Jean André Silbermann dont la notoriété dépasse la région, la chaire, et un retable. À ne pas manquer : la statue à taille humaine de l'ange au fond du chœur.

EDIFICE RELIGIEUX
ÉGLISE SAINT-PAUL
1, place du Général-Eisenhower
✆ 03 88 35 36 18
www.eglise-saint-paul.fr
Culte tous les dimanches à 10h30. Gratuit.

L'église Saint-Paul est de style néo-gothique rhénan. Elle est inspirée de l'église Sainte-Élisabeth de Marbourg en Hesse du XIIIe siècle et date, en réalité, seulement de 1897. Nichée sur l'axe impérial entre les places de la République et de l'Université, elle fut construite durant l'annexion germanique par l'architecte Louis Muller. Avec ses 76 mètres de haut, Saint-Paul est l'une des églises les plus élevées de Strasbourg. Elle a été entièrement restaurée mais les vitraux d'origine ont été conservés. Ceux-ci représentent, entre autres, des allégories de l'Empire ainsi que les armes des régions qui le composent et sa grande rosace de 8 mètres de diamètre.

EDIFICE RELIGIEUX
ÉGLISE SAINT-PIERRE-LE-VIEUX
1, place Saint-Pierre-le-Vieux
✆ 03 88 32 39 06
Tram arrêt Alt Winmärik, bus arrêt Pont Kuss
Gratuit.

Si l'on en croit les sources officielles, l'église Saint-Pierre-le-Vieux serait le premier édifice culturel chrétien de Strasbourg, construit tout près du castel romain d'Argentoratum. Ce que l'on en voit actuellement date de la fin XIVe, début XVe siècle. Lors de l'annexion de Strasbourg par Louis XIV, elle fut dédiée à deux cultes : la nef aux protestants et le chœur aux catholiques. Suite à une chute drastique des paroissiens, l'église devient un lieu de concerts, conférences, théâtre et d'exposition. Un beau patrimoine historique y est visible comme le jubé gothique.

EDIFICE RELIGIEUX

SYNAGOGUE DE LA PAIX

1 A, rue René-Hirschler
Tram arrêt Contades
Gratuit.

Symbole du judaïsme alsacien, la Synagogue de la Paix a été inaugurée le 23 mars 1958. Elle remplace l'ancien lieu de culte du quai Kléber situé devant l'actuel emplacement du centre commercial La Place des Halles et détruit en 1941 par les nazis. Conçue par l'architecte Claude Meyer-Lévy d'après un plan basilical, la synagogue, tout en béton, est de style contemporain. La façade extérieure avant est recouverte de nombreuses étoiles de David. La voûte de la nef principale est portée par douze colonnes de béton, représentant les douze tribus d'Israël. Actuellement, le Centre Communautaire abrite deux écoles, Radio Judaïca et plusieurs associations. N'hésitez pas à la visiter.

EDIFICE RELIGIEUX

TEMPLE NEUF

6, rue du Temple-Neuf ✆ 03 88 32 89 89
Tram arrêt Broglie
www.templeneuf.org
Café Respire ouvert du mercredi au vendredi de 16h30 à 19h30.

Le Temple Neuf est la première des églises paroissiales protestantes de Strasbourg. En 1870, l'église et la bibliothèque ont été incendiées au cours du bombardement de Strasbourg. Tout en grès des Vosges, le temple est reconstruit au XIXe siècle dans le style néo-roman. À l'intérieur, le grand orgue réalisé par Joseph Mercklin appartient à l'esthétique symphonique parisienne de la fin du XIXe siècle et, à l'égal d'un orchestre, multiplie ainsi les sonorités. Au fond se trouve la dalle funéraire de Jean Tauler, célèbre prédicateur alsacien. Le nouvel aménagement du café Respire invite au repos et à l'échange au cœur du temple. Des expositions ponctuelles animent le lieu en toutes saisons.

MUSÉE

LE 5E LIEU

5, place du Château
www.strasbourg.eu
Ouvert du mardi au samedi de 11h à 19h ; le dimanche de 11h à 17h.

Strasbourg possède désormais son centre d'interprétation de l'architecture et du patrimoine. Il offre une nouvelle découverte de l'urbanisme et du patrimoine strasbourgeois à travers un parcours pédagogique et interactif développé sur 600 m². Après une introduction historique permettant aux visiteurs de se situer dans l'espace et le temps, le parcours présente la ville sous différentes approches : urbaine, architecturale et humaine. Une salle permet des ateliers éducatifs et une programmation riche et variée propose des expositions temporaires, dans et hors les murs, tout au long de l'année pour voir la ville avec un regard neuf, en invitation à la déambulation.

MUSÉE

MM PARK FRANCE

4, rue Gutenberg - **LA WANTZENAU** ✆ 03 88 59 25 43
Bus n° 72, parking. - www.mmpark.fr
Ouvert tous les jours de 9h à 19h. Adulte : 9 €. Enfant : 5 €. Accrobranche 6 €, simulateur vol 7 €. 3 activités 15 €.

Ce musée privé est dédié aux équipements militaires et à la Seconde Guerre mondiale : plus de 120 véhicules, des uniformes, armes, insignes, photos, cartes postales, témoignages… Et dernière nouveauté, la tenue du tsar Ferdinand Ier ! Vous pourrez approcher de nombreux engins de guerre de tous types et de différents pays. Il y a aussi un avion, une vedette allemande dans un bassin et surtout la collection du plan Sussex 1944… L'une des plus importantes collections européennes sur 7 000 m². Accédez à l'espace animation qui propose un parcours D-Day d'accrobranche, un stand de tir, un simulateur et un bar-restauration. Très instructif ! Il est possible d'organiser un goûter d'anniversaire.

MUSÉE

CABINET DES ESTAMPES ET DES DESSINS

5, place du Château ✆ 03 68 98 51 60 - Tram arrêt Broglie
www.musees.strasbourg.eu
Ouvert sur rdv (appeler 24h à l'avance). Gratuit. Accès libre. Ascenseur disponible.

Le Cabinet des estampes et des dessins abrite quelque 150 000 œuvres graphiques de belle facture couvrant 5 siècles dans des domaines très variés : beaux-arts, architecture, histoire locale et arts populaires. Parmi les grands noms recensés Baldung-Grien, Dürer, Daumier ou Callot… La collection s'est constituée depuis les années 1890 à nos jours et elle est désormais l'une des plus riches d'Europe. Ses œuvres ne sont pas directement exposées. Elles sont préservées à l'abri de la lumière mais vous avez la possibilité de les consulter en différé depuis une salle de lecture.

MUSÉE

MUSÉE ALSACIEN

23-25, quai Saint-Nicolas ✆ 03 68 98 51 60
Tram arrêt Porte de l'Hôpital
www.musees.strasbourg.eu
Fermé le 1er janvier, le vendredi Saint, le 1er mai, les 1er et 11 novembre et à Noël. Gratuit -18 ans. Entrée : 6,50 €.

Formé d'anciennes maisons strasbourgeoises du XVIIe siècle reliées entre elles, ce musée a beaucoup d'allure. Au sein de ce bâtiment exceptionnel qui lui sert d'écrin, le lieu a pour vocation de préserver les arts et les traditions populaires de la région. Ici on circule de pièce en pièce à la découverte du passé alsacien : reconstitutions d'intérieurs d'époques et scènes de la vie de tous les jours. Le matériel rassemblé est impressionnant : costumes, coiffes, objets de la vie quotidienne, céramiques typiques, très beau mobilier, jouets, imagerie populaire profane ou sacrée… L'atout des lieux ? Une cour extérieure très sympa et des événements souvent organisés sur place.

MUSÉE

CHÂTEAU MUSÉE VODOU

4, rue de Koenigshoffen ✆ 03 88 36 15 03
www.chateau-vodou.com
Ouvert du mercredi au dimanche de 14h à 18h. Adulte : 14 €. Tarif enfant 6 à 12 ans, amis du musée : 8 €. Atout Voir 4 €

Le Musée Vodou offre la possibilité de découvrir une philosophie de vie pratiquée par des millions de personnes dans le monde. Situé dans un ancien château d'eau datant de 1883 et proche de la gare, ce centre privé propose une immersion au cœur des terres africaines. Plus de 1 000 pièces constituent une collection unique en Europe : fétiches, amulettes et masques utilisés en culte des ancêtres, divination, sorcellerie et autres événements liés aux grandes étapes de la vie. Visites thématiques avec un guide ou en toute autonomie avec un audiophone. Le musée est adapté pour tous les publics. Vous avez aussi la possibilité de le privatiser pour un événement qui sortira de l'ordinaire.

MUSÉE

MUSÉE ARCHÉOLOGIQUE

2, place du Château ✆ 03 68 98 51 60 - Tram arrêt Broglie
www.musees.strasbourg.eu
Tous les jours sauf mardi de 10h à 18h. Visite guidée (1er et 3e samedi du mois). Réservation obligatoire.

Au sous-sol du Palais des Rohan, le musée archéologique est l'un des plus importants de France par l'ampleur de ses collections. La structure retrace sur plusieurs millénaires l'histoire de l'Alsace, de 600 000 avant J.-C. à 800 après J.-C. Des chasseurs de mammouths du paléolithique aux âges de fer et de bronze, en passant par les premiers agriculteurs du néolithique puis aux périodes mérovingiennes et gallo-romaines, toutes les époques y sont ! Les présentations sont claires, ce qui rend la visite des lieux très intéressante. La collection de terres cuites et de sigillées gallo-romaines ainsi que les vestiges du temple du Donon valent le détour. Un vrai voyage dans le temps !

MUSÉE

MUSÉE DU CHOCOLAT

Rue du Pont-du-Péage - **GEISPOLSHEIM** ✆ 03 88 55 04 90
www.musee-du-chocolat.com
Du mardi au samedi de 9h30 à 12h et de 13h à 18h. Dimanche de 14h à 18h. Adulte 9,50 €. Enfant 7 €. Étudiant 8,50 €.

Voilà une visite originale à programmer pour les gourmands. Vous saurez tout sur le chocolat, de la culture à la dégustation... Film, cosse de cacao, moules pour la fabrication et nombreuses explications sont au programme. Avant de partir, passez à la boutique, vous pourrez rapporter de belles créations réalisées sur place. Et surtout, installez-vous un moment au salon de thé, pour déguster un chocolat chaud, ou une bière au chocolat, pour les plus téméraires. Des ateliers, avec création de pièces en chocolat, sont proposés régulièrement pour les enfants et les adultes. Les plus jeunes pourront aussi fêter leur anniversaire dans ce lieu magique, avec animation et bien sûr goûter chocolaté.

MUSÉE

MUSÉE WÜRTH

Rue Georges Besse - **ERSTEIN** ✆ 03 88 64 74 84
www.musee-wurth.fr
Du mardi au samedi de 10h à 17h ; le dimanche de 10h à 18h. Gratuit. Audioguide : 6 €. Visite guidée le dimanche : 6 €.

Le musée Würth présente la collection homonyme, l'une des plus importantes d'art moderne et contemporain en Europe. Le bâtiment abrite 3 salles : une grande nef au rez-de-chaussée et deux grandes salles à l'étage. Sur près de 800 m², 18 000 œuvres reflètent l'évolution de l'art de la fin du XVIIIe siècle à nos jours, inspiré essentiellement par le monde du travail. Des expositions temporaires sont également accueillies, pour mettre en lumière le travail d'artistes méconnus. Régulièrement, des animations sont proposées. La boutique du musée propose une sélection d'objets intéressants, et le Café des Arts vous permet de profiter d'un moment de détente après la visite.

BÂTIMENT PUBLIC / HÔTEL DE VILLE

HÔTEL DE VILLE DE STRASBOURG

9, rue Brûlée ✆ 03 88 60 94 77 - Tram arrêt Broglie
www.strasbourg.eu
Ouvert du lundi au vendredi de 8h à 17h30 ; le samedi de 8h à 12h30. Gratuit.

L'hôtel de ville de Strasbourg est un bâtiment qui reflète la tradition française. L'entrée s'effectue par le côté jardin (place Broglie) ou par la porte principale côté cour (rue Brûlée). Cette dernière est souvent utilisée pour organiser des mariages ainsi que diverses cérémonies officielles. À noter que le balcon côté Broglie est une réplique de celui du Palais Rohan. Les services de la ville et le cabinet du maire sont installés au cœur du centre administratif. L'hôtel de ville abrite également les salons historiques de l'ancien hôtel des Princes de Hanau-Lichtenberg.

DEMEURE / HÔTEL PARTICULIER

LA MAISON KAMMERZELL

16, place de la Cathédrale ✆ 03 88 32 42 14
Tram arrêt Langstross Grand Rue
www.maison-kammerzell.com
Ouvert toute l'année. Hôtel Resturant.

Les fondations gothiques datent de 1427 et cette magnifique maison à colombages compte trois étages de bois sculpté, d'innombrables fenêtres aux vitraux en cul-de-bouteilles et des sculptures sacrées ou profanes ornant poutres et colombages. La maison Kammerzell est un haut lieu strasbourgeois qui attire des visiteurs du monde entier. Sur la façade, si vous observez bien, vous trouverez Judas, César, Charlemagne, Hector et Godefroy de Bouillon… A vous de les dénicher ! Au XIXe siècle, la maison devient un restaurant, ce qui fait d'elle l'un des plus vieux édifices encore exploités de la ville. Vous pourrez donc y manger, mais aussi y séjourner, avec vue sur la cathédrale !

MUSÉE

MUSÉE D'ART MODERNE ET CONTEMPORAIN

1, place Hans-Jean-Arp ✆ 03 68 98 51 55
Tram Faubourg National - www.musees.strasbourg.eu
Entrée adulte : 7 €. Tarif réduit : 3,50 €. Tarif de groupe dès 25 personnes. Ouvert du mardi au dimanche de 10h à 18h.

Œuvre de l'architecte Adrien Fainsilber, le bâtiment ultramoderne de 1998 contraste avec les ponts couverts et le barrage Vauban. Sur 5 000 m², l'impressionnisme, l'art nouveau, le primitivisme, ou encore le surréalisme comptent parmi les différents courants artistiques représentés. On s'arrête plus spécialement sur les toiles de Picasso, Kandinsky ou encore Max Ernst. Un étage est réservé à la photographie et aux arts graphiques ainsi qu'à des expositions temporaires. Un auditorium, une bibliothèque, une librairie boutique et l'Art Café complètent le lieu.

MUSÉE

MUSÉE DES BEAUX-ARTS DE STRASBOURG

2, place du Château ✆ 03 68 98 51 60 - Tram arrêt Broglie
www.musees.strasbourg.eu
Ouvert du mercredi au lundi de 10h à 18h. Gratuit jusqu'à 18 ans. Adulte : 6,50 € (réduit 3,50 €).

Au premier étage du Palais Rohan, le musée des Beaux-Arts vous invite à la découverte de la peinture en Europe de la fin du Moyen Âge jusqu'à 1870. Les œuvres sont accrochées par genre. Les époques sont plus faciles à discerner avec la mise en place d'un code couleur pour chaque époque historique. Les noms les plus fameux se côtoient : Botticelli, Raphaël, Rubens ou encore Goya. Ne manquez pas *La Belle Strasbourgeoise* de Largillière, sans doute l'une des œuvres les plus appréciées. À noter : les premiers samedis du mois, les réserves du musée sont ouvertes à tous.

MUSÉE

MUSÉE DE L'ŒUVRE NOTRE-DAME

3, place du Château ✆ 03 68 98 50 00
www.musees.strasbourg.eu
Ouvert du mardi au dimanche de 10h à 18h. Gratuit jusqu'à 18 ans. Entrée : 6,50 €. Tarif réduit : 3,50 €.

Créé en 1931, ce musée strasbourgeois possède l'une des plus belles collections d'art médiéval et Renaissance de France. Les originaux statuaires en provenance de la cathédrale côtoient les plus beaux témoignages de l'art haut-rhénan des XVe et XVIe siècles, notamment des peintures de Conrad Witz ou des sculptures de Nicolas Gerhaert de Leyde. L'architecture des bâtiments du musée est aussi digne d'intérêt : le plus ancien des bâtiments date du XIIIe et le plus récent du XVIe siècle. Vous pouvez visiter les ateliers de la cathédrale sur rendez-vous.

MUSÉE

MUSÉE HISTORIQUE

2, rue du Vieux-Marché-aux-Poissons ✆ 03 68 98 51 60
Proche du Pont au Corbeau
www.musees.strasbourg.eu
Ouvert tous les jours sauf lundi de 10h à 18h. Gratuit pour les - de 18 ans. Entrée : 6,50 €. Tarif réduit : 3,50 €

Logé dans l'ancienne grande boucherie de 1587, le Musée historique retrace l'histoire urbaine de Strasbourg depuis le Moyen Âge jusqu'à la création des institutions européennes. Sur 1 700 m², des œuvres d'art et autres objets : figurines, drapeaux, maquettes... Le musée vous propose un parcours à la fois chronologique et thématique : du Saint-Empire à la Réforme, en passant par la période royale et révolutionnaire. Point fort de la visite : un plan en relief datant de 1727 d'une surface de 70 m² qui reproduit la ville et ses alentours au 1/600e. Enfin, la muséographie met l'accent sur l'interactivité avec de nombreuses bornes et autres animations multimédia.

MUSÉE

MUSÉE DES ARTS DÉCORATIFS

2, place du Château
✆ 03 68 98 51 60
Tram arrêt Broglie
www.musees.strasbourg.eu
Gratuit jusqu'à 18 ans. Entrée adulte : 6,50 €. Tarif réduit : 3,50 €.

Le musée comprend les appartements des cardinaux de Rohan et la collection d'arts décoratifs strasbourgeois. Cette collection couvre une période allant de 1681 jusqu'au milieu du XIXe siècle et présente des trésors internationalement reconnus : faïences, étains, cuivres, toiles rarissimes, orfèvrerie, sculptures et éléments de mobilier hors du commun dont le grand cabinet du XVIIe siècle tout juste de retour de sa restauration au château de Versailles... Amusant contraste, une sélection de jouets mécaniques de la donation du célèbre illustrateur Tomi Ungerer est présentée.

MUSÉE

MUSÉE TOMI UNGERER - CENTRE ILLUSTRATION

2, avenue de la Marseillaise ✆ 03 68 98 51 53
Tram arrêt République - www.musees.strasbourg.eu
Ouvert du mercredi au lundi de 10h à 18h. Adulte : 6,50 € (enfant 3,50 €). Label Tourisme & Handicap.

Tomi Ungerer a été jusqu'en 2019, date de son décès, le seul dessinateur alsacien ayant eu de son vivant un musée dédié. Un artiste également consacré aux USA via le célèbre journal *The New-Yorker*. La Villa Greiner expose 300 œuvres originales de l'artiste, renouvelées tous les 4 mois. Parmi elles, des dessins et des sculptures et bien d'autres encore issues de différents registres, y compris enfantin. En parallèle, le musée accueille des expositions temporaires d'illustrateurs français et étrangers. Il y a une boutique de vente de livres et de reproductions.

BATIMENT HISTORIQUE - MILITAIRE

FORT FRÈRE

Chemin des Coteaux - **OBERHAUSBERGEN** ✆ 06 98 23 30 14
www.fort-frere.eu

Visite guidée de juillet, aout, septembre. Groupe sur RDV. Tarif 4 €, Adolescent : 2 €, Moins de 12 ans : Gratuit.

Restauré avec talent et goût de la grande Histoire par une association de bénévoles et ouvert au public depuis 2000, ce site constitue le fort de type Biehler le mieux conservé d'Europe ! Ce superbe monument (architecture militaire européenne de la fin du XIXe siècle) est un ouvrage de la ceinture fortifiée allemande de Strasbourg, construit en 1872. Vous visiterez la place d'armes de gorge, la caserne, les locaux d'artillerie, le rempart et son armement, le fossé et ses défenses, le glacis et les alentours du fort. Des animations ponctuelles retracent l'histoire du site. Situé sur un terrain militaire, le site n'est accessible que dans le cadre d'une visite programmée.

MONUMENTS & ÉDIFICES

MIKVÉ MÉDIÉVAL

20, rue des Charpentiers

Vistes gratuites les dimanches de juillet et août.

Bain rituel du judaïsme médiéval, le Mikvé de la rue des Charpentiers fut redécouvert en 1984 à l'occasion de travaux mais sa construction remonterait à entre 1200 à 1260. Présents en Alsace dès l'Antiquité, les juifs ont été chassés de Strasbourg lors du pogrom de 1349 et ont vu leurs lieux de culte fermés ou détruits. L'endroit est donc un survivant et un témoin privilégié de l'histoire. Un bassin de 500 litres d'eau en provenance de nappes phréatiques, dans une cave de neuf mètres carrés dans laquelle on descend par un escalier en colimaçon, des murs à niches pour y déposer des bougies et un petit local servant à l'époque de vestiaire : voilà ce que l'on peut découvrir aujourd'hui.

BATIMENT HISTORIQUE - MILITAIRE

FORT DE MUTZIG

Rue du Camp - **DINSHEIM-SUR-BRUCHE**
✆ 06 08 84 17 42 - www.fort-mutzig.eu

Visite guidée env. 2h30. Horaires français, allemand et anglais consulter le site. Adultes 12 €, de 6 à 16 ans : 6 €

© FORT DE MUTZIG

Cet ouvrage militaire a été construit sous Guillaume II, en 1893, et abritait des troupes allemandes. Désormais rénové, il se visite en 2h30 au fil d'un parcours de 2 km comprenant de nombreux escaliers et un vaste dédale de souterrains. Le fort comprend plusieurs ouvrages spécialisés (batteries, casernes, postes de commandes, observatoires) reliés entre eux par des galeries souterraines. C'est la plus vaste fortification construite avant la Première Guerre mondiale : 40 000 m^2 de superficie souterraines, 22 tourelles d'artillerie... Le site permet de bien comprendre l'histoire du fort. La température varie entre 12 °C et 14 °C : pensez à emporter des chaussures et des vêtements adaptés.

PALAIS

PALAIS UNIVERSITAIRE

9, place de l'Université ✆ 03 88 13 41 32
Tram arrêt Gallia
www.unistra.fr

Ouvert du lundi au vendredi de 8h à 19h. Gratuit.

Bâti durant l'annexion allemande par Otto Warth, le Palais universitaire est inspiré de la Renaissance italienne. Il a été inauguré par l'empereur Guillaume Ier en 1884. Le hall est une aula carrée, couverte d'une verrière fermée sur les côtés par deux étages d'arcades. Historiquement, la première session du Conseil de l'Europe s'y déroula en 1949. Le bâtiment abrite les facultés d'histoire, d'histoire de l'art, d'archéologie, d'arts plastiques et de théologie catholique et protestante. Le « Palais U » abrite également de riches collections, dont celles du musée des Moulages qui regroupe de nombreuses reproductions en plâtre d'œuvres de l'Antiquité grecque et romaine.

FORTIFICATIONS / REMPARTS

PARC DU FORT UHRICH

4, route du Fort-Ulrich - **ILLKIRCH-GRAFFENSTADEN**
✆ 03 88 66 80 80
www.illkirch.eu

Ouvert du 1er mai au 31 octobre, tous les jours de 8h à 20h. Gratuit. Fermeture automatique du portail à 20h.

Cette place forte est l'un des 14 forts construits par les Prussiens autour de Strasbourg entre 1872 et 1882, afin de protéger la ville en cas de guerre. Le site est accessible, à pied ou à vélo, par la piste des Forts. Vous pourrez faire le tour du Fort (non visitable) en empruntant les sentiers tout autour. Les douves historiques, qui ceinturaient autrefois l'édifice, ont été réhabilitées pour mettre en valeur ses abords naturels. Le parcours aménagé permet aux visiteurs de découvrir ce patrimoine. Des panneaux informatifs retracent l'historique du fort. Une belle occasion de pénétrer la grande Histoire par la petite porte et se cultiver en famille ou entre amis.

FORTIFICATIONS / REMPARTS

LES PONTS COUVERTS

Accès aux personnes à mobilité réduite.

Ne cherchez surtout pas de toit, les Ponts-Couverts ne sont plus couverts depuis belle lurette ! Vestiges des fortifications qui encerclaient la ville dès le XIIIe siècle, cette suite de trois ponts au-dessus de l'Ill gardés par quatre tours carrées (qui servaient à l'origine de prisons) permettait de surveiller les accès fluviaux à Strasbourg. Les ponts étaient alors recouverts de toits et de galerie de bois qui ont été détruits en 1784, date à laquelle il n'y avait plus qu'une simple passerelle sur pilotis. C'est en 1865 que l'enfilade des trois ponts en grès a été reconstruite. La tour d'observation permet de découvrir un point de vue exceptionnel sur l'ensemble de la ville.

PALAIS

PALAIS ROHAN

2, place du Château ✆ 03 68 98 51 60
Tram arrêt Langstross Grand Rue
www.musees.strasbourg.eu
Ouvert tous les jours de 10h à 18h. Fermé le mardi. Gratuit jusqu'à 18 ans. Adulte : 6,50 €. Tarif réduit 3.50 €.

Bâti entre 1732 et 1742 par Robert de Cotte, premier architecte du roi, cet édifice de style classique était la résidence des princes-évêques de Strasbourg, les cardinaux de Rohan. Véritable témoignage de l'art de vivre du XVIIIe siècle, le Palais Rohan est construit d'après les plans des grands hôtels parisiens de l'époque qui distinguent alors un côté cour et un côté jardin. Les bâtiments s'organisent autour d'une cour d'honneur. Par leur décor et leur mobilier d'apparat, les appartements reflètent les fastes et l'art de vivre princier de l'époque. Le Palais Rohan abrite trois musées : le Musée archéologique, le musée des Arts décoratifs et le musée des Beaux-Arts.

MONUMENTS & ÉDIFICES

CAVE HISTORIQUE DES HOSPICES DE STRASBOURG

1, place de l'Hôpital ✆ 03 88 11 64 50
Tram : arrêt Porte de l'Hopital.
www.vins-des-hospices-de-strasbourg.fr
Ouvert du lundi au vendredi de 8h30 à 12h et de 13h30 à 17h30 ; le samedi de 9h à 12h30. Gratuit. Visite guidée.

La Cave historique des Hospices de Strasbourg existe depuis 1395 et servait déjà au Moyen Âge à la garde des vins, du grain et d'autres denrées périssables. 600 ans plus tard, elle retrouve sa fonction d'autrefois. La somptueuse cave voûtée exalte la charpente et les arômes des vins conservés dans une cinquantaine de pièces de chêne restaurées et trois foudres historiques datés de 1472, 1519 et 1525. Le plus ancien contient le plus vieux vin en tonneau du monde, 300 litres d'un millésime légendaire servi à trois reprises seulement en cinq siècles !

MONUMENTS & ÉDIFICES

PARLEMENT EUROPÉEN

Allée du Printemps - Tram arrêt Wacken et Parlement européen
www.europarl.europa.eu/visiting/fr
Visite de groupes : du lundi au vendredi midi ; visite individuelle : du lundi au samedi (sans inscription). Gratuit.

Après Bruxelles, Strasbourg possède désormais son propre Parlamentarium qui fait partie intégrante des visites du Parlement européen. La structure est équipée d'un cinéma à 360 degrés qui permet à chacun de découvrir et d'observer comment travaillent les députés européens. De nombreuses infrastructures ont également été conçues pour permettre aux visiteurs de mieux comprendre comment opère l'Union européenne et d'appréhender l'importance capitale du Parlement européen. Ainsi vous pouvez visionner des films ou vous renseigner en utilisant des bornes interactives. Une immersion ludique ! Par contre, veillez à ne pas oublier votre pièce d'identité si vous voulez entrer.

MONUMENTS & ÉDIFICES

L'HORLOGE ASTRONOMIQUE

✆ 03 88 21 43 34
www.cathedrale-strasbourg.fr
Présentation de l'horloge astronomique à 12h. Ouverture des caisses à 11h20. Adulte : 2 €.

À l'abri dans la cathédrale, l'horloge astronomique est un absolu joyau historique. En 1934 l'horloge des Trois Rois, d'environ douze mètres de haut, est placée en face de l'horloge actuelle. Dès 1547, à l'emplacement actuel, une deuxième horloge est construite grâce à la collaboration d'horlogers, de mathématiciens, de peintures et de sculpteurs. Ce qui attire le plus, ce sont les automates qui l'animent sur plusieurs niveaux avec notamment les quatre âges de la vie qui sonnent les quarts d'heures devant la Mort qui elle, sonne les heures. Les jours de la semaine sont représentés par des divinités sur leurs chars. Tous les jours à 12h30, l'ensemble des automates opère comme par magie.

OUVRAGE D'ART

BARRAGE VAUBAN

Place du Quartier Blanc ✆ 03 88 52 28 28
www.otstrasbourg.fr
Ouvert en basse saison : tous les jours et les jours fériés de 8h30 à 16h. Haute saison : de 8h à 19h. Gratuit.

Près des Ponts Couverts, cet édifice construit vers 1690 par Tarade, permettait d'inonder tout le front Sud de la ville pour faire face à un éventuel assaut ennemi. Vers 1880 les autorités allemandes firent surélever d'un étage l'édifice pour le recouvrir de terre et de gazon. Enjambant l'Ill, ce monument historique est aujourd'hui un lieu de flânerie, apprécié pour sa terrasse panoramique aménagée par la Ville de Strasbourg en 1966 au sommet du bâtiment. Elle offre une vue incroyable et imprenable sur le quartier de la Petite France et ses canaux. Le « tunnel » qui le traverse de part en part constitue une promenade originale entre des reproductions des sculptures de la cathédrale.

OFFICE DE TOURISME

OFFICE DE TOURISME DE STRASBOURG

17, place de la Cathédrale
✆ 03 88 52 28 28
www.otstrasbourg.fr
Ouvert tous les jours de 9h à 19h, sans interruption.

Situé place de la cathédrale, l'office de tourisme met à votre disposition toute la documentation nécessaire pour découvrir les quartiers de la cité strasbourgeoise et ses alentours. Vous y trouverez aussi toutes les informations pour vous loger et vous restaurer. L'office de tourisme organise des visites guidées et des visites thématiques de la cathédrale et de la vieille ville tout au long de l'année. Pendant les vacances scolaires, des visites guidées sont adaptées pour les enfants. Possibilité d'acheter un petit souvenir de la ville (porte-clés, sacs...).

VISITE GUIDÉE

BALADE NOCTURNE VEILLEUR DE NUIT

place du Chateau
Tous les vendredi et samedi à 20h30, et dimanche à 18h. Du 23 novembre au 24 décembre. 5 €. Vente des billets sur place.

Pendant la période de Noël, suivez le veilleur de nuit pour une promenade nocturne insolite. Vous sillonnerez les rues de Strasbourg, ses quartiers mythiques (le carré d'or, les places chargées d'histoires) et le marché de Noël pour en apprendre plus sur les nombreuses histoires de cette ville. Des anecdotes et des contes régionaux sont racontés durant cette soirée, par ce personnage haut en couleur. La balade dure environ 1h30. Il se dégage une atmosphère particulière de cette rencontre et on repart avec le sentiment d'avoir vécu un moment magique : celui de Noël.

VISITE GUIDÉE

BATEAUX DE L'ILL

Rue du Général Picquart
✆ 06 70 31 89 94
www.bateauxdelill.com
Devis sur demande.

Trois bateaux composent la flotte : un bateau non navigant, un bateau-mouche, le *Charles-Frey*, et le bateau-ponton l'*Illeven*. Il est possible de privatiser l'un d'eux pour un anniversaire, une fête de famille ou un évènement spécifique. Le temps d'une croisière, vous effectuerez la traversée de la ville tout en dégustant des amuse-bouches et du crémant régional. Le bateau-mouche a une capacité d'accueil de 40 à 60 personnes. Quant au bateau non navigant d'une superficie de 75 m² avec une terrasse découverte de 80 m², il est parfait pour vos grandes manifestations, et L'*Illeven* accueille 11 personnes. Les particuliers ne sont pas en reste, car ils peuvent réserver pour un dîner-croisière !

VISITE GUIDÉE

BATORAMA

18, place de la Cathédrale ✆ 03 69 74 44 04 - Sur la gauche de la cathédrale de Strasbourg. Sur les lignes A et D à l'arrêt Porte de l'Hôpital ou Langstross/Grand Rue. - www.batorama.com
2 départs par jour. Horaire variable selon les saison. Ouvert tous les jours. Gratuit jusqu'à 4 ans. Adulte : 13 €

L'objectif de Batorama ? Faire découvrir les richesses du patrimoine architectural, historique et culturel de Strasbourg en passant par la voie fluviale. Deux circuits sont proposés en bateau-mouche : « Strasbourg, Grande Île » (non disponible en été) fait le tour de l'île de Strasbourg en passant par les écluses de la Petite France ; « Strasbourg, plus de 20 siècles d'histoire » qui vous fait découvrir la Neustadt et les institutions européennes. Pendant la période de Noël, des sorties à thème sont proposées : Les aventures de Hans Trapp, Noël d'antan et contes et légendes de Noël en Alsace. La boutique est spacieuse et propose des souvenirs, le personnel est accueillant.

VISITE

CAPTAIN BRETZEL

Quai du Bassin Dusuzeau ✆ 06 28 69 83 25
Tram arrêt Winston Churchill
www.captainbretzel.eu
Accessible tous les jours de 10h à 19h. Pour 1h de 35 € à 65 € selon la taille du bateau.

Venez faire une balade sur l'eau, sur les différents bateaux mis à votre disposition lors d'une location d'une à plusieurs heures, voire une journée. Après une rapide prise en main et la transmission des consignes de sécurité, vous pourrez voguer et apprécier les magnifiques paysages. Différents itinéraires vous seront proposés. Pas besoin de permis, les bateaux sont faciles à manier. Et pour profiter pleinement de cette sortie, emportez l'un des paniers à bord, proposés par Captain Bretzel. *Apéro boat* avec bretzel et bière, *coffee boat* avec muffin, fruit et boisson chaude, *birthday boat* pour célébrer votre anniversaire, ou encore *Love boat* avec bouteille de crémant.

VISITE GUIDÉE

CYCLORAMA STRASBOURG

Place de la Cathédrale
✆ 06 16 56 22 62
www.cyclorama-strasbourg.com
Se renseigner sur le site Internet.

Cyclorama, ce sont des balades en vélo-calèche, des balades thématiques à vélo et des vélos-taxis. Grâce à des parcours variés et plus ou moins commentés selon vos envies, ou même à des virées autour d'un thème précis, vous aurez l'occasion de redécouvrir la ville sous un autre angle. Changer de point de vue offre souvent un regard neuf et ici c'est le cas ! Pratique, rapide et écologique, optez pour le vélo-taxi pour tous vos déplacements au centre-ville de Strasbourg. Cyclorama couvre l'hyper-centre, la Krutenau, le Neudorf, l'Esplanade, les Contades et l'Orangerie. Les tarifs sont avantageux et en plus, vous pouvez être jusqu'à six adultes en même temps !

VISITE GUIDÉE

L'ÉCHAPPÉE BIÈRE

550, boulevard Sébastien Brant - **ILLKIRCH-GRAFFENSTADEN**
✆ 06 42 05 15 45

Visite insolite de Strasbourg 26 €. Organisation sur rendez-vous, des visites, challenges et dégustations.

L'Échappée bière vous propose de découvrir l'univers passionnant et passionné de la bière alsacienne d'une manière ludique, par le biais de challenges, visites insolites et dégustations de breuvages aux amertumes diverses. Accompagnés d'un guide-biérologue passionné, vous irez dans les meilleurs endroits de Strasbourg où l'on sert des bières artisanales. Durant la balade à travers les rues de Strasbourg, vous ferez deux pauses dégustation. Cette visite est une opportunité amusante et idéale pour découvrir le savoir-faire brassicole. Organisation possible de jeux de piste, de rallyes urbains et d'animations sur mesure, sur le thème de la boisson préférée des Alsaciens.

VISITE GUIDÉE

FREE TOURS « HAPPY STRASBOURG »

http://happy-strasbourg.eu/fr

Planning des visites sur le site. Gratuit.

Les *free tours* proposent une visite guidée gratuite. Le guide fait passer un bon moment aux visiteurs en expliquant l'histoire de la ville, la culture alsacienne... À la fin, chacun est libre de donner la somme qu'il veut pour le remercier de sa prestation. L'idée est de bénéficier d'une visite moins onéreuse qu'en passant par une agence. Pour repérer votre interlocuteur, c'est simple : il porte un panneau Happy Free Tour. Visite en français ou en anglais, pour une immersion au cœur de la ville. Possibilité de faire des visites à vélo et de privatiser une visite (payante).

VISITE GUIDÉE

LE PETIT TRAIN DE STRASBOURG

✆ 03 89 73 74 24 - Tram arrêt Langstross Grand Rue.
https://petit-train-strasbourg.fr

Ouvert tous les jours et les jours fériés de 10h à 18h. Adulte : 7 €. Enfant (de 6 à 14 ans) : 5 €. CB non acceptée.

Grâce à ce petit train touristique vous découvrirez le cœur de la capitale alsacienne à travers ses ruelles étroites, les quartiers typiques de la Petite France et des ponts couverts, le quai Finkwiller... Les informations, diffusées en plusieurs langues grâce au casque audio, vous permettront de comprendre l'histoire de ce vieux quartier. Le circuit sillonne tout le centre touristique de Strasbourg. Vous aurez ainsi la possibilité de vous repérer, avant de vous lancer à sa découverte, à pied, à votre rythme, ou de voir l'essentiel sans vous fatiguer.

VISITE GUIDÉE

SEGWAY ONE CITY TOURS

5, petite rue du Vieux Marché ✆ 09 84 46 39 24
www.onecity-tours.com

A partir de 20 € par personne. Réservation possible sur le site Internet.

One City Tours loue des gyropodes, appelés aussi Segway (un petit engin à deux roues qui permet de se déplacer sans effort, en utilisant l'orientation de son corps). Grâce à cet appareil, vous partirez à la découverte de Strasbourg de manière différente et insolite, et idéale si vous disposez de peu de temps pour voir les sites incontournables. Plusieurs circuits sont proposés, sur des thèmes spécifiques. Vous pouvez aussi louer des vélos, à l'heure ou la journée. One City Tours est également à votre disposition pour les enterrements de vie de garçon et de jeune fille, anniversaires et autres festivités... À noter : tarifs préférentiels pour ceux qui habitent en Alsace.

BATEAU

STRASBOAT

Quai Finkwiller
✆ 06 64 92 14 41
www.strasboat.com

Ouvert du lundi au dimanche de 10h à 21h.

Pendant deux heures offrez-vous un tour complet et unique de la ville de Strasbourg ! Au départ du quai Finkwiller, après les Institutions européennes, poursuivez l'expérience vers l'église orthodoxe puis le long de la presqu'île André-Malraux. Traversez ensuite les écluses et le barrage Vauban, pour vous retrouver en plein cœur de la Petite France. Seul, en couple, en famille ou entre amis, profitez de cette exceptionnelle promenade, conduits par un skipper expérimenté et surtout ultra sympa ! Le petit plus, c'est la personnalisation des circuits possible à l'infini et pour les personnes à besoins spécifiques, et les évènements à bord pour les anniversaires, les mariages...

VISITE GUIDÉE

PARLAMENTARIUM

Allée du Printemps ✆ 03 88 17 40 01 - Tram arrêt Parlement Européen. - www.europarl.europa.eu/strasbourg/fr

L'accès change en fonction des sessions plénières. Inscription préalable et envoi de documents (photo d'identité...)

Après Bruxelles, Strasbourg possède désormais son propre Parlamentarium. La structure est équipée d'un cinéma à 360 degrés qui permet à chacun de découvrir et d'observer comment travaillent les députés européens. De nombreuses autres infrastructures ont également été conçues pour permettre aux visiteurs de mieux comprendre comment fonctionne l'Union européenne et d'appréhender l'importance capitale du Parlement européen. Ainsi vous pouvez visionner des films ou vous renseigner en utilisant des bornes interactives. Une immersion s'effectuant à la fois de manière ludique et interactive. Par contre, veillez à ne pas oublier votre pièce d'identité si vous voulez entrer.

CHÂTEAU

ITINÉRAIRE POUR LES FORTS À VÉLO

WOLFISHEIM

En accès libre toute l'année. Gratuit.

Cet itinéraire fléché, long de 85 km, permet d'accéder à 19 forts. Elle permet de faire le tour des forts, voire de s'arrêter pour les visiter. A pied ou à vélo, la piste court en boucle autour de de l'agglomération, y compris sur la rive allemande du Rhin. Il vous suffira de suivre le symbole d'un vélo blanc sur fond vert. Le parcours démarre à Wolfisheim, sous les panneaux de la piste cyclable du canal de la Bruche, à côté du centre sportif. En le suivant, vous accéderez aux forts Kléber, Frère, Ducrot, Rapp et Ney, Blumenthal, Bose et Kirchbach, Hoche et Ulrich...

PARC / JARDIN

JARDIN DES DEUX RIVES

3, rue des Cavaliers
✆ 03 88 52 28 28

Ouvert toute l'année. Tous les jours de 7h à 24h. Gratuit. Animations.

Symbole fort de l'amitié franco-allemande, le Jardin des Deux-Rives est devenu en quelques années l'un des lieux culturels incontournables de Strasbourg et Kehl, sa ville jumelle outre-Rhin. Au milieu, le Pont de l'Europe est une invitation à la découverte et à la traversée de la frontière. Depuis 2004, année de son inauguration, vous pouvez profiter de ce havre de paix qui devient le théâtre de concours, d'espaces éphémères, ou encore de spectacles, sans oublier les nombreux promeneurs et cyclistes qui sillonnent le fameux pont alliant les deux villes. Événement annuel : l'orchestre philharmonique de Strasbourg y donne un concert en plein air le dernier week-end du mois de juin.

PARC / JARDIN

JARDIN BOTANIQUE DE L'UNIVERSITÉ DE STRASBOURG

28, rue Goethe ✆ 03 68 85 18 65
www.jardin-botanique.unistra.fr

Horaire d'ouverture indiqué sur le site Internet. Visite guidée gratuite le 1er dimanche du mois. Visite libre.

Labellisé Jardin Remarquable et classé Monument Historique depuis 1993, le jardin botanique de l'Université de Strasbourg a pour fonction de préserver, conserver et acclimater les différentes espèces de plantes. Près de 6 000 espèces de styles différents sont réparties dans un ensemble de serres. Le jardin abrite plusieurs collections remarquables, dont certaines particulièrement rares, sur une superficie d'environ 3,5 hectares. Le cadre est particulièrement agréable, surtout en été. Revenez plusieurs fois tout au long de l'année car la végétation change au fil des saisons.

PARC / JARDIN

PARC DE LA ROSERAIE

Parc de la Roseraie - **SCHILTIGHEIM** ✆ 06 81 58 89 04
Tram arrêt Rives de l'Aar
www.ville-schiltigheim.fr

Ouvert du 01/06 à fin septembre : du lundi au jeudi 13h30-16h. Samedi, dimanche et jours fériés 14h-18h. Gratuit.

Créé en 1926, ce magnifique jardin abrite pas moins de 390 variétés de roses et près de 4 000 rosiers (buissons, tiges, arbustes grimpants ou miniatures, etc.). Il est agrémenté de points d'eau : cascade, fontaine, bassin avec des plantes aquatiques et des poissons... ainsi que de bancs et de tonnelles pour se reposer à l'ombre des rosiers. La roseraie est gérée par l'Association des Amis des roses. La fête de la rose a lieu au début du mois de juin, avec des animations. Un parc avec une aire de jeux est situé juste à côté. Possibilité de visites guidées pour les groupes. Les grands romantiques et les horticulteurs en herbe seront subjugués par la beauté des lieux...

PARC / JARDIN

PARC DE POURTALÈS

Rue Mélanie - Parking gratuit

Ouvert toute l'année. 24h/24, 7j/7. Gratuit. Restauration.

Situé en lisière du très résidentiel quartier de la Robertsau, le parc de Pourtalès sert d'écrin au château du XVIIIe siècle, résidence de la comtesse Mélanie de Pourtalès. Aujourd'hui, les 24 hectares paysagers constituent un lieu de promenade très agréable à vélo ou à pied. On peut même y pique-niquer, se retrouver sur le terrain de tennis (gratuit) ou simplement faire une partie de ballon sans déranger qui que ce soit : il y a de l'espace ! Les amateurs d'art reconnaîtront les œuvres d'artistes contemporains. Ce bois aux nombreux arbres remarquables est entretenu de manière écologique par des vaches de race Highland Cattle ce qui lui confère un côté sauvage et naturel très appréciable.

PARC / JARDIN

PARC DE L'ORANGERIE

Avenue de l'Europe ✆ 03 88 52 28 28
www.visitstrasbourg.fr

Ouvert toute l'année. En accès libre. Gratuit. Restauration. Promenade en barque.

L'endroit rêvé pour se promener en famille, flâner au gré des saisons, ou faire son jogging. Il abrite un petit zoo où des singes, mammifères et oiseaux sont visibles, une mini ferme, des aires de jeux et un circuit de vieilles voitures pour les enfants. Le pavillon Joséphine, au centre du parc, accueille des expositions temporaires. Le Buerehiesel, jolie maison à colombages, abrite un restaurant gastronomique. Un bowling avec une terrasse permet de passer des après-midi et soirées pluvieuses. Dans le parc, on peut faire du vélo, du skate ou canoter sur le lac. N'hésitez pas à vous y rendre aussi en hiver : sous la neige, les lieux s'avèrent véritablement féériques !

PARC / JARDIN

JARDIN DE LA PLACE DE LA RÉPUBLIQUE

Tram arrêt République
Ouvert toute l'année. Gratuit.

Le Jardin de la Place de la République est un endroit très fréquenté dès que le soleil est au rendez-vous. Les promeneurs s'allongent volontiers sous les ginkgos biloba centenaires qui auraient été offerts par un empereur japonais vers 1880, ou sous les magnolias fleuris au printemps. C'est en 1919 que le jardin est nommé Place de la République. Le monument aux morts, placé au centre, fut quant à lui érigé en 1936. La ville de Strasbourg est symbolisée par une femme qui serre dans ses bras ses deux enfants agonisant, l'un français et l'autre allemand.

PARC / JARDIN

PARC DE LA CITADELLE

Rue de Boston ✆ 03 68 98 50 00
Tram arrêt Esplanade ou Winston Churchill
et bus arrêt AnkaraTram C et E arrêt Esplanade
Ouvert toute l'année. Gratuit. Accueil enfants (jeux). Animations.

La Citadelle, bien loin de l'actuel parc accueillant de 13 hectares, est à l'origine une création militaire hexagonale de Vauban de 1681 constituant la garde la plus probante du pont du Rhin et du bassin du port. Les douves qui longent le sentier sont agréables, plantées d'iris, de nénuphars et peuplées de nombreux animaux comme des canards et des poules d'eau. Vous trouverez des bancs au calme, terrains de basket et de pétanque, agrès de sport ainsi que des aires de jeux pour enfants. Lieu de pique-nique idéal, vous y rencontrerez l'été des vendeurs de glaces et de boissons fraîches et y profiterez de manifestations culturelles et musicales organisées régulièrement.

PARC / JARDIN

PARC SCHULMEISTER - SCHULMEISTERGUT

Rue du Rhin-Tortu

Situé dans le quartier de la Meinau, le parc Schulmeister s'intègre dans la coulée verte du Rhin Tortu (le Krimmeri). Construit autour d'un plan d'eau, on y trouve des aires de jeux ainsi que, non loin, des jardins familiaux. Pour la petite histoire, Charles-Louis Schulmeister était un espion œuvrant pour l'empereur Napoléon, qui a acquis en 1806 une canardière entourée d'un parc de plus de 200 hectares, au sein duquel il fait construire un château qui a été détruit en 1874. Des lagunes, des cascades et des chemins piétonniers agrémentés de mobilier de repos vous attendent.

SITE NATUREL

LA GRAVIÈRE NATURISTE

Route du Glaserwoerth
✆ 03 88 84 03 19
www.blauelsand.blogspot.fr
Ouvert toute l'année. Gratuit.

La plage est située à l'étang homonyme, parfois appelé étang de la Robertsau, à une dizaine de kilomètres au nord de Strasbourg. L'accès se fait par le quai Jacoutot, en direction du Port aux Pétroles puis toujours tout droit sur la route EDF entre le Grand Canal d'Alsace et la forêt. Au panneau rouge « Blauelsand », troisième entrée possible, se trouve un grand parking gratuit. Petit snack, toilettes, douches, tables de pique-nique, ping-pong et terrains de pétanque sont à disposition et vous avez la possibilité d'aller plus loin à d'autres gravières fréquentées plus particulièrement par un public naturiste gay et lesbien. L'avantage : un esprit naturiste non imposé qui est respecté.

SITE DE DÉCOUVERTE

FERME DU BRUEHL

8, rue Albert Schweitzer - **ECKWERSHEIM** ✆ 03 88 59 45 38
A 6 km de Strasbourg : sortie autoroute de Vendenheim.
L'exploitation est à proximité de la piste cyclable longeant le canal de la Marne au Rhin. - www.bienvenue-a-la-ferme.com
Sur réservation. Adulte : 5 €. Enfant : 5 €. Dégustation gratuite lors de l'animation. Accueil enfants.

Voilà une sortie ludique et originale pour les enfants : la découverte d'une exploitation agricole et de son environnement humain, animal et naturel. Dans le cadre d'une animation d'une demi-journée, Jeannine Bauer propose de découvrir sa ferme laitière. Vous pourrez ainsi participer aux soins des animaux, à une traite, admirer les machines agricoles... Mais aussi découvrir la vie de la vache, grâce aux explications et aux jeux : son alimentation, sa carte d'identité, l'évolution du veau à la vache... Une boutique ouverte de 16h à 18h permet également d'acquérir de délicieux produits laitiers, des œufs, des caissettes de viande ou encore des pommes de terre.

SITE DE DÉCOUVERTE

LE PLANÉTARIUM

13, rue de l'Observatoire ✆ 03 68 85 24 50
Tram arrêt Observatoire et bus arrêt Observatoire ou Arnold
www.jardin-sciences.unistra.fr
Ouvert mercredi de 14h30 à 16h30 ; dimanche de 14h à 16h. Adulte : 6 €. Enfant (de 4 à 16 ans) : 4 €. Visite guidée.

Le planétarium de l'université de Strasbourg est une salle de spectacle avec un écran en forme de dôme de 8 mètres de diamètre permettant de recréer une image de la voûte étoilée au plus près de la réalité. Il propose des séances fascinantes et très instructives permettant de découvrir les constellations, ainsi que des films immersifs sur les thèmes de l'astronomie et de l'espace. Il est implanté au cœur de l'Observatoire astronomique de Strasbourg, qui se visite également. La structure abrite la célèbre troisième plus grande lunette astronomique de France. Des visite guidées de la grande coupole et des spectacles sont proposés tout au long de l'année (programme sur le site Internet).

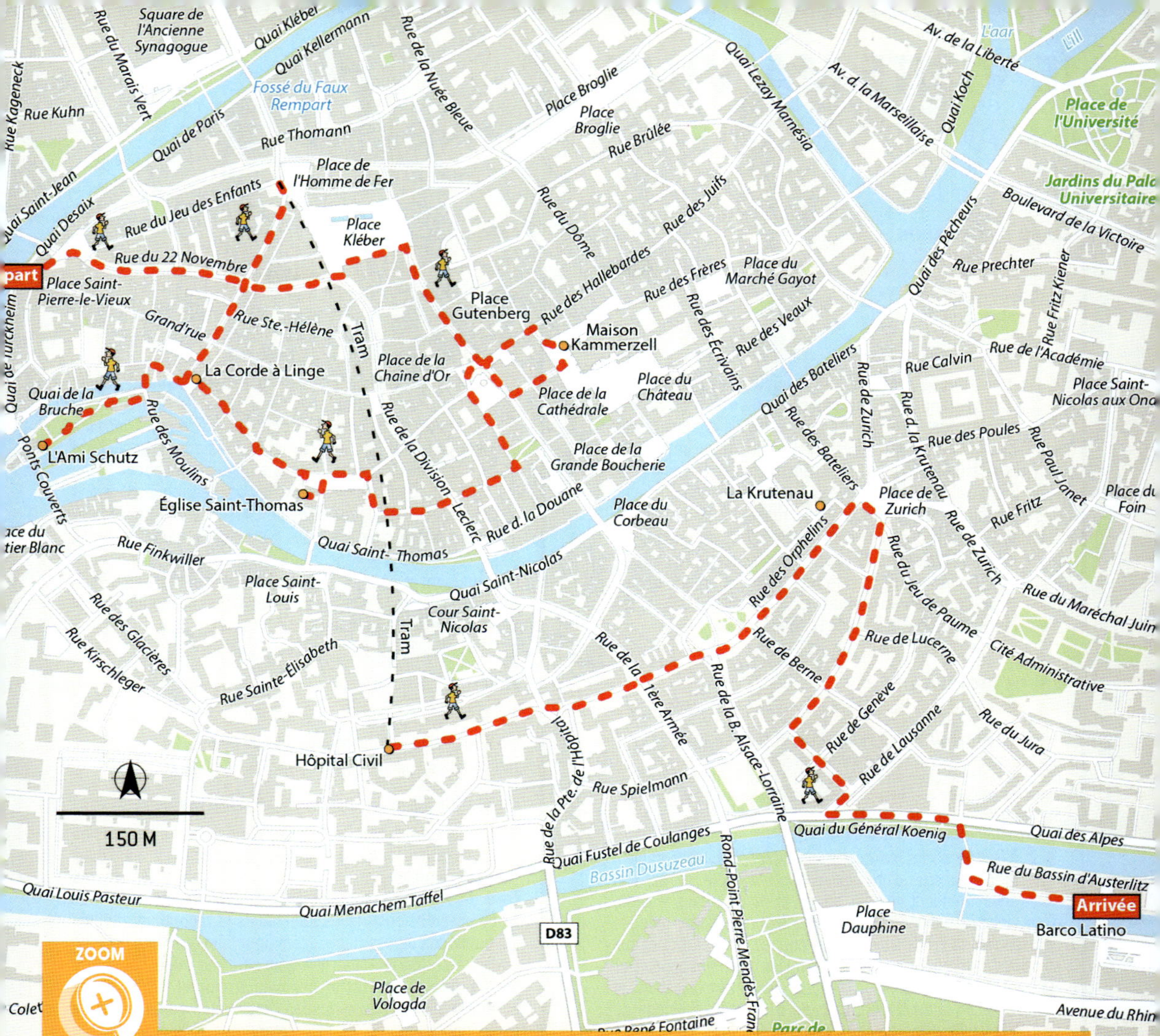

ZOOM

LE BARATHON DE STRASBOURG

Voici votre challenge, si vous l'acceptez : le barathon strasbourgeois alias la tournée des bars ! Cette aventure révèlera au passage quelques trésors du patrimoine. Commencez votre journée par l'église Saint Pierre-le-Vieux. Remontez la rue du Vingt-Deux Novembre et laissez-vous guider par les nombreux panneaux explicatifs. Prenez un café et une viennoiserie Chez Suzanne, dans un lieu emblématique avec de très beaux décors anciens sur la façade. Remontez la rue et passez par la place Kléber. Arrêtez-vous cinq minutes pour observer la Maison Rouge, la statue de Kléber, les façades de Schutzenberger : autant de détails surprenants qui en disent long sur l'histoire de la ville. Descendez la rue des Grandes Arcades et bifurquez rue Mercière. De là, vous aurez la vue mythique de la cathédrale. Arrivés sur la place, faites une petite pause avec une bière chez Kammerzel. Tournez la tête vers la façade de l'Hôtel Cathédrale et observez l'obus qui y est incrusté depuis la dernière guerre Mondiale. Retournez sur vos pas pour le repas de midi et découvrez la rue des Tonneliers et ses petits restaurants et bars sympathiques, après être passés par la place Gutemberg et, pourquoi pas, avoir fait un tour de manège. Pour le café, coupez tout droit en direction de la Petite France par la rue des Dentelles. Arrêtez-vous à Saint-Thomas, ses sculptures valent le détour ! Continuez ensuite jusqu'à la Corde à Linge où vous prendrez un verre en admirant les ponts tournants. Continuez jusqu'aux Ponts Couverts et petite halte chez l'Ami Schutz. Remontez à la place de l'Homme de Fer et prenez le tram A ou D. Descendez à l'Hôpital Civil et observez ses magnifiques bâtiments. Rejoignez la place d'Austerlitz, en faisant des emplettes dans la rue homonyme, et là arrêtez-vous selon vos envies au Café Bâle, chez Supertonic ou chez les autres pour un apéritif. Il est temps de manger, le ventre grogne, direction alors la Krutenau. Là, vous aurez le choix entre dîner dans un restaurant alsacien, africain ou indien et même pourquoi pas brésilien. Ceux qui veulent tenter le barathon extrême s'arrêteront plutôt au Purgatoire. Finissez votre journée en repartant en direction de la presqu'île Malraux et prenez un dernier verre sur le Barco Latino ou alors, si vous aimez les concerts, sur la Péniche Mécanique.

PARC D'ATTRACTION

FOIRE DE SAINT-JEAN

Parc des expositions du Wacken
Tram et bus arrêt Wacken.
Fermé du 24/06 au 16/07. Ouvert du lun au jeu 17h-00h ; ven 17h-1h ; sam et jours fériés 14h-1h ; dim 14h-00h.

Le rendez-vous annuel et immanquable des petits et des grands enfants, que vous veniez pour les churros ou pour les manèges. Cette grande foire accueille chaque année au Wacken les classiques pêches aux canards, simulateurs de vitesse, labyrinthe de verre ou encore maison aux zinzins. Mais les plus grands y trouveront aussi leur compte avec des sensations fortes : montagnes russes, marteau géant, élastique... Beaucoup de choix parmi les attractions et les stands de confiseries. Si vous venez le soir de l'ouverture de la foire, un feu d'artifice sera normalement tiré au-dessus de la zone. De belles attractions, mais certains jours, le lieu n'est pas ouvert toute la journée : dommage.

PARC ANIMALIER / FERME

PARC ANIMALIER FRIEDEL

Rue du Girlenhirsch - **ILLKIRCH-GRAFFENSTADEN**
✆ 03 88 66 80 80 - www.illkirch-graffenstaden.fr
Haute saison ouvert tous les jours de 14h à 19h. Basse saison mercredi et week-end de 14h à 18h. Gratuit.

Dans le quartier du Girlenhirsch, le parc animalier Friedel est un site de promenade qui accueille de nombreux animaux, dont certains se promènent librement dans les sentiers. Sur deux hectares, à l'ombre des arbres ou au bord de la mare, des chèvres, boucs, alpagas gambadent parmi les visiteurs. Dans leurs enclos, les vaches, poneys, lapins et poules... Les cigognes sont perchées dans leurs nids et les paons saluent les visiteurs avec leur cri caractéristique. C'est l'occasion de rencontres parfois impressionnantes, mais souvent attendrissantes pour les plus petits. Une balade parfaite à faire en famille pour se rapprocher du monde animal tout en se laissant... surprendre !

SITE DE DÉCOUVERTE

FERME DU BRUEHL

8, rue Albert Schweitzer - **ECKWERSHEIM** ✆ 03 88 59 45 38 - À 6 km de Strasbourg : sortie autoroute de Vendenheim. L'exploitation est à proximité de la piste cyclable longeant le canal de la Marne au Rhin. - www.bienvenue-a-la-ferme.com
Sur réservation. Adulte : 5 €. Enfant : 5 €. Dégustation gratuite lors de l'animation. Accueil enfants.

Voilà une sortie ludique et originale pour les enfants : la découverte d'une exploitation agricole et de son environnement humain, animal et naturel. Dans le cadre d'une animation d'une demi-journée, Jeannine Bauer propose de découvrir sa ferme laitière. Vous pourrez ainsi participer aux soins des animaux, à une traite, admirer les machines agricoles... Mais aussi découvrir la vie de la vache, grâce aux explications et aux jeux : son alimentation, sa carte d'identité, l'évolution du veau à la vache... Une boutique ouverte de 16h à 18h permet également d'acquérir de délicieux produits laitiers, des œufs, des caissettes de viande ou encore des pommes de terre.

ENFANTS

LE VAISSEAU

1 bis, rue Philippe-Dollinger ✆ 03 69 33 26 69
Tram arrêt Winston Churchill et bus arrêt Danube
www.levaisseau.com
Entrée après 16h30 : 4 €. Pass famille (2 adultes et 2 enfants) : 25 €.

Voilà 15 ans que le Vaisseau donne une belle occasion d'aller en famille à la découverte du monde par l'éveil et l'amusement des petits et des grands. Plongez au cœur de 6 univers composés de 130 éléments interactifs tous à la portée des enfants. Ils sont variés et répondent à toutes les questions de nos petits : comment faire tenir une balle en équilibre sur un jet d'eau ? À quoi sert une mare ? Que font les fourmis ? Une façon originale d'aborder les sciences et leur application au quotidien. Des visites guidées sur les expositions temporaires et permanentes (bilingues et pour les non-voyants) sont aussi proposées, ainsi que des activités spéciales durant les vacances scolaires.

ENFANTS

LE GRENIER

20 A, rue des Roseaux - **ILLKIRCH-GRAFFENSTADEN**
✆ 03 88 66 96 18 - www.illkirch.eu
Ouvert le lundi et le mardi de 15h à 18h ; le mercredi de 8h45 à 11h45 et de 15h à 18h. Accès libre

Le Grenier est une structure municipale réservée aux enfants de la naissance jusqu'à 6 ans, accompagnés d'un adulte (parent, grand-parent ou assistante maternelle). Cet espace d'accueil, convivial et chaleureux, permet aux enfants de jouer, explorer, échanger, découvrir... C'est également un lieu d'accueil pour les futurs parents. Des jouets sont mis à disposition des enfants. À noter, une initiative originale : un samedi matin par mois est réservé aux papas et grands-papas, histoire qu'ils se retrouvent également pour échanger. Il y a aussi des conférences-débats sur les thèmes de l'éducation et de la parentalité. Le centre est ouvert à tous les habitants d'Illkirch et des alentours.

PARC ANIMALIER / FERME

ZOO DE L'ORANGERIE

Allée de la Robertsau
✆ 03 88 61 62 88
Parc de l'Orangerie
Ouvert tous les jours de 10h à 17h. Gratuit.

Le zoo de l'Orangerie abrite 48 espèces différentes : flamant rose, lémur macaco, ibis chauve, macaque de Tonkean, chèvre sauvage de Crète, mouflon à manchette, ara, nandou, cigogne noire, bouquetin, coq de bruyère, fennec... La mini-ferme permet aux enfants de découvrir des animaux domestiques tout en assurant la préservation d'espèces françaises menacées. Les cigognes du zoo, sédentaires, voisinent avec celles de passage, nourries pendant l'hiver avant de repartir vers les pays du Sud. Au cœur du Parc de l'Orangerie, le zoo et sa mini-ferme offrent une sortie idéale en famille à la fois ludique et éducative qui fera le bonheur des petits et des grands enfants !

© EAK FRANCE/CHEMIN DES CIMES ALSACE

© EAK FRANCE/CHEMIN DES CIMES ALSACE

SITE DE DÉCOUVERTE

CHEMIN DES CIMES ALSACE

1, route de la BA 901
DRACHENBRONN-BIRLENBACH ✆ 03 69 50 86 00
www.chemindescimes-alsace.fr
Ouvert tous les jours et les jours fériés de 9h30 à 19h. Restauration. Boutique.

Avec un sentier d'une hauteur de 5 à 23 mètres, de nouveaux horizons sur la plaine du Rhin, la Forêt-Noire et les Vosges du Nord s'offrent à vous. Avec une longueur totale de 1 050 mètres, le Chemin des Cimes Alsace offre une expérience unique de la nature. Le point culminant est la tour panoramique de 29 mètres de haut, avec en son centre un toboggan de 75 mètres de long. Petits et grands s'amuseront, observeront le paysage, mais aussi apprendront beaucoup grâce à de nombreux panneaux informatifs et ludiques. Le Chemin des Cimes est une très belle sortie en famille ou entre amis, débutée par un charmant petit train. En fin de parcours, vous bénéficiez d'un espace pour vous restaurer.

© EAK FRANCE/CHEMIN DES CIMES ALSACE

© EAK FRANCE/CHEMIN DES CIMES ALSACE

© EAK FRANCE/CHEMIN DES CIMES ALSACE

ET POUR DORMIR ?

HÔTEL

7 HOTEL & FITNESS****

550, boulevard Sébastien-Brandt - **ILLKIRCH-GRAFFENSTADEN**
✆ 03 88 40 84 84 - Tram A : arrêt Campus Illkirch.
L'hôtel est situé à 700 m de l'arrêt de tram. - www.7hotel.fr

Hôtel 4 étoiles. 137 chambres. Restaurant, bar, accès illimité au club de fitness, SPA, salles de séminaire.

Idéalement situé dans le Parc d'Innovation d'Illkirch, l'établissement vous propose des chambres fonctionnelles et spacieuses. Certaines disposent d'un espace bureau, de deux lignes téléphonique, d'une connexion Internet et d'un écran plasma. Sur place, vous pourrez aussi profiter de l'ambiance musicale du Rock Star Café, de la salle de fitness de 2 200 m² adjacent à l'hôtel, et du spa. Le restaurant Le 7e Art propose un menu du marché avec des produits frais. et une décoration originale : celle du cinéma américain, avec aux murs les portraits de Marilyn, Bogart, Orson Welles signés par Joël Vallon, un peintre de la région. Pour les actifs, des salles de séminaire sont mises à disposition.

HÔTEL

CHÂTEAU DE POURTALÈS***

161, rue Mélanie ✆ 03 88 45 84 64
www.destination-pourtales.eu

Gratuit pour les -6 ans dans le lit des parents. -50 % sur prix adulte pour les 7-12 ans dans la chambre des parents.

Découvrez la vie de château à quelques minutes du centre-ville de Strasbourg ! Écrin de verdure au cœur du quartier de la Robertsau, le château de Pourtalès, bâti en 1750, a vu passer les élites et la noblesse de toute l'Europe comme Napoléon III, Franz Liszt ou encore Albert Schweitzer. Les chambres sont spacieuses et confortables et la vue sur le parc est imprenable. Les petits déjeuners peuvent être servis sur une terrasse fleurie en été. N'hésitez pas à louer des vélos. Strasbourg est tout près et se promener à l'ombre des grands arbres est un vrai bonheur. L'hôtel propose aussi un spa avec massages sur demande ainsi que des séances gratuites de cours de yoga.

HÔTEL

AROK ALSACE***

7, place de la Gare ✆ 03 88 11 45 00
www.arok-hotel.com

58 chambres. Chambre double de 206 € à 292 €. Petit déjeuner inclus. Poste Internet. Vente (sauna).

Très bien placé proche du centre-ville, cet hôtel offre des chambres douillettes et spacieuses. De style baroque, mais avec une touche moderne et une pointe d'art, son cadre est agréable et chaleureux. Au rez-de-chaussée, un espace de travail est disponible, avec iMacs, et plusieurs tables de travail... Naturellement un coin détente, plutôt bien équipé, est accessible à toute heure : bibliothèque avec cabinet de curiosité, grands canapés pour se prélasser, tables d'hôtes pour happy hours face au bar, jukebox, boutique... Mais aussi un espace cardio-training et un sauna. Cet hôtel chic et urbain est un véritable lieu de vie moderne, où la prestation est conviviale et de qualité !

HÔTEL

LE CIARUS

7, rue Finkmatt ✆ 03 88 15 27 88 - Bus arrêt Place de Pierre.
www.ciarus.com

Gratuit pour les enfants de moins de 3 ans. Lit bébé fourni gracieusement. Tarifs détaillés sur le site Web.

Lieu d'échange et d'ouverture, le Ciarus est un concept d'hôtellerie unique en France et ouvert à tous. Centre d'hébergement spécialisé dans l'accueil des groupes, l'établissement est un espace de rencontres à la fois cosmopolite et convivial. 91 chambres équipées de salles de bains privatives sont disponibles. Vous pouvez également louer des salles de réunion pour des conférences, des séminaires ou des colloques. Mais le Ciarus c'est aussi 600 m² d'espace de détente avec billards et baby-foot... Le restaurant self est ouvert tous les jours et propose des buffets de saison. C'est l'unique self de Strasbourg où des produits frais sont cuisinés sur place pour un très bon rapport qualité-prix.

HÔTEL

CHÂTEAU DE L'ÎLE*****

4, quai Heydt - **OSTWALD** ✆ 03 88 66 85 00
www.restaurants-chateau-ile.fr

Chambre double à partir de 155 € ; suite à partir de 660 €. Pension complète. Demi-pension. Petit déjeuner : 24 €.

Au cœur d'une véritable île de verdure, ce château du XIXe siècle entouré de ses maisons à colombages offre un cadre authentique et paisible. Cet ancien manoir, entouré d'un vaste parc verdoyant au bord de l'Ill, est une référence dans l'hôtellerie de luxe. L'aménagement des chambres et des suites témoignent du style de l'établissement : meubles anciens, baldaquins, coin boudoir... L'accueil est soigné. Pour vous restaurer, vous aurez le choix entre restaurant gastronomique ou Winstub. Spa et soins esthétiques complèteront cette parenthèse bien-être. L'espace piscine, hammam et sauna est accessible aux non-résidents de l'hôtel de 10h à 20h sauf le week-end et uniquement sur rendez-vous.

HÔTEL

COUR DU CORBEAU****

6-8, rue des Couples ✆ 03 90 00 26 26
Tram arrêt Porte de l'Hôpital.
www.cour-corbeau.com

57 chambres (dont 19 suites). Chambre double de 188 € à 530 € ; suite de 289 € à 800 €. Petit déjeuner : 24 €.

Ce bel hôtel style Renaissance est un haut lieu de l'histoire de l'hospitalité alsacienne. Idéalement situé avec vue sur l'Ill, cet hôtel fait partie des plus raffinés de la ville. Les chambres, grandes et lumineuses, de style Louis XV avec un parquet en chêne massif sont nuancées de touches subtiles de modernité, telles que les lits signés Sealy de la ligne Palace. Elles permettent de travailler au calme ou de se reposer en toute quiétude. Les salles de bains sont en ardoise, granit ou faïence. Une terrasse bien agencée permet à la belle saison de goûter aux bons vins de la région en extérieur mais le bar est tout aussi charmant. Une prestation de qualité !

HÔTEL
DIANA DAUPHINE***

30, rue de la Première-Armée ✆ 03 88 36 26 61
Tram arrêt Etoile Bourse. - www.hotel-diana-dauphine.com
Ouvert toute l'année. Accueil 24h/24. Animaux acceptés. Wifi gratuit. Service de ménage. Tv satellite.

Tout proche de la place de la Bourse et du Parc de l'Étoile, cet hôtel chic et contemporain propose des chambres épurées, avec des éléments de mobilier et des luminaires design. Chacune d'entre elles est équipée d'un téléviseur, d'un mini bar, d'un sèche-cheveux et de sanitaires privées. Les chambres « Privilège » sont de la même taille que les basiques mais les options sont plus nombreuses : peignoirs, chaussons, station d'accueil pour smartphones et lecteurs MP3, sans oublier bouilloire, thés et café. La salle du petit déjeuner buffet se situe au premier étage. L'accueil est impeccable avec un personnel parfaitement professionnel, souriant, aux petits soins sans être intrusif.

HÔTEL
HILTON****

1, avenue Herrenschmidt ✆ 03 88 37 10 10
Tram arrêt Lycée Kleber
www.strasbourg.hilton.com
De 95 € à 560 €. Petit déjeuner buffet : 25 € (continental : 15 €. Formule express du lundi au vendredi : 9 €).

Idéalement situé à proximité des accès autoroutiers et du tram, proche des institutions européennes et du parc des expositions du Wacken, le Hilton Strasbourg vous offre la possibilité de goûter aux privilèges de l'une des grandes chaînes de l'hôtellerie de luxe. L'ambiance est feutrée, comme il se doit. Les chambres sont spacieuses, lumineuses et bien sûr très confortables. Elles donnent toutes soit sur le Parlement européen, soit sur la cathédrale. Pour s'attabler, pas de demi-pension mais le divin restaurant Le H ! Le Hilton est également le lieu parfait pour organiser différents types d'événements comme des galas, des réunions d'affaire ou des fêtes privées.

HÔTEL
HOTEL AU BŒUF***

32, rue du Maréchal-Foch - **BLAESHEIM** ✆ 03 88 68 68 99
www.hotel-au-boeuf.com
3 étoiles. Logis 3 cheminées. Qualité Tourisme. 22 chambres (2 pour PMR). Chambre de 89 € à 119 €. Restaurant. Animaux.

Cet hôtel-restaurant est niché dans le charmant village de Blaesheim, au cœur du vignoble alsacien. L'hôtel Au Bœuf propose différentes catégories de chambre : il y en a pour tous les goûts. Deux chambres sont équipées pour les personnes à mobilité réduite. Un espace est réservé pour les plus jeunes, avec des jeux adaptés à tous les âges. En parallèle l'hôtel-restaurant propose 5 salles de séminaire, adaptables à tout type de manifestation. Le restaurant de l'hôtel est remarquable. La prestation est à la hauteur des attentes. Ses plats régionaux et sa carte des vins comblera les œnologues amateurs. Les produits régionaux sont de qualité au restaurant et au buffet du petit déjeuner.

HÔTEL
HÔTEL BEAUCOUR****

5, rue des Bouchers ✆ 03 88 76 72 00
Tram D arrêt Porte de l'Hôpital - www.hotel-beaucour.com
Chambre simple dès 134 €, suite dès 197 €. Petit déjeuner : 13,50 €. Gratuits pour les -12 ans.

En 1895, le bâtiment abritait une usine de cannes et de parapluies, aujourd'hui, c'est un hôtel de charme en plein centre de Strasbourg qui se réinvente avec régularité tout en gardant le raffinement comme maître-mot. Vous profiterez de quarante-neuf chambres suréquipées et aux belles dimensions : télévision LCD 32 pouces avec plus de 50 chaînes disponibles, minibar, climatisation... Elles possèdent presque toutes des baignoires balnéo pour s'offrir une parenthèse de détente après une journée de travail ou de tourisme ! Trois suites sont également proposées avec encore plus de confort. L'hôtel Beaucour propose souvent des offres spéciales sur son site, n'hésitez pas : bons plans à la clé !

HÔTEL
HÔTEL BOMA

7, rue du 22-Novembre
✆ 03 90 00 00 10
www.boma-hotel.com
103 chambres. Chambre double de 87 € à 369 €.

En Afrique, une *boma* est une enceinte entourée de palissades de buissons épineux qui protègent les habitants et le cheptel des animaux sauvages. Espace convivial, on s'y retrouve autour du feu pour manger, danser, échanger et partager avec autrui… C'est cette ambiance que cet hôtel tente de retranscrire à Strasbourg. Plus qu'un hôtel, Boma est un véritable lieu de vie avec de belles et grandes chambres confortables à la déco ethnique et chic. De nombreux services sont disponibles afin de permettre à chacun d'être à l'aise et de passer un agréable moment : restaurant, boutiques, bar, bistrot, café musical, garage, location de vélos, salle de fitness, de séminaires...

HÔTEL
HÔTEL CATHÉDRALE***

12-13, place de la Cathédrale ✆ 03 88 22 12 12
Tram arrêt Broglie
www.hotel-cathedrale.fr
Chambres de 105 € à 290 €.

Quelle chance que de pouvoir se réveiller et ouvrir les yeux sur la cathédrale ! Depuis bon nombre de chambres, c'est sur elle que vous aurez vue. Les chambres sont cocoon, romantiques, entièrement rénovées, décorées de peintures originales, aux meubles en bois lasuré, équipées de salles de bains tout confort, connectées au réseau wifi gratuit. Les lits sont immense et si douillets que l'on a du mal à en sortir... Les chambres Familiales Duplex peuvent accueillir une famille jusqu'à 3 personnes, dans un espace mansardé aux poutres apparentes. Le service est impeccable et il y a plein de petits avantages pour toutes vos envies quotidiennes, un superbe endroit où séjourner !

ET POUR DORMIR ?

HÔTEL

HÔTEL D'ALSACE***

187, route de Lyon - **ILLKIRCH-GRAFFENSTADEN**
✆ 03 90 40 35 00 - www.hotelalsace.com
Hôtel 3 étoiles. De 59 € à 71 €. Studio de 125 € à 180 €. PMR. Animaux acceptés. Hammam, sauna. Restaurant. Terrasse

Les chambres et les appartements de cet hôtel idéalement situé sur la route de Lyon, offrent un vrai confort allié à une douceur contemporaine. Très pratiques, les six salles modulables peuvent accueillir des séminaires. On peut également se retrouver au bar relooké par un mobilier design ouvert tous les jours de 8h à 22h30 pour un RDV. Le restaurant de l'hôtel propose des menus et des plats du jour, avec une cuisine du terroir et traditionnelle (suprême de volaille, risotto aux légumes...) Un espace de remise en forme est accessible pour tous les clients (salle de fitness et espace bien-être). Arrêt de tram « Illiade » est en face de l'hôtel, pour un accès direct à Strasbourg.

HÔTEL

HÔTEL GUTENBERG****

31, rue des Serruriers
✆ 03 88 32 17 15
Tram arrêt Langstross Grand Rue - www.hotel-gutenberg.com
Accueil 24h/24. 42 chambres (dont 1 chambre communicante). Chambre double de 89 € à 240 €. Petit déjeuner buffet : 14 €.

En plein centre-ville, à deux pas de la place de la Cathédrale et des commerces, l'Hôtel Gutenberg est un bel hôtel, idéal pour une escapade romantique au cœur de la capitale de Noël. Rénové de fond en combles en 2015, cet établissement dispose de chambres modernes, lumineuses et confortables, aux nombreux petits plus agréables pour le client : peignoir et chaussons, mini bar, grande télévision, machine à expresso et produits d'hygiène de qualité supérieure. Les chambres du dernier étage sont particulièrement charmantes puisque mansardées et offrant une vue imprenable sur les toits. Le petit déjeuner est copieux avec beaucoup de produits alsaciens proposés.

HÔTEL

HÔTEL HANNONG****

15, rue du 22-Novembre ✆ 03 88 32 16 22
Tram arrêt Homme de Fer - www.hotel-hannong.com
72 chambres : double de 79 € à 359 € ; suite de 149 € à 489 €. Petit déjeuner buffet : 16 €. Terrasse privatisable.

Situé non loin de la gare, du centre-ville et des principales attractions touristiques, l'hôtel Hannong doit son nom à l'ancienne usine de faïences de la célèbre famille hollandaise homonyme qu'il remplace. L'établissement fut réhabilité dans les années 1920 par les frères Horn. Cette maison possède un grand charme de par son parquet et ses grands espaces. Les chambres, à la fois élégantes et raffinées, sont très confortables. Le petit déjeuner est servi dans deux salons différents exprimant chacun une ambiance propre. Le premier est orné de belles boiseries, le second est une verrière particulièrement agréable aux heures où les rayons du soleil sont encore doux.

HÔTEL

HOTEL KAIJOO BY HAPPY CULTURE

20, rue du Jeu des Enfants ✆ 03 88 32 37 12
https://hotel-kaijoo.com
Chambre double à partir de 90 €. Petit déjeuner buffet : 14 €. Parking privé : 25 €/jour. Animaux acceptés (14 €).

Le Kaijoo vous accueille dans un esprit zen et convivial comme son nom l'indique : en japonais, *kai* signifie se rencontrer et *joo* est un clin d'œil ludique à l'adresse de cet hôtel qui fait partie du groupe HappyCulture Collection. Ses 66 chambres et suites invitent à la détente dans une ambiance scandinavo-nippone très séduisante. 6 chambres sont conçues pour héberger en tout confort jusqu'à 7 personnes. Ajoutez à cela un espace lounge superbement végétalisé, une salle lumineuse dédiée aux petits déjeuners servis en buffet copieux, sans oublier le Kaijoo Kafé.

HÔTEL

HÔTEL KAMMERZELL***

16, place de la Cathédrale ✆ 03 88 32 42 14 - Tram arrêt Broglie.
www.maison-kammerzell.com
Chambre simple de 110 € à 140 € ; chambre double de 150 € à 210 €. Petit déjeuner : 10 €. Restauration.

Face à la cathédrale, la Maison Kammerzell est l'une des plus belles et des plus anciennes de la ville. Depuis 1427, elle est là ! Elle a même été citée dans le livre des 100 lieux qu'il faut voir dans sa vie ! Avec toutes ses sculptures et ses fenêtres à vitraux en culs-de-bouteille, elle est un ravissement pour les yeux. Les neuf chambres qu'elle abrite sont climatisées et équipées de télévisions à écran LCD, minibars, bureaux et wifi. Profitez de ses magnifiques salles décorées par Léo Schnug, ses salons spacieux et chaleureux, et ses perspectives uniques sur la cathédrale. Passez aussi déjeuner ou dîner à son célèbre restaurant qui propose la fameuse choucroute aux poissons !

HÔTEL

HÔTEL LE GRAFFALGAR

17, rue Déserte ✆ 03 88 24 98 40 - Tram arrêt Gare Centrale.
www.graffalgar-hotel-strasbourg.com
Chambre simple à partir de 70 € ; chambre double à partir de 100 €. Animaux non autorisés.

C'est certainement l'un des hôtels les plus atypiques de Strasbourg. Ici c'est simple : 38 chambres = 38 artistes ! Chacune propose donc un univers qui lui est propre, selon la carte blanche donnée aux artistes urbains de la région lors de la création. Mais toutes proposent bien sûr des équipements et services de grande qualité pour un bon séjour. Le Graffalgar, c'est aussi beaucoup d'expositions, de vernissages, de conférences et d'événements en tous genres pour toujours plus de convivialité et de culture en véritable lieu de rencontre ouvert sur le monde. En plus, une coiffeuse maquilleuse a investi l'une des chambres pour vous refaire une beauté avant de sortir en soirée !

HÔTEL

HÔTEL LE GRILLON***

2, rue Thiergarten ✆ 03 88 32 71 88
www.grillon.com
Chambre simple de 80 € à 107 € ; chambre double de 95 € à 115 € ; chambre triple de 109 € à 133 €.

À deux pas du tram et de la gare, cet hôtel charmant est idéal pour venir visiter Strasbourg. Les chambres sont décorées sobrement et sont très confortables, certaines totalement insonorisées, d'autres spécialement équipées pour les personnes à mobilité réduite. Ressourcez-vous dans le patio plein de lumière et verdoyant ou bien profitez de la terrasse du bar « le plus sympa du quartier », la Perestroïka, où vous pourrez découvrir plusieurs vodkas ou bien jouer aux échecs avec de nombreux passionnés qui se retrouvent ici. Un hôtel vivant à découvrir et à apprécier. La grande différence : le service petit déjeuner jusqu'à 11h en semaine et midi le week-end et les jours fériés.

HÔTEL

HÔTEL LE KLÉBER**

29, place Kleber ✆ 03 88 32 09 53
www.hotel-kleber.com
Chambre simple de 55 € à 65 € ; chambre double de 60 € à 70 € ; chambre triple à partir de 80 €.

Le Kléber vous propose des chambres aux thématiques insolites. Chaque étage possède sa propre ambiance : harmonie des « épices et saveurs », ambiance fruitée avec les « fruits du verger », atmosphère gourmande avec les « idées sucrées ». Chaque chambre a une décoration en phase avec son nom : cardamome, amande, miel, pistache, noisette… Ce sont autant de petits nids douillets, soigneusement décorés où vous vous sentirez bien. La salle dédiée au petit déjeuner donne sur la place Kleber plein sud : le buffet propose tout ce qu'il faut pour bien commencer la journée, du sucré et du salé, des viennoiseries, céréales, jus de fruit, salades de fruits frais et différents thés.

HÔTEL

HÔTEL LES HARAS****

23, rue des Glacières ✆ 03 90 20 50 00
www.les-haras-hotel.com
Chambre double de 149 € à 490 € ; suite de 229 € à 605 €. Parking fermé : 30 €.

Cet établissement au cadre exceptionnel tient son nom des anciens Haras de Strasbourg, magnifique ensemble architectural du XVIIIe siècle, qui avait déjà été classé Monument historique en 1922. Les allusions au cheval sont nombreuses mais discrètes et suggérées. En 2021, un nouveau Spa de 400 m² avec 3 cabines de soin, une piscine de 18 mètres de long, un sauna, un hammam, un espace repos et un espace gym, 3 salles de séminaires et 60 chambres on été ajoutés ! L'hôtel dispose désormais de 115 chambres au total avec les catégories Classique, Supérieure, Deluxe et Suite. Ces dernières, d'une quarantaine de mètres carrés, sont parfois communicantes, idéales donc pour les familles.

HÔTEL

HOTEL ORIGAMI

16, rue du Bataillon de Marche
✆ 03 88 22 02 02
www.hotel-origami.com
8 € par nuit pour les petits chiens. Bar.

Situé près de la Rotonde et des tramways A et D, vous serez à moins de 5 minutes en transport en commun de la gare et de son centre-ville. De construction récente, l'hôtel est contemporain et offre tout le confort nécessaire pour que votre séjour se déroule au mieux. Chambres épurées, lits jumeaux ou encore suites familiales, elles sont équipées de la climatisation, d'écran plat et d'un canapé. Le luxe s'invite aussi dans la salle de bains avec sa vaste douche, son grand miroir lumineux pour parachever parfaitement votre maquillage. Clin d'œil à son nom, la décoration est très géométrique. Envie de prendre un verre ? L'hôtel abrite un espace bar de 250 m² où il est possible de se sustenter.

HÔTEL

HÔTEL RESTAURANT AU CERF D'OR***

6, place de l'Hôpital ✆ 03 88 36 20 05 - Tram arrêt Porte de l'Hôpital
www.cerf-dor.com
43 chambres : double de 75 € à 119 € ; suite de 145 € à 165 €. Pension complète : 50 €. Demi-pension : 30 €.

Au Cerf d'Or, c'est l'hôtel convivial par excellence. Il est situé sur la jolie place de l'Hôpital à côté d'une tour médiévale. Ici vous aurez le choix entre des chambres normales, des plus grandes avec salon ou des suites pour ceux cherchant plus de luxe. En plus du confort des chambres, vous pourrez aussi profiter du spa avec sauna, bain à remous, piscine et hammam. Au programme également : différents soins et massages. Côté restaurant, vous pourrez profiter des spécialités locales allant de l'intemporelle choucroute au cordon bleu sauce à la crème et champignons.

HÔTEL

HÔTEL-RESTAURANT AU CYGNE**

38, rue de la 1ère-Division-Blindée - **ESCHAU** ✆ 03 88 64 04 79
cygne-eschau.com
24 chambres. Chambre de 80 € à 155 €. PMR. Parking. Animaux accepté. Restaurant spécialités alsaciennes.

Membre du réseau Logis de France, l'hôtel-restaurant Au Cygne est un charmant petit établissement, situé à dix minutes de Strasbourg. Il est proche de différents golfs. Thierry et Frédérique Bouyoud vous accueillent dans un ancien corps de ferme dont les chambres sont simples mais belles. C'est un charmant hôtel, bien que les prix soient plutôt élevés. Vous pouvez vous restaurer dans une salle au plafond magnifique ou sur la terrasse verdoyante et ombragée. La cuisine servie est traditionnelle et savoureuse. Le service est attentionné, c'est appréciable.

HÔTEL

HÔTEL ROHAN****

17-19, rue du Maroquin ✆ 03 88 32 85 11 - Tram arrêt Broglie.
www.hotel-rohan.com

Formules spéciales sur le site Internet, les bons plans chambre + petit déjeuner + Strasbourg Pass.

En plein cœur du quartier médiéval et à deux pas de la cathédrale, le calme est le maître mot de cet établissement cerclé de rues piétonnes. L'hôtel Rohan mise avant tout sur son service d'exception. Dès l'accueil le ton est donné : la réception est des plus charmantes. Et les chambres confirment la première impression : pierre au sol, bois massif et lit blanc garni en douillets oreillers. Le généreux petit déjeuner est servi sur l'une des deux grandes terrasses, si la météo le permet, ou au salon de thé discret de l'hôtel. Dans ce lieu où règnent l'esprit cocooning et le haut de gamme, le client est véritablement roi et bénéficie de tous les services : imprimantes, prêt de parapluies...

HÔTEL

OKKO HOTEL****

46, rue du Bassin-d'Austerlitz ✆ 03 88 39 80 80
www.okkohotels.com

Chambre double de 89 € à 249 €. Animaux acceptés. Restauration.

Les dirigeants d'Okko Hotel ont bousculé les codes de la contemporanéité pour concevoir un espace fonctionnel et design et ce, afin d'offrir à leur hôtes un véritable séjour cocooning qui répond aux besoins des voyageurs d'aujourd'hui. La liberté que vous offre cet hôtel 4 étoiles est très différente de ses concurrents puisque votre carte magnétique vous donne accès à de nombreux services comme l'espace remise en forme, le salon et l'espace snacking, jour et nuit sans modération ni supplément. Le professionnalisme et l'amabilité d'Elena, d'Alberto et de toute une équipe qui sait rester discrète rajoutent encore à cette sensation de se sentir comme chez soi.

HÔTEL

HÔTEL SUISSE***

2-4, rue de la Râpe ✆ 03 88 35 22 11 - Proche de la cathédrale.
www.hotel-suisse.com

Chambre double à partir de 105 € ; chambre triple à partir de 149 €. Petit déjeuner : 12,90 €.

L'Hôtel Suisse est un établissement classée 3 étoiles niché dans une belle maison du XVIIe. L'accueil et le cadre sont très chaleureux. Les chambres sont confortables, claires et spacieuses, et donnent envie de prolonger la nuit par une grasse matinée ! À votre réveil, le petit déjeuner composé de viennoiseries alsaciennes (kougelhopf, streusel, couronne nattée...) est servi dans une jolie salle boisée ou en terrasse à la belle saison. Vous pouvez d'ailleurs profiter d'un thé ou d'un café accompagné de douceurs même sans être résident de l'hôtel. Une adresse également recommandable pour son excellent rapport qualité-prix et sa situation idéale, à deux pas de la cathédrale.

HÔTEL

RÉGENT CONTADES****

8, avenue de la Liberté ✆ 03 88 15 05 05 - Tram arrêt République
www.regent-contades.com

48 chambres (dont 2 suites, 8 suites junior et 2 chambres avec kitchenette, pour les longs séjours.

Le bâtiment du Régent Contades date du XIXe siècle et sa décoration rend hommage à l'Histoire : vitraux Art nouveau, mobilier de prestige, escalier monumental... Les prestations sont haut de gamme, les chambres raffinées, vastes et très confortables. Les petits déjeuners se prennent dans le salon Belle Époque mais sans lourdeur grâce à des moulures, des plafonds hauts et de la vaisselle en argent et porcelaine. Le Regency, *lounge-bar* et salon cossu très intimiste dispense boissons sans alcool et spiritueux de 11h à 1h du matin. Pour plus de tranquillité ou pour un cocktail privé, le petit salon Saint-Paul peut recevoir jusqu'à 10 personnes. Discrétion, sourire et accueil très professionnel.

HÔTEL

HÔTEL TROIS ROSES

7, rue de Zurich ✆ 03 88 36 56 95
www.hotel3roses-strasbourg.com

Chambre simple à partir de 55 € ; chambre double à partir de 60 € ; suite à partir de 95 €.

Ce charmant établissement dispose de chambres insonorisées bien décorées et bien équipées. Chaque détail a été pensé : l'espace, la tranquillité, la lumière, la chaleur du bois naturel, la couette moelleuse à souhait, les fleurs fraîches à la réception... Tout est fait pour rendre votre séjour le plus agréable possible. Les salles de bains avec baignoire ou douche sont équipées de sèche-cheveux. A disposition, lits bébés (sur demande) et chaises hautes. Son emplacement dans le quartier de la Krutenau en fait un endroit calme et paisible mais duquel, une fois sorti, on trouve vite de quoi s'amuser en extérieur. L'accueil de la famille Geyer qui tient l'hôtel depuis 1989 est très attentionné.

HÔTEL

RÉGENT PETITE FRANCE & SPA*****

5, rue des Moulins
✆ 03 88 76 43 43
www.regent-petite-france.com

Chambre double de 199 € à 535 € ; suite de 329 € à 870 €.

Luxueux établissement dont le livre d'or recèle les commentaires de Mary Higgins Clark, Jean Reno ou encore Catherine Deneuve, le Régent Petite France est un incontournable ! Ses chambres ont une vue incomparable sur l'Ill et proposent toutes de nombreux équipements favorisant la détente. Sur 200 m², le spa « Ô fil de l'eau » dispose de sauna, hammam, douche sensorielle et même d'une terrasse avec bain relaxant. La nuit, la vue sur Strasbourg y est magnifique ! Le restaurant Le Pont Tournant et son bar « Champagne » de grand standing font le bonheur de la clientèle.

HÔTEL

SOFITEL GRANDE ÎLE*****

4, place Saint-Pierre-le-Jeune ✆ 03 88 15 49 00
Tram arrêt Broglie
www.sofitel-strasbourg.com

Animaux acceptés (gratuit). Wifi. Restauration. Tv satellite, Canal +.

Le Sofitel Strasbourg Grande Île est le premier hôtel Sofitel au monde ! Ses chambres raffinées offrent un espace luxueux et confortable, la décoration allie classique et contemporain. Dans les salles de bains, sèche-cheveux et articles de toilette de la maison Hermès. On y apprécie le cadre feutré de l'espace bar où les barmen délivrent des cocktails classiques, mais aussi des créations originales. Au restaurant de l'hôtel, la cuisine est inventive et goûteuse. Dès la belle saison, profitez de la veste terrasse avec vue sur la belle église Saint-Pierre-le-Jeune. Autre espace ravissant : le patio intérieur cache un vignoble, où l'on peut siroter un verre en soirée ou bruncher en matinée.

HÔTEL

VOCO STRASBOURG CENTRE - THE GARDEN

9, rue des Magasins
✆ 03 88 10 10 47

Chambre double à partir de 94 €. Wifi gratuit. Restauration. Bain bouillonnant.

Dans ce bel établissement de luxe au style résolument contemporain, on prône volontiers un esprit éco-responsable avec des terrasses-jardins, des murs végétaux et une situation privilégiée au cœur de la ville. Meublées avec des matériaux naturels, les chambres ont le wifi gratuit, une literie de belle qualité et des salles de bains carrelées avec de puissantes douches. Les chambres Premium disposent en plus d'un canapé-lit, tandis que les séjours séparés et les terrasses privatives font des suites l'endroit parfait pour un séjour romantique et doucereux.

APPARTEMENT

LE 32

32, rue de l'Ail ✆ 06 62 54 64 13
www.le32strasbourg.fr

Réception ouverte 10h-18h hors week-end et jours fériés et sur RDV. Studio (2 pers.) à partir de 79 €/nuit. Wifi

Le concept de gîte urbain tend à se développer comme en témoigne Le 32, nouvelle forme d'hébergement qui propose des appartements et des studios, à deux pas seulement de la cathédrale de Strasbourg. Ils sont aménagés dans un bel édifice de 3 étages entièrement rénové en 2011. Décoration contemporaine et équipements haut de gamme (literie de qualité, cuisine américaine, lave-linge, lave-vaisselle, lecteur DVD, chaîne Hi-Fi, connexion Internet haut débit, lit enfant sur demande...). La possibilité de faire la cuisine permet d'éviter d'aller systématiquement au restaurant. Excellente adresse pour séjourner à Strasbourg en toute liberté, un peu comme chez soi !

RÉSIDENCE HÔTELIÈRE

LE JEAN-SÉBASTIEN BACH RÉSIDENCE ET SUITES****

6, boulevard Jean-Sébastien-Bach ✆ 03 90 41 30 00
www.bach-strasbourg.com

Animaux acceptés (10 € par jour et par animal). Wifi gratuit. Service de ménage. Tv satellite, Canal +.

La Résidence Jean-Sébastien Bach est située dans le quartier calme de l'Orangerie, proche du parc homonyme, ce qui lui offre une situation idéale au calme en plus des services haut de gamme qu'elle propose. Tous les équipements d'un 4-étoiles sont présents mais, en plus, chaque chambre, studio ou suite offre un balcon ou une terrasse ainsi qu'un coin cuisine. Indépendance et confort sont ici les maîtres-mots et, chose rare pour une résidence, on vous sert ici de beaux petits déjeuners en chambre ou en salle commune. Certaines célébrités de passage y ont leurs habitudes.

RÉSIDENCE HÔTELIÈRE

RÉSIDENCE CATHÉDRALE****

27, place de la Cathédrale ✆ 03 88 52 00 00 - Tram arrêt Broglie.
www.residence-cathedrale.fr

Ouvert toute l'année. Accueil 24h/24 (bagagerie également en 24h/24). 50 chambres.

Calme et confort sont les maîtres mots de cet établissement où l'on résidera pour un plus long séjour, dans une plus grande indépendance. Annexe de l'hôtel homonyme dont il est le voisin, il bénéficie de la même situation privilégiée, avec vue imprenable sur la cathédrale. Cinq loges composent l'ensemble : du Roraffe, Saint-Adelphe, des Masques, du Barbier et de la Licorne. Avec une superficie de 35 m² à 45 m², les studios sont idéals pour deux personnes et sont agencés intelligemment. Vous disposerez d'une kitchenette et d'un mini bar. Bien plus qu'un simple meublé, vous bénéficierez ici des prestations de l'hôtel (ménage, bagagerie...) tout en étant à l'aise comme dans votre appartement.

AUBERGE DE JEUNESSE

THE PEOPLE HOSTEL

7, rue de la Krutenau ✆ 09 78 36 20 27
www.thepeoplehostel.com

Chambre double à partir de 59 € ; dortoir à partir de 19 €. Restauration.

Idéalement situé à quelques encablures de la cathédrale, le People Hostel a pris ses quartiers dans une ancienne usine de tabac classée monument historique. Le quartier animé et plutôt estudiantin constitue une place forte pour cette grande auberge contemporaine aux très beaux volumes qui ne trahit pas la culture héritée des lieux. De nombreux services sont à disposition (wifi gratuit, bar, salon...) et vous ne manquerez pas de déguster un petit cocktail sympathiquement préparé par le barman sur la grande terrasse qu'offre l'établissement. Le personnel est aux petits soins et fort agréable. Côté activités, c'est impeccable : vous êtes au plus près de tout ce que Strasbourg a à offrir !

CHAMBRE D'HÔTE

BED AND KOUGELHOPF

73, rue Principale - **MITTELHAUSBERGEN** ✆ 06 06 73 72 37
www.bedandkougelhopf.com

5 chambres. Prix moyen d'une chambre double : 80 €. Petit déjeuner inclus. Parking. Animaux acceptés.

Entre ville et campagne, Bed and Kougelhopf est une belle maison d'hôtes qui met l'accent sur la tradition alsacienne et la qualité de l'accueil. Dans un ancien corps de ferme réhabilité, la famille Gerber dispose de cinq chambres dans lesquelles opère tout le charme de l'Alsace : de superbes meubles d'époque, des poutres apparentes... Mais le confort du moderne est bien présent grâce aux douches à l'italienne, wifi, sèche-cheveux. Le petit déjeuner complet est servi à l'heure souhaitée dans la jolie salle commune ou dans le petit jardin. Vous pourrez préparer votre propre repas dans la cuisine tout en profitant de la compagnie et de l'expertise d'Armande, la délicieuse maîtresse des lieux.

CHAMBRE D'HÔTE

CHAMBRES D'HÔTES - MAISON BLEUE 67

50, rue Principale - **KURTZENHOUSE** ✆ 06 16 50 05 01
www.maisonbleue67.fr

Chambre double de 70 € à 80 €. Demi-pension. Petit déjeuner inclus. Parking ouvert inclus. Wifi gratuit.

La Maison Bleue, ce sont des chambres d'hôtes de charme à l'écart de la ville mais très bien situées pour visiter l'Alsace. Ici on vous reçoit comme de vieux amis de passage dans des espaces dédiés fonctionnels, agréables et accueillants avec de la déco typiquement alsacienne. Pas de télévision assourdissante et addictive : ici, on déconnecte dans la douceur suave du jardin ! Vos hôtes se feront un réel plaisir de partager le petit déjeuner et leur table d'hôtes maison qui rend un bel et savoureux hommage aux produits locaux, du terroir, et aux recettes régionales.

CHAMBRE D'HÔTE

LE CHÂTEAU D'OSTHOFFEN

1, rue du Château - **OSTHOFFEN** ✆ 03 88 96 00 23
www.chateau-dosthoffen.com

7 chambres. Simple 100 €. Double à partir de 140 € (selon la saison). Petit déjeuner inclus. Parking.

Passer une nuit dans ce cadre d'exception est réellement une expérience particulière à vivre absolument. Transformé à plusieurs reprises, ce château médiéval du XIIe a subi d'importants travaux, effectués au XIXe siècle par les généraux de Grouvel, dont les descendants occupent toujours les lieux. Le château est entouré d'un très beau parc à l'anglaise où la flore se dévore des yeux. Les chambres, fastueuses, portent les noms des membres de la famille. Dans chaque chambres des objets, gravures et portraits rappellent les épisodes de la vie de ceux qui ont vécu au château. Un lieu parfait pour se fondre dans la petite histoire et oublier les tracas du monde contemporain.

CHAMBRE D'HÔTE

LA CINQUIÈME SAISON

16, rue de la Gare - **MUNDOLSHEIM** ✆ 03 88 19 08 70
www.bed-and-breakfast-alsace.com

Ouvert toute l'année. 3 chambres. Chambre simple 66 € ; chambre double 76 €. Petit déjeuner inclus.

Marie-Odile et Francis Fritsch ont aménagé trois chambres d'hôtes dans leur charmante demeure des années 1930 proche de la gare de Mundolsheim. Situées à l'étage, avec vue sur le jardin, les chambres sont lumineuses et confortables. Chacune dispose de ses propres commodités mais attention, ici on déconnecte : pas de télé ! Le petit déjeuner, copieux et artisanal, est servi dans la véranda avec vue sur le jardin, entre l'atelier d'artiste et le piano, ou sur la terrasse quand le temps le permet. Vos hôtes sauront vous recevoir avec le sourire et vous conseiller sur les bons plans et visites incontournables de la région. Les confitures, au petit déjeuner, sont faites maison !

CHAMBRE D'HÔTE

LA COUR DES AMIS

9, rue Hohl - **VENDENHEIM**
✆ 06 08 81 96 85
www.lacourdesamis.fr

Chambre double de 70 € à 85 €.

Pour votre confort, Monique et Claude mettent à votre disposition une chambre accueillante et agréable avec salle d'eau individuelle. Conviviale et d'une sympathique surface de 22 m², elle est indépendante du reste de la maison, qui s'avère être une ancienne ferme alsacienne à colombage datant de 1734. Tout un morceau d'Histoire ! Vous y trouverez de nombreux équipements pour faciliter votre séjour et une décoration bien conçue et apaisante, propice aux escapades entre amoureux par exemple. Si vous souhaitez apprécier pleinement un petit déjeuner bucolique par une météo clémente, vous pouvez profiter du salon d'été installé dans la cour de cette ancienne ferme.

GÎTE

LA MAISON ROUGE

7, rue du Kochersberg
✆ 03 88 27 04 72

Jeux pour enfants. Animaux acceptés. Connexion Internet. Wifi. Salon de jardin. Tv satellite.

C'est une belle bâtisse carmin quasiment centenaire, une vraie demeure de famille qui vous accueille pour un séjour au calme. Jadette et son mari ont aménagé le 1er étage de leur demeure en gîte confortable et chaleureux. On s'y sent comme chez soi, d'autant que l'on dispose d'une entrée indépendante. Les chambres sont coquettes, l'une dispose de 2 lits jumeaux, l'autre d'un grand lit. La vue sur le grand jardin est fort appréciée. Cuisine et salle de bains sont idéalement équipées. Tennis et piscine sont à deux pas et de nombreux commerces sont à proximité. L'adresse demeure plutôt confidentielle mais facile d'accès, en direction d'Ikéa, à quelques encablures du marché de la gare.

JE ME RÉGALE

Envie de partir en Asie et de manger des plats savoureusement épicés mais pas les moyen de sauter dans un avion pour une semaine ? Allez ! Il vous reste toujours la possibilité de vous attabler à la terrasse d'un restaurant indien. À moins que vous n'optiez pour un chinois ou un afghan.... Un coup de fil à un ami, il vous aidera à choisir et vous accompagnera sans doute. Il ne reste plus qu'à feuilleter le guide. Il y a du choix. Génial ! Vous finirez même par trouver un restaurant romantique pour inviter votre nouvelle conquête... Pour le restaurant gastronomique, il faudra attendre la prime de fin d'année ! Dans la foulée, vous en profitez pour chercher une winstub qui accueillera la fête familiale prévue dans 2 mois. Dans quelle ville irez-vous ? La Robertsau verdoyante, Plobsheim et son plan d'eau, Lingolsheim et ses jolies maisons... Et si vous avez la flemme de cuisiner, la solution est dans ces pages ! La rubrique « Vite fait, bien fait ou chez soi » liste les établissements qui proposent des plats à emporter. Sur le pouce, ou au comptoir d'un food truck, la variété est au rendez-vous !

NOUVEAU !

VOTRE GUIDE DEVIENT INTERACTIF

TAPEZ **PETITFUTE.APP** DANS LE NAVIGATEUR DE VOTRE SMARTPHONE.

PRENEZ UNE PHOTO DE LA PAGE DÈS QU'ELLE A CE PICTO !

GASTRONOMIQUE

1741

22, quai des Bateliers ✆ 03 88 35 50 50
Bus arrêts Saint-Guillaume ou Zurich.
www.1741.fr

Ouvert du jeudi au lundi de 12h à 15h et de 19h à 23h. Menu 5 plats : 105 €. Menu 7 plats : 135 €.

C'est dans une jolie bâtisse bourgeoise que le 1741 s'est installé, offrant une vue imprenable sur le palais Rohan, à qui il doit son nom. C'est dans l'un de ses salons-boudoirs ou au cœur de l'espace cuisine ouverte que vous aurez le plaisir de déguster une véritable cuisine gastronomique. Aux fourneaux, le chef Olivier Nasti, MOF 2007 vous propose une cuisine du terroir pleine de saveurs et riche en émotions. Foie gras, homard bleu breton, turbot ou encore merlus. Des recettes élaborées mêlant savoir-faire et créativité qui lui valent une étoile au guide Michelin cette année. Élégance et raffinement sont les maîtres-mots de cet établissement où l'accueil est très professionnel.

GASTRONOMIQUE

LA CASSEROLE

24, rue des Juifs ✆ 03 88 36 49 68 - Tram arrêt Broglie.
www.restaurantlacasserole.fr

Ouvert du mardi au samedi le midi et le soir. Menus à découvrir. Bons cadeaux par tranche de 50 €.

Cédric Kuster vous reçoit dans un cadre feutré et raffiné en véritable maître de maison assisté par son équipe très professionnelle. Design épuré, élégant et sobre, la Casserole vous séduit. À la carte, des saveurs incroyables et des plats très goûteux. Les produits de saison et souvent locaux sont travaillés au travers de mariages subtils : chair de tourteau kaviari parfumée à l'huile de noisette et rafraîchie à la pomme, carré de veau de Dordogne käsknepfle et champignons farcis aux poireaux, filet de sandre et feuille de chou grillé en illusion d'une choucroute et crème légèrement fumée... Pour finir, pourquoi pas la tarte au citron meringuée déstructurée ? Divin !

GASTRONOMIQUE

LE BUEREHIESEL

4, parc de l'Orangerie ✆ 03 88 45 56 65
www.buerehiesel.fr

Du mardi au samedi de 12h à 13h30 et de 19h30 à 21h30. Menus de 72 € à 104 €.

Chef étoilé du Buerehiesel (1* Michelin 2019), Eric Westermann perpétue avec toujours autant de talent et de passion la renommée de son restaurant tout en valorisant les produits du terroir alsacien mais aussi d'ailleurs. La carte du moment se révèle riche en petits bonheurs comme les cuisses de grenouilles au cerfeuil et schniederspaetle. Les produits de saison sont mis à l'honneur et le pain est fait maison. Entre verrière, terrasse et salons feutrés, le cadre du Buerehiesel s'avère aussi bucolique que la carte des mets ! Des menus spéciaux sont proposés pour chaque occasion : Saint-Valentin, Noël, Nouvel An... Grâce aux bons cadeaux, vous pouvez offrir ce moment délicieux à quelqu'un...

GASTRONOMIQUE

CÔTÉ LAC

2, place de Paris - **SCHILTIGHEIM** ✆ 03 88 83 82 81
www.cote-lac.com

Ouvert du lundi au dimanche le midi. Du mardi au samedi le soir. Carte et menu. PMR. Terrasse.

Ce restaurant gastronomique est niché au bord d'un petit lac, promesse d'un joli moment de douceur dédié à la gastronomie. Depuis la terrasse ou de la salle du restaurant, vous pouvez contempler la beauté apaisante du lac. Le service est précis et très attentif à vos besoins et desideratas. Restaurant contemporain, Côté Lac vous propose un moment culinaire d'exception où les plats sont présentés de manière délicate et graphique. Yoann Gonzalez, chef talentueux, réalise une cuisine à partir de produits du marché. La carte évolue régulièrement. Leur boutique en ligne vous permet d'acheter des coffrets de vins, spiritueux ou épices, dans des tubes dégustation.

GASTRONOMIQUE

LA CARAMBOLE

14, avenue Pierre Mendès France - **SCHILTIGHEIM**
✆ 03 88 47 44 44 - Tram arrêt Futura Glacière
www.restaurant-lacarambole.com

Ouvert du lundi, mardi et jeudi : midi et soir. Mercredi et vendredi midi. Fermé le WE. Menu du marché 35 €. Terrasse.

Le chef Francis Scordel, forgé par son expérience dans les meilleurs Châteaux Relais de l'Hexagone et aux Baux de France (3 étoiles au Michelin), a apporté son savoir-faire au restaurant La Carambole. Mélanges subtils et créatifs (chutney de rhubarbe, sorbet au vinaigre balsamique) accompagnent divinement les poissons et viandes de qualité. À la carte par exemple : salade de poulpe fondante « Riviera », cébette et tomates séchées, rémoulade de pomme de terre « Crécy » ou jarret de veau cuit à basse température, vinaigrette au xérès « Pedro Domecq », boule froissée croustillante, dés de foie gras et voile transparent vous attendent, entre autres mets fantastiques.

GASTRONOMIQUE

AU CROCODILE

10, rue de l'Outre ✆ 03 88 32 13 02 - Tram arrêt Broglie
www.au-crocodile.com

Ouvert du mercredi au samedi le midi et le soir. Réservation impérative. Menus de 42 € à 128 € (hors boissons).

Le célèbre Crocodile strasbourgeois a fait peau neuve avec un tout nouveau décor. En cuisine, le talentueux chef Romain Brillat a pris la relève. Il affiche un palmarès remarquable et a forgé son expérience dans différents restaurants étoilés de France. Sa cuisine créative s'inspire des traditions alsacienne et ses présentations sont de véritables réalisations artistiques. Ce fameux restaurant offre une belle prestation. Pour vous en convaincre, jetez donc un œil sur la carte du moment : terrine de foie gras au vin jaune, aiguillette de saint-pierre, perdreaux sauvages aux choux ou encore l'agrume, crémeux au citron et confit d'agrume... Une belle expérience gastronomique.

GASTRONOMIQUE
LA FABRIQUE

32, rue de la Gare - **SCHILTIGHEIM** ✆ 03 88 83 93 83
www.lafabrique-restaurant.com

Ouvert du mardi au samedi et midi et soir. Menu découverte. Terrasse.

Dans un décor raffiné et confortable, vous vous installerez dans une belle salle très lumineuse. Le chef Xavier Jarry a été récompensé par la distinction « Grand de demain » délivrée par Gault & Millau. Après avoir travaillé auprès de grands gastronomes, il a décidé de se mettre à son compte, pour notre plus grand plaisir car il vous concocte à La Fabrique des plats savoureux et délicats, inventifs à souhait. Cette très belle adresse proche du centre-ville vous propose une carte évolutive : des créations de saison, la redécouverte de plats alsaciens ou encore un menu Découverte. Le service est précis et attentionné, y compris sur la charmante petite terrasse dans la cour intérieure.

GASTRONOMIQUE
LES FUNAMBULES

17, rue Geiler ✆ 03 88 61 65 41 - Bus arrêt Golbery.
www.restaurantlesfunambules.com

Ouvert le mardi et du jeudi au samedi le midi et le soir ; le mercredi midi. Le midi, entrée/plat/dessert : 24 €.

Cette jeune adresse est managée au cordeau par trois amis qui, à la sortie du lycée hôtelier Alexandre Dumas à Illkirch, se rêvaient d'être des funambules des fourneaux. Chloé, Guillaume et Jean-Baptiste concrétisent aujourd'hui leurs désirs de cuisine authentiquement bonne et bio au fil de mets élaborés saisonnièrement dans la cuisine de leur très sympathique restaurant. Tout est fait 100 % maison à partir de produits frais et locaux. Au fil des suggestions du jour, vous êtes conviés à vous régaler ici, par exemple, d'une brioche vapeur de tête de cochon au bouillon pho. Belle inventivité en cuisine, accueil agréable et prix tout à fait corrects. Que demander de plus ?

GASTRONOMIQUE
LES PLAISIRS GOURMANDS

35, route du Général de Gaulle - **SCHILTIGHEIM** ✆ 03 88 83 55 55
https://les-plaisirs-gourmands.com

1 Étoile au Guide Michelin. Ouvert du mercredi au samedi à midi et le soir. Mardi uniquement le soir.

Le Chef Guillaume Scheer avait déjà décroché une Étoile Michelin lorsqu'il était aux fourneaux du restaurant 1741. Sans surprise, il obtient ce macaron pour Les Plaisirs Gourmands, établissement qu'il a ouvert en 2018. Avec sa femme Charlotte, qui gère la salle avec virtuosité, le duo réalise une belle prestation. Le chef excelle dans la maîtrise des saveurs et propose une cuisine moderne et créative. Ce qui le démarque ? Des sauces aux notes d'agrumes et d'herbes fraîches ! Des menus en 4 ou 5 temps, ou des plats à la carte raviront vos papilles : Saumon gravelax en maki / glace au riz vinaigré / crème de wazabi, ou encore Le Pigeonneau de nid de chez Theo Kiffer / jus au whisky Uberach.

GASTRONOMIQUE
LE VIOLON D'INGRES

1, rue du Chevalier-Robert ✆ 03 88 31 39 50
www.le-violon-dingres.com

Menus de 58 à 64 €. Formule midi : 36 €. Prix à la carte : 31 €. Ouvert samedi de 19h30 à 21h. Dimanche de 12h à 13h.

Incontournable restaurant strasbourgeois, Le Violon d'Ingres est un lieu dédié aux plaisirs de la bonne chère. La carte, régulièrement mise à jour, se lit comme un livre de poésie et vous emporte dans un univers de douceurs sucrées et salées qui sauront vous rassasier. En entrée, vous pourrez déguster des salades de homard ou bien des escalopes de foie gras, croûtons de pains d'épices. À la page des plats : noix de Saint-Jacques rôties, sauce vanille ou chateaubriand de bœuf, raviolis niçois. En guise de conclusion sucrée : tartelettes fines aux framboises, confiture de lait ou dômes tout chocolat, sorbet cacao. Gourmets et gourmands trouveront ici leur bonheur !

GASTRONOMIQUE
ZIMMER

23, rue des Héros - **LA WANTZENAU** ✆ 03 88 96 62 08
www.restaurant-zimmer.fr

Ouvert du mardi au samedi à midi et soir, et dimanche midi. Menus de 28 € à 65 €. Terrasse.

Dans un cadre agréable, doux et chaleureux, Paula et Dominique Nadeau savent mettre en valeur leur savoir-faire. Un mélange entre cuisine particulièrement inventive et saveurs du terroir magnifiées. La carte est sélective, avec des produits frais et de qualité issus des marchés locaux. On apprécie la présentation imaginative, raffinée et pleine de couleurs appétissantes. Le chef s'est formé auprès des meilleurs chefs étoilés, dont notamment le maestro Joël Robuchon. Pendant les beaux jours, profitez de la belle terrasse fleurie pour un moment bucolique. Nous vous recommandons le Menu découverte idéal pour avoir un bel et large aperçu des prestations culinaires proposées.

GASTRONOMIQUE
ZUEM YSEHUET

21, quai Mullenheim ✆ 03 88 35 68 62
www.zuem-ysehuet.com

Ouvert du lundi au vendredi de 12h à 13h30 et de 19h30 à 21h30. Réservation recommandée. Menus de 30 € à 82 €.

Delphine et Stéphane Kaiser gèrent avec maestria cette belle maison bucoliquement. Son nom *Zuem ysehuet* signifie « casque de fer » en allemand. Le casque de l'enseigne est cependant d'origine espagnole. À l'intérieur, le décor est contemporain, à la fois sobre et élégant. De belles tables sont dressées dans le jardin durant l'été. Le restaurant est notamment réputé pour sa cave considérée comme l'une des plus belles de Strasbourg. Excellence des produits et valorisation du terroir sont les maîtres mots en cuisine : tranches d'espadon à la verveine et au kiwi, queue de lotte en bouillon de crustacés... Une adresse où raffinement et élégance sont déclinés avec aisance et sans artifices.

BISTRONOMIE

AU COIN DES PUCELLES

12, rue des Pucelles
✆ 03 88 35 35 14
Tram arrêt République ou Broglie.
www.aucoindespucelles.fr
Maître Restaurateur.

© AU COIN DES PUCELLES

Au Coin des pucelles innove : produits frais et locaux en direct des producteurs, cuisine de chef maison, fraîche et de saison, respect animal, choix des origines et des labels... Dans le menu du chef qui change chaque semaine, on est toujours certain de trouver la meilleure qualité ! On y aura toujours un choix de viande, un de poisson et un végétarien. À la carte, les incontournables sont la tourte Élisabeth (pâte maison, beurre paysan, champignons des bois, volaille label Rouge...) et la tête de veau. Pour accompagner cela, vous trouverez une sélection de plus de 150 vins alsaciens ou de l'intérieur, dont beaucoup en bio ou en nature, 30 schnaps et des alcools de toute la France !

BISTRONOMIE

AUX 12 APÔTRES

7, rue Mercière
✆ 03 88 32 08 24
Cuisine en continu.

On connaît les 12 apôtres pour ses bières mais ce que l'on sait moins, c'est que l'on peut aussi s'y restaurer et même très bien ! La cuisine ici est authentique, travaillée mais sans prétention, loin des attrape-touristes du quartier. Les produits utilisés sont frais et locaux, et les bons petits plats se partagent toute la journée dans une grande convivialité. Des classiques aux innovations, on trouvera toujours quelque chose pour ravir les papilles et d'ailleurs le nombre de locaux habitués du lieu en est la preuve ! Le bar complète le restaurant, toujours avec un large choix de bières minutieusement sélectionnées et de vins fins, à déguster pourquoi pas autour d'une planchette apéritive.

BISTRONOMIE

LA BRASSERIE DES HARAS

23, rue des Glacières ✆ 03 88 24 81 40
Bus arrêt Saint-Thomas Finkwiller.
www.les-haras-brasserie.com
Ouvert tous les jours de 12h à 14h et de 19h à 22h. Bar Lounge de 19h à minuit. Carte : 45 €.

L'accès s'effectue d'abord par un porche puis par une magnifique cour où boire un verre en été se révèle très agréable. Une fois à l'intérieur, vous pourrez vous installer dans une magnifique salle aux boiseries apparentes dans laquelle s'étend un escalier majestueux. La carte met ses vins à l'honneur et mise sur les valeurs sûres qui font la renommée de la viticulture alsacienne. Une belle sélection de vins au verre vous est également proposée. Vous dégusterez ici une cuisine moderne et conviviale où les grands classiques de la cuisine française trouvent leur place aux côtés des spécialités du terroir alsacien ou d'inspirations en provenance du monde entier.

BISTRONOMIE

LE CHAPITRE

95, rue de Bâle ✆ 09 81 09 32 22
lechapitre.eatbu.com
Ouvert du mardi au vendredi de 12h à 13h45 et de 19h à 21h45 ; le samedi de 19h à 21h45. Suggestion du jour : 13,50 €.

Vous trouverez ici une ambiance cocoon, épurée mais chaleureuse. Le Chapitre, c'est une cuisine inventive, faite de produits frais et du marché, avec quelques classiques revisités et sublimés. Produits de saison obligent, les plats varient pour notre plus grand plaisir. Dans la tradition française mais avec une bonne dose de créativité, les saveurs sont mariées dans des accords surprenants mais très intéressants. À l'intérieur ou en terrasse, on profitera d'une vaste proposition de vins au verre pour accompagner les mets choisis. Pour vos évènements, le lieu est privatisable et modulable selon vos envies, avec un menu spécialement conçu pour vous par le chef.

BISTRONOMIE

L'ENDROIT

5, rue de Zurich ✆ 03 88 23 48 45
lendroit-strasbourg.com
Ouvert du mardi au samedi de 11h45 à 14h20 et de 18h45 à 22h30. Menu à 35 €. Suggestion du jour : 20 €.

Carine Jung et le Chef Guillaume vous accueillent à L'Endroit. La décoration est élégante et épurée, servant d'écrin idéal aux plats magnifiques qui sortent de la cuisine et embaument l'air. Les produits utilisés restent locaux et de saison, la carte varie donc régulièrement mais les plats sont toujours créatifs, contemporains et offrent des découvertes de mélange et de saveurs en permanence. Par exemple à la carte : filet de bœuf grillé sauce crème à l'huile de truffe, ris de veau meunière sauce morilles, magret de canard poêlé et jus court au cassis... Pour accompagner cela, on profite d'une belle sélection de vins variés proposés au verre ou à la bouteille.

BISTRONOMIE

LE 1387 BAR ET RESTAURANT

4, rue des Francs-Bourgeois
✆ 03 88 32 08 60
maison-rouge.com
Tous les jours midi et soir.

Touristes et Strasbourgeois se retrouvent dans cet élégant lieu de rencontres à l'ambiance feutrée. Une sélection de grands vins y est proposée ainsi que de nombreux cocktails élaborés par notamment le célèbre barman strasbourgeois Cesar Debus, à déguster en accompagnement de délicieux « finger food » haute-couture, ou simplement en se relaxant devant la cheminée. Vous l'aurez compris ici le but est de goûter un peu à tout pour déjeuner ou pour dîner. Mais attention : les tapas proposées sont réellement très élaborées, délicieuses et inventives.

BISTRONOMIE

LE BOTANISTE

3, rue Thiergarten ✆ 03 88 15 96 46 - Tram arrêt Gare Centrale.
https://lebotanistestrasbourg.fr
Ouvert le mardi de 19h à 22h ; du mercredi au samedi de 12h à 14h et de 19h à 22h. Menus de 15 € à 28 €.

À quelques pas du centre-ville, voici une adresse qui fait du bien au quartier de la gare. Du côté de la carte d'abord, avec des plats de saison, où l'attention est portée sur les détails. Un houmous présenté sous forme de petit jardin, un bouillon travaillé pour donner du peps aux ravioles ou un dessert millimétré où le chocolat dégage tous ses arômes. Du côté des cocktails ensuite, où le gin règne en maître ! Une sélection de breuvages, agrémentés d'un large choix de tonics… et assaisonnés d'herbes folles : c'est le Botaniste tout de même ! Enfin le décor où on aime se poser sur les canapés du fond pour apprécier un verre de vin bio. Du local, du frais et du bon : l'adresse parfaite !

BISTRONOMIE

HONESTY RESTAURANT

2, Quai Finkwiller
✆ 03 90 40 37 16
www.honesty-restaurant-strasbourg.com
Ouvert du mardi au samedi de 12h à 14h et de 19h à 21h30. Menus de 18 € à 60 €.

© HONESTY

Chez Honesty, il y a l'amour de la cuisine et des bons produits qui transparaît partout. Les plats utilisent chaque produit en totalité et la carte change avec les saisons pour plus de fraîcheur. L'accueil et le lieu sont très chaleureux, on s'y sent tout de suite à l'aise. Le midi, les tarifs sont plus réduits tandis que le soir la carte est plus variée et plus chère. Chacun compose son menu en piochant dans les entrées, plats et desserts proposés ce qui lui plaît. Par exemple : cromesquis de champignons de Paris et pleurotes ; magret de canard cuit à l'unilatéral, panisse, salade de pois chiche, vierge de légumes et en dessert baba imbibé au limoncello et myrtilles.

BISTRONOMIE

L'HÉDONISTE

1, rue Schimper ✆ 03 88 61 14 57 - Tram arrêt Université.
www.lhedoniste-restaurant.fr
Du lundi au vendredi 12h-13h30 et 19h-20h45 ; samedi 19h-20h45 ; dimanche 11h-13h. Plat du jour : 12,50 €.

Le bien nommé Hédoniste est un restaurant gastronomique mais sans chichis. Benjamin et Julien y œuvrent devant vos yeux, n'hésitant pas à se laisser observer et même à partager leurs recettes : convivialité et plaisir sont les maîtres mots ! Tout ici est de qualité, frais et fait maison. La carte varie avec les saisons et les envies mais on trouve toujours des charcuteries maison excellentes dont les composants, ingrédients et recettes ne sont pas un secret. On trouve aussi d'excellents vins. L'établissement propose également une version traiteur de ces dernières et une formule spéciale dominicale sous forme de brunch très copieux avec des ingrédients variés.

BISTRONOMIE

LES INNOCENTS

4, rue Paul Muller Simonis ✆ 03 88 24 63 01 - Tram arrêts République ou Broglie, bus arrêts Fonderie ou Vosges Oberlin.
www.les-innocents.fr
Ouvert du mardi au vendredi de 12h à 14h et de 19h30 à 23h ; le samedi de 19h30 à 23h. Formule du midi : 17 €.

Une décoration très « Wanted » faisant référence aux années de la prohibition à Chicago, l'omniprésence du fer et du bois, des portraits de bandits accrochés aux murs et une cave à vins enfermée dans une cellule… Sébastien Helterlé et Thierry Bendler vous accueillent dans leur restaurant atypique et vous servent une cuisine délicate et audacieuse. Ils sont très créatifs et savent allier les saveurs dans des regroupements inhabituels mais délicieux, réfléchis comme des plats de grands restaurants mais abordables aux novices de la cuisine moléculaire. Chaque midi, le déjeuner est d'un rapport qualité-prix avantageux et le soir on peut dîner ici jusqu'à tard, atout ultime.

AU PETIT TONNELIER

16, rue des Tonneliers
✆ 03 88 32 53 54
Bus arrêt Ancienne Douane
Ouvert du lundi au jeudi de 12h à 14h et de 19h à 22h30 ; le vendredi et le samedi de 12h à 14h et de 19h à 23h.

Avec sa toute petite salle, tordue et exiguë, son ambiance chic et intimiste, son accueil poli et discret, le Petit Tonnelier se prête parfaitement à un rendez-vous romantique. Le restaurant dispose d'une cinquantaine de places réparties sur 2 niveaux et de 20 sur la terrasse de la rue piétonne des Tonneliers. La cuisine est soignée et créative avec des plats traditionnels bien exécutés et des classiques de la gastronomie locale. Le Petit Tonnelier est aussi un endroit où l'on se cultive, en profitant par exemple d'expositions de peintures, ou de dîners-concerts blues ou jazz organisés un mardi soir sur deux, dans son majestueux caveau à la redoutable acoustique.

BISTROT SAINT FLORENT

31, rue de la Libération
✆ 09 83 95 81 84
www.bistrotsaintflorent.fr
Ouvert du mardi au samedi de 12h à 13h30 et de 19h à 21h. Plat du jour : 11 €. Vin au verre. Chèque Restaurant.

Le Bistrot Saint Florent propose une cuisine simple mais inventive. Les produits sont frais et de saison et l'accent est mis sur leurs qualités et goûts propres. Bien loin d'être dénaturés, ils sont simplement sublimés. Avec de tels mets, tout est pensé : une douzaine d'excellents vins sont proposés au verre pour pouvoir déguster un repas complet sans se ruiner en accords mets et vins. La décoration intérieure est sobre mais cossue, avec des boiseries claires et des touches d'un bleu marine profond pour une ambiance générale chaleureuse sans être pesante. À midi pour la formule du jour ou le soir pour la carte, on n'est jamais déçu dans cet établissement irréprochable.

LE BANQUET DES SOPHISTES

5, rue d'Austerlitz
✆ 03 88 68 59 67
www.le-banquet.com
Ouvert du mardi au samedi midi et soir. Menus de 16 € à 52 €. Formule du midi : 19,50 €. Chèque Restaurant. Terrasse.

Le sophiste est le spécialiste du savoir. Nul doute que les « bistronomes » strasbourgeois trouveront ici leur bonheur gourmet ! Le Banquet des Sophistes dénote grâce à son ambiance à la fois chic et moderne où il fait bon se rendre pour passer un savoureux moment. Au déjeuner la carte reste limitée mais privilégie la qualité à la quantité. Vous aurez le choix entre deux entrées, trois plats et deux desserts avec des propositions qui varient de manière hebdomadaire. Le soir, la carte se diversifie et propose plus de recettes, toujours élaborées avec des aliments frais. La carte des vins n'est pas en reste et s'avère fort étayée. Le rapport qualité-prix est également très avantageux.

LE CHUT

4, rue du Bain-aux-Plantes ✆ 03 88 32 05 06
Tram arrêt Faubourg National-Gare
www.hote-strasbourg.fr
Ouvert du mardi au samedi midi et soir. Carte : 28 € environ. Plat du jour : 12 €. Chèque Restaurant. Terrasse.

Le Chut est une table gourmande et raffinée, peu connue bien qu'elle soit située dans la Petite France. En cuisine, une jeune brigade sous la houlette de Mojgan innove grâce au potager de saison. Les plats sont raffinés et très créatifs, faisant appel à des inspirations diverses et n'hésitant pas à jouer sur les saveurs plus ou moins exotiques et surprenantes. Le décor feutré et romantique de la salle à manger comme dans une maison de famille est à la hauteur de la terrasse, en retrait de l'agitation, surplombant l'Ill. C'est une très bonne adresse pour se faire plaisir dans le cadre merveilleux qu'est la Petite France mais les prix sont par conséquent plutôt élevés.

BISTROT DU QUAI

11, quai des Pêcheurs ✆ 03 88 32 86 46
Tram arrêt Gallia.
www.aubistrotduquai.fr
Ouvert du mardi au samedi le midi et le soir. Réservation recommandée. Plat du jour : 14,50 €. Chèque Restaurant.

Venez goûter la savoureuse cuisine de Rébecca, qui évolue au fil du temps et des saisons en fonction des spécialités et des produits locaux de la région ! Ce beau petit bistrot à la parisienne est un rendez-vous des habitués qui ne s'y trompent pas : l'accueil de la part de Franck est en effet très sympathique et attentionné et vous serez immédiatement à l'aise dans cette ambiance conviviale et cosy. Deux formules sont disponibles le midi (expresse ou complète). De nombreux plats font hommage aux recettes de nos grands-mères et aux produits d'antan, une occasion inespérée de se replonger dans ses souvenirs avec des saveurs oubliées à tort par les autres restaurants.

COKOON

6, rue du Faubourg-de-Pierre ✆ 09 83 60 09 15
Bus arrêt Faubourg de Pierre.
www.cokoon-strasbourg.com
Du mardi au vendredi le midi et le vendredi soir. Événements ponctuels. Réservation recommandée.

Les Sitz, mère et fille, ne manquent pas de créativité en matière culinaire ! La carte réduite évolue sans cesse. La chef travaille les produits frais et de saison. En octobre 2018, Floriane Sitz a rejoint les disciples d'Escoffier dont elle partage les valeurs. Les plats du jour sont équilibrés et gourmands et les desserts attisent les papilles. Vous trouverez toujours une proposition de viande, une de poisson et une végétarienne. Tous les plats sont réalisés à base de produits dont on choisit soigneusement la provenance et l'accent est mis autant sur la découverte de nouvelles saveurs et la surprise à l'œil et en bouche que sur les qualités nutritionnelles des menus.

LA CUILLER À POT

18 B, rue Finkwiller
✆ 03 88 35 56 30
www.lacuillerapot.com
Ouvert du mardi au vendredi midi et soir ; le samedi soir. Réservation recommandée. Carte : 30 € environ.

Le chef Grégory Reich ne travaille qu'à partir de produits frais, locaux et de saison. Les propositions sont donc plutôt réduites mais changent quotidiennement, ce qui permet d'en goûter toujours de nouvelles. Et exit les plats alsaciens, ici on innove et on crée sans cesse. Tout est original et de grande qualité et nul doute que chacun trouvera quelque chose à son goût. En salle, Pauline vous conseille au mieux avec un sourire à toute épreuve ! Pour ne rien enlever, l'ambiance est très conviviale et les vins excellents. Ce sont des passionnés de la gastronomie française et ça se sent. Des soirées œno-gastronomiques viennent compléter l'agenda des animations.

LE JARDIN DE L'ORANGERIE

Parc de l'Orangerie
✆ 03 90 41 68 05
www.jardinorangerie.fr
Gluten-free friendly. Ouvert tous les jours le midi et le soir. Menus de 28 € à 54 €. Chèque Restaurant. Terrasse.

Le Jardin de l'Orangerie jouit d'un emplacement exceptionnel au cœur du plus beau parc de Strasbourg. Depuis la terrasse, vous profitez d'une vue imprenable sur le plan d'eau. Dans votre assiette, vous trouverez des plats d'un très bon rapport qualité-prix. La cuisine est à base de produits frais régionaux et de saison, comme le gibier des chasses locales ou le bœuf des fermes alsaciennes… Les légumes proviennent d'un maraîcher strasbourgeois et les fromages de petits producteurs locaux. La philosophie de la maison se base sur l'amour du territoire et les touristes comme les locaux profiteront de recettes classiques bien réalisées, pas du tout attrape-touriste.

LA HACHE

11, rue de la Douane ✆ 03 88 32 34 32
Tram arrêt Porte de l'Hôpital
www.la-hache.com
Ouvert tous les jours de 12h à 0h. Cuisine en continu. Chèques non acceptés. Chèque Vacances, Chèque Restaurant.

Ancien repaire de militants syndicalistes, la Hache s'est transformée en bistrot chic et intimiste. À la carte, des plats typiquement terroir comme l'andouillette ou les cuisses de grenouilles, mais aussi des suggestions plus classiques que l'on retrouve dans de nombreuses brasseries : entrecôte, tartare, moules frites. Ouvert toute la journée, vous pouvez venir entre amis partager une planchette de charcuterie et un verre de vin (belle cave) et ce jusqu'à très tard dans la nuit (la cuisine chaude étant proposée jusqu'à minuit, ce qui est relativement rare à Strasbourg). L'enseigne vous offre également la possibilité d'effectuer des réservations en ligne sur son site internet.

LE KEMPFERHOF RESTAURANT

351, route du Moulin - **PLOBSHEIM**
✆ 03 88 98 72 72
www.kempferhof.fr
Ouvert tous les jours et les jours fériés le midi et le soir. Carte : 28 € environ. Terrasse.

Le Kempferhof est niché dans un bel écrin de verdure dans l'enceinte d'un golf. À travers les grandes baies vitrées vous pourrez admirer la vue sur le green… Et dans les assiettes les préparations à base de poisson ou de viande sont savoureuses. Le chef met tout son talent à transformer des produits simples en produits nobles. Les plat, élaborés à partir de produits régionaux sont faits maison et les légumes viennent du potager du golf. Vous aurez le choix entre le risotto sous son tapis de truffes d'automne, le mythique tartare du Kempferhof, ou encore une cuisse de canette laquée. Le cadre est particulièrement idyllique. L'accès au site est contrôlé par une barrière, il faut s'annoncer.

L'IMAGINAIRE

18, rue Principale - **SCHILTIGHEIM**
✆ 03 88 62 43 38
www.limaginaire.fr
Du mardi au samedi à midi et le soir. Menu unique à 52 €. Terrasse. Climatisation.

Dans une ambiance cosy, vous apprécierez un repas sur la terrasse ou à l'intérieur. La cuisine est raffinée, les produits sont de qualité et les plats faits maison. Laissez-vous tenter par le dampfnudle farci à la queue de bœuf braisée accompagné de son velouté de cèpes des Vosges et truffe de Bourgogne, ou par un ris de veau laqué… L'originalité est au rendez-vous ! La présentation des plats est remarquable et offre une belle mise en valeur des mets. Couleur, finesse, harmonie, voilà ce qui caractérisent les créations du chef. Le tout pourra être accompagné de bons vins rigoureusement sélectionnés et l'ambiance, tout comme le service, est chaleureuse et agréable.

L'AUBERGE DE L'ÉCLUSE

33, rue du Muguet
ILLKIRCH-GRAFFENSTADEN
✆ 03 88 39 03 04
Ouvert le lundi et le mardi le midi ; du mercredi au samedi midi et soir. Carte : 30 € environ. Formule midi : 13,50 €.

Ce bistrot gastronomique, situé au bord du canal Rhône au Rhin à hauteur de l'écluse 14, propose un cadre privilégié à la belle saison. Dans ce décor champêtre, la terrasse est une invitation à la détente ! L'été, le chef y fait ses grillades sur le barbecue et l'hiver, il propose des plats typiques de la région, plus riches, ou des mets moins classiques selon ses inspirations. À l'intérieur, la salle à manger est chaleureuse. Marc Florian est en cuisine et sa réputation n'est d'ailleurs plus à faire. La carte des vins est belle et accompagne merveilleusement bien les différentes propositions. Attention toutefois, car il vous faudra conduire pour rejoindre le lieu.

L'ÉVEIL DES SENS

Rue des Dentelles
✆ 03 88 32 81 01
www.eveil-des-sens.com
Du mercredi au lundi de 12h à 14h et de 19h15 à 22h. Réservation recommandée. Menus de 33 € à 42 €.

Antoine Huart, qui s'est formé auprès de nombreux chefs étoilés, vous propose une cuisine inspirée de ses origines belges. Dans une belle salle ornée de fresques au rez-de-chaussée, ou dans celle plus intime au premier étage, il décline une carte de saison où se côtoient plats de viandes aux accompagnements originaux très travaillés et spécialités régionales remises au goût du jour. Par exemple à la carte : marbré de foie gras de canard mariné au vin chaud et compotée de coings, moelleux d'églefin et Pack Choy au bouillon de haddock, œuf parfait sur coulis de topinambour, quasi de veau cuit à basse température sur spéculoos et coulis de carottes, forêt-noire revisitée...

AUX QUATRE VENTS

15, rue de la Mairie
SCHILTIGHEIM
✆ 03 88 33 16 00
Ouvert midi et soir le lundi, mercredi, jeudi et vendredi. Le mardi midi et le samedi soir. Plat du jour.

Dans cet établissement, ce qui prime d'abord, c'est une ambiance très familiale, chaleureuse à souhait. En cuisine, c'est la maman qui concocte des plats exquis servis dans des proportions très généreuses. Ceux-ci changent au fil des saisons. C'est simple mais très savoureux. Le service est agréable et attentif à vos besoins, vous vous sentez ici comme à la maison. La décoration typique y contribue : napperons en dentelles, lustres de style ancien... Ce cadre rappelle l'ambiance des repas familiaux concoctés par grand-maman, ou, comme on dit en Alsace, mamema. Vous pourrez déguster un foie gras maison, un civet de biche et une bonne tarte aux fruits de saison par exemple.

LA RÉSERVE

15, rue Sainte-Barbe
✆ 09 53 36 24 03
www.lareservestrasbourg.fr
Ouvert du mardi au jeudi de 12h à 14h et de 18h à 22h ; le vendredi et le samedi de 12h à 22h. Carte : 20 € environ.

La Réserve est avant tout une histoire d'amis qui veulent vous recevoir comme des amis comme le dit si bien l'équipe ! Ce pari est réussi et on sent cet amour de recevoir dès la porte passée. Ce tout petit restaurant est très chaleureux et invite aux rencontres et à la convivialité. Dans la cuisine ouverte sur la salle, Mo concocte des plats inspirés du monde entier, de voyages et de découvertes. Les plats sont à base de produits frais du marché et faits maison. Ils varient chaque mois avec un nouveau pays mis en exergue. Il faut ici passer par la réservation impérativement si vous voulez être certains de trouver de la place, d'autant plus si vous venez en groupe.

LES SALES GOSSES

56, boulevard Clemenceau ✆ 03 88 25 55 44
Tram arrêt lycée Kléber.
www.restaurantlessalesgosses.com
Du lundi au vendredi de 12h à 13h45 et de 19h à 21h30 ; le samedi de 19h à 21h30. Formule du midi : 16,80 €.

Le restaurant Les Sales Gosses vous invite au voyage. Toutes les six semaines, c'est une nouvelle destination qui est mise en assiette, avec de nouvelles recettes, toujours issues de produits frais et accompagnées des meilleurs vins. Il n'y a donc pas de carte mais Arnaud passera à votre table vous raconter les plats du moment qu'il propose à l'ardoise. Toujours des plats inventifs et hauts en couleur pour un voyage visuel et gustatif. Pour le déjeuner, la formule propose de choisir entre deux entrées et deux plats sans se ruiner et toujours un poisson ou une viande. Gage de qualité, le restaurant dispose du titre de Maître Restaurateur depuis 2014. Une adresse inimitable qui perdure.

SAVEURS & SAISONS

239, route de Lyon - **ILLKIRCH-GRAFFENSTADEN**
✆ 03 88 38 80 78
www.saveurssaisons.fr
Ouvert à midi sauf le samedi. Le soir sauf le lundi et dimanche. Menu midi : 10 € ou 15 €. Terrasse.

Anciennement la Ruelle des saveurs à la Krutenau, le restaurant a migré à Illkirch et a changé de nom pour devenir Saveurs & Saisons. Lionel, le chef de cuisine, est revenu dans sa ville d'origine pour proposer ses créations culinaires. Les plats sont élaborés avec des produits de qualité – le chef sait faire preuve de créativité – et se déclinent comme un poème ! Quelques exemples pour se mettre l'eau à la bouche : filet de rouget, moelleux à l'aneth et citron, crème légère au pastis ou encore suprême de poulet, guacamole d'avocat et orange, risotto de riz, carotte confite à l'orange. Maxime, responsable de salle et sommelier, saura vous conseiller judicieusement.

LE STRAS'

9, rue des Dentelles
✆ 03 88 35 34 46
www.lestras.fr
Ouvert le mardi et du jeudi au samedi de 12h à 13h30 et de 19h à 21h30, le mercredi de 19h à 21h30. Menu dès 27 €.

Le Stras' propose une cuisine française revisitée inventive. Dans un cadre aéré avec poutres apparentes et mezzanine en pierre de taille, Steve, le chef, propose une carte qui évolue au gré des saisons. Toujours à la recherche d'une cuisine authentique et de qualité, il s'inspire des légumes frais et de qualité du maraîcher pour les marier en harmonie avec viandes et poissons. Mathieu Ring, sommelier d'expérience, vous permettra d'apprécier d'autant plus vos plats qu'il vous propose des vins pour certains très peu connus. À la carte par exemple : terrine de poisson aux légumes et cœur de Saint-Jacques ou tartelette de potimarron, éclats de noisettes et Boursin, pics de magret fumé et comté.

SURTOUT

11, place du Temple Neuf
✆ 06 88 90 40 74
www.surtoutdetable.fr
Du lundi au samedi de 8h à 21h.

Surtout propose exclusivement de la restauration rapide gastronomique. C'est un lieu où l'on se retrouve entre amis pour bien manger (tout est brut, pas de produits transformés et les producteurs locaux en agriculture raisonnée sont privilégiés) et pour échanger autour des mets proposés. Au menu c'est une cuisine de saison, gourmande et très généreuse avec des plats originaux et équilibrés qui s'affranchissent des codes en revisitant et en harmonisant différentes cultures culinaires. La carte est enrichie toutes les semaines – histoire de varier les plaisirs ! – et chacun y trouve son compte du petit déjeuner à l'apéro en passant par le déjeuner et le goûter.

LA VIGNETTE

78, route des Romains
✆ 03 88 28 99 52
www.lavignette.fr
Ouvert du mardi au samedi le midi et le soir ; le dimanche midi. Menus de 39 € à 75 €. Formule du midi : 16,50 €.

La Vignette de la Route des Romains n'a rien à envier à son homonyme de la Robertsau. À la carte, qui suit les saisons, on trouve poissons et viandes nobles, agrémentés de légumes et épices rares et peu communes. La présentation est irréprochable, l'odeur alléchante… et le goût suit ! C'est une bonne adresse pour un dîner romantique. Selon les inspirations du chef, on ne se lasse jamais de revenir goûter de nouvelles choses, sublimées par des accords mets et vins bien sentis à prix relativement peu élevés. L'ambiance est agréable et le service de qualité : on a à cœur de vous satisfaire. Pour les groupes, pensez à réserver et à faire part de vos envies particulières au chef.

BISTRONOMIE

AUX 12 APÔTRES

7, rue Mercière
✆ 03 88 32 08 24
Cuisine en continu.

© AUX 12 APÔTRES

On connaît les 12 apôtres pour ses bières mais ce que l'on sait moins, c'est que l'on peut aussi s'y restaurer et même très bien ! La cuisine ici est authentique, travaillée mais sans prétention, loin des attrape-touristes du quartier. Les produits utilisés sont frais et locaux, et les bons petits plats se partagent toute la journée dans une grande convivialité. Des classiques aux innovations, on trouvera toujours quelque chose pour ravir les papilles et d'ailleurs le nombre de locaux habitués du lieu en est la preuve ! Le bar complète le restaurant, toujours avec un large choix de bières minutieusement sélectionnées et de vins fins, à déguster pourquoi pas autour d'une planchette apéritive.

BISTROT - BRASSERIE

LES 3 BRASSEURS

2, rue des Mercuriales - **LAMPERTHEIM**
✆ 03 88 99 62 01
Ouvert tous les jours de 11h30 à 22h. Carte : 20 € environ. Chèque Vacances, Chèque Restaurant.

Les 3 Brasseurs est un restaurant, et surtout une micro-brasserie. Toutes les bières proposées à la carte sont brassées sur place ! Ces nectars accompagnent merveilleusement bien les plats simples mais originaux, cuisinés avec passion. Des viandes accommodées de différentes manières, os à moelle aromatisé au thym, burger… et des plats spécifiques tels que le pot'jevleesch (différents morceaux de viande servis froids en gelée à la bière ambrée) ou la carbonnade flamande (pièces de bœuf mitonnées à la bière)… On succombe ! Goûtez les apéritifs gourmands à partager : le cornet de beignets d'oignon/poivron, la planchette de cochonnailles, ou encore la poutine des 3 brasseurs.

BISTROT - BRASSERIE

AEDEN PLACE

4-6, rue des Aveugles ✆ 03 90 00 90 01
Tram arrêt Homme de Fer. - www.aedaen-place.com
Ouvert du mardi au vendredi de 11h à 1h30 ; le week-end de 10h à 1h30. Carte : 20 € environ. Terrasse.

L'Aedaen Place, acronyme de « Art Every Day and Every Night », est à la fois une brasserie, une pizzeria, un café littéraire et un bar. C'est un lieu branché, découpé en plusieurs pièces et ambiances, où se mêlent gastronomie et culture. La carte propose chaque midi deux entrées, deux plats et deux desserts. Les choix sont plus variés le soir avec une ouverture sur les saveurs arabes et asiatiques. Côté pizzeria, vous retrouvez une ambiance digne de Brooklyn. En journée, l'Aedaen se transforme en café proposant des animations. Certains jours un auteur vient dialoguer avec ses lecteurs. D'autres jours une voyante vient tirer les cartes… Un endroit atypique qui mérite le détour !

BISTROT - BRASSERIE

L'AMBASSADE

7, Rue du Vieux-Marché-aux-Poissons
✆ 03 88 22 02 52
Tous les jours de 10h à 19h.

L'Ambassade est inspirée des brasseries londoniennes, avec une touche alsacienne. C'est un restaurant, un pub, un bar, une brasserie en plein centre-ville ! Une décoration chaleureuse, boisée et authentique vous fait voyager entre Londres et Strasbourg. Vous pourrez y goûter des plats internationaux tels que burgers, tartes flambées, des plats revisités comme la fameuse poutine alsacienne et plein d'autres encore à découvrir... Vous pourrez également y déguster une bonne bière, avec au choix une dizaine de pressions allant de la Charlie wells à la Kastel Red ou encore des bières artisanales ! L'Ambassade Strasbourg diffuse également les rencontres sportives.

BISTROT - BRASSERIE

BRASSERIE DE L'OURS BLANC

52, rue du Jeu-des-Enfants
✆ 03 88 21 94 52
Du mardi au samedi de 11h30 à 1h, le lundi à partir de 9h et le dimanche de 19h à 23h.

Le berceau historique de la brasserie Fischer n'était plus mais aujourd'hui, plus de trente ans après sa fermeture, l'Ours Blanc a fait peau neuve, plus moderne, sans toutefois renier ses origines ou sa tradition alsacienne. On y trouve un double espace boisé, chaleureux, convivial, ouvert en continu, une grande *Stammtisch*, des banquettes confortables, une grande et belle terrasse... Côté restauration on trouve des plats de brasseries classiques (tartes flambées, knacks, choucroutes et autres cordons bleus), des plats innovants et des tapas à partager autour d'une bière !

BISTROT - BRASSERIE

L'AMUSE-BOUCHE

3a, rue de Turenne ✆ 03 88 35 72 82
www.lamuse-bouche.fr
Mardi et mercredi 12h-13h30 ; du jeudi au samedi 12h-13h30 et 19h-21h. Menus de 44 € à 150 €. Formule du midi : 16 €.

Stella, en cuisine, n'a pas son pareil pour régaler tout son petit monde dont un certain nombre d'habitués qui viennent notamment pour le déjeuner et sa formule. Mais ce qui vaut le plus le détour, c'est le menu découverte servi en 5 plats dégustation, préparés d'après les intuitions du moment. À la carte par exemple : noix de Saint-Jacques, rôties, lard fumé, bouillon de parmesan et risotto au potimarron ; filet de lotte en croûte de cèpe, crémeux de pommes de terre, confit d'échalotes et huile de persil ; les fruits tropicaux, en gelée et crémeux, mousseux au chocolat blanc, ananas confit et sorbet piña colada... Un bon moment en perspective accompagné de bons vins !

BISTROT - BRASSERIE

LA CHAINE D'OR

134, Grand'Rue ✆ 03 88 75 02 69
www.chainedor.fr
Ouvert tous les jours 11h30-22h30. Menus de 12,90 € à 22 €. Plat du jour : 8,50 €. Accueil des groupes. Terrasse.

Cette chaleureuse et immense brasserie au style Art déco traverse le temps. Idéalement située entre la cathédrale et la Petite France, elle offre un cadre cosy à l'intérieur et une terrasse agréable aux beaux jours. À la carte, vous trouverez toutes les spécialités régionales mais ce qui fait aussi la force de l'établissement, ce sont les différentes formules saisonnières, comme les asperges au printemps ou les moules à volonté en trois façons en hiver... À moins que vous ne préfériez les huîtres, elles aussi proposées sur ce mode pour un prix très raisonnable. Le service est attentionné et de qualité mais attention, il vaut mieux réserver pour s'assurer d'avoir une place disponible.

BISTROT - BRASSERIE

LE BOUILLON KLÉBER

4, place de l'Homme de Fer ✆ 03 88 23 05 00
www.bouillon-kleber.com
Ouvert du dimanche au jeudi de 9h à 23h ; le vendredi et le samedi de 9h à 0h. Carte : 9 € environ. Terrasse.

Ici, comme on l'indique fièrement sur la devanture, c'est beau, bon et pas cher. Le Bouillon Kléber s'inspire des véritables bouillons d'autrefois, c'est-à-dire un restaurant fièrement populaire, accessible à tous. Beau : oui car le Ptit Max a laissé place à un écrin en centre-ville entièrement repensé et redécoré dans l'air du temps. Seules les banquettes subsistent. Pas cher : oui avec une moyenne de prix autour des 10 euros. Côté cuisine, c'est simple et peu poussé mais l'on y trouve son compte vu la note finale qui correspond à ce que l'on mange. Avec ces plats qui varient pour certains en fonction des jours, on profite de plusieurs vins au verre ou en carafe.

BISTROT - BRASSERIE

LUCULLUS TENDANCE BISTROT

15, rue Jacques-Peirotes
✆ 03 88 37 11 07
Tram arrêts Étoile Bourse ou Étoile Polygone.
www.lucullus-bistrot-strasbourg.fr
Ouvert du lundi au vendredi midi et soir. Réservation recommandée. Carte : 22 € environ. Chèque Restaurant. Terrasse.

Au Lucullus, vous trouverez chaque midi un menu du jour élaboré avec des produits frais du marché du matin même. Les suggestions à la carte varient elles aussi avec ces produits rigoureusement sélectionnés par le chef en personne. En fonction de ses inspirations et des saisons, vous ne vous lasserez donc jamais de déjeuner ou de dîner ici car tout change régulièrement en restant toujours intégralement fait maison. Les vins aussi varient pour toujours plus de découvertes, dans une ambiance agréable et cosy, où l'on se sent tout de suite parfaitement bien.

BISTROT - BRASSERIE

LA MANU'T

7, rue de la Krutenau ✆ 09 78 36 20 29
lamanut.info
Ouvert le dimanche et le lundi de 11h à 0h ; du mardi au samedi de 11h à 1h30.

Le Bar Restaurant de la Manu'T, vous propose un large éventail de plats traditionnels alsaciens bios, pour le déjeuner et le dîner, des snackings tout au long de la journée, différentes bières issues de brasseries locales alsaciennes et des cocktails avec et sans alcools élaborés avec soin. Que l'on soit flexitarien ou végétarien, il y a de quoi se faire plaisir : burger au pain bretzel ou salade veggie bowl... De nombreux événements sont organisés dans cet espace très vivant et convivial et il y en a pour tous les goûts ! Sur réservation, on peut privatiser des espaces pour des séminaires ou des réunions de tous types. On pourra en profiter pour dormir au People Hostel.

BISTROT - BRASSERIE

LE PILIER DES ANGES

3, rue Mercière
✆ 03 88 22 23 81
Ouvert tous les jours le midi et le soir. Service continu dès 11h30. Carte : 25 € environ. Vin au verre. Terrasse.

Très bien situé, l'établissement propose une terrasse, ensoleillée aux beaux jours et protégée l'hiver, avec vue imprenable sur la cathédrale. Les salles quant à elles sont assez vastes. Le lieu tire son nom du pilier des anges, qui se trouve dans le transept sud de l'édifice. Vous oubliez très vite l'animation touristique de la rue et vous laissez surprendre par le bel accord des cloches du beffroi. Les plats sont inspirés des traditions locales et des classiques de brasserie. S'ils ne sont pas mauvais, corrects pour le prix, ils sont cependant plus orientés vers les touristes que vers les locaux, qui se contentent plus souvent de seulement boire un verre ici.

BISTROT - BRASSERIE

MIRO

Rue de la Nachtweld - **OSTWALD**
✆ 03 88 66 58 88
Ouvert du mercredi au vendredi et le dimanche de 12h à 15h ; du mercredi au dimanche de 19h à 23h.

À la croisée des mondes, entre restaurant, lieu d'évasion, salon de tatouage (avec invités venus du monde entier), le lieu propose autant de soirées tarte flambée au bord de l'eau que de live session, le tout accompagné par la cuisine créative et inspirée de Robin. La carte varie régulièrement selon les envies du chef mais elle propose toujours d'excellents produits frais de la région et des touches venues de divers pays du monde. Le midi, la formule propose à prix avantageux un repas copieux et bien loin des classiques plats du jour. N'hésitez pas à suivre les réseaux sociaux de l'établissement pour vous tenir informés des nouveautés et événements organisés.

BISTROT - BRASSERIE

LA POTENCE

11, rue du Maire Kuss
✆ 09 50 66 57 80
www.restaurant-lapotence.fr
Ouvert tous les jours de 8h à 23h. Chèque Restaurant. Terrasse.

Situé juste en face de la gare, ce restaurant à la décoration moderne a tout pour plaire ! L'établissement tient son nom de la potence, une viande précuite qui finit sa cuisson flambée au cognac devant le client sur une construction de piques en métal. Sensation garantie ! Vous pouvez aussi manger une tarte flambée ou bien une salade fraîche en terrasse. Les produits sont excellents et la qualité se ressent dans l'assiette. Le personnel est ici souriant et aux petits soins, attentionné et surtout très rapide et ce, à toute heure de la journée puisque le service est en continu pour le plus grand plaisir des voyageurs qui font une escale dans ce lieux chaleureux et accueillant.

BISTROT - BRASSERIE

PACIFIC PRINCESS

1, rue des Dentelles ✆ 03 88 24 00 03
www.pacificprincess.fr
Ouvert du mardi au dimanche de 12h à 00h. Réservation recommandée. Formule du midi : 17 € (entrée/plat). Terrasse.

Dans une ambiance marinière de bleu et de blanc, avec un parquet bateau et des fenêtres hublots, on part en voyage le temps d'un repas. Du côté de l'assiette, l'établissement propose tous les midis une formule entrée-plat avec deux choix : poisson ou viande. Dès 16h, l'ambiance change et laisse place à une carte de tapas à la française. Des tapas à la française ? Oui, des plats à partager (ou pas), mais travaillés, comme par exemple le pink burger ou un saumon gravlax à tomber. Au cœur de la Petite France, les places sont chères et il vaut mieux réserver mais néanmoins les larges horaires de la cuisine, jusqu'à minuit, permettent à tous de venir se restaurer.

ALSACE

CAFÉ BÂLE

24, rue d'Austerlitz
✆ 03 88 25 53 82
www.cafebale.com
Cuisine ouverte en continu.

Si le Café Bâle était autrefois connu pour son bar, on le rejoint aujourd'hui aussi pour sa brasserie. On peut y manger toute la journée grâce à une cuisine ouverte en continu : petit déjeuner, déjeuner, happy hour ou dîner et même en sortant de soirée ! L'établissement phare de la place d'Austerlitz, qui a impulsé sa mutation, ne cesse de se réinventer et est aujourd'hui un véritable restaurant à l'ambiance brasserie où les produits sont frais et les plats faits maison (un challenge à cette échelle). Avec son authenticité et la qualité de ses prestations, le Café Bâle deviendra vite votre incontournable lorsque la faim se fait sentir à n'importe quelle heure.

NEW

ALSACE

L'ANCIENNE DOUANE

Boulevard des Enseignes - **REICHSTETT** © 03 88 60 04 21
www.anciennedouane-restaurant.fr

Du dimanche au jeudi de 10h à 23h. Vendredi et samedi de 10h à 23h30.

C'est au cœur de Haguenau, dans un bâtiment emblématique de la ville, qu'est né la première Ancienne Douane, enseigne qui s'étend aujourd'hui. Privilégiant des plats maison qui mettent en avant les produits régionaux et la gastronomie alsacienne, toutes les recettes sont élaborées à partir de produits frais et locaux. En cuisine, le chef et sa brigade prennent le temps de mitonner des spécialités gourmandes et généreuses, mais feront aussi vibrer vos papilles avec leurs suggestions de saison ou les plats du jour élaborés en fonction du marché. En salle, la décoration est digne des classiques winstubs et l'ambiance est bonne grâce à un service souriant et efficace de l'entrée au dessert.

ALSACE

L'AUBERGE DU MOULIN

24, rue du Général-Leclerc - **PLOBSHEIM** © 03 88 11 45 11
www.restaurant-auberge-du-moulin.fr

Ouvert tous les jours de 11h45 à 14h et de 18h45 à 22h. Deux grandes salles sur deux étages. Spacieuse terrasse abritée.

L'identité traditionnelle a été préservée dans cette magnifique auberge alsacienne. Sa façade pimpante, la décoration typique et soignée, l'accueil chaleureux... Tout est agencé pour vous offrir un moment de convivialité. Le chef privilégie le produits locaux et tous les plats sont faits maison ! Les tartes flambées de la Confrérie du Véritable Flammekueche d'Alsace sont cuites au feu de bois, et les spécialités alsaciennes sont parfaitement maîtrisées. La carte est suffisamment variée pour que chacun y trouve son bonheur d'autant que des suggestions viennent régulièrement la compléter. La superbe terrasse est des plus agréables en été et elle offre une capacité exceptionnelle.

ALSACE

AUX ARMES DE STRASBOURG

9, place Gutenberg © 03 88 32 85 62 - Tram arrêt Langstross Grand Rue. - www.auxarmesdestrasbourg.com

Ouvert tous les jours de 9h30 à 00h. Réservation recommandée. Carte : 19 € environ. Plat du jour : 9,90 €. Terrasse.

Presque au pied de la cathédrale, ce restaurant alsacien est le point de chute privilégié des groupes de touristes. À la carte, des spécialités locales, avec des assiettes copieuses et gourmandes. On retrouve les saveurs d'une bonne choucroute, d'une bouchée à la reine, d'un baeckeoffe, d'une paire de knacks ou d'un jambonneau braisé à la bière. Des plats plus classiques sont également proposés pour ceux qui préfèrent des plats de brasserie traditionnels. Lorsque le temps le permet, la vaste terrasse est très agréable et l'on prend plaisir à s'y attabler. Si le service est bienveillant, il est parfois un peu long, notamment le midi à l'heure de pointe mais les Armes ont de vastes horaires !

ALSACE

BIERSTUB AMI SCHUTZ

1, Ponts-Couverts © 03 88 32 76 98
Tram arrêt Langstross Grand Rue
www.ami-schutz.com

Tous les jours le midi et le soir. Réservation recommandée. Carte : 20 € environ. Menu enfant : 10 €. Terrasse.

Vous y mangerez ici la traditionnelle choucroute garnie, mais aussi les fleischschneke au bœuf avec leurs dés de foie gras ou encore la délicieuse tarte à l'oignon. La cuisine est généreuse, authentique et fera découvrir les spécialités locales aux touristes qui ne les connaissent pas encore. La décoration est à l'effigie de ses plats : typique. De plus, le cadre est magnifique, avec son emplacement situé au bord de l'Ill, aux pieds des Ponts-Couverts, ce qui rend son café en terrasse encore plus agréable. Dans cette institution strasbourgeoise, l'ambiance est à la hauteur de la qualité des plats servis et vous serez très bien reçus, par un personnel attentif et souriant.

ALSACE

AUBERGE DE LA NACHTWEID

Chemin de la Nachtweid - **OSTWALD** © 03 88 66 58 88
www.auberge-nachtweid.fr

Ouvert dimanche, lundi, jeudi et vendredi : midi et soir. Et samedi soir. Plat du jour 9,50 €. PMR. Terrasse.

À l'auberge de la Nachtweid, vous pouvez opter pour une soirée tartes flambées entre amis ou pour une pause gourmande dans un cadre bucolique au bord de l'Ill. Le cadre reposant vous permettra de vous déconnecter de la vie trépidante de la ville et il est propice à la détente et au ressourcement. Côté carte, vous aurez le choix entre plats traditionnels et spécialités alsaciennes, sans oublier les tartes flambées cuites au bois de hêtre. Si vous êtes amateur de cigare, la cave de la Nachtweid saura aiguiser la curiosité des passionnés et des curieux. Durant la belle saison, la terrasse en bordure de l'Ill vous offre un cadre d'exception pour un cocktail ou un événement d'entreprise.

ALSACE

BISTROT LA GRANDE DAME

5, rue Mercière

Tous les jours de 10h30 à 20h.

Ce restaurant-café situé en face de la cathédrale propose des plats traditionnels alsaciens avec une cuisine ouverte en continu de 11h à 23h. À l'intérieur, poutres apparentes, pierres, bois, fauteuils gris et voilages blancs donnent une atmosphère chaleureuse. Les plats sont faits maison et typiques de la région, servis en de bonnes proportions à déguster avec une vue imprenable. S'ils ne sont pas exceptionnels, ils permettent toutefois de se restaurer pour une somme raisonnable en plein centre-ville et c'est sans doute l'atout majeur du lieu. Pendant le marché de Noël, du vin chaud flambé au marc de gewurztraminer, des baguettes flambées et des crêpes à emporter sont proposés.

ALSACE

LES CHAUVINS PÈRE & FILS

3, rue du Faisan ✆ 03 88 16 13 61
www.restaurant-les-chauvins.fr

Ouvert du mardi au samedi le midi et le soir. Tapas alsaciennes : 6,80 € à 11 €. Tartes flambées : 8,30 € à 9,50 €.

Au cœur du vieux Strasbourg, Yannick Bangratz et son fils Quentin ont ouvert un sympathique restaurant qui séduit d'emblée par son concept tout à la fois rustique, chic et urbain : superbes boiseries soulignées de pierres et éclairages tamisés juste comme il faut. Yannick a concrétisé une idée tout à la fois folle et délicieuse : faire appel à des producteurs locaux pour élaborer des tapas 100 % alsaciennes, à partager entre amoureux ou avec des amis. Ajoutez à cela de savoureuses tartes flambées et des desserts à tomber, le tout accompagné d'excellents crus sélectionnés auprès de viticulteurs alsaciens renommés (Marcel Deiss, Cave du Roi Dagobert, domaine Huttard, Zeyssolff...).

ALSACE

LA COUR DES CHASSEURS

47, faubourg du Capitaine-d'Alençon - **LA WANTZENAU**
✆ 03 88 96 24 83
www.lacourdeschasseurs.fr

Ouvert du mardi au dimanche midi et soir. Fermé samedi midi. Menus 25 à 48 €. Formule midi 9,90 €. PMR. Terrasse.

À la Cour des Chasseurs, les producteurs locaux et les produits frais et de saison sont mis en avant. Nathalie et Roger Lutz ont donné une touche personnelle à cette auberge, en créant un style cosy, mi-alsacien, mi-anglais ! Le chef Dominic Richard réalise d'excellentes tartes flambées avec une pâte faite maison. La carte axée surtout sur les spécialités régionales et les créations maison, offre des plats originaux. Les formules du jour offrent quand à elles une cuisine du marché délicieuse, à petit prix, et des propositions qui varient très régulièrement. Tradition, passion et savoir-faire sont les maîtres-mots de toute l'équipe, en cuisine comme en salle.

ALSACE

LES CHEFS-D'ŒUVRE D'ALSACE

8, Grand'Rue
✆ 09 53 67 38 88

Ouvert du mardi au dimanche de 10h30 à 22h30. Carte : 12 € environ. Chaises bébé. Terrasse. Boutique.

Niché dans la désormais très gourmande Grand Rue, ce petit restaurant tout de bois clair vêtu, vous accueille avec chaleur et bienveillance afin de déguster un cuisine alsacienne maison, graphique et savoureuse. De la traditionnelle tarte flambée en passant par les fleischkiechle à la sauce au vin rouge, tout ici est aussi «instagrammable» que délicieux. En été, le chef Sébastien vous propose de belles salade riches et colorées ainsi qu'une rafraîchissante sélection de cocktails. L'établissement héberge également un petit corner de produits locaux à rapporter chez soi.

ALSACE

LA CRUCHE

6, rue des Tonneliers
✆ 03 88 32 11 23

Ouvert du mardi au samedi de 11h30 à 15h et de 18h30 à 22h.

Dans cette winstub chaleureuse et typique, pleine de clins d'œil à la région dans sa décoration, vous pourrez déguster tous les incontournables alsaciens de l'entrée au dessert. À l'ancienne, l'ambiance est très conviviale et les portions ravissent les plus gros appétits. Manu et Lucas sont aux petits soins, toujours prêts à vous servir avec le sourire ! La carte des vins est bien fournie et on n'hésite pas à en profiter lorsque l'on sait que l'on peut dormir sur place. Côté hôtel, l'accueil est tout aussi chaleureux et agréable et les prestations sont de qualité. Pour manger, pour dormir ou pour les deux, on passe toujours ici un excellent moment, seul ou entre amis.

ALSACE

LE COLBERT

127, route de Mittelhausbergen ✆ 03 88 22 52 16
Tram arrêt Saint-Florent - www.restaurant-colbert.com

Fermeture dimanche et lundi. Ouvert du mardi au samedi, midi et soir. Carte : 40 € environ. Terrasse. Parking.

Les deux chefs, Stéphanie Lebrato et Romain Creutzmeyer, se sont alliés pour offrir des plats de qualité. Dans une ambiance chic et sobre, ces jeunes créateurs culinaires proposent une carte évolutive avec des produits frais et de saison, des plats revisités mais aussi des créations originales. Les assiettes sont très joliment dressées et chacune donne envie d'en découvrir plus. Le plus difficile est de choisir mais on peut se diriger vers un menu découverte, pourquoi pas en accord mets et vins. L'établissement propose également un service traiteur de très grande qualité, des bons cadeaux, et la possibilité de rapporter les excellents foie gras et pâté en croûte à la maison.

ALSACE

AU CRUCHON

11, rue des Pucelles ✆ 03 88 35 78 82 - Tram arrêt République.
www.aucruchon.fr

Ouvert du mardi au samedi de 12h à 14h et de 18h30 à 22h. Réservation recommandée. Carte : 20 € environ

Ce restaurant propose des plats traditionnels, du fait-maison avec des produits frais. Si la devanture ne donne pas forcément envie, lorsqu'on la passe, on ne peut qu'être conquis car la passion de cuisiner et de recevoir se ressent. Les mets sont savoureux et joliment présentés. Parmi les suggestions proposées, vous pouvez vous régaler avec un os à moelle et ses toasts, une soupe à l'oignon, un cordon de volaille au munster ou le fameux jarret de porc sur son lit de choucroute. Sur l'ardoise, la carte varie selon les saisons. Pour terminer, on peut opter pour un munster ou un kougelhopf glacé au gewurztraminer. L'accueil est vraiment sympathique et l'ambiance typiquement alsacienne.

ALSACE

AUX DEUX CLEFS D'OR

21, rue du Moulin - **PLOBSHEIM** ✆ 03 88 98 74 73
www.auxdeuxclefsdor.com

Fermé mardi et mercredi. Plat du jour 14 € (entrée + plat + dessert). Menu avec pièce de bœuf 18 €). Terrasse.

Anne Baerst au service et Julien Rossi à la cuisine, vous accueilleront dans un restaurant de style alsacien. Sa terrasse, située dans la cour intérieure de l'ancienne ferme, promet des moments bucoliques en été. Les plats « faits maison » sont élaborés sur place : une cuisine régionale de qualité, complétée par des plats originaux. Les festivités sont nombreuses et les occasions de se retrouver en famille pour un moment convivial ne manquent pas : soirées tartes flambées ou barbecue, à thème autour de la gastronomie locale ou plus lointaine. Pour les occasions, n'hésitez pas à faire part de vos envies à l'équipe qui se fera un plaisir de vous recevoir avec une formule personnalisée.

ALSACE

FISCHERSTUB

5, route de Bischwiller - **SCHILTIGHEIM** ✆ 03 88 18 19 19
www.fischerstub.fr

Du dimanche au vendredi à midi. Du lundi au dimanche en soirée. Maître restaurateur.

La Fischerstub, créée en 1905, est une véritable institution. Elle a gardé son atmosphère d'antan avec ses boiseries et sa décoration riche en clins d'œil à la Brasserie Fischer et à la région. On pourra y déguster tous les les plats typiques de la région : choucroute, presskopf, camembert frit, sandre, rosbif, cervelas, jambonneau... En saison vous trouverez à la carte du gibier. Ici les proportions sont très généreuses. Le service est agréable et les bons vins régionaux au verre ou en carafe accompagneront vos mets. Le lieu est vaste ce qui permet de s'y retrouver en grands groupes et de combiner de grandes tablées. Pensez toutefois à réserver, notamment le week-end pour avoir de la place.

ALSACE

FATT' STUB

2, rue de la Montée - **LINGOLSHEIM** ✆ 03 88 77 19 42
www.fattstub.fr

Ouvert le lundi, le mardi, le jeudi et le vendredi le midi et le soir ; le week-end le soir. Plat du jour : 8,20 €.

La grande salle a une décoration typiquement alsacienne, qui cadre bien avec l'ambiance chaleureuse. La terrasse est fort agréable dès que le soleil pointe un rayon. Il est possible de privatiser la salle, mais aussi d'emporter des plats pour les déguster chez soi ou au bureau. La cuisine traditionnelle et alsacienne est mise en avant pour une bonne partie de la carte, mais les amateurs trouveront aussi des pizzas cuites au feu de bois. Les produits sont frais et on privilégie ici le fait maison. Au déjeuner comme au dîner, c'est décontracté, bon et pas trop cher. Pour des évènements, on peut privatiser le restaurant qui s'adaptera sans soucis à toutes vos envies.

ALSACE

LA GRANDE VITESSE

54, rue de la Course
✆ 03 88 32 47 25

Du lundi au vendredi le midi ; jeudi, vendredi et samedi soir.

À deux pas de la gare, La Grande Vitesse est un hymne à l'Alsace. Déjà par la décoration, mais les plats aussi respectent la plus pure tradition régionale. En terrasse ou dans la salle, l'accueil est digne d'un repas de famille chaleureux. Côté cuisine on trouve les incontournables locaux mais on peut aussi venir ici lorsque l'on est pressés grâce au service à emporter ou simplement pour boire un verre. Le chef est un passionné qui aime les bons produits et ça se ressent ! Tarte à l'oignon, tourte au riesling ou bibelasskaes font partie des incontournables, mais tout ici est bon et de qualité, tout fait envie. Les vins pour accompagner ces délicieux mets sont en outre très bien choisis.

ALSACE

FINK'STUEBEL

26, rue Finkwiller ✆ 03 88 25 07 57
www.restaurant-finkstuebel.com

Ouvert du mardi au samedi le midi et le soir. Carte : 21 € environ. Vin au verre. Chèque Restaurant. Terrasse.

Chaleur, convivialité et cuisine alsacienne ! Le Fink'Stuebel est une charmante winstub traditionnelle à deux pas du quartier de la Petite France. Dans cette ambiance calme et tamisée, la décoration est typiquement alsacienne. Admirez les poutres, les poteries de Betchdorf, les peintures murales... À la carte vous trouverez quelques spécialités alsaciennes mais aussi quelques suggestions savoureuses qui varient en fonction des saisons, des produits frais, mais aussi et surtout des inspirations du chef qui cherche sans cesse à vous combler. Sophie et Thierry sont de véritables passionnés par leur métier et cela se ressent vraiment dans l'assiette comme dans l'ambiance générale du lieu.

ALSACE

LE GRILLON CHEZ CORINNE

18, route de Strasbourg - **LA WANTZENAU** ✆ 03 88 96 27 84
Bus arrêt La Wantzenau Eglise
www.legrillon-restaurant.com

Ouvert du lundi au samedi. Fermé le mercredi soir et le samedi midi. Formule midi : 9,90 €. Terrasse.

Ce restaurant est situé dans une coquette maison à colombages au cœur de la Wantzenau, au calme. À la carte, des tartes flambées, des pizzas cuites au feu de bois, mais aussi de savoureux plats du terroir. Corinne Daull et Michel Metz vous feront découvrir leur fleischkiechle maison ou encore le jarret braisé à la bière brune, servi avec des pommes de terre sautées et de la choucroute. Tout est copieux et bien présenté, bien pensé aussi pour répondre à tous les goûts et toutes les envies. En été on profite de la terrasse très ensoleillée, et en hiver, sur réservation, d'un petit chalet intimiste avec un menu spécial qui peut accueillir jusqu'à seize personnes.

ALSACE

GURTLERHOFT

13, place de la Cathédrale ✆ 03 88 75 00 75
www.gurtlerhoft.fr

Ouvert tous les jours le midi (dernier service à 13h30) et le soir (dernier service à 21h30). Menus de 28 € à 36 €.

Dans un vieil hôtel particulier, ce restaurant a conservé de belles caves voûtées du XIIe siècle, en pierre, ce qui lui donne beaucoup de cachet et d'originalité. Chaleureux et assez agréable bien que vite un peu bruyant, l'établissement propose à sa carte tous les classiques et incontournables régionaux pour les petits comme pour les gros appétits avec des plats copieux. On pourra sans soucis opter pour un baeckeoffe aux trois viandes marinées au vin d'Alsace. Cette potée alsacienne composée de viande de bœuf, de porc et d'agneau, marinée au vin blanc d'Alsace, cuite avec des légumes et des pommes de terre dans une terrine, à l'étouffée, est un incontournable de la région.

ALSACE

CHEZ L'ONCLE FREDDY

9, rue des Moulins ✆ 03 88 22 08 14
www.chezlonclefreddy.com

Ouvert tous les jours de 12h à 14h et de 19h à 21h. Menu unique à 25 €. Menu enfant : 9,50 €.

Chez l'Oncle Freddy, on aime les bons produits ! Ici la cuisine a un goût d'antan, intégralement faite maison, dans un lieu historique. Les légumes, charcuteries et autres proviennent des meilleurs producteurs de la région et ils sont transformés intégralement sur place. Pour ceux qui souhaitent juste une pause, on pourra profiter d'une pause café accompagné d'une douceur selon l'humeur du chef. Pour les autres, la carte est très vaste et fait la part belle aux recettes régionales classiques ou revisitées. Chaque saison est néanmoins l'occasion de redécouvrir de nouveaux produits et notamment avec les suggestions de desserts et de tartes maison aux fruits du moment.

ALSACE

AU GUTENBERG

8, place Gutenberg ✆ 03 88 32 54 00
www.au-gutenberg.com

Ouvert tous les jours et les jours fériés le midi et le soir. Carte : 20 € environ. Chèque Restaurant. Terrasse.

Très bien placé, le restaurant Au Gutenberg est largement tourné vers les traditions régionales et la gastronomie locale. Le chef propose d'ailleurs à la carte presque toutes les spécialités et toutes sont bien réalisées, bonnes, à base de produits frais et servies copieusement. Vous trouverez également quelques plats de brasserie plus simples et ce, à toute heure puisque ce restaurant sert en continu toute la journée, chose rare à Strasbourg. La carte des vins met elle aussi très en avant les producteurs locaux. En résumé c'est un lieu simple, avec un service efficace et un bon rapport qualité-prix. En été on profite de la belle terrasse pour prolonger le moment.

ALSACE

MAMA BUBBELE

2, Quai des Bateliers ✆ 03 90 23 83 30
www.mama-bubbele.fr

Ouvert du mardi au samedi de 12h à 14h30 et de 19h à 00h ; le dimanche de 18h30 à 00h.

Mama Bubbele révolutionne la tarte flambée ! Son couple de fondateurs travaille en étroite relation avec les agriculteurs biologiques les plus proches pour plus de fraîcheur et de qualité. La transparence et l'équité, ainsi que le bien-être animal et la juste rémunération des producteurs comptent plus que tout ici. De la terre à l'assiette, tout est fait pour minimiser l'impact sur l'environnement et augmenter la qualité des mets. Les tartes flambées, dont même la pâte est préparée de façon artisanale sur place, se déclinent sous toutes les formes : ail, gratinée, munster, forestière, raclette, morbier, truite, truffe... Idéal pour redécouvrir cet incontournable régional !

ALSACE

HÔTEL RESTAURANT AU CERF D'OR

6, place de l'Hôpital ✆ 03 88 36 20 05
Tram arrêt Porte de l'Hôpital
www.cerf-dor.com

Menus de 26 € à 35 €. Vin au verre. Prix moyen à la carte : 25 €.

Dans une salle rustique, où le bois et les meubles régionaux sont à l'honneur, ou au soleil sur la terrasse, les plats sont joliment et généreusement servis. Vous trouverez à la carte toutes les spécialités de la région, en viandes ou en poissons : terrines, charcuteries, cordons bleus, choucroute, bouchée à la reine, baeckehoffe... Mais c'est surtout le gibier qui a fait la réputation de ce restaurant prisé des locaux autant que par les visiteurs, grâce non seulement à sa cuisine, mais aussi à son atmosphère chaleureuse et à son service impeccable. On recommande.

ALSACE

MAMAMA BISTRO

18, rue Sainte-Hélène ✆ 03 88 32 85 41
www.mamama.fr

Ouvert du mardi au samedi midi et soir. Carte : 18 € environ. Menu enfant : 9 €. Plat du jour : 9 €. Terrasse.

Ce restaurant offre une cuisine de grand-mère revisitée. Dans ce bistro alsacien à l'ombre de la rue Sainte-Hélène, le Chef propose une cuisine savoureuse et généreuse de marché, à base de produits en provenance directe des producteurs locaux. Ainsi, on peut y déguster une truite des Sources du Heimbach ou un cordon bleu de veau au Barkass de la vallée. Dans un cadre contemporain qui s'émancipe de la traditionnelle winstub, la décoration des trois salles vous surprendra par ses clins d'œil à l'Alsace : papier peint original, touches d'artisanat local soigneusement sélectionné ou encore illustrations du célèbre Ungerer. L'été, une terrasse ombragée permet de profiter des extérieurs.

ALSACE

LES MARMITONS

9, rue de la Glacière - **SCHILTIGHEIM** ✆ 03 88 33 64 65
www.lesmarmitons.fr
Ouvert tous les jours à midi, fermé le soir. Plat du jour 9 €. Carte et suggestions.

Le restaurant vous propose une cuisine traditionnelle française et alsacienne, ainsi qu'un menu du jour du lundi au vendredi et tous les week-ends un menu du marché avec des légumes de saison frais et croquants. Les végétariens et amateurs de poissons trouveront leur bonheur, tout comme ceux qui préfèrent les belles pièces de viande. Les différentes suggestions, qui varient selon les inspirations du chef, sauront attiser votre curiosité et vous ne risquez pas d'être déçus en vous laissant tenter. Le tout s'accompagne de bons vins locaux pour une addition qui reste très raisonnable. Venez découvrir cette cuisine dans une ambiance très familiale, où la bonne humeur règne.

ALSACE

LE PETIT FAUBOURG

2b, rue du Faubourg-de-Saverne
✆ 03 88 13 63 30
Du lundi au vendredi de 11h30 à 14h. Du mardi au dimanche de 18h30 à 21h30.

Le Petit Faubourg est un restaurant-bar de quartier qui propose une cuisine traditionnelle : des petits plats simples, savoureux, faits maison et avec passion, dans le respect de la saisonnalité et surtout avec un maximum de produits locaux. Ici l'ambiance est agréable et détendue, et l'on sent l'amour du métier, de la bonne cuisine et des bons produits. Pour un repas tranquille entre amis, entre collègues ou même pour un dîner à deux, vous ne risquez pas d'être déçu et serez assuré de passer un bon moment. Selon les saisons, vous aurez le plaisir chaque fois renouvelé de venir ici car les plats changent avec les produits disponibles chez les producteurs et les inspirations du chef.

ALSACE

O'RESTO

5, boulevard du Président-Wilson ✆ 09 87 41 07 47
www.oresto-strasbourg.fr
Ouvert le lundi de 11h30 à 14h ; du mardi au vendredi de 11h30 à 14h et de 19h à 22h ; le samedi de 19h à 22h.

La salle est sobre mais agréable. L'équipe est très enjouée et sympathique, toujours prête à s'enquérir de votre bien-être et de vos désirs. On se sent bien. Les plats sont peu chers et bien servis, plutôt alsaciens. Les plats du jour, qui varient, offrent une bonne opportunité pour le déjeuner, rapide, bon et pas cher. Pensez à goûter l'un des cocktails de la maison, le punch est délicieux. La carte des vins offre une belle variété. Pour vos évènements, vous pouvez privatiser l'établissement et l'équipe vous concoctera un moment sur mesure. Pensez aussi à suivre les réseaux du lieu afin de vous tenir au courant des différentes soirées à thèmes proposées comme la fameuse soirée karaoké.

ALSACE

LA PETITE MAIRIE

8, rue Brulée ✆ 03 88 32 83 06 - Tram arrêt Broglie
www.lapetitemairie-strasbourg.com
Ouvert du lundi au vendredi de 12h à 14h et de 19h à 22h. Réservation recommandée. Chèque Restaurant.

La *winstub* La Petite Mairie est chaleureuse et pleine de charme. Marie, la maîtresse des lieux, vous accueille toujours avec sympathie. Les plats concoctés par son fils Lucas sont ceux de l'Alsace traditionnelle et conviviale, bien réconfortants l'hiver. Le jarret de porc grillé au miel et le cordon bleu de volaille sont délicieux. La choucroute garnie est copieuse, les galettes de pommes de terre sont fondantes. En guise d'apéritif, des tartes flambées servies avec un verre de vin blanc. À la saison estivale, des salades variées (océane, pêcheur, italienne...) viennent compléter l'ardoise. Côté sucré, les tartes faites maison sont délicieuses tout comme le soufflé glacé au Grand Marnier.

ALSACE

AU PETIT BOIS VERT

2, quai de la Bruche ✆ 03 88 32 66 32
www.aupetitboisvert.fr
Plat du jour : 9,90 €. Menu enfant : 8,50 €. Prix moyen à la carte : 20 €. Terrasse.

Au Petit Bois Vert est un restaurant de spécialités françaises et alsaciennes. Jouissant d'une situation exceptionnelle, en plein centre du fameux quartier de la Petite France, l'enseigne propose une carte plutôt courte mais aux tarifs abordables et dans laquelle rien ne manque. Le midi une formule du jour est proposée, copieuse mais à prix très avantageux. On déguste les plats dans le bel intérieur d'une winstub typique ou bien sur la très agréable terrasse presque les pieds dans l'eau, à l'ombre d'un magnifique platane quadricentenaire, dont la légende dit qu'il a été planté là sous le règne de Louis XIV. Le service est agréable et attentionné, souriant et professionnel.

ALSACE

LE PONT AUX CHATS

42, rue de la Krutenau ✆ 03 88 23 52 53 - Tram arrêt Gallia.
www.lepontauxchats.com
Ouvert du mardi au jeudi de 12h à 14h et de 19h à 22h ; le vendredi et le samedi de 12h à 14h et de 19h à 22h30.

Ce restaurant vous propose une carte simple. Trois entrées, trois plats et trois desserts vous permettent de composer vous-mêmes votre menu avec des plats concoctés à partir de produits locaux et de saison. La décoration, un peu vintage avec ses objets de brocante, est agréable mais ce qui surprend le plus ici, c'est sans doute la terrasse cachée, agréable et pleine de verdure. L'accueil est chaleureux et aimable. À la carte par exemple : fromentines d'escargots gratinées au comté et aux noisettes et burger de Zelotte avec pain légèrement aromatisé à la choucroute, effiloché de paleron de bœuf cuit en basse température, pickles et sauce crémeuse au raifort.

ALSACE

AU PONT DU CORBEAU

21, quai Saint-Nicolas
✆ 03 88 35 60 68
Ouvert du lundi au vendredi le midi et le soir ; le dimanche soir. Carte : 25 € environ. Formule du midi : 13,50 €.

Cette authentique winstub baigne dans son jus : fenêtres en cul-de-bouteille, chaises en bois sculptées et nappes à carreaux. La cuisine est à l'avenant et tout habitant de la région reconnaîtra l'*alsatian touch* : tarte à l'oignon moelleuse, crudités comme dans toute bonne maison alsacienne, choucroute d'anthologie, tartes aux fruits de saison savoureuses. Et que dire de la carte des vins ! Le patron est un connaisseur hors pair des bons crus de la région, et l'on peut découvrir la production de la nouvelle génération de la viticulture alsacienne, en parallèle aux viticulteurs les plus renommés. Une adresse sympathique et fort courue : mieux vaut donc réserver.

ALSACE

S'KAECHELE

8, rue de l'Argile ✆ 03 88 22 62 36
www.skaechele.com
Ouvert du mardi au samedi, le midi de 12h à 14h30 et le soir de 19h à 21h30. Carte : 18 € environ. Terrasse.

En plein cœur de Strasbourg, à quelques pas de la Petite France, le restaurant S'Kaechele, « La petite cuisine alsacienne », s'impose comme une étape incontournable pour profiter de l'ambiance très chaleureuse d'une stub, avec nappes en kelsch rouge, blanc et vert. On vous servira, par exemple en entrée, des escargots au roquefort. Pour suivre, une munstiflette ou du jambonneau braisé au pinot noir avec des spaetzles et légumes qui vous feront apprécier la gastronomie alsacienne. L'accueil est chaleureux et le service de qualité ! Après avoir déniché le S'Kaechele, vous y reviendrez pour la cuisine de Daniel et l'atmosphère authentique de winstub. La terrasse est très appréciable l'été.

ALSACE

RESTAURANT BAZART

7-9, rue du Renard-Prêchant
✆ 03 88 51 09 35
restaurantbazart.fr

Ce nouveau restaurant bistronomique en plein cœur de la Krutenau s'est établi en lieu et place de l'ancien restaurant Le Rutsch. Fanny et Grégory vous ont préparé un lieu cosy et chaleureux. La cuisine est raffinée et délicieuse, inventive, avec des produits frais et de saison. En venant manger ici, vos papilles seront en émoi tant les saveurs sont subtiles, mêlées à la perfection, pensées pour correspondre à tous les goûts. La carte varie très souvent ce qui permet de ne jamais se lasser et de se rendre pleinement compte de l'étendue des talents et savoir-faire du chef. Pour accompagner les plats, une belle gamme de vins est proposée. Bazart promet aussi une expo d'artistes permanente.

ALSACE

S'ZWILLING STUEBEL

24, rue Kuhn ✆ 03 88 32 58 59
www.szwilling-stuebel.fr
Du lundi au jeudi 11h30-14h/18h30-22h, vendredi 11h30-14h, samedi 18h30-22h. Formule midi : 10 € à 14 € en semaine.

Sur deux niveaux, ce charmant établissement aux airs d'auberge d'autrefois est bien pratique pour prendre une collation dans un cadre agréable lorsque l'on doit passer par la gare. Les plats sont élaborés avec authenticité, savoir-faire et imagination. Le chef Maxime Bitzner se plaît à cuisiner des produits frais et de tradition alsacienne : feischkechle traditionnelle au un jus de veau, terrine de volaille et bouquet de la salade, feuilleté aux champignons des bois... La carte des vins propose chaque mois une sélection des meilleurs crus de la région. C'est une véritable winstub alsacienne qui vous attend et l'ambiance traditionnellement chaleureuse est bien présente.

ALSACE

LA ROTONDE

22, route de Mittelhausbergen ✆ 03 88 27 84 31
Tram arrêt Rotonde.
www.restaurantlarotonde.fr
Menus de 19,90 € à 25,90 €. Carte : 18 €. Terrasse.

L'établissement sert dans une ambiance chaleureuse et typique une cuisine alsacienne (tartes flambées, choucroutes, bibeleskaes, etc.) ainsi que quelques plats de brasserie. En semaine, le plat du jour est très avantageux, peu cher mais copieux, mais si l'on aime les bonnes pièces de viande on trouvera ici de quoi se satisfaire car elles sont très bien cuisinées. Les vins qui les accompagnent ne sont pas trop nombreux mais très bien choisis parmi les meilleurs cépages alsaciens. N'hésitez pas à venir ici, même s'il faut sortir un peu du centre-ville. Vous ne serez pas déçus et c'est tout de même très accessible notamment grâce au tram qui passe vraiment tout près.

ALSACE

LE SAINT FIACRE

86, rue Saint-Fiacre ✆ 03 88 31 64 94
www.restaurant-le-saint-fiacre.fr
Ouvert du lundi au mercredi le midi ; le jeudi et le vendredi le midi et le soir. Réservation recommandée.

Mélanie Douadic vous propose à la Robertsau une cuisine traditionnelle familiale à base de produits frais et du terroir, accompagnée d'une carte des vins très fournie et qualitative. Elle a fait ses armes dans les restaurants les plus renommés de Strasbourg avant de se lancer seule, pour notre plus grand plaisir. Dans une ambiance comme à la maison, la carte propose de bons plats comme les ris de veau, une tatin de butternut ou l'os à moelle. C'est un établissement de poche à l'ambiance cosy où on aime se retrouver en petit comité. La carte change tous les mois. Le restaurant est ouvert le soir le jeudi et vendredi mais peut être réservé pour des soirées privées les autres soirs.

ALSACE

LE SCHNOCKELOCH

1, quai Saint-Jean ✆ 03 88 13 45 04
www.schnockeloch.fr
Sur réservation. Coin fumeur. Formule du midi entrée, plat et dessert.

À l'angle de la rue du Faubourg-National et du quai Saint-Jean, trône fièrement Le Schnockeloch, littéralement « le trou à moustiques ». Ici on mange et on boit alsacien : *spare ribs* grillés sauce barbecue, palette fumée sur choucroute, jambonneau gratiné au munster, blanquette de volaille, choucroute diverses... Les portions sont généreuses, à l'image de l'équipe accueillante, de bon conseil et jamais débordée. Pour ceux qui sont plus à grignoter en buvant un verre, il y a aussi de quoi faire avec de nombreuses tartes flambées et l'incontournable et célèbre paire de knacks. Au centre-ville, Le Schnockeloch est donc une adresse idéale pour découvrir la gastronomie et la culture locale.

ALSACE

THE DRUNKY STORK SOCIAL CLUB

24, rue du Vieux-Marché-aux-Vins
✆ 03 67 68 02 27
www.thedrunkystorksocialclub.com
Ouvert tous les jours de 12h à 1h30. Cuisine en continu.

Le Stork, c'est le nouveau projet pharaonique du groupe Diabolo Poivre. Niché rue du Vieux-Marché-aux-Vins, cette ancienne banque a été métamorphosée en un pub plutôt atypique. On peut y prendre des bières pression, des cocktails et des plats revisités de la gastronomie britannique, le tout dans une ambiance à l'image du groupe : colorée et chaleureuse. Le bar monumental, qui trône au milieu du lieu, fait face à la cuisine vitrée et ainsi on profite d'une ambiance très agréable, que ce soit pour boire un verre ou manger un morceau, sans aucune priorité à la restauration.

ALSACE

LA TANKSTELL

81, avenue de Strasbourg - **ILLKIRCH-GRAFFENSTADEN**
✆ 03 88 65 09 74 - www.latankstell.fr
Tous les jours de 11h30 à 14h et de 18h30 à 22h. Menu 39 €. Plat du jour 9 €. Terrasse. Chèque restaurant.

Le nom « Tankstell » vient des pompes à essence qui étaient installées le long du trottoir avant la Seconde Guerre mondiale. Le propriétaire de l'époque servait habilement à la fois à boire et du carburant aux Illkirchois et gens de passage. Après plusieurs années de fermeture, l'établissement est aujourd'hui rouvert pour notre plus grand plaisir ! Authentique winstub alsacienne, chaleureuse et champêtre, elle propose tous les incontournables de la région : choucroute alsacienne, des tartes flambées ou encore le waedele gratiné au munster... Suggestions de saison à base de produits frais et plats du jour complètent le tableau pour toujours plus de saveurs bien de chez nous !

ALSACE

LE TIGRE

5, rue du Faubourg National
www.letigre.eu
Tous les jours de 12h à 1h30.

Le bar délicieusement vintage et son comptoir, le restaurant sous une immense coupole Art déco avec ses plats traditionnels régionaux et savoureux, la terrasse et le caveau voûté où scènes ouvertes et concerts se succèdent sont tous d'un charme absolu. On vient de prime abord pour un festif breuvage houblonné mais il faut absolument déguster une impeccable tarte flambée à la pâte élaborée sur place à partir de farine bio et cuite au feu de bois juste devant vous ! Classiques ou plus originales, ces dernières comptent parmi les meilleures de toute la ville ! Les tarifs particulièrement abordables permettent de s'y faire plaisir avec un petit goût de reviens-y. On aime !

ALSACE

LA TAVERNE DU QUAI

5, quai de la Bruche ✆ 03 88 36 13 07
www.taverneduquai.com
Ouvert tous les jours de 11h30 à 14h30 et de 18h30 à 22h30. Carte : 15 € environ. Tartes flambées l'après-midi.

Voici un charmant endroit situé près de l'eau, idéal pour déconnecter en s'offrant une petite pause gourmande en regardant les bateaux passer. La cuisine est simple mais bien maîtrisée : tartes flambées sur une planche en bois, knacks avec frites, choucroute ou encore jambonneau braisé avec son raifort. Ici, les classiques alsaciens sont en bonne place mais bien loin de l'attrape-touriste : ingrédients traditionnels bien choisis auprès des producteurs locaux, belles quantités... La présentation n'est pas oubliée, ce qui est rare pour ce type de plats. Le service est très agréable et assez rapide, les tarifs assez bas... En somme il y a tout ici pour passer un bon moment.

ALSACE

LA VIEILLE ENSEIGNE

9, rue des Tonneliers ✆ 03 88 75 95 11
www.lavieilleenseigne.fr
Ouvert du mardi au dimanche de 12h à 14h et de 19h à 22h. Carte : 35 € environ.

Dans cette winstub chaleureuse à la décoration boisée, on prône avant tout le terroir alsacien, les produits des fermes et des artisans vignerons locaux. Les produits sont frais et tout est fait maison. En terrasse ou dans la salle dédiée à Tomi Ungerer, on déguste des plats succulents : foie gras de canard maison cuit au torchon et son pain à la pomme de terre, choucroute aux sept viandes, bibeleskaes au munster non affiné de la maison Lorho (meilleur ouvrier de France) ou un dos de sandre et sa fricassée d'asperges. La carte des vins a elle aussi été très travaillée et est digne des plus grands restaurants. Si l'addition est un peu chère, la qualité des mets et du service le vaut bien.

ALSACE
AU WACKEN

1, rue des Contades - **SCHILTIGHEIM** ✆ 03 88 36 67 62
Tram arrêt Rives de l'Aar. - www.auwacken.fr
Ouvert tous les jours midi et soir, sauf le samedi midi. Carte 20 € environ. Tartes flambées le soir.

Dans une maison ancienne ou sur la terrasse à l'écart du monde, ce restaurant est des plus chaleureux. Il y a peu de plats mais leurs saveurs et ingrédients principaux diffèrent assez pour que chacun y trouve son compte. Le soir, l'incontournable c'est la tarte flambée, qui se décline sous de nombreuses formes. Les amateurs de viande apprécieront la qualité des entrecôtes. Un grand choix de vins de qualité au verre est disponible. Très accessible, cet établissement est idéal pour les pauses déjeuner comme pour les repas entre amis. Vous pourrez aussi organiser ici divers évènements, grâce à une équipe aux petits soins et qui se met en quatre pour vous satisfaire.

BISTROT - BRASSERIE
LE MÄNNELE

Place Adrien Zeller
✆ 03 88 36 64 75
Ouvert du mardi au samedi de 8h à 1h30.

Anciennement S'Wacke Hiesel, le Männele c'est la nouvelle brasserie, juste à côté du Palais de la Musique et des congrès, toujours dans cette petite maison chaleureuse et à l'écart. Avec sa décoration qui fleure bon l'Alsace et ses plats du jour, le Männele a plusieurs cordes à son arc. C'est d'abord un lieu très agréable pour se retrouver, c'est ensuite une brasserie où l'on peut se reposer tranquillement en dégustant une bonne bière, c'est enfin une cuisine réconfortante avec des plats aux saveurs traditionnelles d'antan, mijotés comme il faut et servis en bonnes proportions. Grâce à de larges horaires d'ouverture, vous pouvez venir faire une pause ici à n'importe quelle heure.

NEW
CRÊPERIE
AR PRETI CRÊPERIE

Boulevard des Enseignes
REICHSTETT
arpreti.com
Du lundi au dimanche de 11h30 à 22h.

C'est autour d'une cuisine de qualité qu'Ar Preti vous propose des galettes variées à partir de produits frais. Cette crêperie moderne met à disposition des formules diverses pour contenter chacun de ses convives dans un environnement convivial et chaleureux. Ne manquez pas le bar à cidre avec ses nombreuses variétés permettant à chacun de trouver son bonheur en fonction de son plat ou dessert. La déco est originale, personnalisée et moderne, bien loin de l'image d'une crêperie traditionnelle. Ses valeurs et son design sauront vous faire apprécier son univers. À la belle saison, vous profiterez d'une belle terrasse sur l'eau pouvant accueillir jusqu'à une centaine de personnes.

CRÊPERIE
CREP' MILI

3, rue du Ciel ✆ 03 88 36 56 88
www.crepmili.fr
Du lundi au vendredi : midi et soir. Menus de 15 € à 20 €. Formule du midi : 10 €

À l'écart de l'agitation de la ville, entrez dans un caveau du XVIIe siècle. C'est ici que vous pourrez déguster l'une des 90 sortes de crêpes et galettes bretonnes proposées. Toutes sont confectionnées selon la tradition et les recettes ancestrales. Pour accompagner cela, on pourra bien évidemment ajouter une bolée de cidre doux ou sec. Vous pourrez aussi déguster du chouchen, une boisson obtenue par fermentation du miel et d'eau. Au sarrasin ou au froment, chaque crêpe est une invitation à la gourmandise, de l'entrée au dessert. Les produits viennent au maximum de la région et tous sont frais. Le service est rapide, souriant et efficace, l'ambiance très agréable et chaleureuse.

ALSACE
LA PETITE VENISE

20, rue des Moulins
✆ 03 88 22 66 18
Tous les jours de 11h à 14h et de 18h30 à 22h30.

On est tout de suite frappé par l'ambiance qui règne dans ce lieu : l'ambiance est ultra agréable et le service rapide et souriant. Pas de chichis, on fait dans la cuisine simple et régionale, avec notamment des formules du midi à très petit prix et de nombreuses tartes flambées. Comme le nom le laisse deviner, on trouve aussi à la carte des spécialités italiennes que l'on prend plaisir à découvrir. La petite terrasse ouverte sur le quartier historique et romanesque de la Petite France est calme et fort agréable à la belle saison. De l'entrée au dessert, c'est en somme une bonne formule qui vous attend, même si vous souhaitez dîner tard. Une jolie adresse aux tarifs imbattables.

SAVOIE
LA CROIX DE SAVOIE

133, route de Lyon - **ILLKIRCH-GRAFFENSTADEN**
✆ 03 88 66 65 66 - www.restaurantlacroixdesavoie.fr
Ouvert du lundi au vendredi le midi et le soir ; le week-end le soir. Carte : 18 € environ.

C'est un charmant petit restaurant qui vous fera voyager au cœur de la Haute-Savoie et de la Suisse. Le cadre est typique avec sa grande salle et ses poutres en bois, décorée d'objets recréant l'ambiance d'un chalet savoyard. Fondue et raclette sont au menu, cela va de soi. La présentation des plats est également soignée, avec une originalité travaillée. Très ludique, vous avez la possibilité de faire fondre vous-même votre meule de fromage sur une machine à raclette traditionnelle, amusement garanti ! D'autres fromages et spécialités sont proposés à la carte, ainsi qu'une belle variété de crêpes salées et sucrées. Très régulièrement des évènements sont organisés sur place.

VÉGÉTARIEN

BLOOM CAFÉ

2, place des Meuniers
✆ 03 67 97 25 48
Ouvert du mardi au dimanche de 9h30 à 19h. Sans réservation. Carte : 14 € environ. Terrasse. Vente à emporter.

En anglais, *bloom* veut dire fleur, et vous ne serez pas déçu ! La terrasse est verdoyante, l'intérieur du café et lumineux et joliment décoré avec de la végétation. À l'ombre sous le grand arbre, venez siroter un thé glacé rafraîchissant à l'hibiscus associé à une pâtisserie parsemée de petites violettes. Ici tout est frais, local et de saison. Possibilité d'avoir des produits faits maison, vegan, végétariens, sans gluten et sans lactose. Vous serez servi quelle que soit l'heure pour un brunch, un déjeuner, un dîner ou encore juste pour un café. Jus bio et bières artisanales sont aussi à la carte. L'atout charme du café ? Le cadre et les fleurs partout sur cette place loin de la foule.

NEW
VÉGAN

COPPER BRANCH

Boulevard des Enseignes
REICHSTETT
✆ 03 88 81 64 54
Du lundi au dimanche de 11h à 23h.

Un menu 100 % à base de plantes et de super aliments : voilà ce que propose Copper Branch. Ici vous ne trouverez que des aliments complets, sains et bio, véritable source d'énergie ! C'est la santé qui prime dans les menus, mais le goût n'est pas pour autant mis de côté... Il y a par exemple les bols énergisants dont vous choisissez la base (riz brun biologique, quinoa biologique, nouilles de konjac ou laitue mixte) et la protéine (tempeh biologique, dés de tofu fumé biologiques, protéines de soja texturées, keftedes aux carottes ou tofu brouillé biologique), les bols thématiques, les burgers, les sandwichs ou le chili. Ajoutez à cela un smoothie et vous voilà requinqué pour la journée !

VÉGAN

HARMONIE BOWL & JUICE

5, rue Saint-Etienne ✆ 03 88 22 78 22 - Tram arrêt Gallia.
www.harmoniebowlandjuice.com
Ouvert du lundi au jeudi et le samedi de 8h30 à 18h ; le vendredi de 8h30 à 22h. Carte : 10 € environ. A emporter.

Harmonie Bowl & Juice un restaurant de type bio, végan et sans gluten. Ses deux gérants, un cuisinier passionné et son épouse naturopathe, sont parvenus à relier les recettes de la cuisine traditionnelle asiatique aux modes de consommation d'aujourd'hui. Des bols de riz vous seront servis accompagnés de sésame et de légumes en sauce. Les plats ainsi créés apportent tous les éléments essentiels. Vous pouvez également consommer des smoothies réalisés à l'extracteur, du café bio et plusieurs jus différents. L'établissement est ouvert tout au long de la journée. Du petit déjeuner au dîner, vous êtes les bienvenus pour manger ! Le plus ? Un très bon accueil, des produits de qualité et du goût !

BIO

PUR ETC

122, Grand-Rue ✆ 09 83 78 38 79 - Tram arrêt Langstross.
www.pur-etc.fr
Du lundi au samedi de 11h30 à 20h ; dimanche de 10h à 20h. Formule à partir de 9,90 €. Terrasse. Végé et sans gluten.

Envie d'un repas bio, ou d'un brunch le dimanche matin ? Rendez-vous chez Pur Etc. Vous y trouverez des produits frais maison, et des jus de fruits ou de légumes savoureux. Leurs valeurs sont assumées : des fruits et légumes de saison cueillis à maturité, des viandes issues d'élevages garantissant le bien-être animal. L'enseigne propose aussi des plats vegan, sans gluten et sans lactose. Il est possible de trouver plusieurs restaurant à Strasbourg, comme aux Halles ou place Saint-Étienne. La terrasse est très agréable en été. Possibilité de se faire livrer à domicile ou à son travail. L'atout des lieux ? Le concept des produits locaux est original. On regrettera une vraie absence de service.

VÉGAN

VÉGÉMAN

18, rue des Bateliers
✆ 09 72 28 94 69
www.vegeman.fr
Ouvert du lundi au samedi de 11h45 à 22h.

Voici le premier (et le seul et unique) kebab végan de Strasbourg ! Idéal pour allier le plaisir de ce sandwich bien connu de la restauration rapide à la diététique et à la préservation de notre environnement. Biologiques et sains, bons pour la santé, les produits utilisés n'en sont pas moins savoureux : l'utilisation de seitan rendra votre sandwich agréable, délicieux et riche en protéines. Le seitan est en effet une protéine à base de blé dont la texture et le goût sont très proches de la viande. Vous n'y verrez que du feu ! En plus, le service est continu pour un petit creux à n'importe quelle heure de la journée et tout est disponible à emporter ou en livraison.

VÉGAN

VELICIOUS BURGER

20, Grand'Rue ✆ 09 72 62 60 76
www.velicious burger.fr
Tous les jours de 12h à 22h. Tous les burgers à 9 €. Menu à 13,50 € (burger, frites, boisson). Possible sans gluten.

Velicious est le premier restaurant fast food vegan de Strasbourg. Les burgers sont préparés sur place à base de produits biologiques et locaux, avec la possibilité d'un burger sans gluten. Vous pourrez composer votre menu en ajoutant des frites et une véganaise maison. La terrasse est minuscule mais la salle est, elle, assez grande et bien décorée, chaleureuse et accueillante. Le formica y règne en maître et apporte une touche vintage. Au final, c'est des burgers savoureux (4 recettes + 1 suggestion du moment), des boissons originales (limonades Fritz), des emballages biodégradables, une ambiance colorée. Attention, ici on chasse les légumes qu'on n'hésite pas à exposer en trophée !

VIANDE

À L'ABATTOIR

16, place de l'Abattoir
✆ 03 88 26 29 60

Ouvert du lundi au vendredi le midi de 12h à 13h et le soir de 19h à 21h30. Carte : 26 € environ. Chèque Restaurant.

Réputé comme l'un des meilleurs restaurants de viande de Strasbourg depuis 1969, À l'Abattoir propose une large variété de viandes françaises servies par un charmant couple de restaurateurs. Claude en cuisine et Sabine en salle se chargeront de vous régaler avec leurs délicieuses pièces de bœuf ou de porc de qualité. Les amateurs de foies, de têtes et de langues de veau seront également satisfaits. Côté déco, un style traditionnel avec boiseries et nappes. Une belle terrasse est disponible en été pour vous détendre au soleil. Vous pouvez également garer votre véhicule à proximité du restaurant sur un grand parking prévu à cet effet. Tous les éléments sont réunis pour passer un bon moment.

VIANDE

COCO GRILL

8, rue d'Austerlitz
✆ 03 88 36 22 42

Ouvert du mardi au samedi de 12h à 16h30 et de 19h à 0h30.

Le Coco Grill à Strasbourg propose de multiples spécialités grillées au barbecue (avec charbon japonais pour un goût légèrement fumé) : poissons, fruits de mer, légumes et bien sûr de la viande. On retrouve à la carte, du filet de dorade royale, un thon mi-cuit avec sa sauce vierge aux baies ou encore un agneau oublié sous la braise aux épices douces. Côté dessert, c'est tout en gourmandise que l'on finit le repas. Pour accompagner ces mets, que l'on déguste en terrasse aux beaux jours, les vins et cocktails maison originaux ne sont pas en reste. Le petit plus ce sont les frites fraîches et le pain maison ainsi que l'ambiance conviviale propice aux échanges et rencontres.

VIANDE

AU BŒUF

25, rue du Général-Leclerc - **PLOBSHEIM** ✆ 03 88 98 58 25
www.restaurantauboeuf.fr

Maître Restaurateur. Ouvert du mardi au vendredi et le dimanche le midi. Du mercredi au dimanche le soir.

Deux salles et deux ambiances dans ce restaurant ! Un petit chalet finlandais (le Kota grill) et la salle du restaurant classique. En cuisine, Sébastien cuisine aux côtés de son père, Vincent. À la carte, vous trouverez essentiellement des viandes et quelques poissons. Les suggestions changent toutes les semaines en fonction du marché et des saisons. En soirée, vous pourrez déguster des tartes flambées salées et sucrées. Des déjeuners à thème sont organisés ponctuellement : matelote, carpe frite... Repas sans gluten sur demande. Le petit chalet finlandais permet à de petits groupes (jusqu'à 12 personnes) de profiter d'une ambiance insolite et conviviale pour des repas à thème.

VIANDE

LE COMPTOIR DU CANNIBALE

90, route du Général de Gaulle - **SCHILTIGHEIM** ✆ 03 88 38 02 02
www.lecomptoir-du-cannibale.fr

Ouvert le lundi midi ; le mardi et du jeudi au dimanche le midi et le soir. Carte : 18 €.

Ce restaurant-brasserie ne paie pas de mine de l'extérieur, mais une fois la porte franchie, vous serez surpris par le décor « grotte néolithique » très réussi. Vous passez votre pré-commande à l'aide d'une tablette. C'est pratique : les photos présentent les plats, avec des explications avisées. On aime le conseil de la boisson avec chaque plat (bière ou vin). La commande est validée par un serveur, donc pas de risque de mauvaise surprise. On vous recommande l'assiette du cannibale (différents morceaux de viande et un os à moelle). Les viandes sont fondantes, et les plats réconfortants. Accompagnez votre plat d'une bière, c'est surprenant et délicieux ! 16 bières sont proposées.

VIANDE

LE BESTIAL

21, rue Jacobi-Netter ✆ 03 88 28 27 73
Bus arrêt Jacobi Netter.

Ouvert du lundi au mercredi midi ; le jeudi et le vendredi midi et soir. Réservation recommandée. Carte : 21 € environ.

Une adresse quelque peu difficile à trouver dans la zone d'activités de Strasbourg Koenigshoffen. Cependant le Bestial vaut réellement le déplacement. En effet, Christophe Weber propose une cuisine du marché inventive et magnifie de très belles pièces de viande. Les assiettes sont délicates et colorées et le dressage des tables est digne d'un étoilé. Les plats sont renouvelés très fréquemment. Le midi en semaine, le rapport qualité-prix de la formule est sans comparaison possible. Le soir, laissez-vous tenter par le délicieux menu Création (différent chaque semaine) qui mélange des saveurs subtiles et goûteuses. Le personnel est professionnel et à l'écoute des clients.

VIANDE

L'HACIENDA

8, rue de la Tour-Koenigshoffen ✆ 03 88 29 57 30
www.hacienda-strasbourg.com

Ouvert du lundi au vendredi midi et soir ; le samedi soir. Réservation recommandée. Menus de 19 € à 26 €. Terrasse.

Quelque peu excentré, L'Hacienda est un lieu qui mérite qu'on s'y arrête. La viande, sous toutes ses formes, est la spécialité de cette enseigne. L'ardoise, dont les plats varient selon les saisons et les arrivages, vous propose : steak texan ou argentin, filet de bœuf Wellington, carré de cochon ibérique ou encore rognons et ris de veau au vinaigre balsamique. Cuisinées de façon classique ou plus inventive, toutes ces viandes brillent par leur qualité exceptionnelle et leur mise en valeur parfaite dans l'assiette. La maison à colombages ou la superbe terrasse arborée permettent de déguster ces mets dans un cadre éveillant les sens. On aime le crépitement de la cheminée en hiver.

VIANDE
PIERRE, BOIS & FEU

6, rue du Bain aux Roses ✆ 03 88 36 25 59
Tram arrêt Broglie.
Fermé dimanche, lundi midi et mercredi midi. Menu à partir de 54 € (3 plats, 5 choix par plat).

À quelques pas de la cathédrale, loin de la cohue du centre-ville, venez découvrir ce petit restaurant de 18 couverts où originalité et inventivité sont à l'honneur. Le chef Renaud Schneider élabore des plats simples mais confectionnés avec des produits frais et locaux. Parmi les recettes concoctées par le chef, vous trouverez des légumes bio à la plancha, poulpe à la galicienne, magret de canard laqué aux quetsches, tartare Angus au couteau... Et l'incontournable, c'est l'entrecôte cuite... au fer à repasser en fonte ! Beau à voir et à déguster ! La cuisine est ouverte, permettant aux convives de voir le travail du chef. Celui-ci revendique une cuisine « différente », et ça vaut le détour.

VIANDE
LE TRIBUNAL

5, rue du Barrage - **SCHILTIGHEIM**
✆ 03 88 83 27 02
Ouvert du lundi au vendredi midi et soir. Et samedi soir. Carte : 22 € environ. Vin au verre. Tartes flambées le soir.

Vous viendrez Au Tribunal pour apprécier la saveur des plats et la beauté de la présentation des mets dans l'assiette. Vous apprécierez la qualité du service et l'accueil chaleureux. La carte est restreinte mais les plats sont de qualité et copieux. Ainsi le classique onglet à l'échalote rivalise avec l'incontournable burger et le magret de canard au jus de thym. Depuis la salle vous pouvez apercevoir le chef s'affairer en cuisine et constater par la même occasion que les plats sont faits maison, avec des produits frais. On savoure chaque bouchée avec plaisir, de l'entrée au dessert. L'équipe peut organiser un buffet personnalisé pour vos événements et vos fêtes.

VIANDE
PIERRES ET GAMELLES

4, rue des Charpentiers
✆ 03 90 23 85 01
Ouvert tous les jours de 11h à 14h et de 19h à 22h. Carte : 20 € environ. Terrasse.

Mention spéciale pour ce restaurant intimiste qui offre une très belle prestation. Avec sa décoration chaleureuse et épurée en salle, et surtout sa petite cour intérieure l'écart des bruits de la circulation. Un soin particulier est apporté à la présentation des plats, qui offre une touche sophistiquée à cet établissement. Quant au service, attentionné et précis, il comble les clients les plus exigeants. Tentez la spécialité du restaurant : une viande choisie à la carte cuite sur une pierre, à table. On a aimé les plats cuisinés dans les « gamelles » : des plats mijotés et réconfortants dont la cuisson est parfaitement maîtrisée. Le lieu est idéal pour un repas romantique ou entre amis.

VIANDE
LE VERDICT

7, rue du Fossé des Treize ✆ 06 51 15 04 93
www.leverdict.fr
Ouvert du lundi au samedi de 11h30 à 15h et de 18h30 à 22h30 ; le dimanche de 12h à 16h. Carte : 18 € environ. Terrasse.

Relooking total du restaurant depuis le confinement pour savourer, sans bouder son plaisir, le meilleur onglet à l'échalote de Strasbourg mais aussi des magrets de canard, rognons de veau et du poisson. Avec ces saveurs, pourquoi ne pas prendre un bon verre de vin ? La carte est généreusement fournie. Autre atout, les desserts sont copieux. L'accueil est avenant, la décoration sobre mais chaleureuse. N'hésitez pas à vous installer en terrasse, la place du Tribunal est très agréable encore davantage lorsque le soleil est au rendez-vous. Du bon vin, de la viande exquise et des frites maison délicieuses comme il est rare d'en déguster. Verdict ? On vient et on revient.

VIANDE
PORCUS

6, place du Temple-Neuf ✆ 03 88 23 19 38 - Tram arrêt Broglie.
www.porcus.fr
Ouvert du mardi au samedi de 11h45 à 14h30. Carte : 30 € environ.

Dans le superbe salon au premier étage de la boucherie, décoré de marqueteries Spindler et avec vue sur la place du Temple Neuf, vous pourrez déguster toutes les charcuteries et les bons petits plats proposés par la maison. Chez Porcus on aime le frais, le simple mais bon. Vous trouverez à la carte pas moins de dix choucroutes différentes, les entrées incontournables de la région, les célèbres knacks, mais aussi quelques spécialités charcutières d'autres régions comme les andouillettes ou les caillettes lyonnaises. Vous pourrez également opter tout simplement pour un assortiment de charcuteries froides sélectionnées avec soin parmi les meilleures du monde, accompagnées d'un bon verre de vin.

FRUITS DE MER - POISSONS
MADEMOISELLE 10

10, quai des Pêcheurs ✆ 03 88 35 10 60 - Tram arrêt Gallia.
www.mlle10.fr
Ouvert du mardi au dimanche le midi ; du mardi au samedi le soir. Vente à emporter.

Mademoiselle 10 vous accueille dans une ambiance décontractée, chaleureuse et bienveillante pour des soirées entre amis ou en amoureux. La cuisine, créative et ambitieuse, offre surtout des plats de poisson mais vous trouverez sans doute une viande à votre goût si vous êtes plutôt carnivore et même des plats végétariens. Les produits sont frais (livrés chaque jour) et biologiques, les vins à la carte sont nombreux. À goûter, par exemple : le tataki de thon blanc à l'huile de sésame, le ceviche de canettes en marinade de citron et poivre vert ou encore la queue de homard «européen» poêlée et ses gnocchis... Un menu Dégustation de 4 plats vous permettra de faire un vrai tour d'horizon.

ZOOM

OÙ BRUNCHER À STRASBOURG ?

Au Fond Du Jardin

Le dimanche à l'heure du brunch, 39 € boissons comprises. Quoi qu'il arrive, restons So British, même pour le brunch ! Bien sûr, on y trouve les incontournables madeleines que tout Strasbourg connait et les thés mais l'offre est très complète.

La Graffateria

Le samedi et le dimanche, 24 €. Dans une ambiance calme, cosy et reposante, un brunch à base de produits locaux et frais, qui varie en fonction des saisons, à déguster en admirant l'une des expositions temporaires proposées.

Café de l'Opéra

Le dimanche, 25 €. A l'intérieur dans une ambiance café parisien des années 30 ou sur l'une des plus belles terrasses de la ville, un brunch buffet salé et sucré avec boissons à volonté qui ravit les gourmands. A réserver impérativement.

Café Atlantico

Le dimanche, à partir de 12 €. Du brunch carnivore « le jolly roger » au brunch « poiscaille » en passant par le brunch « sugar baby » et la formule « grosse dalle », il y en a pour tous les goûts et tous les budgets, sans oublier les enfants !

Aeden Place

Dimanche et jours fériés de 11h à 16h, 17 €. A la carte ou en formule, on retrouve ici des idées pour les becs salés comme pour les becs sucrés avec des plats un peu plus élaborés qu'à l'accoutumée pour un brunch, à découvrir !

Café Bâle

Le dimanche, formule buffet ou à la carte. Avec tous les classiques des brunchs, on trouve ici un endroit agréable où s'attabler et profiter simplement d'une belle entrée en matière pour la fin de week-end réussie avant de partir éliminer !

Au Diable Bleu

Le dimanche de 11h à 15h, 20 €. Un buffet à volonté avec des produits très variés et surtout des charcuteries de grande qualité avec des terrines et pâtés faits maison. A réserver car victime de son succès chaque semaine.

Oh My Goodness

Le samedi sur réservation, 21 €. L'un des rares brunchs du samedi, où l'on mange à sa faim avec de nombreuses propositions, qui changent chaque mois en fonction des nouvelles inspirations du chef et des produits frais disponibles.

Bistrot & Chocolat

Le samedi de 6 à 18 €, le dimanche de 12 à 26 €. Pour toutes les envies et toutes les faims, le brunch végétarien complet par excellence qui pense aussi bien sûr aux amoureux de chocolat ! De quoi découvrir de nouvelles choses.

© LOS_ANGELA - ISTOCKPHOTO.COM

FRUITS DE MER - POISSONS

LE PERCHERON

22, rue du Général-Leclerc - **OSTWALD** ✆ 03 88 66 14 58
www.le-percheron-ostwald.com

Ouvert du mardi au samedi le midi et le soir. Menu unique à 35 €. Formule du midi : 12 €. Vente à emporter. Parking.

Le chef vient de Normandie où le goût de la bonne chère et la douceur de vivre ne sont plus à prouver. De ce fait, il aime mettre à l'honneur les produits de la mer. Fruits de mer et poissons sont très largement représentés, accommodés de mille manières délicieuses : cordon bleu de lieu, poêlée de calamars… Goûtez la spécialité de la maison : la cotriade normande, une marmite de poissons et de coquillages, pommes de terre, mijotés dans une fine soupe de poisson. Les carnivores trouveront quand même eux aussi de quoi se régaler avec un filet de bœuf sauce Choron ou une fricassée de rognons de veau aux morilles. La livraison des plats à la carte est proposée dans le secteur.

FRUITS DE MER - POISSONS

AU PONT DE L'ILL

2, rue du Général-Leclerc - **LA WANTZENAU** ✆ 03 88 96 29 44
www.aupontdelill.com

Maître Restaurateur. Label Tourisme & Handicap. Ouvert tous les jours midi et soir. Menus de 25 € à 43 €. Terrasse.

Depuis plus d'une trentaine d'années, Pierre Daull et sa femme gèrent ce charmant restaurant en bordure de l'eau. Sa spécialité ? Les poissons de mer ou de rivière : à la plancha, pochés ou encore rôtis, cuisinés avec la rigueur et l'amour du produit. Vous pourrez également choisir de déguster une bouillabaisse (sur commande, à partir de 2 personnes), un foie gras maison, des viandes savoureuses comme le mignon de veau aux girolles ou le poussin grand-mère, mais également des salades à l'instar de leur incontournable salade de homard. Les nombreux fruits de mer préparés avec dextérité par l'écailler dans sa guérite vitrée, peuvent être vendus en service traiteur, ou dégustés sur place.

FRUITS DE MER - POISSONS

LA TAVERNE DE ST MALO

12, rue Contades - **SCHILTIGHEIM** ✆ 03 88 18 98 00
www.tavernedesaintmalo.fr

Ouvert tous les jours de 12h à 14h et de 19h à 22h30. Carte : 25 € environ. Godaille du matelot : 32 €/pers.

En entrant dans ce restaurant, vous serez directement transporté dans l'ouest de la France, et plus précisément à Saint-Malo. L'établissement propose des spécialités bretonnes et du bord de mer. Vous pourrez vous régaler avec des huîtres, araignées de mer ou encore homards bleus. La spécialité, c'est la Godaille du matelot : un assortiment de poissons et de coquillages composés selon les arrivages, pour offrir une fraîcheur maximale. Les plateaux de fruits de mer sont tout simplement extraordinaires ! Une petite faim ? Optez pour les tapas du bord de mer. Les produits sont frais et de bonne qualité. Pour le dessert ? Pourquoi ne pas faire honneur à la région en prenant une crêpe ?

FROMAGES

LA CLOCHE À FROMAGE

32, rue des Tonneliers ✆ 03 88 52 04 03 - Tram arrêt Langstross Grand Rue - www.fromagerie-tourrette.com

Ouvert toute l'année. Tous les jours de 12h à 14h et de 19h à 21h45. Achat de fromages à emporter.

Le paradis du fromage se trouve sur terre, et à Strasbourg ! Dès l'entrée, le ton est donné avec la fameuse cloche à laquelle doit son nom le restaurant. Celle-ci mesure 1,80 m de haut, 1,50 m de diamètre et pèse 800 kg, ce qui en fait la plus grosse au monde selon le *Guinness Book des records*. À l'intérieur, c'est une centaine de fromages au lait cru disposés sur trois plateaux tournants en marbre, conservés de manière optimale avec une climatisation unique en restauration. Les plats proposés sont authentiques et faits maison : raclette au morbier, fondue à l'ail des ours flambée au genépi, plateaux alléchants… il y en a pour tous les goûts et nombre de plats sont à volonté !

FROMAGES

LE MUNS' - LES TABLES DU MUNSTER

4, rue de Thiergarten ✆ 09 53 42 95 58
www.lemuns.fr

Ouvert du mardi au vendredi midi et soir ; le samedi de 19h à 21h30. Carte : 16 € env. Plat du jour : 9 €.

Au cœur d'un quartier Gare, Le Muns' vous invite à vivre d'amour et de munster cuisiné à toutes les modes ! Le concept de l'équipe (100 % féminine) ? Vous proposer des plats simples ou plus complexes autour de ce fromage régional et typé. Vous pourrez y déguster une fondue au munster ou une croûte (un munster entier enrobé de pâte croustillante). Osez les escargots au munster : surprenant et délicieux ! Si vous n'êtes pas adepte de ce fromage odorant : les plats peuvent être préparés sans. C'est donc l'occasion de profiter d'une cuisine ô combien réconfortante !

TARTINERIE

AVOBOWL

57, rue du Fossé-des-Tanneurs ✆ 03 88 14 06 85
www.avobowl.fr

Tous les jours sauf le dimanche de 11h à 15h et de 18h à 22h. Chèques non acceptés. Chèque Restaurant.

Que serait Instagram sans l'avocat ? La star du web a maintenant sa vitrine : l'Avobowl à Strasbourg. Réputé pour ses vertus nutritionnelles, l'établissement propose des bowls, tartines et autres créations, sur place ou à emporter. L'accueil charmant vous propose à toute heure de la journée des snacks à déguster seul ou à plusieurs, de composer votre propre poke bowl ou de choisir parmi l'un de ceux proposés par le chef (autour de 14,90 euros). Parmi nos coups de cœur, les bowls signature à l'instar du poke bowl thaï signature ou du salmon signature. Des plats frais, faits maison et *healthy* afin de n'éprouver aucune culpabilité. Des bowls colorés qui feront le bonheur des instagrammeurs !

ITALIEN ET PIZZERIA

LE 2 - FRANCHI PESCARA

8, avenue de l'Europe ✆ 03 88 36 34 34
le-2-franchi-pescara.eatbu.com
Ouvert le lundi de 12h à 14h ; le mardi de 12h à 19h ; du mercredi au dimanche de 12h à 22h.

Depuis 1935, la famille Franchi est réputée dans toute la région pour la qualité de ses glaces et marrons chauds. Cette tradition et ce savoir-faire se perpétuent dans votre nouveau restaurant Le 2 ! On y retrouve entre autres mets appétissants de savoureuses pizzas dont la célèbre recette de pâte reste inchangée depuis 45 ans, toujours aussi délicieuse que celle que vous trouviez au Pescara. Fifi, Sophie et toute l'équipe mettent un point d'honneur à toujours vous satisfaire en vous offrant un accueil chaleureux irréprochable et des plats de grande qualité. Suivez les actualités, des événements sont souvent organisés au restaurant pour notre plus grand plaisir !

ITALIEN ET PIZZERIA

LE BARBU'TO

15, rue Sainte-Barbe ✆ 03 67 07 41 53
Tram arrêt Langstross Grand Rue.
Ouvert du lundi au samedi. Plat du jour : 10,80 €. Chaises bébé. Terrasse.

Murs rouge sang, tables, chaises et banquette en bois brut, quelques miroirs et photos accrochés aux côtés de vieux panneaux publicitaires : ici vous serez transporté en Italie. Des ingrédients de très bonne qualité et de la pâte à pizza maison. Vous l'aurez compris, ici la pizza est reine. Les produit sont de saison (cèpes, tomates, artichauts...) et les fournisseurs italiens. On raffole du gorgonzola et de la pancetta. Un tiramisu maison ou une crème brûlée à l'amarena vous permettront de terminer votre repas sur une note vert-blanc-rouge. On y aime particulièrement la formule déjeuner qui permet de manger vite, bon et à un prix imbattable. L'été la terrasse est très agréable.

ITALIEN ET PIZZERIA

LE BOCCACCIO

14, rue Finkwiller
✆ 03 88 37 11 51
Fermé mardi, samedi midi et dimanche. Plat du jour entrée + plat ou plat + dessert 19 €. Entrée + plat + dessert 25 €.

© LE BOCCACCIO

Le Boccaccio, c'est le restaurant italien et aux saveurs méditerranéennes qui monte en puissance. Dans ce petit espace convivial et décoré avec un goût délicat ou sur la terrasse, l'ambiance est tout de suite agréable notamment grâce au charmant serveur Vincent. À la carte, on trouve quelques pizzas mais de vrais incontournables. Ce sont les plats de Thierry, le jeune chef, qu'il réalise à partir de produits en provenance directe d'Italie auprès des meilleurs producteurs locaux. Les fruits et légumes viennent de son jardin, inutile de dire qu'on ne peut pas trouver plus frais et local ! Ne manquez surtout pas les divines suggestions du midi aux tarifs attractifs.

ITALIEN ET PIZZERIA

BRASSERIE GUSTO

13B, route de Vienne ✆ 03 88 84 04 17
www.brasseriegusto.com
De 11h à 14h du lundi au samedi. De 18h à 21h30 les jeudi, vendredi et samedi.

Brasserie Gusto Strasbourg est un restaurant traditionnel italien, proposant une cuisine italienne faite maison avec des produits de qualité. En famille, entre collègues ou entre amis, venez déguster l'Italie ! Plusieurs formules sont proposées, dont les plateaux repas sur place, à emporter ou en livraison et les plats du jour en formule rapide pour déjeuner sans pression avant de repartir travailler. Brasserie Gusto propose également des menus étudiants, un service traiteur à domicile et une zone épicerie fine italienne avec des produits authentiques de producteurs rigoureusement sélectionnés. Pour ceux qui viennent souvent, un programme de fidélité très avantageux est mis en place.

ITALIEN ET PIZZERIA

CASA JULIA

32, rue de la Première-Division-Blindée - **ESCHAU**
✆ 03 88 64 27 10
www.casajulia.fr
Carte : 25 € environ. Formule du midi : 10,50 €. Terrasse. A emporter.

Si pizzas et pâtes artisanales sont bien évidemment au rendez-vous, la carte propose également des viandes, dont un hamburger qui s'accommode ici à la plus pure tradition italienne. Les produits frais sont livrés par un producteur local. Des suggestions en fonction de la saison sont présentées sur ardoise. En hiver ne manquez pas les spaghettis carbonara revenus dans une meule de grana et flambés à la grappa : un spectacle pour les yeux comme pour le palais ! En été vous apprécierez la terrasse ombragée. Le service est rapide et décontracté. Possibilité d'emporter des plats, à commander en ligne. Pour vos fêtes de famille, vous pouvez également privatiser le restaurant.

ITALIEN ET PIZZERIA

LA CASA PÈRE & FILS

219, route de la wantzenau ✆ 03 88 44 85 23
https://lacasa-robertsau.fr

Ouvert du mardi au samedi le midi et le soir. Carte : 20 € environ. Terrasse. Accès handicapé.

Michel Nadler et son fils Geoffroy sont à la tête de ce joli restaurant italien. Forgés par leur expérience liée à la gestion de leur précédent établissement Boccaccio père & fils, ils ont souhaité sortir du centre pour s'installer dans un cadre plus verdoyant. Le restaurant a été rénové avec goût et la décoration est plaisante avec ses murs en pierre. L'accueil est chaleureux, fidèle à la culture italienne. La carte est courte, mais efficace et complétée par des suggestions et un large choix de pizzas. Les plats sont cuisinés avec des produits importés directement d'Italie, et les recettes sont pleinement inspirées... À la belle saison, n'hésitez pas à profiter de la magnifique terrasse...

ITALIEN ET PIZZERIA

CINECITTÀ

5, rue de l'Abreuvoir
✆ 03 88 35 41 84

Du lundi au samedi le midi ; du mardi au dimanche le soir. Formule du midi : 9,70 €. Menus de 15 € à 18 €.

Cinecitta vous ouvre grand ses portes et vous permet de déguster d'excellents mets élaborés dans la plus pure tradition napolitaine, des recettes simples et classiques préparées avec dextérité : une pâte à pizza faite main, fine et croustillante, des plats de penne, de raviolis et de gnocchis gargantuesques, sans oublier un tiramisu maison délicieusement onctueux. L'ambiance ici est décontractée et agréable, et peut convenir à tout le monde. La décoration n'est pas poussée, elle reste sobre mais on se sent bien. Enfin, le dernier atout est très certainement le rapport qualité/prix qui est imparable et qui permettra même aux petits budgets de venir profiter des saveurs italiennes..

ITALIEN ET PIZZERIA

EPICERIE MONNA

1, rue de l'Écurie
✆ 03 88 32 46 75
www.epiceriemonna.fr

Dans cette superbe épicerie tenue par deux amoureux transis de l'Italie, on trouve conserves, sauces tomate, huiles, pâtes, café, chocolat, vins, liqueurs... Mais ce qui prime ici, c'est, avant même le produit, le respect des producteurs, des traditions, des matières premières et des hommes qui les cultivent ou les transforment. Grâce à Monna, vous trouverez à Strasbourg une mozzarella fabriquée à l'ancienne faisant partie de la sélection des 10 meilleures au monde et un jambon de Parme AOP élu comme l'un des meilleurs jambons par le Gambero Rosso... De quoi passer de belles soirées en perspective avec ces incontournables à mettre sur de délicieux plateaux !

ITALIEN ET PIZZERIA

LA GRAPPA

5, rue du Vieux-Marché-aux-Vins ✆ 03 88 75 98 60
www.lagrappa.fr

Du mardi au jeudi 12h-14h et 18h30-21h45 ; le vendredi et le samedi 12h-14h et 18h30-22h. Carte : 25 € environ.

La Grappa, du nom d'un digestif transalpin célèbre, est tout simplement l'un des meilleurs restaurants italiens de la ville. Dès l'entrée, les fragrances délicates de la Grande Botte excitent les papilles. Et pour cause : ici, les produits sont véritablement italiens, les pâtes (aux calamars, au fromage ou all'arrabiata) sont fraîches, et la petite dizaine de pizzas proposées sont garnies de véritable mozzarella di buffala. La carte de la Grappa est un peu plus chère que celle de nombreux autres italiens mais les produits sont aussi plus qualitatifs. Les tarifs s'avèrent donc tout à fait justifiés pour ce voyage culinaire que l'on aura plaisir à partager en famille ou entre amis !

NEW

ITALIEN ET PIZZERIA

IL FRANCESE

24, rue de Bouxwiller ✆ 03 88 51 08 75
www.ilfrancese.fr

Du mardi au vendredi de 11h45 à 14h et de 18h à 21h. Samedi et dimanche de 18h à 21h.

Il Francese, c'est la renaissance d'un mode de consommation de la pizza qui nous vient de Rome : la *pizza al taglio*, autrement dit à la coupe. Le restaurant propose un large choix de pizzas, le tout préparé avec des ingrédients de qualité. On notera même une pizza sucrée avec de la pâte à tartiner bio acoquinée à du sel de Madagascar... Dans ce comptoir à pizzas, vous trouverez aussi un rayon épicerie fine avec de nombreux produits artisanaux et qualitatifs, des bières assez rares et des vins italiens si bien choisis qu'il vous emmèneront tout naturellement sur les rivages de la Grande Botte. Sur demande, des soirées évènementielles sont proposées. De quoi s'offrir la *Dolce Vita !*

ITALIEN ET PIZZERIA

IL GIRASOLE

12, quai Saint-Nicolas
✆ 03 88 37 16 76
www.ilgirasole.fr

Terrasse. Vente à emporter. Livraison.

Il Girasole est une véritable trattoria italienne revisitée à la sauce contemporaine. Dans un cadre épuré et élégant, on vous proposera des pizzas de très belle facture parmi les classiques à l'instar de la Margarita ou la Regina, mais également des recettes plus originales comme celle au carpaccio ou encore à la crème truffée (notre coup de cœur !) Qui dit cuisine italienne dit aussi *pasta* et, là encore, vous vous régalerez de ravioles du soleil (aux légumes) ou encore de linguine aux palourdes. Le célèbre risotto est également au programme ! La carte est réduite (signe de qualité) et les produits sont d'une qualité optimale. Une adresse idéale pour s'inviter à la *dolce vita* !

ITALIEN ET PIZZERIA

L'ITALIEN DU COIN

20, rue du Faubourg-de-Saverne ✆ 03 88 22 03 29
Tram arrêt Faubourg de Saverne.
https://www.italienducoin.com
Ouvert du lundi au samedi midi et soir. Plat 10 €. Vin au verre. Chèque Restaurant. Terrasse.

La salle est spacieuse, l'intérieur design et la terrasse donnant sur la rue sont agréables pour déjeuner tout en profitant du bien-être estival. Comme chez tout Italien qui se respecte : on démarre par les antipasti. Selon vos envies et votre appétit, vous pouvez choisir entre des pizzas cuites au feu de bois, des pâtes ou des salades de saison. Vous pourrez aussi déguster des viandes accommodées de produits typiquement italiens et servis avec des vins au choix parfaitement maîtrisé. L'endroit propose un excellent rapport qualité-prix ! Enfin, le personnel est aux petits soins et chouchoute ses clients. Une fois parti, gageons que vous ne tarderez pas à revenir...

ITALIEN ET PIZZERIA

MARCO POLO

5, Ponts-Couverts ✆ 03 88 36 26 81
www.restaurant-marcopolo.fr
Ouvert tous les jours le midi et le soir. Carte : 15 € environ. Plat du jour 11,90 €. Chèque Restaurant. Terrasse.

Le Marco Polo, c'est un emplacement idéal, face aux célèbres Ponts Couverts du quartier de la Petite France, mais surtout une carte riche et variée. Pizzas, pâtes, risottos, plats de viandes et de poissons, mais aussi spécialités alsaciennes ! Coup de cœur pour la cuisine italienne, où les pizzas sont fines et généreuses, mais surtout pour les truites pêchées minute dans le vivier. Une véritable originalité qu'on ne retrouve pas partout ! Lorsque les beaux jours arrivent, la terrasse qui surplombe l'Ill est très agréable. Un bel établissement, une cuisine simple et efficace, le tout situé dans un cadre bucolique et boisé ! Le service peut toutefois s'avérer quelque peu expéditif...

ITALIEN ET PIZZERIA

LES TERRASSES DU BOHRIE

74, rue de Lingolsheim
OSTWALD
✆ 03 88 30 83 70
Ouvert le lundi, le mardi, le jeudi et le vendredi de 12h à 14h et de 19h à 22h ; le week-end de 19h à 22h.

© LES TERRASSES DU BOHRIE

Ce restaurant près du terrain de tennis est un véritable havre de paix. Dans un cadre chaleureux et agréable en intérieur comme sur la belle terrasse au bord de l'étang du Bohrie, on profite des talents de deux chefs ultra doués dans leurs domaines. Le premier propose des pizzas préparées de façon traditionnelle avec une pâte au levain réalisée à la main, qu'il laisse maturer parfois jusqu'à 6 jours. Parfaite ! D'ailleurs, ici, la meilleure preuve de la qualité de cette pâte est que personne ne laisse sa croûte de pizza ! Le second est un jeune chef Italien expert en cuisine italienne et en inspirations méditerranéennes. Leur réunion donne une carte alléchante et un réel moment de plaisir.

ITALIEN ET PIZZERIA

MITO

8, place d'Austerlitz ✆ 03 88 23 85 32
http://milanotorino.eu/strasbourg/
Carte : 20 € environ. Formule : 10 € (apéritivo : 1 verre et 1 assiette). Ouvert le week-end de 11h30 à 00h.

Envie de vous évader à Milan tout en restant à Strasbourg ? Mito vous ouvre sa grande terrasse et sa belle salle en mosaïque bleu et blanc, aux couleurs de la Méditerranée. Les chefs Michael Lima et Fusco Modestino allient tradition et innovation, saveurs anciennes et goûts contemporains pour vous proposer une pizza gourmet, authentique, savoureuse, préparée avec attention et passion dans un four artisanal. De nombreux produits bruts d'origine protégée sont utilisés et la pâte est élaborée avec un mélange de farines spéciales en provenance d'Italie. Elle est maturée 48h pour la rendre plus digeste. Enfin, vous y dégusterez une sélection de vins fins italiens et de cocktails signature.

ITALIEN ET PIZZERIA

PIZZERIA LA LAGUNA

18, rue Couples ✆ 03 88 25 54 52
lalagunastrasbourg.e-monsite.com
Ouvert du lundi au samedi à midi et le soir. Carte : 19 €. Pizza à emporter 15 €. Plat du jour : 9,90 €. Terrasse.

Située dans une rue piétonne de la Krutenau, entre la place des Orphelins et le quai des Bateliers, la pizzeria La Laguna jouit d'une situation idéale, dans la ville mais au calme. Sur la terrasse toujours à l'ombre ou dans la salle aux couleurs vives, les propriétaires des lieux proposent des pizzas cuites au feu de bois – bonne pâte maison fine et délicieusement croustillante –, ainsi que quelques plats de viandes et poissons italiens : escalope milanaise, carpaccio, beignets de scampis, *bocconcini* (roulé de veau au jambon de Parme et gorgonzola). Une carte simple, un cadre joliment contemporain, un service efficace et rapide tout en demeurant souriant et sympathique.

ITALIEN ET PIZZERIA
PIZZÉRIA TORRICELLI

3, place Meuniers
✆ 03 88 32 60 18
Ouvert du lundi au samedi de 12h à 14h30 et de 19h à 22h30 ; le dimanche de 18h à 22h30.

Voici une pizzeria à la terrasse sympathique le soir, un peu à l'écart de la ville sous les arbres et les lumières. À la pizzeria Torricelli, on déguste de très honorables pizzas et autres spécialités italiennes bien servies et pour un prix défiant toute concurrence. Ce restaurant convient parfaitement aux petits budgets sans pour autant trop rogner sur la qualité des mets. À l'intérieur, on aime le cadre intimiste aux lumières tamisées et bordé de vieux livres... Le service est lui aussi très bon, agréable, patient et souriant, même si certains soirs d'été et le week-end, la terrasse est souvent bondée et le temps d'attente nécessairement un peu plus long.

ITALIEN ET PIZZERIA
L'ORO DI NAPOLI

40, rue des Bouchers ✆ 03 88 22 98 79
https://pizzeria-lorodinapoli.fr
Ouvert du mardi au samedi midi et soir ; le dimanche soir uniquement. Réservation impérative. Vente à emporter.

L'Oro di Napoli, c'est l'institution strasbourgeoise de la vraie pizza napolitaine. Le secret démarre par la pâte : une farine italienne et 18 heures de temps de levage. Le choix des ingrédients ensuite : ici tout est importé d'Italie. Enfin, la cuisson : une cuisson au feu de bois. Un résultat unique à Strasbourg pour une pizza savoureuse et très abordable. Bien entendu, les antipasti, insalate et desserts sont aussi au menu. Le concept a d'abord démarré au Neudorf, uniquement en livraison et où le point de vente existe toujours. Avec les années et le travail, le concept est arrivé au centre-ville avec un premier vrai restaurant où l'on ne plaisante pas avec la pizza d'absolue tradition !

ITALIEN ET PIZZERIA
POP&LINO

8, rue du Faisan ✆ 03 88 36 44 87
www.popetlino.fr
Du dim au jeu le midi et 18h30-23h ; ven et sam le midi et 18h30-0h. Formule POP Spéciale groupe : 23 €/pers.

Chez Pop&Lino, tous les produits sont importés d'Italie et les plats sont faits maison ! Autant dire que la qualité est au rendez-vous. Les pizzas sont mises en avant avec notamment de belles créations : La Tartufo à la mozzarella di bufala et Fior du latte, crème de truffe noire, Parmegiano Reggiano, truffe et champignons de Paris... Un choix qui met déjà l'eau à la bouche ! Ce restaurant, ce n'est pas seulement une escapade romaine ou milanaise, c'est aussi un état d'esprit. Ambiance chaleureuse et authentique, comme dans les trattorias populaires lovées dans les ruelles italiennes. Ouvert à partir de 18h30, idéal pour venir boire un verre et grignoter des antipasti en afterwork.

ITALIEN ET PIZZERIA
PIZZA ACADÉMIE

7A, rue du Hohwald ✆ 03 88 36 42 26
www.pizzacademie.com
Du mardi au samedi de 11h à 14h et de 18h à 22h. Également en livraison et à emporter. Carte : 15 € environ.

À deux pas de la Laiterie, le chef Zeiher s'est adjoint les services du meilleur pizzaïolo du monde, Andrea Ferri, et le partenariat des meilleurs ouvriers de France fromagers de la maison Lorho pour ouvrir une pizzéria d'exception au cœur d'une petite cour aménagée avec tout le charme à l'italienne. On parle déjà des meilleures pizzas de la ville et on veut bien l'entendre ! Laissez-vous tenter par les versions optimisées des classiques Margarita ou napolitaine mais osez vous laisser surprendre par des recettes plus étonnantes à l'instar de la vosgienne au munster (à tomber !) ou encore la Lancelot (au chèvre et à la mortadelle). La pâte est divine et les garnitures riches et savoureuses !

ITALIEN ET PIZZERIA
SPUNTINO BY AEDAEN

3, rue des Aveugles ✆ 03 88 15 00 32
www.aedaen-place.com
Ouvert du lundi au samedi de 10h à 23h. Carte : 14 € environ. Cuisine italienne chaude en continu.

Pour son nouvel établissement baptisé Spuntino, Aedaen Place vous immerge au cœur d'une charmante petite place de village italien reconstitué. Dans l'assiette, une joli panel de focaccias (focaccia rossa au jambon prince de Paris, pesto, parmesan et tomates cerises, Tre fromaggi, Bufala Parma ou Vegetariana...), des tortellini savoureux (on recommande ceux al'arrabiata crémés !) et des salades délicates mais généreuses qui vous rappelleront vos dernières vacances dans la grande botte. Depuis la cuisine ouverte, le chef aime à chanter en italien et le personnel aux petits soins saura vous conseiller les meilleurs accords mets et vins. Une adresse dépaysante aux tarifs très raisonnables.

ITALIEN ET PIZZERIA
TRATTORIA DA GIOVANNI

1, place Saint-Thomas
✆ 03 88 22 20 99
Ouvert : mardi au samedi 10h30 à 14h30 et 18h30 à 23h. Réservation recommandée. Carte : 25 €. Vin au verre. Terrasse.

Voilà toute l'ambiance d'une trattoria traditionnelle qui s'est installée sur cette place au calme, en plein centre-ville et à deux pas de la cathédrale. Vous apprécierez la terrasse face à l'église Saint-Thomas. La carte est certes réduite, mais vous trouverez incontestablement votre bonheur parmi les spécialités italiennes proposées. On vous recommande particulièrement la saltimbocca, et le plat de gambas grillées, absolument divins... Bien sûr il y a aussi des pâtes, et même des pâtes sans gluten, accommodées avec des sauces, du poulpe... Côté dessert, les coupes de glaces, superbes, vous charmeront les papilles ! Beau, bon et en plus servi avec le sourire et l'accent italien en prime.

ALSACE

LA PETITE VENISE

20, rue des Moulins
✆ 03 88 22 66 18
Tous les jours de 11h à 14h et de 18h30 à 22h30.

On est tout de suite frappé par l'ambiance qui règne dans ce lieu : l'ambiance est ultra agréable et le service rapide et souriant. Pas de chichis, on fait dans la cuisine simple et régionale, avec notamment des formules du midi à très petit prix et de nombreuses tartes flambées. Comme le nom le laisse deviner, on trouve aussi à la carte des spécialités italiennes que l'on prend plaisir à découvrir. La petite terrasse ouverte sur le quartier historique et romanesque de la Petite France est calme et fort agréable à la belle saison. De l'entrée au dessert, c'est en somme une bonne formule qui vous attend, même si vous souhaitez dîner tard. Une jolie adresse aux tarifs imbattables.

CUISINE D'AFRIQUE DU NORD

LES DUNES D'OR

87, avenue de Colmar ✆ 03 88 41 02 02
www.restaurantlesdunesdor.fr
Fermeture annuelle en août. Ouvert du mardi au dimanche le midi et le soir. Réservation recommandée.

Situé à quelques encablures du célèbre stade de la Meinau, le restaurant Les Dunes d'Or vous accueille dans un cadre d'influence mauresque. Des spécialités typiques du Maghreb sont proposées : tajine marocain, boureks d'Algérie, pastillas en mignardises, briks tunisiennes, brochettes méditerranéennes et pâtisserie orientales sont une véritable invitation au voyage. Que les puristes ne s'inquiètent pas : le couscous maison aux cinq viandes est également prévu au programme ! Le restaurant existe depuis 1995 ce qui lui confère une réelle légitimité. On aime le décor dépaysant à souhait et la chaleur de l'accueil même si cet établissement demeure quelque peu excentré.

CUISINE MÉDITERRANÉENNE

BASTARDO

17, rue des Tonneliers ✆ 03 88 21 01 01 - Tram arrêt Langstross Grand Rue et bus arrêt Ancienne Douane.
Ouvert tous les jours de 12h à 14h et de 19h à 23h. Réservation recommandée. Menus de 15 € à 20 €.

Dans la lignée du Bistrot Coco, le Bastardo est un melting-pot. Un mélange de couleurs et d'authentiques saveurs italiennes, à la fois riches et raffinées. La carte est concise et change régulièrement mais les plats mettent en appétit tant ils sont bien préparés et présentés. Les associations, comme fraise et huile d'olive, sont originales et surprenantes. L'enseigne est également un mélange de styles, avec ses lumières tamisées, sa décoration brute, chinée mais moderne et dynamique. Bastardo saura vous surprendre du début jusqu'à la fin par la saveur de ses produits et son cadre magnifique. Il est cependant conseillé de réserver car la salle est petite et le restaurant a beaucoup de succès.

CUISINE MÉDITERRANÉENNE

IL FORCHETTONE

25, quai des Bateliers - **LA WANTZENAU** ✆ 03 88 96 37 30
www.ilforchettone.com
Ouvert mardi de 19h à 22h. Du mercredi au dimanche de 12h à 14h et de 19h à 22h. Menu 29,90 € à 43,50 €.

Francesco Lolito et son épouse Maddalena sont à la tête de cette institution italienne de La Wantzenau. Francesco est originaire de Bari dans les Pouilles. Cuisinier passionné, il s'est distingué lors de concours et de championnats culinaires. Il a longtemps excellé en Italie, avant de venir pratiquer en France. La carte présente les plats et les vins en fonction de leurs régions d'origine (Piémont, Abruzzes, Pouilles…). La cuisine est raffinée et servie dans un décor délicat : des risottos fondants, des viandes savoureuses... Les serveurs sont attentionnés et leurs conseils sont avisés. Le personnel est italien. Toute l'authenticité d'une Italie prête à ravir les palais les plus exigeants !

CUISINE MÉDITERRANÉENNE

LE PICOBELLO

21-23, rue des Frères ✆ 03 88 35 47 25 - Tram arrêt Broglie
www.restaurant-lepicobello.com
Ouvert du mardi au samedi le midi et le soir. Carte : 18 € environ. Plat du jour : 11,90 €.

C'est dans un agréable décor cosy et contemporain où la couleur rouge domine toujours que la maîtresse des lieux, Stéphanie Jenny, vous accueille. Son sourire et son naturel apportent chaleur et convivialité. À quelques encablures de la cathédrale, le Picobello est propice à un déjeuner ou à un dîner en couple ou entre amis. A la carte, les plats faits maison complètent judicieusement les propositions de pâtes. Vous profiterez des saveurs incontournables de l'Italie d'aujourd'hui : risottos, carpaccios, gambas, poulpes, gorgonzola... Un délicieux panettone poêlé ou un tiramisu pour le dessert. Le personnel est attentionné, même lorsque la foule se presse : la rançon du succès !

CUISINE MÉDITERRANÉENNE

TZATZI

1, rue Sainte Barbe ✆ 03 88 14 08 08
www.tzatzi.fr
Ouvert tous les jours de 12h à 0h30. Sans réservation. Carte : 9 € environ. Chaises bébé. Terrasse.

Un restaurant méditerranéen convivial ! Ici vous serez accueilli avec toute la chaleur des gens du Sud. Le personnel est aux petits soins et vraiment professionnel. À la carte, pas de grosses assiettes, mais plutôt une foule de petites entrées (mezzés) : brochettes, feta à l'huile d'olive ou encore houmous servis avec du pain pita tiède et croustillant. Vous découvrirez de nouvelles saveurs, mais surtout vous pourrez partager vos plats avec vos amis, piocher dans les leurs... Tout est possible chez Tzatzi ! Service rapide malgré le monde. Un bon moment passé autour d'une des tables du restaurant. Le plus de la structure ? Son concept et une décoration moderne et fleurie.

ESPAGNOL
BODEGA PACO DE MARIA

67, rue Saint-Urbain ✆ 03 88 44 43 24 - Tram arrêt Landsberg.
www.pacodemaria.fr
Ouvert du mardi au samedi de 10h à 14h et de 17h à 22h. Carte : 20 € environ. Vente à emporter.

Chez Paco on voyage ! Avec son accent et sa bonne humeur permanente, il vous reçoit toujours comme si vous étiez un vieil ami ! Pour s'enticher de saveurs espagnoles, son restaurant est idéal puisque l'on y trouve une multitude de tapas et autres plateaux permettant de goûter un peu à tout. Les plats du jour en semaine sont attractifs et délicieux, et aux beaux jours, on les prend bien volontiers sur la belle terrasse calme et ensoleillée. L'établissement propose également un excellent service traiteur et des charcuteries et fromages espagnols à emporter, soigneusement sélectionnés, que l'on ne trouvera nulle part ailleurs à Strasbourg. De temps à autres des soirées flamenco ont lieu. Olé !

ESPAGNOL
TAPAS CAFÉ

16, rue du Bain-Finkwiller ✆ 03 88 24 57 30
www.tapas-cafe.fr
Ouvert du lundi au samedi à partir de 9h et jusqu ´à 1h30. Carte : 20 € environ. Vin au verre.

Depuis 1997, le Tapas Café propose ses amuse-gueules d'origine espagnole. Dans un cadre de taverne ibérique souvent comble les amateurs de bonne ambiance et de grandes tablées conviviales de tous âges viennent boire une bonne sangria ou un pichet de mojito maison à partager tout en picorant dans un assortiment de tapas salées et sucrées. Vous en trouverez ici pour tous les goûts et il est impossible que chacun n'y trouve pas son compte. Choisissez vos tapas et composez vous-même votre menu, en recommandant, pourquoi pas quelque chose de nouveau, chaque fois que vous en avez envie. Attention cependant, le lieu est souvent bondé et ne prend pas de réservations pour moins de quatre personnes.

ESPAGNOL
IBERICA

4, rue de l'Ecurie
✆ 03 67 08 15 06
Carte : 21 € environ. Terrasse. Boutique. Privatisation possible.

Une jolie décoration pas guindée pour un sou, un service des plus aimables et chaleureux, le tout sur une musique de fond latino : le voyage commence bien. Ensuite à vous de choisir entre des tapas ou des planchettes dans un esprit apéro à l'espagnole, des plats traditionnels ou un arroz (spécialité à base de riz pour deux personnes qu'ils sont les seuls à proposer dans la ville !). Les assiettes sont belles et bonnes bien qu'un peu trop salées parfois. Le rapport qualité-quantité-prix est là et cet établissement avec tous ses bons points se place parmi les incontournables de la cuisine espagnole à Strasbourg et parmi les plus sympas pour les repas entre amis autour d'une bonne sangria.

GREC
YAMAS

4, rue du Bain-aux-Roses
✆ 06 64 92 10 50
https://yamas-restaurant.fr
Du mardi au dimanche le midi de 12h à 14h et le soir de 19h à 22h. Menus de 10,50 € à 20,50 €. Carte : 25 € environ.

Chez Yamas, le patron vous accueille en ami et vous raconte sa carte avec amour et investissement, évoque l'huile d'olive venue de son village, ses pâtisseries de l'île de Chios. Dans cette «brochetterie» comme on aime à l'appeler, vous trouverez toute l'authenticité de la Grèce où la passion du frais, du local et du fait-maison est indubitablement présente. Souvlakis délicatement parfumés, frites à l'origan, gyros savoureux (le porc est local et nourri aux graines de lin), pain pita snacké à l'huile d'olive, à la fleur de sel et aux herbes, frites à l'origan : tout dans cette petite taverne chaleureuse invite au dépaysement et au voyage sur les eaux azurées.

ESPAGNOL
PAN Y VINO

6, place des Orphelins
✆ 09 53 25 66 13
http://panyvino.fr
Brunch espagnol le dimanche. Chèque Restaurant. Terrasse.

« Tant que le monde n'aura pas pris fin, il faut qu'il y ait du pain et du vin », comme le disait Frédéric Mistral. Sauf que chez Pan Y Vino, vous aurez un peu plus que du pain et du vin. À la carte : *platos* (planchettes de charcuteries et fromages), tapas, vins espagnols de toutes les régions du pays et *postres* (desserts). Il est bien entendu possible de déguster une savoureuse sangria pour faire passer tout ça. Le goût y est, le dépaysement aussi, la décoration est conviviale et propice à parler espagnol, car hispanophones se rassemblent volontiers dans ce tout nouveau restaurant à thème. Le plus de ce restaurant réside en son ambiance conviviale. Les tarifs sont toutefois un peu élevés.

PORTUGAIS
O PORTO

93, route des Romains ✆ 03 88 30 61 44
www.o-porto.fr
Ouvert du lundi au samedi de 11h30 à 14h ; le lundi, le mardi et du jeudi au samedi de 19h à 23h.

Venez découvrir toutes les saveurs du Portugal à Strasbourg ! Très diversifiée, riche en saveurs et en senteurs, la cuisine ici allie l'alliance du traditionnel et de la nouvelle cuisine. C'est aussi la saudade, cette douce mélancolie en forme de mal du pays. À travers de nombreux plats vous allez partir immédiatement pour un voyage culinaire de l'entrée au dessert. Il y en a pour tous les goûts et tous les appétits, avec notamment de très belles pièces de viande et des poissons surprenants ou des légumes frais. Pour accompagner tout cela, la cave bien fournie en vins du pays vous surprendra avec des bouteilles que l'on a que trop peu l'habitude d'ouvrir dans la région.

CHINOIS

LE COSY

17, rue des Couples
✆ 03 88 35 17 46
Réservation recommandée. Menus de 24 € à 59 €. Carte : 15 € environ. Vin au verre. Terrasse.

Tous les classiques de la cuisine cantonaise sont ici proposés : nems, canard laqué, porc, bœuf et crevettes agrémentés de multiples sauces épicées... Le plus surprenant dans cet établissement, c'est la présentation : wok encore fumant, plaques chauffantes, appareil à fondue, assiettes d'accompagnements... les tables débordent tant les portions sont généreuses ! À l'intérieur ou sur la terrasse, c'est vraiment agréable et on profite de cette bonne cuisine respectueuse des traditions en profitant du cadre élégant et rétro, véritable atout charme de l'établissement qui vous plongera dans une Asie d'une autre époque, sublime et délicieusement surannée. On adore !

CHINOIS

LE GRAND SHANGHAÏ

40, rue du Vieux Marché aux Vins ✆ 03 88 38 86 88
legrandshanghai.fr
Ouvert tous les jours et les jours fériés de 12h à 14h et de 19h à 22h30. A volonté : 12,80 € le midi ; 16,80 € le soir.

Le Grand Shanghai offre un cadre dépaysant et agréable en plein centre-ville. Vous y trouverez un large choix de spécialités asiatiques servies sous forme d'un buffet à volonté (sushis, salades asiatiques, nems, beignets de crevette, porc caramel, crevettes pimentées, bœuf satay, riz cantonnais, canard laqué, gâteaux, salade de fruits, desserts asiatiques, tartes, glaces...). Il est également possible de vous faire sauter un plat au wok directement par l'un des chefs cuisiniers, après avoir composé vous-même votre assiette en choisissant vos légumes et viandes. Ces derniers sont originaires de Chine et offrent donc une cuisine authentique et traditionnelle.

CHINOIS

LA GRANDE MURAILLE

29, rue du Vieux-Marché-aux-Vins ✆ 03 88 22 11 67
Tram arrêt Winmarik
Ouvert tous les jours de 12h à 14h30 et de 19h à 23h. Menus de 16,50 € à 35 €.

La famille Ly ravit les papilles de ses hôtes grâce à ses spécialités chinoises dans un décor d'exception. Dès la façade aux allures de temple asiatique en plein centre-ville, le dépaysement est garanti, ce que confirme la décoration intérieure, volontairement chargée et kitsch à souhait ! La longue carte, pleine de spécialités pékinoises, cantonaises et shangaiennes, est des plus alléchantes. Le véritable incontournable de l'établissement est le canard laqué, servi de manière traditionnelle en trois temps : d'abord la peau délicieusement grillée enroulée dans de fines crêpes, ensuite la viande, puis le bouillon. Et on ne se lasse jamais de voir les desserts flambés minute à table !

CHINOIS

LE JARDIN CELESTE

2, rue Charles Adolf Wurtz
WOLFISHEIM
✆ 03 88 78 28 88
Ouvert du lundi au samedi le midi et le soir. Buffet à volonté le soir.

Le restaurant le Jardin Céleste est attenant au magasin Paristore. Une chose est certaine, il ne risque pas la rupture de stock en matières premières... le chef propose des plats que vous aurez tout le loisir de déguster à l'envi, grâce au buffet à volonté. Une dizaine d'entrées froides, et autant d'entrées chaudes, des plats principaux et des desserts... Le choix est vaste et vous aurez du mal à résister à toutes ces tentations. Diverses boissons sont proposées pour accompagner votre repas, et notamment des bières et un vin chinois, c'est original. De plus, l'accueil est chaleureux, ce qui ne gâche rien. Idéal pour manger sur le pouce à un tarif abordable.

CHINOIS

LAMIAN

18, rue du Fossé-des-Tanneurs ✆ 03 88 10 82 92
Tram arrêt Homme de Fer. - www.lamian.fr
Ouvert du lundi au samedi de 12h à 14h30 et de 19h à 22h30 ; le dimanche de 19h à 22h30.

On les connaît peu mais il est maintenant possible de les déguster à Strasbourg : les nouilles tirées ! Sautées ou dans une soupe, on les prépare ici sous vos yeux de façon artisanale selon une technique qui daterait de 1504. Le chef chinois d'origine de Lanzhou (région de Gansu, province du Nord de la Chine), région célèbre pour ses nouilles tirées appelées « lamian », d'où le nom du restaurant, se fera une joie de vous recevoir pour vous les faire découvrir. C'est bon, copieux et peu cher mais le gros atout est quand même incontestablement le spectacle qui nous est offert, c'est vraiment très étonnant ! Les plus téméraires pourront même tenter les nouilles froides, très prisées !

CHINOIS

MAILUK

6, rue Kuhn ✆ 09 51 08 02 62
Tram arrêts Faubourg de Saverne ou Gare Centrale.
Ouvert le lundi et du mercredi au vendredi de 10h30 à 20h30 ; le week-end de 12h à 21h30.

Idéalement situé au cœur de la ville, entre la Gare Centrale et l'arrêt de tram du Faubourg de Saverne, face à la Médiathèque de la rue Kuhn, cet établissement asiatique *hype* et sympathique vous accueille 6 jours sur 7 pour déjeuner, dîner ou simplement prendre un verre. L'équipe, bienveillante et agréable, vous accueillera avec grand plaisir et vous emmènera en voyage : une Chine revisitée à la sauce européenne s'offre à vous. La décoration est dynamique et les formules sont attractives. Même sans carte de fidélité, vous aurez envie de revenir tant vous vous sentirez bien et les prix sont vraiment abordables. Gros coup de cœur pour le Bubbletea et les Bowls !

SAVEURS D'ASIE

CHINOIS
SICHUAN
18, rue du Fossé des Tanneurs
✆ 03 88 22 18 18
https://restaurant-sichuan.fr
Spécialités de la province du Sichuan.

Nouvellement ouvert à deux pas de la très centrale place de l'Homme-de-Fer, Sichuan propose une cuisine chinoise audacieuse et raffinée issue de la province finalement assez méconnue du même nom. Si l'on retrouve les traditionnels nems et autres crevettes sautées aux légumes, vous pourrez découvrir des saveurs inconnues à l'instar des rouleaux Phénix au jaune d'œuf et aux herbes, dont la saveur sucrée/salée vous surprendra et vous enchantera. On aime le cadre contemporain où l'Asie s'invite par petites touches. Un bémol toutefois : les prix relativement élevés des plats, d'autant plus que les accompagnements sont payants. L'addition grimpe donc assez vite. Prévoyez le budget !

JAPONAIS
OSAKA
50, rue du Jeu-des-Enfants ✆ 03 88 22 26 72
Tram arrêt Homme de Fer
Ouvert tous les jours le midi et le soir. Menus de 21 € à 30 €. Chèque Restaurant. Terrasse. Vente à emporter.

Située à quelques encablures des places Kléber et de l'Homme-de-Fer, cette brasserie japonaise est un véritable havre de paix. Musique d'ambiance, lumière tamisée, mobilier aux lignes épurées, décoration soignée : le cadre invite au calme nippon. Une Asahi ou une Tsingtao à la pression en apéro, voire un cocktail au litchi et gingembre... surprenant ! À la carte on déguste un tataki de thon tout juste saisi ou un bento pour faire un tour du Japon. Le tout pour un excellent rapport qualité/prix. La terrasse est agréable dans cette rue maintenant piétonne et le service aux petits soins se fait en toute discrétion. Une belle adresse à découvrir pour déconnecter le temps d'un dîner.

JAPONAIS
AQUA EDO
12, rue des Écrivains ✆ 03 88 36 66 62 - Tram arrêt Broglie.
www.aquaedo.fr
Du lundi au samedi de 12h à 14h30 et de 19h à 22h30 ; Dimanche de 19h à 22h30. Menu 10,50 € à 27 €. Vente à emporter.

À deux pas de la cathédrale, Aqua Edo vous délivre une délicate cuisine japonaise. Dans une petite salle chaleureuse vous pourrez déguster la spécialité de la maison : les sushis. Ils se déclinent au saumon, à la viande fumée, aux crevettes, aux poissons, aux œufs, ou encore aux légumes (radis, avocat, concombre). Les marinades subliment les préparations, et les alliances sont maîtrisées et se marient à merveille. Plusieurs menus sont proposés, et comme ils sont composés de soupes et de salades, vous serez sûr de faire un repas équilibré. La formule pour deux personnes est particulièrement variée et complète. Pour le dessert, laissez-vous tenter par les beignets aux glaces flambés.

NEW JAPONAIS
RAMEN SHOP
Boulevard des Enseignes - **REICHSTETT**
www.ramenshop.fr
Ouvert du lundi au samedi de 12h à 22h ; le dimanche jusqu'à 21h. Ramen de 9 € à 14 €. Terrasse. Vente à emporter.

Sur place dans un décor contemporain et épuré ou à emporter pour grignoter chez soi ou au bureau, ce snack asiatique propose des ramen] bouillons aux nouilles agrémentés de diverses garnitures –, et des donburi – du riz augmenté de plusieurs ingrédients. Les plats sont préparés sous les yeux du client qui a préalablement choisi sa base – poulet, bœuf, porc, légumes –, son bouillon – légumes ou poulet –, ainsi que ses garnitures – œuf, soja, roquette, chou, tofu, pousses de bambou, etc. Le choix est grand, impossible de ne pas trouver composition, authentiquement japonaise ou bien plus occidentalisée, à son goût. Une adresse qui sort de l'ordinaire pour un repas rapide et pas trop cher.

NEW JAPONAIS
KANSAÏ SUSHI
18, rue des Sœurs ✆ 09 83 35 19 20
www.kansaisushi.fr
Du lundi au samedi de 11h30 à 14h et de 18h30 à 22h. Le dimanche de 18h30 à 22h.

Venez découvrir les saveurs du Japon chez Kansaï Sushi, une jolie petite échoppe comme on en trouve de nombreuses sur l'archipel nippon ! En livraison ou à emporter, vous allez être transporté dans le monde de la cuisine japonaise avec des produits frais et savoureux que vous pourrez partager entre amis et en famille. On retrouve les grands classiques des restaurants à sushis : makis, california rolls, sushis, yakitoris et sashimis mais également quelques gyozas (au poulet ou végétariens). De nombreux accompagnements viendront parfaire votre voyage culinaire. Les prix sont tout doux et les menus très avantageux. La formule box duo est idéale pour un repas du soir imprévu en couple.

JAPONAIS
YAKI HOUSE
51 bis, rue du Fossé des Tanneurs
✆ 07 67 90 80 88
Ouvert du mardi au dimanche de 12h à 22h. Carte : 8 € environ. Chèque Restaurant. Terrasse. Vente à emporter

Bienvenue au cœur du Japon ! Yaki House propose de la vraie street-food nipponne ! Son concept ? Proposer (il était temps !) autre chose que des sushis et les traditionnels ramens. Ici on déguste des takoyaki (petits beignets à base de pâte à crêpe et fourrés au poulet, aux crevettes, au porc ou aux légumes, au goût poulpe) ou des okonomiyaki (une crêpe japonaise) à la façon d'Hiroshima. Le tout existe aussi en version sucrée pour achever votre repas sur un dessert original ! Les plats se préparent dans la salle en face du client : pas de secret de fabrication mais un vrai savoir-faire. Un joli petit restaurant qui transporte le visiteur au Japon, avec une concept fort sympathique.

VIETNAMIEN

BO & BUN

2, rue de la Mairie - **SCHILTIGHEIM** ✆ 03 88 81 42 14
Bus arrêt Mairie. - www.bobun.asia
Ouvert du lundi au samedi le soir. Du lundi au vendredi le midi. Formule du midi : 13,50 €. Bo Bun de 10,50 € à 12,50 €

Bo & Bun n'est pas un restaurant vietnamien traditionnel ! Ici, on a volontairement choisi de se concentrer sur un plat emblématique : le Bo Bun. L'équipe le propose accommodé de différentes manières. C'est un plat chaud/froid très populaire au Vietnam, composé de vermicelles de riz accompagnés de germes de soja, de légumes, de bœuf sauté aux oignons parsemés de menthe fraîche, de citronnelle, de shiso japonais et de cacahuètes torréfiées et broyées. Un plat complet, équilibré et succulent ! À la carte figurent également des salades de bœuf épicé, des nems au porc ou légumes, des rouleaux de printemps, samosas, viandes grillées, soupes... Et des desserts variés. Un dépaysement culinaire.

VIETNAMIEN

PHO KIM SAIGON

18, rue du Faubourg-de-Saverne ✆ 03 88 22 54 33
Tram arrêt Faubourg de Saverne. - www.pho-kim-saigon.fr
Ouvert du lundi au samedi le midi et le soir ; le dimanche soir. Réservation recommandée. Vente à emporter.

Une savoureuse incursion au pays des dix mille printemps et saveurs locales garanties chez Pho Kim Saigon. Ce restaurant vietnamien est décoré aux couleurs du pays. Sur la carte, vous trouverez de nombreux plats à base de riz mais aussi des nems et, bien sûr, les incontournables rouleaux de printemps. Les célèbres soupes Pho ou soupes tonkinoises, le plat national vietnamien à base de nouilles de riz dans un bouillon de bœuf, de porc ou de poulet citronné, sont servies généreusement. Vous pouvez également goûter au mijoté de crevettes à l'ail. En dessert, des glaces au sésame, des litchis ou des sorbets. Si l'accueil y est un brin austère, c'est une institution qu'il ne faut pas manquer.

VIETNAMIEN

MAI SAÏGON

29, rue de la Krutenau
✆ 03 67 97 84 35
www.restaurantmaisaigon.com
Ouvert tous les jours de 11h30 à 14h et de 18h30 à 22h30.

Mai Saïgon délivre une cuisine authentique du Vietnam, dans la plus pure tradition. Vous pourrez déguster des *Cha Gio Heo* aussi appelé nems, des salades ou encore les traditionnels Bo Bun (bols composés de vermicelles de riz, de nems, de viandes et de légumes croquants). Un régal ! La structure propose des plats à la carte, mais aussi des menus duo et des formules de menus assez avantageuses. Pour les très gros appétits, il faut venir le week-end pour bénéficier sur demande de la formule illimitée pour déguster entrées, desserts et grillades jusqu'à ce que l'estomac ne puisse plus rien avaler. Le midi en semaine, l'établissement est très vite pris d'assaut, pensez donc à réserver.

VIETNAMIEN

LA RIVIÈRE

3, rue des Dentelles
✆ 03 88 22 09 25
Ouvert du mardi au samedi le soir. Carte : 15 € environ. Vin au verre.

Amateurs d'une véritable gastronomie asiatique ? Vous pouvez vous attabler à ce restaurant les yeux fermés, vous ne serez pas déçu. Car c'est un véritable voyage gustatif et initiatique qui vous attend à La Rivière. Dans une ambiance tamisée, vous dégusterez des produits d'exception et d'une qualité incroyable, bio pour la plupart. En cuisine, on joue avec le déstructuré et la poésie, à vous de jongler avec les saveurs, les goûts, de les assembler ou de les annuler, puis tout recommencer ! Du début à la fin, on a plein de petites attentions pour vous, de l'amuse-bouche aux friandises. Vous passerez un moment merveilleux, ludique et étonnant dans ce très bel établissement.

VIETNAMIEN

MANDALA STRASBOURG

14, rue du Faubourg-de-Saverne ✆ 03 88 10 18 18
TRAM arrêt Faubourg de Pierre - www.mandala-strasbourg.fr
Ouvert du lundi au vendredi midi et soir. Plat du jour : 9,90 €. Chèque Restaurant. Vente à emporter. Animations.

Le Mandala, c'est un voyage, une découverte de la cuisine du monde où le Vietnam rencontre la tradition culinaire alsacienne. À la carte : rouleaux de printemps, nems... mais aussi du foie gras maison mariné au Mei Kwei Lu ou encore wok de spaetzles et de légumes croquants et fondants. Très original ! Les plats changent au fil des saisons, ce qui laisse une belle opportunité de découvertes. Si après ce bon repas vous piquez du nez, direction le bar à sieste au premier étage où un hamac vous attendra. Décoration en bois très chaleureuse. Possibilité de réserver sur le site ou sur Lafourchette.com. Des événements ont souvent lieu comme des ateliers d'écriture ou des animations musicales.

CUISINE ASIATIQUE

EAST CANTEEN

2, place des Orphelins ✆ 03 67 68 01 08
Tram arrêt Porte de l'Hôpital. - www.eastcanteen.com
Ouvert tous les jours de 12h à 23h. Carte : 11 € environ. Chèque Restaurant. Terrasse.

Toute l'Asie au cœur de la Krutenau ! East Canteen base son concept sur les aliments traditionnels consommés en Chine, au Japon, en Corée, en Thaïlande et au Vietnam pour proposer une vaste carte plus qu'alléchante. Tous les plats emblématiques sont représentés dans ce joli restaurant aux allures de décor de cinéma : gyozas, soupes miso, pad thaï (plats de pâtes agrémentées), galettes japonaises ou encore poulet frit... La cuisine est goûteuse et les portions sont généreuses. La décoration marie le style asiatique et contemporain. Les cartes des desserts et des boissons sont aussi d'inspiration orientale : bières, sakés, cocktails... Le service, quant à lui, est dynamique et sympathique.

CORÉEN

KIM

5, place de l'Hôpital
✆ 03 88 84 25 93

Ouvert du mardi au vendredi le midi ; le samedi soir. Menus de 13,50 € à 19,50 €. Formule du midi : 10 €.

Juste en face du NHC, voici Kim, un petit restaurant coréen, familial et cosy. Souvent plein à craquer à midi, mère et fille y proposent des mets traditionnels de la cuisine coréenne comme le japchae (des nouilles de patates douces aux légumes), du bulgogi, de la viande de bœuf ou de porc marinée dans de la sauce soja et du miel puis grillée, ou encore le bibimbap, un mélange de riz, de bœuf et de légumes. Tous ces plats sont servis généreusement et accompagnés d'une soupe miso et de kimchi, le chou fermenté et pimenté (symbole national). Pour mieux découvrir l'étendue de cette gastronomie méconnue, des menus pour deux personnes sont aussi proposés avec des entrées et des plats à partager.

CORÉEN

LE DOURI

12, rue Munch ✆ 03 88 35 71 42 - Tram arrêt Homme de fer
www.douri.placeweb.site

Ouvert du lundi au samedi midi et soir. Carte : 15 € environ. Chèque Restaurant. Terrasse. Vente à emporter.

Vous êtes tenté de goûter la gastronomie qu'on peut déguster à Séoul ou Pyongyang ? C'est ici ! Le Douri est un des rares restaurants sud-coréens de l'agglomération. Malgré une devanture un peu défraîchie et une salle un peu sale et vieillissante, ce petit boui-boui reste une référence de la cuisine asiatique. À la carte riche et variée, des spécialités du pays du matin calme : bibimbap (assortiment de riz, bœuf et légumes recouvert d'un œuf au plat), kimchi (chou fermenté) ou encore le barbecue coréen. Les plats sont copieux, mais surtout très très épicés et pimentés. Un vrai séjour culinaire que l'accueil et le service familial viennent renforcer. Un voyage au pays du matin calme...

CORÉEN

KEI'S ATELIER

16, rue de l'Abreuvoir
✆ 03 88 36 22 50
https://keis-atelier.com

Spécialités de Séoul

Originaire de Séoul, la propriétaire des lieux vous accueille avec le sourire dans cette charmante échoppe verdoyante et colorée, à l'image de sa cuisine aussi haute en couleur que délicate. Ici, on se sustente avec joie des saveurs du «pays du matin calme». Outre le célèbre Kimchi (chou chinois épicé et saumuré), emblème de la cuisine nationale, que l'on retrouve dans de nombreux plats (Deopbap au bœuf et riz, raviolis de légumes), on se laisse volontiers surprendre par les Jumeok Baps (petites boules de riz fourrées) à déguster avec une bière coréenne ou en encore avec du soju, le célèbre alcool du pays. Côté dessert, la gaufre fourrée à la pâte de haricot rouge est une merveille !

AFGHAN

LA TABLE DE L'ASIE

43, route du Général de Gaule - **SCHILTIGHEIM** ✆ 03 88 81 22 24
www.restaurant-afghan-strasbourg.com

Ouvert du lundi au samedi le midi et le soir. Carte : 16 € environ. Chèque Restaurant.

Un restaurant de spécialités afghanes, c'est une spécificité assez rare. Et quand il est excellent, alors c'est un incontournable ! L'établissement est géré par un couple d'origine afghane : monsieur s'occupe du service, tandis que madame œuvre en cuisine. Et c'est une belle réussite : les plats sont savoureux, épicés juste comme il faut, et pleins de saveurs. La coriandre, le citron, la pistache, apportent ce parfum gustatif subtil... Quant au service, il est attentionné et professionnel. La décoration est sobre et rappelle les coutumes du pays. Faites le détour pour goûter ces plats typiques et découvrir cette cuisine à mi-chemin entre la cuisine indienne et chinoise.

INDIEN

RESTAURANT TAMIL

2, place Saint-Thomas ✆ 03 88 23 59 76
www.restaurant-tamil.fr

Ouvert tous les jours de 11h30 à 14h et de 18h30 à 23h. Menus de 19,90 € à 29,90 €. Suggestion du jour : 12,90 €.

Au restaurant Tamil, vous vous ouvrirez à toutes les saveurs et l'authenticité de la cuisine indienne. À base de produits frais, mais surtout d'épices variées, les plats sont copieux et savoureux. On les déguste avec plaisir et chaque nouvelle bouchée apporte ces bienfaits gustatifs. Ici, les saveurs s'enchaînent et on regrette vite de ne pas pouvoir tout goûter tant tout donne envie. Les végétariens eux aussi trouveront leur bonheur grâce à des mets spécialement exécutés pour eux. Bien plus qu'un repas, on vous offre un voyage car ici, on a la passion de la culture et de la cuisine indiennes et cela se ressent pleinement dans les assiettes. L'accueil est également très chaleureux.

INDIEN

TAJ MAHAL

20, rue Principale - **SCHILTIGHEIM** ✆ 03 88 33 50 05
Bus arrêt Maison Rouge. - www.tajmahal-strasbourg.com

Ouvert du lundi au vendredi le midi et le soir ; le week-end le soir de 18h à 22h30. Carte : 15 € environ. A emporter.

Un accueil chaleureux, une cuisine riche en parfums et en épices. Dans ce petit restaurant indien, vous découvrirez cette gastronomie subtile, mitonnée par des natifs. Laissez-vous tenter par le hors-d'œuvre Taj Mahal et goûtez aux différents beignets (oignons, crevettes, aubergines), aux *paneer pakora* (au fromage) et aux samosas. Parmi les spécialités, découvrez les grillades tandoori comme le *naan kebab* (agneau mariné et croûte de pain) ou encore le savoureux *ginga biryani* (crevettes et riz safrané, amande, raisin et noix de cajou). Tous les plats sont accompagnés de riz blanc et d'un naan nature. Les végétariens seront ravis par le choix de plats proposés. Des pizzas sont aussi au menu.

THAÏLANDAIS
ALLO PAD THAÏ

19, rue des Francs-Bourgeois
✆ 09 50 38 13 57
www.allopadthai.fr
Du lundi au samedi de 11h à 21h30.

Allo Pad Thaï est un fast-food familial thaïlandais créé en 2020 par de véritables Thaïlandais travaillant avec des produits frais et en provenance de ce beau pays. Le Pad Thaï est un plat traditionnel thaï à base de nouilles de riz très apprécié et très consommé dans toute la Thaïlande, accompagné de poulet, de bœuf ou de crevettes. Vous pourrez aussi goûter au délicieux Khaopad et à diverses nouilles sautées ainsi qu'à plusieurs menus complets : n'hésitez pas, on retrouve vraiment les saveurs de cette belle contrée aux enivrants parfums et on voyage à chaque bouchée ! Un plat du jour au tarif imbattable est proposé quotidiennement pour ceux qui rêvent d'Asie à moindre coût.

THAÏLANDAIS
TAI KIN

55, Presqu'île André-Malraux
✆ 03 88 31 53 24
taikin.fr
Ouvert tous les jours de 11h30 à 23h.

Taï Kin, c'est un concept de restauration rapide de type Street et Healthy Food situé sur la presqu'île Malraux à Strasbourg et qui propose une cuisine semi-ouverte permettant ainsi d'admirer les cuisiniers à l'œuvre lorsqu'ils préparent vos plats inspirés par la Thaïlande et ses traditions culinaires. Pad Thaï, bœuf à la citronnelle et Bobun véritable avec ses nems par exemple peuvent être pris sur place, à emporter ou en livraison. En plus, le restaurant est écoresponsable : vaisselle jetable et emballage composés de plastique d'origine végétale biodégradable utilisant de l'amidon de maïs comme matière première, saladiers en fibre de canne à sucre, compostables et réutilisables...

THAÏLANDAIS
LE CHAN-CHIRA

2, rue des Moulins
✆ 03 88 32 68 34
Ouvert le lundi et le samedi soir ; du mardi au vendredi midi et soir. Réservation recommandée. Chèque Restaurant.

La bâtisse à colombages n'a rien à voir avec la Thaïlande et cela en surprend plus d'un. Ambiance zen et intimiste, intérieur rouge et tamisé, statue de Bouddha et autres décorations donnent d'entrée le ton de ce restaurant prisé des amateurs de cuisine asiatique raffinée. Pleine d'épices et de saveurs d'ailleurs, en particulier thaïlandaises, la carte est très complète et particulièrement riche, tout le monde devrait donc pouvoir y trouver son compte. On aime le Pad Thaï, un plat phare de la carte et généreusement servi. Un restaurant agréable, à l'écart des lieux bondés, et qui est somme toute plus qualitatif que les autres établissements proposant une cuisine asiatique à Strasbourg.

TIBÉTAIN - NÉPALAIS
MOMOS TIBETAINS

12, Grand'rue
✆ 06 05 63 48 39
Ouvert tous les jours de 11h à 14h30 et de 18h à 22h30.

Ce restaurant situé dans la grande île, derrière l'Académie de la bière, vous proposera une cuisine asiatique, délicate et parfumée. La carte propose exclusivement des momos, des raviolis originaires du Tibet cuits à la vapeur. Vous en dégusterez fourrés à la viande ou adaptés aux régimes végétariens. Ce plat traditionnel est servi accompagné d'une petite salade. Excellent pour les papilles tout comme pour la santé. À la fin du repas, terminez sur une note légère avec un thé fait maison comme celui au beurre de yak. Enfin, pour finir, le service s'avère très professionnel, mais également particulièrement attentionné envers ses clients. Cuisine à emporter ou à consommer sur place.

NEW
THAÏLANDAIS
PITAYA

Boulevard des Enseignes
REICHSTETT
restaurants.pitayaresto.fr
Du lundi au dimanche de 11h30 à 14h30 et de 17h à 22h.

Décor soigné, cuisine authentique, colorée et créative, produits frais et sains : telle est la recette de Pitaya pour une incroyable immersion thaïlandaise le temps d'un repas. Chez Pitaya vous retrouverez l'esprit des rues de Bangkok, les odeurs qui émanent des petites échoppes de street-food traditionnelles, les couleurs des produits frais, les gestes précis des chefs, et l'effervescence de la Thaïlande. Tout se joue sous vos yeux et votre nez. C'est comme si vous y étiez… Au menu par exemple le chicken satay : émincé de poulet, oignons rouges, pousses de bambou et courgettes, sautés au wok, sauce onctueuse aux cacahuètes, concombre et chou rouge frais, ciboulette thaï, riz blanc thaï.

TIBÉTAIN - NÉPALAIS
LE TIBET GOURMAND

4, Petite Rue des Dentelles
✆ 06 05 63 48 39
Ouvert du lundi au samedi de 10h45 à 15h et de 18h30 à 22h45.

Dorjee Ringchen a été moine bouddhiste pendant 10 ans. Enfermé en prison puis exilé en Inde pendant 9 ans, il est ensuite venu en France. Les momos, c'est une sorte de raviolis que l'on cuisine au Tibet depuis vraiment très longtemps, avec de la farine d'orge et de blé. On y met de la viande ou des légumes et on les cuit à la vapeur. C'est sa spécialité et il les prépare lui-même avec une précision horlogère. Il souhaite présenter le Tibet avec des nouveaux plats préparés tous les jours, à base de farines d'orge et de blé, des plats à la vapeur, des nouilles sautées… Goûter une cuisine tibétaine authentique au milieu d'une décoration représentative de ce pays, voilà la philosophie du lieu !

ARGENTIN

LA BOCA LOCA

8a, rue Principale - **SCHILTIGHEIM**
✆ 03 88 33 40 30

Ouvert du lundi au vendredi à midi et le soir et le samedi soir. Carte : 22 € environ. Chèque Restaurant.

Niché au fond d'une ruelle, ce petit restaurant accueillant vous attend avec quelques belles trouvailles gustatives. Les plats argentins proposés sont absolument succulents. Lorsque la carte arrive, on est bien en mal de choisir. En entrée, les *empanadas* à la viande, le carpaccio ou encore la salade mixte jambon/gambas valent le détour. Les viandes, importées d'Argentine, sont fondantes et savoureuses. Des plats plus traditionnels sont également proposés à la carte. Pour une note sucrée, laissez-vous tenter par le *dulce de leche*, confiture de lait, partie intégrante du patrimoine gastronomique national. On vous recommande la bière argentine Quilmes et le vin Malbec d'Argentine.

BRÉSILIEN

ACEROLA

8, rue du Renard-Prêchant ✆ 03 88 24 04 01 - Bus arrêt Zurich.
www.restaurant-acerola.com

Ouvert du mardi au jeudi et le dimanche de 19h à 22h ; le vendredi et le samedi de 19h à 23h. Formule du midi : 14,90 €.

Salvador de Bahia s'enflamme au cœur de la Krutenau ! Petit mais charmant restaurant coloré, L'Acerola (une cerise des Antilles connue pour sa richesse en vitamines C), offre un voyage en première classe pour le Brésil. À la carte : des spécialités qu'on mange rarement comme le *xinxim*, un mijoté de poulet ou de gambas au lait de coco, cacahuètes et coriandre, ou encore, le feijoada, un ragoût de haricots noirs et viandes grillées. Qui dit gastronomie sud-américaine, dit également pièces de viande grillées ou marinées. Le tout accompagné d'une véritable caïpirinha en apéritif, puis de vins et bières brésiliens étonnants, ambiance festive garantie ! Tout le Brésil sans quitter l'Alsace !

BRÉSILIEN

O'BRAZIL

13, rue du Jeu-des-Enfants ✆ 03 90 24 93 52 Tram arrêt Winmärik. - www.restaurant-obrazil-strasbourg.fr

Ouvert le lundi, le mardi et du jeudi au samedi le midi et le soir. Formule du midi : 12 €. Terrasse. Vente à emporter.

Grâce à l'accueil de son sémillant et sympathique patron Luis et de son équipe, grâce à son superbe décor, mais surtout grâce à sa cuisine brésilienne savoureuse et authentique, ce lieu propose un dépaysement immédiat et régale les cinq sens. De la picanha (onglet de veau grillé) au XinXim (poulet mariné au citron servi avec une sauce aux petites crevettes séchées et noix de cajou) en passant par le Feijoada, un plat aux haricots rouges et à la viande de porc, chacun trouvera son bonheur en découvrant ces saveurs exotiques et surprenantes accompagnées d'un p'tit ponch. O'Brazil offre, de plus, un très bon rapport qualité-prix. En été, la terrasse sera votre nouvelle meilleure amie !

CAMEROUNAIS

RELAIS MANGATAMA

17, Petite-Rue de la Course ✆ 03 88 32 18 76
Tram arrêt Gare centrale. - www.mangatama.fr

Ouvert tous les jours midi et de 18h30 à 1h30. Plats de 5 € à 15 €. Sur place ou à emporter.

Tout juste franchi le seuil, on change de continent ! Pas de déco ethnico-bobo dans cet authentique restaurant camerounais, mais de la simplicité, un accueil bienveillant et des plats originaux voire franchement surprenants. Tripes, crêtes de coq ou succulent mafé et plantains fondants, vous aurez l'embarras du choix. Au fourneaux, Sidonie cuisine les spécialités de son pays, et c'est un régal ! Poissons braisés, porc tapé soya et l'incontournable « DG », abréviation de « Directeur Général » : un plat cuisiné traditionnellement pour les personnalités. Des animations sont organisées certaines semaines. Plats à emporter. Un restaurant camerounais authentique avec une ambiance authentique.

NEW

CARIBÉEN

KOHOLĀ - POKE & SALAD BAR

19, rue d'Austerlitz ✆ 09 87 77 69 68
www.kohola.fr

Du mardi au samedi de 11h30 à 14h et de 18h à 22h. Le dimanche de 18h à 22h.

Nouvel arrivant dans la nombreuse famille des spécialistes du poke bowl à Strasbourg, cet exotique et sympathique restaurant propose bien sûr au menu les spécialités de l'île d'Hawaï, des bowls bien frais ! Ce plat traditionnel se compose de poisson cru très frais coupé en dés, de fruits et légumes fraîchement cuisinés, le tout servi sur une base de riz. Autant de bonheur pour les yeux que de saveurs en bouche ! Vous pourrez le déguster en suivant les propositions de délicieuses recettes signature ou en composant selon vos envies le poke bowl de vos rêves !

CUISINE AFRICAINE

CHEZ ANI

26, rue Thiergarten
✆ 03 67 15 97 58
chez-ani.fr

Du mardi au samedi de 11h30 à 21h. Le dimanche jusqu'à 15h.

Chez Ani s'est donné pour mission de réjouir vos papilles à travers des plats typiques d'Afrique de l'Ouest, sains et copieux, tout en utilisant des produits locaux autant que possible. Vous découvrirez ici toutes les saveurs de l'Afrique dans une ambiance calme et décontractée. Chez Ani, mère et fille ont pensé à vous faire des plats goûteux mais équilibrés. En terrasse ou à l'intérieur, l'ambiance est agréable et familiale et le service est réellement au top avec des explications et conseils. On craque sans réserve pour l'attiéké au poisson, le riz doré au poulet et autres mets également proposés en version végane (au tofu). Ne faites pas l'impasse sur les desserts, gourmands et légers !

CUISINE AFRICAINE

JABIRU CAFÉ

60, rue de Zurich ✆ 03 88 23 47 95
www.jabirucafe.com
Du mardi au vendredi de 11h30 à 14h et de 18h à 22h ; samedi de 11h30 à 14h et de 18h à 19h ; dimanche de 11h30 à 14h.

Entrez dans le monde surprenant de la cuisine africaine pour des découvertes pleines de saveurs qui vous dépayseront ! Au Jabiru Café, vous trouverez des boissons du continent africain : bières, vins, cocktails, boissons maison au gingembre, au bissap, au baobab... Et pour manger, on ne sait que choisir ! Peut-être que la formule Big Five vous tentera, elle permet de goûter un peu à tout : boule-boule (manioc), aloco (banane plantain frite), ananas au piment doux et à la menthe, mafé et attiéké. Des formules végétariennes sont disponibles, les sauces sont faites à part. Pour les plus téméraires, goûtez au ketchup maison en version ultra pimentée ! Attention, l'addition grimpe vite !

CUISINE AFRICAINE

LITTLE AFRICA

14, quai des Pêcheurs ✆ 03 90 23 42 28
www.little-africa.fr
Ouvert du mardi au dimanche de 18h30 à 23h. Réservation recommandée. Vente à emporter. Concerts de kora certains soirs.

Simplicité et goût du bon sont au programme de ce chaleureux établissement sans chichis. Quotidiennement les plats varient : poulet, bœuf et poisson sont proposés avec l'une des quatre sauces de la maison – mafé (arachide), yassa (oignons et citron vert), enoukbakba (tomate et petits légumes) et soupoukandia (gombo), la plus exotique – et un accompagnement différent. Si la présentation n'est pas extraordinaire, les saveurs sont bel et bien dans l'assiette et le dépaysement s'avère total, surtout après quelques cocktails dont l'établissement a le secret, quand on se laisse porter par le rythme entraînant de la musique sénégalaise dont des concerts sont proposés certains soirs.

ETHIOPIEN

ABYSSINIA

5, rue des Païens ✆ 09 50 88 29 12
Tram arrêt Gare Centrale.
www.abyssiniastrasbourg.com
Ouvert toute l'année. Du mardi au dimanche de 12h à 15h et de 19h à 23h. Réservation recommandée. Carte : 18 € environ.

Il suffit de pousser la porte pour se retrouver en Éthiopie. Une ambiance feutrée et intimiste sur un fond d'éthio-jazz qui invite à la découverte et au voyage. Sur les tables, un guide du pays, des livres qui racontent son histoire par-ci par-là. Pour la suite, il faut se préparer à manger avec les doigts. Les *beyaynetu* sont des paniers colorés, dans lesquels on vous sert le repas. À la viande, au poisson, végétarien, on se coupe des morceaux de galette et on partage un plat posé au milieu de la table. Dépaysement garanti ! Côté palais, on découvre de nouvelles saveurs, à base d'épices éthiopiennes mélangées à des pois cassés, des lentilles ou des haricots verts.

INTERNATIONAL

BLUE FLAMINGO

Presqu'île André-Malraux ✆ 06 32 41 81 96
www.blue-flamingo.fr
Ouvert le mardi de 12h à 14h ; du mercredi au samedi de 12h à 14h et de 19h à 22h. Formule du midi : 18 €.

Avec sa vue imprenable sur le canal et les grues, le Blue Flamingo, restaurant flottant, offre un cadre idyllique pour apprécier un bon repas. Sarah Zins y propose une cuisine raffinée et délicate, inspirée par les saveurs du monde entier. La carte change toutes les trois semaines et propose trois entrées, trois plats et trois desserts, ce qui laisse aux chefs la possibilité d'exprimer leur créativité à partir des produits frais et de saison. On a, par exemple, goûté au thon à la plancha et pastèque marinée et snackée accompagné d'une sauce vierge à la feta, ou encore à la bavette de veau marinée accompagnée de gnocchis aux herbes et d'une poêlée de girolles. Très goûteux !

IRANIEN

RESTAURANT PERSIA

6, rue de l'Abreuvoir ✆ 03 88 16 17 24
www.restaurant-persia67.fr
Ouvert le lundi de 12h à 14h ; du mardi au samedi de 12h à 14h30 et de 19h à 22h. Menus de 17 € à 28 €.

Le Persia propose, comme son nom l'indique, une cuisine perse et iranienne. Les spécialités sont ici très riches en épices et parfumées et vous pourrez les découvrir à tout petit prix dans des menus découverte : aubergines grillées ou salades sauce yaourt en entrée, grillades et brochettes diverses en plats et gâteau au miel ou *bâghlavâ* en dessert. Ne manquez pas les spécialités de la maison : le *gheimeh bademjan* (ragoût de veau aux pois cassés, aubergines, sauce tomate au safran) et le *khoreshte Fessendjan* (ragoût de poulet aux noix et sa sauce grenade). Le service est très attentionné et aimable, on se sent ici presque en famille ! Les aventuriers de l'exotisme seront comblés !

LATINO

SANTA ELENA

11, rue Sainte-Hélène ✆ 03 88 22 88 96
www.santa-elena.fr
Ouvert du lundi au vendredi midi et soir ; le samedi soir. Menus de 22 € à 28 €. Chèque Restaurant.

Péruvienne, argentine, chilienne, péruvienne, mexicaine, latino ou espagnole, la cuisine du Santa Elena, variée et colorée, comblera les curieux et les aficionados de saveurs relevées d'Amérique centrale. Vous trouverez ici des amuse-bouches épicés, des plats de poissons chatoyants, d'imposantes pièces de viande et des desserts surprenants pour les papilles. De plus, les portions proposées sont plus que convenables, sans pour autant délaisser la qualité. Ce qui est très rare à Strasbourg ! Le cadre est agréable et le service très professionnel dans une rue calme et peu passante. Un conseil : pour être sûr d'avoir une table, il est préférable de réserver à l'avance.

LIBANAIS
AL DIWAN

2, rue Munch ✆ 03 88 24 81 55
www.restaurant-aldiwan.fr
Ouvert du mardi au samedi de 11h30 à 14h et de 18h30 à 22h30 ; le dimanche de 11h à 15h. Carte : 8 € environ.

Al Diwan est une petite échoppe où vous serez reçu avec toute la convivialité méditerranéenne. Vous y dégusterez de succulents plats libanais composés de produits frais, riches en saveurs. Quelle que soit la formule (à la carte, à livrer ou à emporter) vous ne serez pas déçu par la quantité ou la qualité. Mais n'hésitez pas à vous attabler ici car le lieu est coloré et chaleureux. La carte est petite et les prix sont très attractifs : hoummous, taboulé, caviar d'aubergines, moussaka, laban, kébbé ou falafels en entrée ; chawarma, tawouk, kafta ou mezzés en plat ; et baklawa ou assafiri en dessert. Le tout pourra être accompagné d'excellents vins pour un voyage gustatif absolu.

LIBANAIS
AU PETIT MEZZE

13 B, rue Sainte-Barbe
✆ 03 88 22 23 60
Ouvert du mardi au samedi le midi et le soir. Plat du jour : 9 €. Terrasse. Vente à emporter.

Au Petit Mezze, ne vous fiez pas au seul nom car dans cet excellent restaurant libanais du centre-ville, les portions sont gargantuesques ! Cette adresse régale encore et toujours de ses bons petits plats libanais, de l'assortiment de *mezze* chauds et froids aux gargantuesques plats de grillades accompagnés de crudités et de boulgour. L'idéal : sortir entre amis ou en groupe, opter pour la formule dégustation de *mezze* et picorer un *falafel* par-ci, une feuille de vigne par-là, un peu de houmous par-ci, un peu de taboulé par-là... La carte des vins libanais vaut le coup d'œil elle aussi, idéale pour arroser un bon repas. Une adresse parfaite pour une belle et gourmande tablée de copains !

LIBANAIS
CHEZ RITA

7, rue des Tonneliers ✆ 03 90 40 08 12
chez-rita.eatbu.com
Ouvert du lundi au samedi de 12h à 22h30 ; le dimanche de 18h à 22h30.

Dans la salle aux lignes épurées ou sur la terrasse à la belle saison, vous pourrez découvrir Chez Rita tout ce qui fait la cuisine traditionnelle libanaise. Pour déjeuner ou pour dîner, vous composerez vous-mêmes vos menus de l'entrée au dessert en piochant dans la multitude de petites choses proposées ou en choisissant une assiette déjà composée. Dans l'après-midi pour les petits creux, il est possible de prendre une boisson et des gâteaux typiques, pâtisseries et tartes. Pour les personnes ayant des restrictions alimentaires, le halal et le végétarien sont proposés. Avec toutes ces saveurs, peut-être aurez-vous envie de partager votre découverte avec vos amis grâce au service traiteur.

MAROCAIN
GRAINE DE COUSCOUS

17, rue de l'Ail
✆ 09 83 95 62 60
Ouvert du mardi au samedi de 11h à 14h30 et de 18h à 21h30 ; le dimanche de 18h à 21h30.

Chez Graine de Couscous, on peut composer son couscous à sa guise, de la viande aux légumes, en passant par le bouillon. C'est le premier bar à couscous de la ville. Sur place, à emporter ou en livraison, vous disposerez d'un large choix de formules, pour les petits comme pour les gros appétits. Et on pense même aux végétariens qui trouveront eux aussi de quoi se régaler. Graine de Couscous est idéal pour les amoureux de ce plat traditionnel qu'il est si facile de rater lorsqu'on le prépare chez soi. Tout est délicieux et le service est des plus agréables, avec le sourire et le sens du détail. On voyage vraiment en dégustant ici un couscous personnalisé selon ses envies !

MAURICIEN
L'INSULAIRE

8, rue des Tonneliers
✆ 09 83 41 84 07
Ouvert le lundi de 19h à 22h ; du mardi au samedi de 12h à 14h et de 19h à 22h.

Départ imminent ! Ici on décolle sur le champ sitôt le seuil franchi, par la décoration d'abord, par l'ambiance ensuite, mais surtout par les fragrances, couleurs et saveurs des plats. Robin Bhoodun, le chef, vous concocte une cuisine des îles inventive et surprenante, pleine de découvertes. S'il est d'origine mauricienne, il fait aussi la part belle à d'autres produits exotiques pour vous faire partager des parfums que l'on ne trouve que très peu à Strasbourg, le tout bien servi, dans une ambiance chaleureuse et attentionnée. Vous passerez ici un très bon moment et pourrez bien sûr aussi déguster quelques boissons typiques. L'occasion de s'offrir une belle parenthèse le temps d'un repas.

NEW
MEXICAIN
NACHOS

Boulevard des Enseignes
REICHSTETT

Après les fast-foods américains, les kebabs à la turque et les fast-foods indiens, voici une déclinaison mexicaine du concept. Derrière un comptoir et une vitrine remplis d'ingrédients frais, se trouve une équipe prête à réaliser sur commande vos formules. Laissez parler tous vos désirs en sélectionnant votre plat principal parmi des tacos, des fajitas ou encore des *salad bowls*. Choisissez ensuite votre garniture entre riz mexicain et riz citron puis un *topping* comme de la crème fraîche, du guacamole ou du fromage. L'établissement propose un large choix de spécialités mexicaines gourmandes à accompagner d'extras avec des nachos et à arroser d'une bière mexicaine.

RÉUNIONNAIS

LA CASE DE L'ÎLE BOURBON

34, Grand-Rue ✆ 03 88 32 60 93 - Tram arrêt Faubourg National-Gare - www.la-case-de-lile-bourbon.fr

Ouvert le mardi, le mercredi, le vendredi et le samedi le midi et le soir ; le jeudi midi. Terrasse. Traiteur.

L'île Bourbon est l'ancien nom du département français de La Réunion. Sans surprise, ce restaurant situé au bout de la Grand-Rue, côté gare, propose une cuisine créole traditionnelle, épicée mais pas trop, histoire de ne pas abîmer les palais des plus sensibles. En entrée, acras et de beignets, suivis de cari massalé, cari de crevettes (au gingembre, au curcuma) ou encore rougail de morue ou de saucisse fumée. Et en dessert : tarte coco ou bananes flambées. Sans oublier le ti'punch bien sûr ! L'atout ? Tous les classiques de la cuisine réunionnaise sont là, présentés de manière simple mais copieuse. Le décor est rustique comme sur certaines plages réunionnaises et le service est chaleureux.

SYRIEN

MAISON DES MEZZES

5, rue des Orphelins
✆ 03 69 14 60 77

Du lundi au vendredi de 12h à 14h et de 19h à 22h ; le samedi de 19h à 22h. Menu unique à 15 €. Vente à emporter.

La Maison des Mezzes, c'est avant tout « chez Marie ». Elle officie en cuisine et son mari en salle pour vous offrir un moment convivial et dépaysant. Ici, ambiance familiale et cuisine faite maison avec des produits frais sont le maître mot. Le jeudi est le jour du couscous mais les autres jours, pas de carte ! C'est selon ce que Marie trouve au marché et ce qu'elle a envie de vous présenter, pour toujours de nouvelles découvertes. On retrouvera par exemple le houmous, le caviar d'aubergines, et bien sûr les mezzes en entrée, puis en plat poulet ou boulettes de viande en sauce. En dessert, un petit assortiment de délicieuses pâtisseries parachèvent parfaitement le repas.

RUSSE

MATRYOSHKA

9, rue des Frères
✆ 07 60 38 00 93

Ouvert du lundi au samedi de 12h à 14h et de 19h à 22h.

Une occasion unique de découvrir les incontournables de la cuisine russe à deux pas de la cathédrale de Strasbourg. La salle est lumineuse et chaleureuse, les tables espacées et intimistes. On se sent merveilleusement bien et la lecture de la carte s'avère déjà un voyage... Dans les assiettes se succèdent tous les classiques de la gastronomie russe tant et si bien que l'on ne sait pas vraiment quoi choisir. Heureusement, des menus dédiés permettent un véritable tour d'horizon de ces saveurs surprenantes et envoûtantes. Les assiettes sont joliment servies, et le service est aimable et souriant. Tous les ingrédients sont réunis pour se sentir l'âme d'un tsar ou d'une Anna Karenine...

IGOURMAND

Vous avez décidé de devenir végétarien mais vous ne savez pas quoi cuisiner ? L'appli iGourmand pourrait vous redonner goût à la cuisine car elle va vous apprendre à préparer de plats 100 % végétariens. Vous allez même découvrir que la cuisine veggie peut être savoureuse, variée et parfumée. Voilà une belle façon de surprendre vos amis carnivores en les invitant à dîner !

RUSSE

LE TRANSSIBÉRIEN

3, ruelle de la Bruche
✆ 03 88 38 86 72

Ouvert du lundi au vendredi de 12h à 14h et de 19h à 22h ; le samedi de 19h à 22h. Carte : 20 € environ.

Danir Anissimov, le chef, a grandi en Russie sur les bords de la Volga. Féru de cuisine, il a d'abord officié aux États-Unis avant d'ouvrir son propre établissement à Strasbourg. Vous pourrez déguster ici les plats typiques de Russie, des entrées aux desserts, avec une base de produits frais et une belle dose de créativité. Les mets sont en effet aussi bons que beaux ! En entrée, les pirojkis, ensuite les pelmenis, le fameux bœuf Strogonov ou le célèbre poulet à la Kiev, et en dessert le délice d'Anastasia. Vous pourrez accompagner cela avec d'excellents vins géorgiens. Voyage sensoriel et gustatif garanti ! Le service est impeccable et attentionné et tous les plats sont très bien expliqués.

TUNISIEN

LE JASMIN

1, rue Schimper ✆ 03 88 61 87 96
www.restaurant-lejasmin.com

Fermé samedi midi. Ouvert du mardi au samedi de 12h à 14h et de 19h à 22h. Carte : 20 € environ.

La famille Ben Ahmed vous reçoit dans son restaurant à la décoration typique, pour vous faire découvrir toutes les saveurs de la gastronomie tunisienne. Côté cuisine, tout est fait maison et servi généreusement dans de la vaisselle traditionnelle. Les couscous déclinés sont incontournables et appréciés des amateurs. Les vins soigneusement sélectionnés les accompagnent à merveille. Au dessert, de nombreuses pâtisseries orientales s'offrent à vous, en tentation ultime, accompagnées bien évidemment du traditionnel et délicieux thé à la menthe, servi de manière impressionnante et sonnante, selon un rituel immuable. On repart le ventre plein et le cœur chaud avec l'envie de revenir.

À EMPORTER

AIR BAGELS

2, rue de Dublin - **SCHILTIGHEIM** ✆ 03 88 83 42 27
www.airbagels.com

Ouvert du lundi au vendredi de 10h à 20h ; le samedi de 9h à 20h. Sans réservation. Terrasse. Vente à emporter.

Attachez vos ceintures, Air Bagels vous sustentera de salades, bagels salés ou encore de gourmandises sucrées. Les sandwichs portent tous un nom de destination (Rome, New York, Berlin...) pour se préparer à un décollage très loin de chez vous. Possibilité de créer son sandwich sur mesure. Deux tailles de pains sont disponibles, ainsi que plusieurs formules. Les repas sont bons, copieux et vous en aurez pour votre argent. Le voyage se déroulera sans turbulences notamment grâce à un personnel sympathique, patient, et aux petits soins avec ses passagers affamés ! Une belle expérience, avec une charmante terrasse pour profiter du repas. Gros bémol, il y a souvent du monde entre midi et deux.

À EMPORTER

PIZZA COME PRIMA

4, rue de la Victoire - **ESCHAU**
✆ 03 88 11 99 62

Ouvert du mardi au dimanche de 18h à 21h30. Uniquement pizza et flammekueche à emporter. Pizza de 7 € à 12,50 €.

Ici, les pizzas sont faites maison ! Installé dans une pièce spécialement aménagée à son domicile, ce pizzaïolo fait ses pâtons lui-même. Il garnit les pizzas avec toute la passion de la cuisine italienne. Les saveurs d'origan et de parmesan se mêlent aux différents ingrédients pour des compositions savoureuses. Les classiques côtoient les plus subtiles, telles que la Modena au carpaccio de bœuf cru ou encore la Tropicale avec du jambon et de l'ananas. Laissez-vous tenter par la rustique Campagnola ou la végétarienne 4 Stagione. Une variation autour des fruits de mer, avec le choix entre les sardines, les crevettes et fruits de mer, ou les crevettes. La pâte est fine et croustillante.

À EMPORTER

LE CAFÉ POTAGER

5, rue des Francs Bourgeois ✆ 09 80 57 27 05
www.lecafepotager.com

Ouvert du lundi au samedi de 9h à 19h. Ouvert le dimanche lors du marché de noël. Vente à emporter.

Situé au cœur du centre-ville, à un saut de puce des Galeries Lafayette, « fast good » ravira vos papilles. Ici, les plats sont mijotés, servis dans des bocaux consignés et la carte change régulièrement. Certains plats sont végan et le personnel est très professionnel. La décoration donne envie d'y entrer : bois clair, étagères, plantes vertes partout (plants de tomates, herbes aromatiques...) ou encore vieux arrosoirs et râteaux. Vous l'aurez deviné, tout nous fait penser que nous sommes dans un potager. Wifi et prises électriques sont à disposition. L'atout de l'établissement ? L'ambiance détendue et la cuisine artisanale, petit bémol pour le peu de places à midi.

À EMPORTER

LE TARBOUCHE

22, rue de la Krutenau
✆ 03 88 35 00 48

Horaires de livraison : 11h30-14h (sauf samedi) et 18h-22h. Carte : 10 € environ. Terrasse. Vente à emporter.

Le Tarbouche est une institution pour les férus de cuisine libanaise et syrienne de qualité. Exposés dans la vitrine, falafels, galettes, feuilletés et chaussons farcis aux épinards, au fromage ou à la viande hachée épicée, côtelettes d'agneau, kebe, kefta de bœuf, brochette de poulet mariné, assiette végétarienne, le choix est vaste, et les tarifs très attractifs. L'endroit affiche souvent complet, d'autant plus rapidement que les lieux sont petits (quelques tables rapprochées). Heureusement, dès les beaux jours, il dispose d'une belle terrasse ensoleillée rapidement prise d'assaut aux heures de pointe. Pour ceux qui souhaitent manger sur le pouce, le Tarbouche propose aussi des sandwichs.

À EMPORTER

MAVROMMATIS

8, rue d'Austerlitz ✆ 03 90 22 90 76
Tram A et D : station Porte de l'Hôpital. - www.mavrommatis.com

Ouvert du lundi au samedi de 10h à 20h. A emporter (traiteur et épicerie). Possibilité de déjeuner sur place.

Embarquez dans un véritable tourbillon de saveurs grecques et chypriotes ! Concoctés par le chef Andréas Mavrommatis, les plats se dégustent froids (feuilles de vigne farcies, halloumi...), ou chauds (bouchées à l'agneau ou au thon). Les végétariens trouveront un large choix pour se sustenter. Une petite salle permet de déjeuner sur place. Si toutefois vous êtes pressé, vous pouvez emporter tout ce qui est proposé en boutique. Une formule est également proposée à midi, avec un sandwich et un dessert. La boutique est aussi une épicerie et propose à la vente du vin, de l'huile, des yaourts et de nombreux autres produits traditionnels. Le site propose également un service E-shop.

À EMPORTER

VERRINE & VAPEUR

3, place Dauphine
✆ 09 82 60 80 10

Ouvert tous les jours de 10h à 23h. Formule du midi : 10 € (avec entrée ou dessert).

Ce restaurant dispose d'une terrasse sur les quais, particulièrement agréable en été. Les plats sont faits maison et propose de nombreuses verrines aux couleurs chatoyantes, en entrées ou dessert. Les unes plus originales que les autres... Si vous êtes un fidèle du centre commercial, le restaurant offre une réduction sur présentation de la carte de fidélité. La carte évolue chaque mois. Un établissement agréable proposant des produits de qualité et une jolie palette de saveurs. Les accros au shopping s'y retrouveront avec plaisir entre deux séances de lèche-vitrine. Seul petit bémol, une décoration quelque peu froide, comme souvent dans les centres commerciaux.

À EMPORTER
YOGURTLANDIA
7, rue du Sanglier ✆ 06 29 57 34 50 - Tram arrêt Broglie.
www.yogurtlandia.fr
Ouvert le lundi de 14h à 19h ; du mardi au samedi de 10h à 19h. Formule déjeuner pour le midi à 10 €. Piadina : 9 €.

À quelques minutes à pied de la cathédrale, Yogurtlandia est devenu une petite institution. Onctueux comme une glace tout en étant sain comme un yaourt ; le principe est simple : un yaourt, plusieurs parfums disponibles, plus les *toppings* (accompagnements) qui vous font envie. Entre yaourt glacé, crêpe, gaufre, brioche et smoothie, il y en a aussi pour tous les appétits, à chaque moment de la journée (petit déjeuner, lunch rapide ou petit creux). Le midi, une formule permet de déjeuner pour pas trop cher : en plat, au choix une *piadina* ou une *bruschetta* et en dessert un yaourt personnalisé ainsi qu'une boisson. L'accueil est chaleureux. Une vingtaine de places assises.

À DOMICILE
STRASSBURGER
26, rue des Frères
✆ 09 72 85 23 77
Ouvert tous les jours de 18h à 23h. Burger de 6,40 € à 8,90 €.

Vous êtes tiraillé par la faim ? Une envie de se faire livrer son repas à domicile ? Pas envie de cuisiner ? Passez chez Strasburger ! Choisissez votre dîner (possibilité de prendre un menu) entre les burgers classiques (cheeseburger, chicken…), les strasburger (l'alsacien, la raclette…) ou encore les tacos. Afin de parachever votre menu, vous opterez également pour des accompagnements (oignons rings, mozzarella sticks, frites ou encore potatoes). On a un coup de cœur pour les desserts à prix abordables. Vous êtes livré rapidement et avec le sourire. C'est une enseigne qui offre un bon rapport qualité-prix et les portions sont correctes. Livraison chaque soir 7 jours sur 7 et à emporter.

ALSACE
MAMA ROUX
35, Grand'Rue
✆ 03 90 64 81 53

Nouvellement installé dans la Grand Rue, l'une des rues les plus gourmandes de la ville, le nouveau Mama Roux propose une cuisine simple, sans chichis, mais de bonne qualité. On y déguste essentiellement des tartes flambées (classiques, forestières ou encore gratinées) ainsi que deux options de pizzas généreuses baptisées «Pinsas» : végétarienne ou agrémentée de coppa. Ni plus, ni moins. Le lieu est fait avant tout pour déguster une sympathique sélection de bières et de vins au verre. Un lieu pour se retrouver entre amis dans un décor d'inspiration indus, très tendance. Le service est agréable avec une vraie volonté de faire plaisir. En été, la terrasse est parfaite pour voir et être vu !

BAR À COCKTAIL
HELSSI
16, rue de la Grange
www.helssi.co
Ouvert du mardi au jeudi et samedi de 11h à 20h ; le vendredi de 14h30 à 20h.

Helssi est un nouveau bar à jus, granolas, bowls et autres smoothies qui débarque à Strasbourg juste à côté de la FNAC, à la place de l'ancienne librairie Dinali, rue de la Grange. Ici on trouve en priorité des fruits, des légumes et de l'amour ! La cuisine est simple, rapide. Ce n'est pas de la grande gastronomie mais pour un petit en-cas ou pour déjeuner sur le pouce vite fait en ville, c'est idéal. La carte propose par exemple des bowls et des bricks. Pour accompagner cela, les boissons fruitées gourmandes et fraîches sont idéales. Helssi, c'est une recherche de la restauration rapide bonne mais saine pour toutes et tous à tout moment de la journée. Healthy ou gourmand, pourquoi choisir ?

BAR À PÂTES
PAPA CICCIO
37, rue des Frères
✆ 03 69 74 75 58
2e adresse 31 route Général-de-Gaulle à Schiltigheim. Ouvert lundi à midi ; du mardi au samedi midi et soir. 5,50 €

Dès que vous passerez le porche de cette petite échoppe, vous apprécierez le cadre : des photos de don Camillo en train de savourer un plat de pâtes, une ambiance chaleureuse qui fleure bon les pâtes italiennes faites maison ! Deux tailles de barquette sont proposées : petites et grandes. Vous aurez le choix entre différentes pâtes (faites maison) et 6 types de sauces (3 blanches et 3 rouges). En plus, si vous hésitez, vous pourrez les goûter… Et les créations sont régulières : sauce aubergines et gorgonzola, poulet piccantina ou curry, carbonara, pestoverde. Bien sûr, les traditionnelles sont également au menu. Et pour finir, vous pourrez craquer pour un tiramisu, crémeux et fondant.

BISTROT - BRASSERIE
AU BUREAU
Boulevard des Enseignes - **REICHSTETT** ✆ 03 68 69 94 00
www.aubureau.fr
Du dimanche au jeudi de 11h30 à 23h30. Vendredi et samedi de 11h30 à 00h30.

Au Bureau, on peut aussi se détendre… En tout cas, dans ce bistrot, c'est bien le cas ! Dans un décor inspiré des pubs anglais, avec sa banquette Chesterfield, ses petits canapés en cuir noir, son bois sombre et une moto exposée au beau milieu du bar ! Au menu : crispy chicken, beignets d'avocat épicés, poutine, cheddar sticks, planchettes de charcuteries, tortillas, camembert rôti, fish and chips, welsh, mijoté d'agneau à la Leffe, burgers, entrecôtes, bavette, confit de canard, brochette tandori, flammekueches et croque-monsieur. Au dessert, crumble ! Pour accompagner cela, on profite d'une large gamme de bières belges et de cocktails variés qui permettent d'animer les soirées.

BURGER

LE LABO

22, rue des Balayeurs
✆ 06 02 03 06 99
www.lelabo-food.com

Le Labo est le premier « fast food tech » spécialisé dans l'expérimentation/conception/création de burgers 100 % équilibrés, sains, issus d'une agriculture locale et responsable. Ici on trie les produits selon trois critères : valeurs nutritionnelles, fraîcheur et impact environnemental. De quoi manger un burger autrement, inspiré de recettes de chefs étoilés et bon pour la santé. L'agriculture raisonnée, biologique et locale est privilégiée pour les matières premières. Vous pourriez en manger tous les jours que vous échapperiez au diabète ! Et côté gourmandise, le pari est réussi, et pour peu cher ! Les plus téméraires pourront même tenter les burgers à la spiruline ou aux insectes.

BURGER

LE PIED DE MAMMOUTH

58, avenue de la Forêt-Noire ✆ 03 88 34 71 33
www.lpmburger.fr
Ouvert du lundi au samedi le midi et le soir ; le dimanche soir. Formule du midi : 10 €. Vente à emporter.

Envie d'un hamburger et de frites faites maison, de pain frais et de produits locaux ? Alors n'hésitez pas à venir à l'une des deux adresses du Pied de Mammouth qui propose probablement les meilleurs burgers de la ville ! Au menu, de la viande hachée tous les jours, des fromages de toutes sortes (bleu, tomme des montagnes, cheddar ou fromage à raclette) et une viande directement issue d'un charcutier alsacien : poitrine fumée, coppa, filet de dinde ou pur bœuf garantissent des burgers originaux. Pour les végétariens, des steaks de tofu grillé ou des galettes végétales remplacent le steak de viande. Vous pouvez réserver par téléphone votre menu avant de venir le récupérer. Idéal !

CAFÉTÉRIA

SQUARE DELICATESSEN

12, rue du Vieux-Marché-aux-Grains
✆ 03 88 32 11 05
Ouvert tous les jours de 9h à 0h30. Pizzas à la part entre 4 € et 5 €. Salades 13 €. Brunch 13 €.

Un *délicatessen* est un lieu de restauration urbain, dédié aux personnes souhaitant manger rapidement, tout en évitant le sandwich, dans un cadre plus agréable que celui des fast-foods. L'endroit à la décoration mixant style scandinave et industriel vous reçoit du petit déjeuner (et brunch) au déjeuner, en passant par le goûter et l'apéro. Ici, vous aurez le choix entre des salades, des planches et des pizzas al taggio (servies à la part). C'est le concept : vous pouvez varier les plaisirs et composer votre repas en achetant votre pizza tranche par tranche parmi diverses pizzas géantes. On aime aussi la happy hour proposée, idéale pour terminer sa journée de travail dans la bonne humeur !

NEW — FAST-FOOD

BIG FERNAND

Boulevard des Enseignes
REICHSTETT
bigfernand.com
Du lundi au dimanche de 11h30 à 22h.

Envie de déguster de délicieux burgers dans un endroit agréable et sympathique ? Ici le hamburger, ou le «hamburgé» comme on dit plutôt dans cette belle maison, atteint un très haut niveau. Les recettes sont en effet très originales et créatives. Les portions seront peut-être un peu légères pour certains mais tous les produits sont frais et 100 % français pour le plus grand plaisir de vos papilles. La décoration est moderne et mélange styles industriel et ancien. Le personnel est disponible à chaque instant et vous accueillera comme des rois. Il veillera également à ce que vous soyez parfaitement à l'aise tout au long de votre repas. Foncez et goûtez le burger autrement !

NEW — FAST-FOOD

OLD WILD WEST

Boulevard des Enseignes - **REICHSTETT** ✆ 03 88 18 07 13
www.oldwildwest.fr
7j/7 de 11h30 à 14h. Livraison du lundi au jeudi et le dimanche : 18h30 à 21h20. Vendredi et samedi : 18h30 à 22h.

Ce nouveau restaurant américain a ouvert ses portes au printemps 2021 et s'est spécialisé dans un plat que l'on connaît déjà bien à Strasbourg : le burger frites. Mais alors, qu'y a-t-il de différent ? Old Wild West, c'est l'original Burger & Steak House proposant des viandes grillées de très haute qualité dans un cadre spectaculaire : un véritable décor de film à la Sergio Leone ! C'est également le lieu idéal pour les soirées de divertissement : bonne cuisine et aménagement original, un mix attractif pour tous ; des jeunes aux familles. Si le temps le permet, n'hésitez pas à vous installer dans l'une des charrettes individuelles extérieures, dépaysement garanti !

FRITERIE

LA FRITUUR

92, Grand' Rue ✆ 03 88 23 31 50
Tram arrêt Langstross Grand Rue. - www.lafrituur.be
Du lundi au samedi 11h45-21h (22h le samedi) ; le dimanche 18h-22h. Petite frite à 3,50 € ou grande frite à 4,50 €.

Ne quittez pas la ville sans avoir goûté aux savoureuses frites de La Frituur ! À emporter, vous aurez le choix entre un petit ou un grand cornet. Les portions sont généreuses, vous ne resterez pas sur votre faim. Les frites sont saisies comme à Bruxelles. Croustillantes, fondantes et cuites dans la graisse de bœuf, elles peuvent être accompagnées de sauces savoureuses et originales. Un conseil, tentez l'Américaine chef, un vrai régal ! Vous pouvez aussi déguster des fricadelles, des brochettes ou encore d'excellentes croquettes de fromage. Le goût et la qualité des produits sont véritablement appréciables et les prix sont adaptés. Un deuxième établissement est installé à la Krutenau.

KEBAB
KEBS BABA

26, rue du Vieux-Marché-aux-Vins
www.kebsbaba.fr
Tous les jours de 11h45 à 22h.

Le concept de kebab à la berlinoise s'installe enfin au centre-ville de Strasbourg ! Un peu plus cher que les autres établissements du genre, on s'y retrouve toutefois largement sur la qualité ! Chez Kebs Baba, tout est maison, y compris le pain, et les produits sont rigoureusement sélectionnés. Même les broches sont hors normes, avec des viandes de grande qualité cuites à la flamme. Ce nouveau kebab permet donc de redécouvrir ce qu'est en réalité cette tradition du street food si décriée que l'on redécouvre finalement avec un immense plaisir, qui nous ferait presque oublier nos autres kebabs de fin de soirée : ici, c'est un vrai dîner qui vous est proposé !

SANDWICHERIE
BAGEL CORNER

71, Grand'Rue ✆ 03 88 25 51 71
www.bagelcorner.fr
Ouvert tous les jours de 11h30 à 21h. Menu enfant : 6 €. Formule : 8,40 €. Étudiant : 7,90 €.

Situé au beau milieu de la grand'rue, artère strasbourgeoise de la gourmandise par excellence, Bagel Corner est rapidement devenu incontournable. 8 choix de pains (nature, sésame, fromage, fromage piment, multi-céréales, méditerranéen, sans gluten et pain du moment), 8 recettes originales et 2 types de menus : Mythiques et Gourmets (avec sauce). Les bagels sont généreusement garnis, souvent à base de cream cheese, et préparés devant le client. Grâce à quelques tables, on peut déguster son bagel sur place le temps d'une pause réconfortante. Il est regrettable que les desserts soient tout droit sortis du congélateur : c'est malheureusement souvent le cas dans les enseignes nationales.

SANDWICHERIE
LES HIRONDELLES

34 a, rue des Hirondelles ✆ 03 88 39 44 42
www.leshirondelles.fr
Ouvert du lundi au samedi de 11h30 à 19h. Plat du jour : 7,40 €. Chèque Restaurant. Vente à emporter. Livraison.

Les Hirondelles, c'est la sandwicherie de référence au cœur du Neuhof. Sandwichs, salades, bowls, quiches, muffins salés, plat du jour... Il y en a pour tous les goûts ! Les plats sont nommés de façon poétique et ludique à l'instar d'« Étoile des neiges » ou encore « Casa Babylon ». Cuisinés sur place à l'arrière de la boutique de vente, ici tout est fait maison. Stéphane, le gérant, connaît ses produits et saura vous guider devant la vitrine pléthorique en entrant dans la boutique. Il y a toujours une variante végétarienne, voire sans gluten. Le plus ? Il est possible de se faire livrer au bureau en réservant tout simplement en ligne. Magique et malin pour manger sainement.

SANDWICHERIE
LOBSTER ROLL BAR

104, Grand'Rue
✆ 06 29 81 03 39
lobster-rollbar.com
Du mardi au samedi de 11h15 à 19h.

Plus besoin d'aller à Paris pour déguster ce grand classique de la street food new-yorkaise : le Lobster Roll Bar à Strasbourg est là ! C'est quoi un lobster roll ? Un sandwich avec du homard, tout simplement. Mais notre Lobster Roll Bar strasbourgeois met également l'accent sur des vins bio. Un combo gagnant ! Les sandwichs proposés sont très bien garnis et font appel à des produits de grande qualité. Les autres sandwichs proposés sont avec du crabe, du tataki de saumon ou encore du thon. Une version végétarienne est aussi présente. La carte n'est pas vaste mais les produits sont ultra frais et soigneusement sélectionnés pour manger un sandwich différent, de luxe presque.

NEW
SUR LE POUCE
COLUMBUS CAFÉ

Boulevard des Enseignes - **REICHSTETT**
www.columbuscafe.com
Ouvert du lundi au vendredi de 8h30 à 20h ; le samedi de 9h à 20h.

Il fut un temps où l'entreprise française Colombus Café était la seule à proposer une multitude de cafés à emporter, ainsi que des cheesecakes, des muffins et autres wraps, à Strasbourg. Aujourd'hui, le bar doit aujourd'hui affronter la concurrence de l'ogre américain Starbucks et nouvelles franchises strasbourgeoises. La spécialité, c'est le muffin, il est cuisiné sur place et avec amour par les baristas, il est décliné en plus de 30 recettes et surtout il est généreux ! Bien entendu, il y a aussi des cookies et autres gâteaux gourmands ainsi qu'un large choix de boissons chaudes et froides préparées sous vos yeux à base de café, thé, chocolat et fruits frais.

NEW
SUR LE POUCE
KIOSQUE CORNER'N STREET

Boulevard des Enseignes - **REICHSTETT**
✆ 06 33 80 99 73
www.corner-n-street.fr
Du lundi au samedi de 10h à 18h30.

Préparez-vous à une explosion de saveurs… Succombez à de délicieuses crèmes glacées, cheesecakes, tiramisus et Bubble Waffles confectionnés avec des ingrédients de qualité. Les différents desserts d'exception susciteront un instant de plaisir, de partage, d'émotion et d'originalité… Faites de vos événements des manifestations uniques et mémorables, en éblouissant vos convives grâce à des produits tendance. Passionnée et créative, l'équipe de Corner'N Street propose des douceurs exquises qui sauront accompagner votre pause-café, vos anniversaires ou toute autre cérémonie. Vous pourrez également profiter d'un service de privatisation du Food truck où que vous soyez en Alsace.

SUR LE POUCE

MADAME JULIA

34, rue de la 1ère Armée
✆ 03 88 13 75 42

Ouvert du lundi au vendredi de 7h à 18h ; le samedi de 7h à 16h. Carte : 15 € environ.

Madame Julia, c'est d'abord un cadre vraiment bluffant ! On s'imagine immédiatement au cœur de New York telle Carrie Bradshaw avalant son café, son petit déj' ou un déjeuner rapide : le décor est digne d'une série américaine ! Tout est fait maison, à base de produits frais. Si votre cœur est végan ou sans gluten : menu breakfast express ou complet en salé ou sucré, bowls, tartines, pancakes et sandwichs pour midi et boissons chaudes, thés glacés, jus composés et pâtisseries, cookies ou tartes pour le dessert ou à tout moment de la journée pour une pause réconfortante. Julia et ses équipiers sont aux petits soins, glissant en salle ou dans la cuisine ouverte tout en papotant avec vous.

TARTINERIE

SECRETS DE TABLE

39, rue du 22-Novembre ✆ 03 88 21 09 10
www.secrets-de-table.fr

Ouvert tous les jours de 8h30 à 18h. Carte : 10 € environ. Chèque Restaurant. Terrasse. Vente à emporter. Livraison.

Le concept de Secrets de Table : prouver qu'il est possible de manger rapidement, qualitatif, sain et pas trop cher. Depuis l'ouverture, la carte a très peu évolué. Les tartines (poulet et tapenade de carottes, jambon, comté et duxelles de champignons, ou encore tartare de saumon à l'huile d'olive citronnée et sauce soja) sont encore et toujours présentes. Un manque d'imagination et de renouveau dommageable que l'on retrouve au niveau des salades, des soupes (en hiver), des sandwichs au pain maison et des desserts. Dès les beaux jours, la terrasse offre un cadre sympa et ensoleillé pour déjeuner. Une adresse parfaite tant pour les *fashionistas en* virée shopping.

TACOS

TACOS FACTORY

31, rue Herrade
✆ 03 88 28 30 91

Tous les jours de 18h à minuit.

Tacos Factory est le spécialiste du tacos à emporter ou en livraison. Les ingrédients utilisés sont frais et vous avez la possibilité de composer vous-même votre tacos de rêve avec vos ingrédients préférés. Il existe quatre versions allant de la plus petite à la plus grande pour les gourmands et les gros appétits. Certains tacos sont également proposés selon des recettes déjà composées : oriental, américain, montagnard, ranch, trois fromages ou indien. Tacos Factory propose également quelques burgers, des nuggets, des tendes, des wings et des potatoes. Pour compléter votre repas, vous pourrez ajouter une petite salade en accompagnement et une portion de dessert pour finir.

TRAITEUR

LA CARAVANE DES CROUSTILLANTS

8, rue des Orfèvres
✆ 06 22 49 07 85

Du mardi au samedi de 9h à 19h.

La Caravane des croustillants, c'est la jolie boutique d'Hassane Soudani et de sa femme Nathalie. Sa tante officiait déjà pour Mohammed V et cela fait bien longtemps qu'il proposait ses délices sur les marchés. Aujourd'hui on en retrouve l'âme au cœur de Strasbourg : âme de Jérusalem (cornet de pâte à la tomate farci de falafels, feuille de vignes, houmous et feuilles d'épinards), berbère strudel, gnaouia, « L'inattendu » au poulet et camembert, « le soleil » au foie gras et coulis de mirabelle, « la surprise » à la farce pesto basilic et citron confit…

TARTINERIE

L'ÉPICERIE

6, rue du Vieux-Seigle ✆ 03 88 32 52 41
Trams A et D arrêt Langstross Grand Rue
www.lepicerie-strasbourg.com

Ouvert tous les jours de 11h30 à 1h30. Carte : 10 € environ. Vin au verre. Chèque Restaurant. Terrasse.

Quand on tient un concept qui marche, on ne lâche pas. Voilà des années que l'Épicerie propose des tartines garnies de fromage blanc lardons, rôti de bœuf-moutarde, dinde et macédoine et même de terrine ! Même avec le temps, le bar à vins n'a pas changé de concept. En hiver, la terrasse est chauffée et couverte, très important pour nos rudes hivers ! L'atout des lieux ? Une très belle décoration délicieusement vintage, associée à de la chanson française en musique de fond. Un concept original, joliment suranné et chaleureux. On regrette, hélas! les tarifs qui ont fortement augmenté et le rapport qualité-prix a un peu (beaucoup) perdu de sa superbe. Cela reste tout de même une belle adresse.

TRAITEUR

LES MARMITES DE MARGOT

174, route de Lyon - **ILLKIRCH-GRAFFENSTADEN**
✆ 03 88 84 20 92 - www.lesmarmitesdemargot.fr

Ouvert du lundi au vendredi de 10h à 14h. Plat du jour livré 9 €. Plat du jour à emporter 8,10 €.

Margot concocte de savoureux petits plats, avec beaucoup de soin et de passion. Tous les jours, elle propose un plat du jour et une carte de belle facture fera le bonheur des gourmands. Ainsi, vous pourrez opter pour un cordon bleu de veau (à la crème ou nature), un jambon braisé au Madère, une bouchée à la reine, un suprême de pintade à la mirabelle (surprenant et délicieux !) mais également une belle sélection de pâtes (carbonara, au thon, fermières ou pesto…). Côté dessert, laissez-vous tenter par un délicat brownie ou une île flottante. Vous l'aurez compris, Margot délivre une cuisine simple et sans fausse promesse. Rigueur et qualité du produit, voilà bien l'essentiel !

JE FAIS MON MARCHÉ

C'est bien connu, la vie d'un village tourne autour de ses commerces alimentaires. Lieux de rencontres et d'échanges, ils offrent aussi l'essentiel pour prendre soin de soi avec des produits sains, et se faire plaisir avec des produits gourmands.... Même si ces commerces sont nombreux, vous vous demandez toujours où trouver le magasin bio qui saura bien vous conseiller, la pâtisserie qui réussit parfaitement la tarte Litzler et le spécialiste des produits végans. Ouf ! Cette rubrique va vous donner toutes les réponses. Et plus besoin de demander à votre mamie l'adresse du chocolatier qui vend des douceurs crémeuses et les meilleurs mélanges de thés ! Prenez le temps de feuilleter ces pages en buvant un bon café, en quête de fournisseurs de produits sains pour votre santé. Vous y trouverez des producteurs de fruits et légumes qui proposent des produits frais, de saison et locaux. Et découvrez ce torréfacteur qui a créé sa propre marque de café. Un café d'exception, avec un gâteau végan ou un kouglof de Maggy, ça va être un véritable délice au goûter !

EPICERIE

LES 3 PTIS COCHONS AUSTERLITZ

24, rue d'Austerlitz ✆ 09 82 58 30 93 - Tram arrêt Porte de l'Hôpital et bus arrêt Austerlitz. - www.les3ptiscochons.fr

Ouvert du mardi au samedi de 10h à 20h ; le dimanche de 10h à 19h30.

Il était une fois, trois petits cochons qui raffolaient du saucisson. Spécialités aux champignons, herbes, légumes ou encore aux fromages, ils ne pouvaient choisir, tellement la salaison était exquise. Avec autant de choix, le loup s'interrogea : chers cochons, l'addition risque d'être salée ! Eh bien non, répondit un des porcelets, et tout ça grâce à la formule 3 saucissons pour 10 € ! Conquis, Monsieur le loup, en grand fan de l'apéro, s'en alla lui aussi visiter une des nombreuses boutiques de la ville. En bonus, un personnel souriant et des conseils gourmets !

EPICERIE

CITRON SAFRAN

22, Grand'Rue ✆ 09 52 78 18 01

Tram arrêt Faubourg National-Gare. - www.citronsafran.com

Ouvert le lundi de 14h à 19h ; du mardi au samedi de 10h à 19h ; le dimanche de 13h à 18h.

Ici on trouve vraiment beaucoup de produits dont les parfums ethniques donnent l'eau à la bouche : du thé, du poivre, des épices entières ou moulues (curry, piment, gingembre, curcuma, fenugrec...) mais aussi des condiments et des herbes (Provence, aromates). Cette véritable collection vous permettra de twister tous vos plats, même les plus créatifs, pour vous faire voyager les papilles aux quatre coins du globe. Si vous hésitez, vous aurez aussi la possibilité de prendre un coffret, une idée originale de cadeau si ce n'est pas pour vous. Le personnel est très accueillant et aux petits soins avec vous. Vous pouvez d'ailleurs leur demander conseil concernant le mariage des épices !

EPICERIE

AUX 4 SAISONS

4, rue Déserte

✆ 03 88 32 30 31

Tous les jours de 8h30 à 21h.

Aux 4 saisons est une sympathique épicerie de quartier dans laquelle on trouve tout ce qu'il nous faut ! Avec ses horaires vraiment pratiques, elle vous permet d'acheter chaque petite chose oubliée au dernier moment quelle que soit l'heure, pour un dîner improvisé ou même pour un petit creux ! Mais Aux 4 Saisons ne rogne pas sur la qualité et vous trouverez aussi ici des produits frais, fruits et légumes de choix. Les prix sont très raisonnables pour une épicerie et il y a assez de choix pour tout le monde, y compris pour les régimes spéciaux. En plus, on vous accueille avec les sourire et on vous conseille au mieux sur les produits pour chaque demande. Service personnalisé comme au marché !

EPICERIE

ÉPICERIE OH

7, rue de la Brigade Alsace-Lorraine

✆ 03 88 22 24 23

www.epicerie-oh.com

Panier bio : 10 € (1 personne), 18 € (2 personnes). Boutique en ligne.

Bienvenue chez les « épiciers curieux » ! Voici déjà 3 ans qu'Olivia et Hugo animent avec passion leur épicerie à l'ancienne spécialisée dans les produits d'Alsace bien sûr mais aussi d'ailleurs soigneusement sélectionnés auprès de petits producteurs amoureux des bonnes choses. Ici, pas question de production industrielle : l'accent est mis sur la fraîcheur, la qualité, la traçabilité et, bien sûr, la gourmandise ! Foie gras, terrines et caviar, charcuteries, plats cuisinés... L'Épicerie Oh fait partie des trop rares commerces de proximité à proposer des services innovants de commande et de vente en ligne (Click & Collect, paniers bio, livraison à domicile, etc.).

EPICERIE

ALIOMIS

7, rue des Bouchers ✆ 03 88 83 32 34

www.aliomis.com

Ouvert le lundi de 14h à 19h30 ; du mardi au vendredi de 10h à 19h30 ; le samedi de 9h à 19h.

Aliomis est une épicerie spécialisée dans les produits grecs biologiques. Ne sont sélectionnés ici que de petits artisans locaux, qui aiment leurs terres et leurs produits, et qui cultivent sur un mode biologique. Vous trouverez ici des produits gastronomiques tels que des huiles, des olives, de l'origan, des petites productions, mais aussi des produits cosmétiques avec de nombreux savons doux et délicatement parfumés. Entrer dans la boutique c'est déjà voyager et il y a de quoi émouvoir vos cinq sens. La philosophie ici, c'est de vénérer les produits, les producteurs et les clients qui tous sont considérés comme des trésors, à petite échelle, en respectant chacun et l'environnement.

EPICERIE

SICA LES SPÉCIALISTES DU MADE IN ITALY

30, rue des Tuileries - **SOUFFELWEYERSHEIM**

✆ 03 88 91 12 35

Ouvert du lundi au samedi de 10h à 15h ; le jeudi et le vendredi de 18h à 21h30.

Strasbourg a enfin une entreprise avec des passionnés qui pourront vous conseiller sur le choix de vins, fromages, farines pour four professionnel à pizza, huiles d'olive extra vierge, pâtes de tous les formats et riz pour risotti ! Mais chez Sica, tout le monde est bienvenu et les particuliers ne s'y trompent pas. On y vient pour l'épicerie et les pâtes fraîches délicieuses mais aussi pour la carte de restaurant avec pizzas, plats du jour et spécialités. Le service est incroyablement attentionné et efficace et c'est un plaisir que de s'y retrouver en famille ou entre amis.

EPICERIE

SIGNORINI TARTUFI

14, rue d'Austerlitz
✆ 03 90 23 97 80
www.signorinitartufi.com
Ouvert le lundi de 14h à 19h ; du mardi au samedi de 10h à 19h.

Signorini Tartufi, c'est le spécialiste incontournable de la truffe à Strasbourg. Dans cette boutique haut de gamme, elle est dans tous ses états, sous toutes ses formes ! Depuis 25 ans, la marque s'attache à apporter une nouvelle image de la truffe en la démocratisant sous de nombreuses déclinaisons innovantes et originales. Pour ceux qui n'ont jamais goûté, c'est un point d'entrée idéal pour apprécier ce champignon si délicat à petit prix. Et pour ceux qui sont passionnés, c'est une occasion unique de redécouvrir le produit et de le partager lors de vos dîners et repas. Attention, grâce à Signorini Tartufi vous aurez envie de manger des truffes à chaque repas !

PRODUITS DU TERROIR

MON ONCLE MALKER DE MUNSTER

4, place de la Grande-Boucherie
✆ 03 69 96 76 28
www.malker.fr
Ouvert tous les jours de 10h à 19h.

Vous êtes de passage dans la ville et vous souhaitez rapporter des souvenirs gastronomiques ? C'est dans cette boutique qu'il faut vous rendre ! Ici, vous trouverez de quoi faire un savoureux repas typique. Charcuterie, munster, bocaux de baeckehoffe et de choucroute... Ainsi que des vins, alsaciens bien sûr, des bière du terroir, et un whisky alsacien. Plus soft, des sirops et produits à base de lait sont également proposés. Si vous le souhaitez, les produits alimentaires sont emballés sous vide, gratuitement. Idéal pour un transport sans odeur.

EPICERIE

MARMI FRATELLI

29, rue Saint-Aloise
✆ 03 88 55 03 72
Lundi de 14h à 20h. Du mardi au vendredi de 10h30 à 20h. Samedi de 9h à 19h.

© MARMI FRATELLI

Marmi Fratelli, c'est une épicerie italienne oui, mais une épicerie à part. Bien loin de se contenter de vous proposer des classiques vus et revus, ici toute l'équipe cherche en permanence des pépites de petits producteurs de toutes les régions italiennes et des produits tous plus qualitatifs les uns que les autres. Saviez-vous par exemple que les bières italiennes sont nombreuses ? Non ? Vous le découvrirez ici parmi bien d'autres choses. Quand on a à boire, il faut à manger et il y a de quoi faire ! De l'entrée au dessert, composez vos menus complets grâce aux conseils avisés de vos dénicheurs de gourmandises italiennes et laissez-vous tenter et surprendre !

EPICERIE FINE

GEORGES COLIN

5, rue Gutenberg
✆ 03 88 52 14 10
www.georgescolin.com
De 14h à 19h le lundi. De 10h à 19h du mardi au samedi.

Épices, plantes aromatiques, condiments, piments, graines, mélanges particulièrement pointus et raffinés... Classiques ou en assemblages originaux, les épices sont toujours ici soigneusement sélectionnées parmi les meilleures productions y compris en culture biologique et en circuits courts, car l'homme et l'environnement sont au cœur des préoccupations de Georges Colin. Avec toutes ces épices aux fragrances exotiques, laissez libre cours à votre créativité pour réaliser une cuisine authentique aux saveurs innovantes. En boutique on vous proposera des coffrets cadeaux en complément et même des recettes ! Idéal pour ceux qui rêvent d'ailleurs sans bouger de chez soi !

ALSACE

LA BOUTIQUE DU GOURMET - GEORGES BRUCK

26, rue des Orfèvres ✆ 03 88 32 00 04 - Tram arrêt Broglie
www.bruck-foiegras.com
Ouvert du lundi au samedi de 9h à 19h. Ouvert le dimanche (uniquement en décembre).

Créateur de foies gras depuis près d'un siècle et demi, de père en fils, les Bruck continuent à perpétrer cette tradition alsacienne. Depuis cinq générations, la fabrication du foie gras est traditionnelle : truffé de Strasbourg, frais, mi-cuits, en conserve, cuits au torchon, terrines en porcelaine décorées... la qualité est toujours au rendez-vous. Leurs produits font le tour du monde et se retrouvent sur les tables des plus grands restaurants de tous les continents. La boutique propose aussi des paniers et des coffrets garnis ainsi qu'une sélection de vins.

FROMAGERIE - CRÈMERIE

LA CLOCHE À FROMAGE

32, rue des Tonneliers ✆ 03 88 52 04 03 - Tram arrêt Langstross Grand Rue - www.fromagerie-tourrette.com

Ouvert le lundi de 10h à 12h15 et de 14h30 à 19h ; du mardi au vendredi de 9h à 19h ; le samedi de 8h à 18h30.

On ne présente plus l'institution qu'est La Cloche à fromage, fournisseur officiel des amoureux de fromages, de raclette, de fondue savoyarde ou encore de tartiflette. Vous disposez dans cette petite boutique d'un très vaste choix de fromages à pâte molle, dure, pressée ou cuite mais aussi des fromages de chèvre et de brebis. Un étal qui donne envie de tout goûter. Le personnel aux petits soins saura vous donner l'envie de revenir. Les prix ne sont pas excessivement supérieurs à ceux pratiqués ailleurs. Bien entendu, la maison prépare des plateaux sur demande. Il est également possible de visiter l'impressionnante cave d'affinage de l'entreprise familiale, située au marché gare, sur demande.

FROMAGERIE - CRÈMERIE

LA CREMIÈRE D'ALSACE

55, rue de l'Abattoir ✆ 03 88 10 46 70
www.lacremieredalsace.fr

Ouvert du lundi au vendredi de 8h à 13h et de 14h à 17h ; le samedi de 7h30 à 12h.

La Crémière d'Alsace, c'est avant tout une superbe cave d'affinage sur Strasbourg. Les restaurateurs et les grands chefs ne s'y trompent pas puisqu'ils se fournissent ici. Heureusement, la boutique est aussi ouverte à tout public amateur de bonne crèmerie. Le choix est pléthorique, les critères de sélections des fromages (essentiellement de France) sont drastiques et les conseils toujours judicieux si vous devez composez un beau plateau. L'atout supplémentaire de l'établissement ? On trouve aussi sur place d'autres produits tels que des œufs, jambons, saucissons et pâtés. Une excellente adresse, avec en prime un accueil fort chaleureux du personnel qui délivre même des recettes !

FROMAGERIE - CRÈMERIE

L'ÉPICIER GRAND CRU

64, Grand-Rue ✆ 09 83 68 98 69
www.lepiciergrandcru.com

Le lundi 12h-15h et 17h-23h ; du mardi au vendredi et le dimanche 12h-15h et 17h-23h30 ; le samedi 11h-23h30.

Épicerie fine, charcuterie, fromagerie et bistrot ! Avec une centaine de références de fromages venus des quatre coins de la planète, les étals regorgent de possibilités gourmandes. Beaucoup de vins, de jambons, de terrines et de nombreuses autres productions incontournables dans ce genre d'épiceries fines sauront vous ravir. Il faut dire que tous ces mets délicats proviennent de producteurs modestes ou encore méconnus. L'Épicier Grand-Cru innove aussi avec son « bar à fromages » ou «cheese bar» qui permet de déguster une petite assiette (ou un plateau pour les plus gourmands), pour l'apéritif, pour se restaurer de façon originale ou pour bruncher joyeusement le dimanche.

FROMAGERIE - CRÈMERIE

MAISON LORHO

Boulevard des Enseignes - **REICHSTETT** ✆ 03 88 81 96 76
comptoir.maison-lorho.fr

Du lundi au jeudi de 10h à 19h30. Le vendredi de 9h à 20h. Le samedi de 9h à 19h.

C'est un comptoir gourmand qui rassemble des produits qualitatifs triés sur le volet, signés par des meilleurs ouvriers de France, des artisans, des producteurs mais surtout par des femmes et des hommes passionnés et engagés pour la qualité ! La Maison Lohro vous propose quelque deux cent cinquante sortes de fromages. Meilleur ouvrier de France, Cyrille Lorho vous fait découvrir des fromages authentiques aux saveurs uniques et délicates déclinées au rythme des saisons et des envies. La plupart des produits sont issus de sa propre cave d'affinage. Christelle Lorho, son épouse elle aussi Meilleur ouvrier de France, veille au bon développement des fromages en couveuse.

FROMAGERIE - CRÈMERIE

POUR DE BON

19, Quai des Pêcheurs
✆ 03 88 38 41 55

Ouvert du mercredi au samedi de 12h à 14h30 et de 19h à 22h30 ; le dimanche de 10h à 15h.

Pour De Bon, c'est en premier un lieu un établissement dédié aux amoureux de fromage ! Camille a fait des études de design mais c'est avant tout une amoureuse des produits laitiers qui a tout plaqué pour se former dans ce domaine, en Australie notamment. La décoration est délicieusement rétro avec des meubles de récupération. Le local et le maison sont à l'honneur tant du côté de l'épicerie que de la restauration. Les plats du jour sont élaborés à partir des produits des marchés strasbourgeois : salades, tartines, planchettes, plats du jour... Tous les fromages sont disponibles en vente à emporter et pour un moment bucolique, Camille vous prépare des paniers pique-nique !

ALSACE

MARMELADE ALSACE

www.marmelade.alsace

Commande sur internet. Livraison : mardi au vendredi, de 14h à 22h et le samedi de 10h à 16h. Tarif : 3,90 à 4,90 €.

Marmelade est une épicerie locale en ligne, qui livre votre commande sur Strasbourg et environs, directement du producteur au consommateur ! Plus de quarante petits producteurs, artisans et commerçants locaux ont rejoint Marmelade. La palette de produits est vaste et vous permet de découvrir le savoir-faire local. Jus, soupes, sauce tomate, caviar de légumes, confitures, miels, yaourts, fromages, condiments, fruits et légumes, plats préparés, thés, cafés, chocolats, viennoiseries, pains, pâtes... mais aussi des savons et produits de beauté. Le créateur du concept Quentin Seyeux fait le tour des fermes pour chercher des bons produits locaux, et vous livre avec son vélo triporteur électrique.

VIANDES - VOLAILLES

MAISON KLEIN

28, boulevard d'Avers ✆ 03 88 61 16 10
www.maisonklein.com
Ouvert du lundi au vendredi de 8h30 à 13h et de 15h à 19h ; le samedi de 8h30 à 13h.

La Maison Klein est une boucherie-charcuterie-traiteur de grande qualité à Strasbourg que les locaux connaissent bien. On y trouve tous les classiques mais aussi de nombreuses créations plus originales, des plats du jour et des plateaux-repas tous plus appétissants les uns que les autres. Par exemple : foies gras d'oie ou de canard, truffes, conserves de truffes, huiles et vinaigres, sauces, pâtes, plats cuisinés, caviar, saumon fumé, productions bouchères maison et pièces de viande, pâtés en croûte, Kassler et jambons enveloppés de pâtes feuilletées... Tous les événements sont l'occasion d'élaborer des menus succulents à ne pas rater, pour les particuliers comme pour les professionnels.

VIANDES - VOLAILLES

RIEDINGER BALZER BOUCHER, CHARCUTIER, TRAITEUR

5, rue du Général-Leclerc - **VENDENHEIM** ✆ 03 88 69 40 08
Bus arrêt Vendenheim Tilleul - www.riedinger-balzer.fr
Du lundi au jeudi de 8h à 13h et de 15h à 19h ; le vendredi de 7h30 à 13h et de 14h30 à 20h ; le samedi de 7h à 14h.

Voilà plus d'un demi-siècle que cette famille alsacienne ravit les papilles de ses clients. En 2016, l'établissement a obtenu le 1er prix au concours de la meilleure côte de bœuf. Dans ses boutiques de Vendenheim, Mundolsheim et La Wantzenau, elle propose une charcuterie alsacienne faite maison et des viandes de bœuf, volaille, porc ou agneau de qualité supérieure. Des plats du jour à emporter, fait maison le jour même. Un repas de famille, une soirée apéro, ou un buffet dînatoire en vue ? Faites appel aux services de ce traiteur, vous serez séduit par le choix proposé.

BIO

LE JARDIN DE MARTHE

9, chemin Goeb ✆ 03 88 31 11 48 - Bus 15a arrêt Carpe Haute.
www.lejardindemarthe.fr
Horaires d'ouverture étendus lors de la saison des asperges. Panier gourmand : 15 € ou 25 € (sur commande). Parking.

La famille Hornecker exploite depuis trois générations cette ferme maraîchère située à l'entrée de la Robertsau, à l'orée du parc de l'Orangerie. L'essentiel des 4,46 hectares de l'exploitation est certifié Agriculture Biologique, même si quelques parcelles sont encore en reconversion. De nombreux produits, dont la variété change au fil des saisons, sont disponibles en vente directe : oignons, tomates, courgettes, choux, poireaux, œufs, miel, épices et fruits, que vous pouvez commander sur place ou préalablement sous forme de paniers. L'origine précise de chaque produit vendu en négoce est clairement détaillée. Ils proviennent souvent de fermes alsaciennes partenaires ou d'un grossiste bio.

BOUCHERIE

BOUCHERIE CHARCUTERIE FECHTER

Cours de l'Illiade - **ILLKIRCH-GRAFFENSTADEN**
✆ 03 88 72 77 08 - www.fechter.fr
Cours de l'Illiade le mercredi et samedi matin. Présent sur d'autres marchés. Knack d'or 2018.

La boucherie charcuterie familiale Fechter existe depuis 1870, et a exercé pendant 5 générations, autant dire que l'expérience est au rendez-vous ! Leur motivation ? Défendre un art de vivre, et satisfaire les papilles. La charcuterie traditionnelle est fabriquée dans leur laboratoire, dans le respect des traditions. Vous pourrez vous régalerez de plateau pour barbecue, viandes de bœuf, veau, porc, volaille et agneau. Des tourtes, feuilletés, jambon en croûte et plats cuisinés à emporter. De la véritable charcuterie alsacienne et de bons plats régionaux.

BOUCHERIE

BOUTIQUE CHEZ JULIEN

37, rue du Faubourg-de-Pierre ✆ 03 88 22 09 99
Au centre du faubourg. - https://boutique-chez-julien.eatbu.com
2 autres boutiques à Strasbourg : 79, rue Boecklin et 113, route du Polygone.

Depuis fin 2017 un traiteur boucher charcutier s'est installé au Faubourg de Pierre et a rejoint les différents commerces indépendants de cette rue fort dynamique à un saut de puce de la place Broglie et de la place des Halles. Viandes, vins, terrine de porc aux petits légumes, terrine de poulet à l'estragon, poivrons confits au miel, rillettes de truite aux fines herbes, caviar d'aubergines au thym, terrine de canard à l'orange, terrine de lapin aux olives et autres sont à découvrir en famille ou entre amis. Vente à emporter et en livraison et possibilité de réaliser des buffets et vos événements privés (service traiteur) : n'hésitez pas à réserver par téléphone votre commande !

BOUCHERIE

CHRISTINE SPIESSER

9, rue du Lieutenant Lespagnol - **HOLTZHEIM** ✆ 06 08 43 21 31
www.boucherie-spiesser.fr
Ouvert du mardi au samedi de 6h à 18h. Présent également sur les marchés de Broglie et Robertsau.

Bienvenue dans l'univers gustatif de Christine Spiesser ! Elle a le mérite d'être la seule femme maître artisan boucher-charcutier-traiteur en France. Cette passionnée se bat pour le goût, membre du Club Prosper Montagné et disciple d'Auguste Esc... Une sacrée référence ! Christine partage sa bonne humeur et ses conseils. Toujours à l'écoute, elle sait vous orienter dans vos choix. Son offre comporte en permanence près de 200 références : viandes maturées, brochettes, saucissons, plats cuisinés, pâtisseries salées, apéritif de prestige, accompagnements (spaetzele et purée maison, sauce aux morilles...). Faites appel à elle pour vos buffets, anniversaires, afterwork...

BOUCHERIE

NATACHA BIEBER BOUCHERIE

17, rue de la Croix ✆ 03 90 23 87 38
www.natacha-bieber.fr
Mardi, mercredi et vendredi 10h à 12h30 et 15h30 à 18h30 ; jeudi 15h30-18h30 ; samedi 9h-12h30 et 13h30-16h30.

Natacha Bieber se définit comme appartenant au mouvement des néo-bouchers. Envie, plaisir, beau, transparence et communication sont chez elle les maîtres mots pour consommer moins mais mieux. Cochon fermier du Cantal, agneau, veau et bœuf du Limousin, volaille des Landes, charcuterie du Cantal et Noir de Bigorre, terrines, rillettes et foie gras d'Alsace comptent parmi ses produits. Après avoir été commerciale, elle est allée se former auprès des plus grands du métier pour changer de vie et pour notre plus grand plaisir. Fascinée par les éleveurs et leurs bêtes, elle vous contera leurs histoires qu'elle connaît par cœur par souci de transparence absolue envers les consommateurs.

CAFÉ

LES PROCAFÉINISTES

16, rue des Serruriers ✆ 03 88 59 58 79
https://lesprocafeinistes.com
Cafés, thés en vrac et produits locaux.

Tout juste ouverte dans la célèbre rue des Serruriers, l'échoppe «1924 les procaféinistes, un monde de café» vous proposent une fort élégante et vaste sélection de cafés, thés en vrac et produits locaux, dans un écrin élégant au charme délicieusement désuet. Les amateurs de ces breuvages y trouveront non seulement des produits d'exception mais également un sens du service et des conseils avisés. À la belle saison, la chaleureuse petite terrasse qui vous séparent de vos magasins favoris vous permettra de prendre une petite pause salvatrice entre deux virées shopping ou deux rendez-vous professionnels. Et pourquoi ne pas se laisser tenter par le café du mois, histoire d'éduquer ses papilles ?

VIANDES - VOLAILLES

AU COUTEAU D'OR

14, rue d'Adelshoffen - **SCHILTIGHEIM** ✆ 03 88 33 12 72
www.aucouteaudor.fr
Ouvert mercredi et samedi matin. Lundi, mardi, jeudi, vendredi la journée. Plats du jour 7-8 €. Également à Illkirch.

Au Couteau d'Or vous êtes dans une boucherie-charcuterie traditionnelle ! À Schiltigheim et à Illkirch, la prestation est identique. L'équipe très professionnelle et à l'écoute. Ici, vous trouverez des viandes de qualité : bœuf, veau, mouton, volaille... Bien sûr, au niveau de la charcuterie, le choix est toujours vaste entre les différents types de jambons, saucisses et pâtés en croûte... Des plats du jour sont proposés, en variante chaud ou froid, et tout est fait maison : sauté de porc au cidre et poêlée de légumes, cuisses de canard à l'orange, ou rôti de bœuf sont des exemples. L'accueil et le service sont toujours très souriants. Très bon rapport qualité-prix.

FRUITS - LÉGUMES

LE CELLIER STRASBOURGEOIS

55, rue du Marché Gare
✆ 06 71 45 40 50
lecellierstrasbourgeois.com
Du mardi au samedi de 10h à 20h.

Le Cellier Strasbourgeois est une belle entreprise familiale qui dont le but avoué est de recréer du lien entre les producteurs locaux et des consommateurs responsables et attentifs. Sur le site Internet, vous choisissez les paniers à vous faire livrer, composés des produits d'un petit nombre de producteurs. L'objectif étant de pouvoir contrôler la qualité de chaque produit (environ 500 références de maisons plus ou moins célèbres) et de créer un véritable contrat de confiance entre les fournisseurs et les clients. Une démarche salutaire et parfaitement écoresponsable.

FRUITS - LÉGUMES

LES JARDINS DE LA MONTAGNE VERTE

5, avenue du Cimetière ✆ 03 88 29 36 33
www.jardins-montagne-verte.com
Formule panier légumes (1 à 2 personnes) : 10 € ; « découverte » (3-4 personnes) : 13 €. Possibilités d'abonnement.

Les paniers fraîcheur proposés sont garantis biologiques, locaux et porteurs d'une économie solidaire. Grâce à cette structure, vous soutenez activement les petits producteurs alsaciens tout en vous régalant de produits de saison. Chaque semaine, vous récupérez dans le point dépôt de votre choix (une douzaine à Strasbourg) des fruits et légumes issus d'une agriculture respectueuse de l'homme et de l'environnement. L'association des Jardins de la Montagne Verte contribue également à l'insertion et au soutien des personnes en difficulté professionnelle ou sociale.

FRUITS - LÉGUMES

SILLON

Boulevard des Enseignes - **REICHSTETT**
✆ 03 67 10 38 77
https://sillon.alsace
Du lundi au samedi de 9h à 19h.

Imaginez une trentaine de producteurs locaux réunis en un même lieu, des femmes et des hommes de la terre qui ont à cœur de vous offrir le meilleur, des exploitations familiales souvent, des structures solidaires parfois, l'amour de leur métier et du terroir toujours. De leur premier Sillon à leur rencontre avec vous, les producteurs ont un seul objectif : vous convertir au bon, au local et à leur passion. Sillon vous propose dans un même espace convivial les meilleurs produits dans son marché paysan, une vente à la rue, un restaurant bistronomique, un lieu de vie et d'animations. Pousser les portes de Sillon, c'est entrer dans l'univers du bon, du beau, de l'humain.

CHOCOLATIER

CHOCOLATS ALAIN BATT

4, rue des Francs Bourgeois
✆ 03 88 22 64 46
www.alainbatt.com
Ouvert du lundi au samedi de 10h à 19h.

Chocolatier émérite et incontournable de la ville, la maison Alain Batt propose ses créations depuis plus de 40 ans. Présent dans quatre régions de France (Alsace, Bretagne, Bourgogne, Lorraine) il s'est approprié le meilleur de chacune. Macarons et bergamotes de Nancy, mirabelles, caramels, bonbons et chocolats ! Ballottins, coffrets, confiseries… on craque pour la pâte à tartiner sans huile de palme et pour ses moulages originaux comme Sophie la girafe en chocolat. La boutique au cœur du centre-ville strasbourgeois décuple son offre avec la commande en ligne. En effet, il est possible de passer sa commande sur Internet et de la réceptionner à domicile. #chocolataddict !

CHOCOLATIER

CHEZ CHRISTIAN

10, rue Mercière ✆ 03 88 22 12 70
Tram arrêt Langstross Grand Rue. - www.christian.fr
Ouvert du lundi au samedi de 7h30 à 18h. Terrasse de mars à octobre.

Depuis 1960, travail et passion sont deux atouts majeurs de cette chocolaterie exceptionnelle où les meilleurs crus du terroir se retrouvent parmi une gamme de produits originale. Chocolat d'origine vénézuélienne Del Lago, malgache Sanbirano, au maltitol (sans sucre) : les produits sont uniques et sauront satisfaire la curiosité des passionnés de chocolat. Les tablettes sont fabriquées maison dans de sublimes présentations et avec des fèves de cacao issues du commerce équitable (une dizaine d'origines différentes). La boutique propose aussi une large gamme de pralinés et de très bonnes pâtisseries. L'atout phare ? Tous les sens sont en éveil et tout est « fait main » !

CHOCOLATIER

DANIEL STOFFEL

Boulevard des Enseignes
REICHSTETT
www.daniel-stoffel.fr

Difficile de ne pas succomber ! D'abord les odeurs vous allècheront : les pralinés aux délicats arômes de fruits secs caramélisés et les grués torréfiés embaument. Côté palais, de nombreuses déclinaisons sont proposées : ganaches et giandujas à la tequila, au citron vert ou chardons parfumés au rhum ou aux alcools de fruits… Au fil des saisons, des créations sont présentées sur les étagères, et tout au long de l'année des œufs de cigogne, bretzels et kougelhopfs sont disponibles. De très nombreux ateliers sont proposés à petits prix tout au long de l'année, pour tous âges et tous niveaux, afin d'en apprendre plus sur les techniques de travail des chocolats.

PÂTISSERIE

PÂTISSERIE SALON DE THÉ KUBLER

29, avenue des Vosges
✆ 03 88 35 22 27
Bus arrêt Vosges Oberlin.
www.kubler.fr
Ouvert le dimanche (de Pâques jusqu'au 30 septembre) et les jours fériés de 7h30 à 13h. Formule repas à 10,90 €.

© MISSY

Dirigée par le maître pâtissier confiseur glacier chocolatier Philippe Volck, cette pâtisserie salon de thé est des plus agréables. Les douceurs proposées y sont alléchantes : le festival trois chocolats, le dôme fraise-rhubarbe… Découvrez également l'Absolu, un subtil mélange de mousse chocolat et café avec des amandes caramélisées ou laissez-vous tout simplement tenter par une tarte aux fruits de saison voire un entremets. Vous pourrez savourer sur place, dans un salon intimiste et tamisé pour une pause douceur à l'écart du tumulte du centre-ville.

CHOCOLATIER

LE LAUTREC

13, place de la Cathédrale ✆ 09 51 00 52 62
Tram arrêt Broglie.
Ouvert tous les jours de 10h à 19h30.

C'est la boutique du chocolat et des macarons ! Que vous soyez expert en la matière à la recherche de produits de qualité, ou néophyte en quête de conseils, vous trouverez votre bonheur dans cette boutique située en face de la cathédrale. Les recettes sont concoctées par Pascal Brunstein, meilleur ouvrier de France. Ses créations sont parfois originales (ganache de framboise aux poivrons rouges) et savoureuses (crème d'Isigny ou pâte d'amande). Le cacao utilisé est issu de grands crus, en provenance de plantations lointaines. Vous trouverez aussi dans la boutique, des macarons, des tablettes de chocolat, des mendiants… L'équipe saura vous conseiller et vous guider, avec compétence.

CHOCOLATIER

LA MALLE AIMÉE

2, quai Finkmatt
✆ 09 87 52 15 67
Ouvert du lundi au samedi de 12h à 19h ; le dimanche de 10h à 13h.

Une gamme de chocolats François Pralus à Strasbourg ? C'est seulement à La Malle Aimée ! Ce chocolatier torréfie lui-même ses fèves et produit donc de A à Z ses douceurs. N'hésitez pas à passer ici pour vous offrir un petit plaisir chocolaté ou sucré, ou pour prendre une pause au coin café. « Malle » est inspiré du mot « Mahl » qui renvoie au ventre et à la gourmandise et c'est toute la philosophie de la maison ! La propriétaire, diplômée de l'école de cuisine du Ritz Escoffier, propose également des cours de cuisine et fait entrer dans la malle un nouveau produit par mois qu'elle fait découvrir lors de soirées événementielles et thématiques, l'occasion de se faire plaisir.

PÂTISSERIE

M ZELLE SANS GENE

51, Grand'Rue ✆ 03 88 38 27 15
http://mzellesansgene.com
Ouvert du mercredi au dimanche. Livraison possible (commande en ligne possible - sans gluten). Chèque Restaurant.

Intolérant(e) au gluten et gourmand(e), tu ne retrouves plus la saveur d'une vraie tarte au citron meringuée ou d'un éclair à la vanille ? Eh bien voici une adresse pour toi ! Passionnée de pâtisserie et intolérante au gluten, Lila a ouvert une boutique Grand'Rue pour toutes celles et ceux qui ne trouvaient plus de gourmandises à leur goût. Bûche de Noël, bredele, pâtisseries classiques (entremets, tartes, éclairs...) ou commande spéciale : laissez-vous surprendre par son imagination. Le midi, elle propose une petite restauration sur place ou à emporter : soupe de saison, salade, plat mijoté... de quoi réchauffer les cœurs et retrouver le sourire. Le plus ? Possibilité de commander en ligne.

PÂTISSERIE

LES DÉLICES DE JULIE

36, rue de la Krutenau ✆ 09 82 58 57 75 - Tram arrêt Gallia.
www.lesdelicesdejulie.net
Ouvert du mardi au vendredi de 10h à 18h30 et samedi de 10h à 16h.

Les Délices de Julie est une pâtisserie artisanale fonctionnant sur commande. Quel que soit votre événement, quelles que soient vos envies, il y a toujours une solution adaptée et personnalisée ! La carte est très modulables et l'on peut également commander plateaux de mignardises, verrines, pièces montées, pyramides de macarons... le tout avec de magnifiques présentoirs pour encore plus ajouter à l'effet d'ébahissement que provoquent ces créations sur vos convives ! Les décors, 100 % comestibles et 100 % personnalisables n'ont qu'une seule limite : celle de votre imagination ! Voici donc une très sympathique adresse pour sublimer vos réceptions au moment du dessert.

PÂTISSERIE

AUX PRALINES DE MÉLANIE

33B, rue du Fossé-des-Tanneurs ✆ 03 88 32 37 41
Tram arrêt Homme de Fer.
www.auxpralinesdemelanie.fr
Ouvert le lundi de 13h à 19h ; du mardi au vendredi de 10h à 19h.

Comme son nom l'indique, l'établissement propose des pâtisseries à base de pralines roses, une spécialité lyonnaise, dans un cadre chic, épuré et rose *trendy*. Dès le seuil, telle Édith Piaf, vous verrez la vie en cette couleur : c'est beau et délicieux. Sur les étals : cakes, sablés, tartes d'un rose pétillant et brioches au four... On n'oublie pas le clin d'œil alsacien : le männele culotté de rose. Les produits sont élaborés dans un laboratoire à Strasbourg, sur place, et sont frais. Dans l'autre établissement, rue du Vieux-Marché-aux-Poissons, vous retrouverez toutes ces douceurs mais aussi un agréable salon de thé pour passer un moment cosy sur place autour d'une bonne boisson.

PÂTISSERIE

JEAN-CLAUDE ZIEGLER PÂTISSIER CHOCOLATIER

23, avenue de la Forêt-Noire ✆ 03 88 61 45 95
Tram et bus arrêts Université et Golbery. - www.ziegler-jc.com
Ouvert du mardi au vendredi de 7h30 à 19h ; le samedi de 7h30 à 17h ; le dimanche de 7h30 à 12h30. CB à partir de 10 €.

Dans cette belle échoppe au décor contemporain, on vous propose des éclairs façon paris-brest, des mignardises, des viennoiseries ou encore des tartelettes colorées. Jean-Claude Ziegler réalise aussi des chocolats aux saveurs surprenantes : cannelle, lavande, fleur de bière et même pulpe de fruits de la passion ! Les produits sont colorés et donnent vraiment envie visuellement. L'atout de cette pâtisserie ? Une carte constamment renouvelée au cours de l'année et selon les événements en cours (fête des mères, de fin d'année...). De plus, l'accueil s'avère très attentionné.

PAINS - GÂTEAUX - CHOCOLATS

DONATIEN - MAÎTRE ECLAIR

111, Grand'Rue ✆ 09 51 67 99 55 - http://donatien-maitre-eclair.fr
Spécialités d'éclairs gourmands

Donatien Fehr a créé un espace mono-produit qui réjouit les gourmands. Après un parcours d'exception, qui l'a emmené de la célèbre pâtisserie parisienne Ladurée jusqu'au Ritz de Londres en passant par Melbourne et le Japon, le jeune homme a posé ses valises à Strasbourg avec un concept autour de l'éclair... et rien que l'éclair ! Les fins gourmets peuvent y déguster une dizaine de variétés d'éclairs sucrés mais également des éclairs salés (végé, saumon ou encore jambon...) vendus autour de 5 euros, le prix de l'excellence. Côté sucré, on profitera des grands classiques mais aussi de pièces revisitées à l'instar du citron-meringue ou encore du caramel-cacahuète. Bluffant !

PAIN D'ÉPICES - MIREILLE OSTER

14, rue des Dentelles
✆ 03 88 32 33 34
Tram arrêt Langstross Grand Rue
www.mireilleoster.com
Ouvert tous les jours de 9h à 19h. Cours de cuisine sur réservation.

On ne présente plus Mireille Oster et ses pains d'épices généreux, dont les recettes lui ont été dictées par ses voyages et la transmission d'un savoir familial depuis 1933. Découvrez ses produits traditionnels de Noël dont les saveurs vous entraînent sur les routes du Sud, de l'Orient ou encore dans la forêt voisine ! Ici, leurs noms sont évocateurs : Nuit de Chine, Pain de Soleil ou encore Pain des Anges. On retomberait presque en enfance. Encore mieux, la boutique (également en ligne) vend aussi des livres de recettes sur le pain d'épice et plein d'accessoires !

BOULANGERIE

L'ALLÉGORIE

17, rue d'Austerlitz
✆ 03 88 66 89 59
Tous les jours de 7h à 19h30.

L'Allégorie est le lieu de la créativité et de l'expression de la passion de Sébastien qui propose ses talents de boulanger aux Strasbourgeois. Tous les pains et les viennoiseries sont ici 100 % faits maison, avec des blés 100 % biologiques et du levain naturel et français. De surcroît, l'établissement propose également une gamme traiteur très vaste, chaude ou froide, et particulièrement savoureuse. Du côté des pâtisseries, Sébastien propose des classiques revisités de belle manière. Les deux compères n'ont de cesse de créer, de réinventer les choses, et l'on ne se lasse ainsi jamais de venir déguster à toute heure une petite douceur, ne serait-ce que pour le plaisir de se faire surprendre.

BOULANGERIE

LA BÄCKERSTUB

2, place Clément ✆ 09 83 64 01 34 - Quartier les Halles.
www.labackerstub.fr
Du mardi au samedi 7h-19h. Ateliers culinaires : 60 €. Brunch : 25 €. Lieu de distribution d'AMAP.

C'est dans un décor chaleureux, tout en boiseries, que Jonathan Miquel et Edith Maurer vous accueillent à quelques pas de la place des Halles. L'ambiance est conviviale et les grandes tablées donnent envie de se laisser aller à goûter quelques douceurs salées ou sucrées bio. La structure s'inscrit dans un projet d'économie solidaire et sociale. Les produits utilisés sont issus du commerce équitable et Jonathan travaille avec des producteurs bio locaux. Pour les personnes concernées, on vous proposera des productions sans allergènes tels que le gluten et tous pourront apprendre plein de techniques pour réaliser soi-même de délicieuses productions grâce à des ateliers très bien pensés.

BOULANGERIE

AU FOURNIL DES FRANGINS

72, route de Bischwiller - **BISCHHEIM**
✆ 03 88 33 46 17
Ouvert lundi, mardi, jeudi et vendredi de 6h à 19h ; mercredi et samedi de 10h à 13h ; dimanche de 7h à 13h.

Louis et Lucas Grussenmeyer ont repris cette boulangerie il y a quelques mois. Ces deux frères proposent une large gamme de pains, de viennoiseries, de cakes, des pâtisseries et autres délices sucrés. Une gamme salée complète la gamme : pizza, tarte à l'oignon, croque-monsieur, sandwichs. Les produits sont délicieux et le choix permet de trouver de quoi se restaurer lorsqu'on manque de temps. Il faut dire que tout est fabriqué à l'ancienne. Les pains sont croustillants et bien dorés. Les pâtisseries sont généreuses, bien garnies ! De plus, on apprécie l'accueil souriant et chaleureux de l'équipe de vente. Décidément, dans cette boulangerie, l'on trouve tout pour bien commencer la journée.

BISCUITS

PAINS D'EPICES FORTWENGER

10, rue d'Austerlitz
✆ 03 88 35 40 22
www.fortwenger.fr
Du mardi au samedi de 9h30 à 18h30. Dimanche et lundi de 10h à 18h.

L'entreprise Fortwenger produit du pain d'épices depuis 1768, et perpétue les recettes de ses ancêtres tout en créant sans cesse un nombre incalculable de nouveautés gourmandes et régressives, pour le plaisir de tous. Toutes sortes de délicieux pains d'épices s'alignent dans les rayons parfaitement fournis : Père Noël, saint Nicolas, cigognes, oursons, cœurs, avec ou sans messages sucrés... Mais aussi confitures, chocolats, alcools régionaux, nougats au pain d'épices, boîtes d'assortiments avec florentins, étoiles à la cannelle, bredeles, spritzbredeles, leckerlis...

COFFEE SHOP ET SALON DE THÉ

LES JARDINS DE GAÏA

6, rue de l'Écluse - **WITTISHEIM** ✆ 03 88 85 88 30
www.jardinsdegaia.com
Ouvert du mardi au samedi de 10h à 12h et de 13h à 18h. Terrasse. Achat en ligne possible.

25 ans pour les Jardins de Gaïa ! Dans ce lieu insolite, 500 variétés de thés, de tisanes et de rooibos sont proposées. Goûtez à des mélanges traditionnels en provenance d'Inde, du Sri Lanka, de Chine ou encore d'Afrique du Sud, tous issus de l'agriculture bio et une majorité certifiés commerce équitable. La balade dans les jardins japonais incite volontiers à la méditation. Pour parfaire cette cérémonie, les Jardins de Gaïa proposent tous les accessoires indispensables : théières en porcelaine, boîtes à thé... La maison organise des manifestations culturelles et artistiques et dispose d'une école de thé pour apprendre à reconnaître les grandes familles de cette boisson millénaire.

THÉ

LA MAISON DES ARÔMES

2, rue des Prunus - **ACHENHEIM** ✆ 03 88 96 52 06
www.lamaisondesaromes.fr
Mardi et jeudi de 9h à 12h, de 13h30 à 18h ; samedi jusqu´à 12h. marché place Broglie à Strasbourg mercredi et vendredi.

Depuis 1992, la Maison des arômes, c'est une promesse de fragrances et de saveurs... Toutes sortes d'épices vous attendent pour sublimer vos plats et préparations. Pures ou en mélanges, vous trouverez forcément celles qui vous manquent dans le placard ou qui surprendra vos invités lors de votre prochain dîner. Après le repas, rien de tel qu'une bonne infusion ou un thé odorant ! Vous aurez le choix entre des thés fruités, précieux, détox et réconfortants. Pour les gourmands qui veillent à leur nutrition, des fruits déshydratés ou confits et une herboristerie complètent la gamme. Vous trouverez aussi des idées cadeaux comme le kit de Noël, avec une sélection de 8 thés.

BIO
BIOCOOP LE QUAI DES HALLES

6, rue Sébastopol
✆ 03 88 36 52 68
www.biocoop.fr
Ouvert le lundi de 12h à 20h ; du mardi au vendredi de 10h à 20h ; le samedi de 10h à 19h.

C'est une épicerie *bioptimiste* suivant la ligne 100 % bio, de l'agriculture aux cosmétiques. Pour soutenir la production locale, Biocoop travaille en priorité avec des agriculteurs de la région en respectant les saisons. Vous y trouverez fruits, aromates et légumes de saison, mais aussi une large sélection de produits locaux, un espace épicerie, de nombreux produits sans gluten, un espace pour la santé, bébé... L'enseigne propose aussi un large éventail de produits en vrac pour moins de gaspillage et, pour les amateurs de fromages, un rayon à la coupe.

BIO
BUNKER COMESTIBLE

8, rue du Rempart ✆ 07 82 85 71 55
http://bunkercomestible.com
Ouvert du lundi au vendredi de 9h à 14h.

Le Bunker Comestible est une micro-ferme maraîchère située derrière la gare de Strasbourg. La start-up strasbourgeoise Cycloponics a décidé de réhabiliter des sites urbains abandonnés en écosystèmes agricoles afin de favoriser la vente directe. Des dizaines de variétés de micro-pousses (de tournesols, de moutarde, de cressons), de champignons, d'herbes aromatiques et d'endives sont produites sans traitements chimiques toute l'année dans cette ancienne poudrière construite en 1878 par les Allemands. Tout est cultivé avec un seul objectif : optimiser le goût sans abîmer la planète. Réservation de paniers sur Internet ou par téléphone (composés selon vos envies et le cycle des saisons).

BIO
CÔTÉ NATURE

2A, route de Brumath - **SOUFFELWEYERSHEIM** ✆ 03 88 62 57 14
www.biocotenature.com
Lundi de 14h à 19h ; du mardi au jeudi de 9h à 12h30 et de 14h à 19h ; vendredi jusqu´à 19h30 ; samedi jusqu´à 18h

Après Horbourg-Wihr, Belfort et Illkirch, l'enseigne « bioéquitable » a ouvert un quatrième magasin de 500 m^2 à Souffelweyersheim. Comme dans les autres établissements, vous y trouverez des produits alimentaires : fruits et légumes, boucherie-charcuterie, œufs et produits laitiers, céréales, boissons et pain frais. Le tout bio et provenant directement de producteurs locaux, sans aucun autre intermédiaire. En plus de l'alimentation, Côté Nature vend aussi des produits cosmétiques, d'hygiène et de santés (huiles essentielles, compléments alimentaires...). Particularité de cette enseigne : de la literie et des produits pour nourrissons, garantis bio, locaux et équitables.

BIO
LE JARDIN DE MARTHE

9, chemin Goeb ✆ 03 88 31 11 48 - Bus 15a arrêt Carpe Haute.
www.lejardindemarthe.fr
Horaires d'ouverture étendus lors de la saison des asperges. Panier gourmand : 15 € ou 25 € (sur commande). Parking.

La famille Hornecker exploite depuis trois générations cette ferme maraîchère située à l'entrée de la Robertsau, à l'orée du parc de l'Orangerie. L'essentiel des 4,46 hectares de l'exploitation est certifié Agriculture Biologique, même si quelques parcelles sont encore en reconversion. De nombreux produits, dont la variété change au fil des saisons, sont disponibles en vente directe : oignons, tomates, courgettes, choux, poireaux, œufs, miel, épices et fruits, que vous pouvez commander sur place ou préalablement sous forme de paniers. L'origine précise de chaque produit vendu en négoce est clairement détaillée. Ils proviennent souvent de fermes alsaciennes partenaires ou d'un grossiste bio.

BIO
LA MAISON VITALE

2, rue Adolphe-Seyboth ✆ 03 88 32 68 53
www.lmv-bio.com
Du mardi au jeudi de 9h à 13h et de 14h30 à 19h ; le vendredi de 9h à 19h ; le samedi de 9h à 13h et de 14h30 à 18h.

La devise de la maison est une citation de Saint-Exupéry : « L'important n'est pas de prévoir l'avenir mais de le permettre ». Une devise qui explique la philosophie intégralement bio de cette boutique de 260 m^2, qui se visite comme une habitation ; au fil de ses différentes pièces, on peut trouver la boulangerie-sandwicherie, le grenier avec céréales, fruits et légumes, le coin frais avec ses fromages fermiers, l'épicerie, le vrac et les huiles et un espace pour se poser et s'informer avec un coin jeu pour les enfants. Toute l'année, des animations sont organisées pour vous faire découvrir de nouveaux produits et pour vous apprendre à devenir éco-consommateur.

BIO
NATURALIA

37, boulevard de la Victoire
✆ 03 88 35 24 28
www.naturalia.fr
Ouvert du lundi au vendredi de 9h à 19h ; le samedi de 9h à 17h.

L'enseigne Naturalia est bien ancrée à Strasbourg avec la présence de 3 points de vente dans l'agglomération. Le magasin de la Victoire, plus proche de l'Esplanade que de Gallia, n'étant pas directement situé sur le boulevard mais dans une arrière-cour, il est possible de toujours passer devant sans l'apercevoir. Naturalia a tout d'un supermarché citadin sauf qu'il est entièrement bio. On y trouve de tout – pains, produits frais, cafés, thés et tisanes, bières et vins, huiles et vinaigre, sodas et eaux, produits d'hygiène et d'entretien, cosmétiques et produits de beauté – à des prix plutôt supérieurs à la moyenne constatée dans les enseignes conventionnelles. Le prix du bon et du naturel.

BIO

AU PETIT LOCAL

10, place Broglie ✆ 03 88 32 39 09
Tram arrêt Broglie.
www.aupetitlocal.fr
Ouvert du lundi au samedi de 8h30 à 19h. Livraison possible.

Le Petit Local est une épicerie bio très conviviale où l'accueil est bienveillant et attentif. L'équipe privilégie les produits locaux et de saison. Parmi les linéaires, vous trouvez des produits naturels et diététiques tels que les cosmétiques bio, les compléments alimentaires ou les thés des Jardins de Gaïa pour ne citer qu'eux. L'épicerie propose aussi des pains frais spéciaux ainsi que des fruits et légumes frais locaux joliment disposés dans des caisses en bois brut au fond de la boutique. Des produits plus spécifiques (sans gluten, sans lactose, sans sel et sans sucre) sauront ravir les intéressés. L'atout du lieu ? Il ouvre tôt et propose de bons produits à prix attractifs !

ALSACE

CHANVR'EEL

4, rue du melon - **OSTWALD**
https://chanvreel.fr
Chanvr'eel est un jeune projet éco-responsable autour de la culture du chanvre (bio) en Alsace.

Le site Chanvr'eel vous propose toute une gamme de produits bio autour du chanvre et certifiés bio : graines, huiles, farines, savons, baumes et produits pour animaux. Particulièrement saine, la graine de chanvre vous fera autant de bien à l'intérieur qu'à l'extérieur. Considérée comme un «super aliment» à l'instar de la spiruline, de la cannelle ou encore du curcuma, elle se révèle parfaite pour les intolérants au gluten. Consommée crue, germée, grillée ou décortiquée, elle est idéalement dosée en oméga 3 et 6, riche en protéines, fibres, vitamines et minéraux. En cosmétique, elle raffermit la peau et permet de lutter contre les rougeurs. En somme, le chanvre a tout bon !

ALSACE

MARMELADE ALSACE

www.marmelade.alsace
Commande sur internet. Livraison : mardi au vendredi, de 14h à 22h et le samedi de 10h à 16h. Tarif : 3,90 à 4,90 €.

Marmelade est une épicerie locale en ligne, qui livre votre commande sur Strasbourg et environs, directement du producteur au consommateur ! Plus de quarante petits producteurs, artisans et commerçants locaux ont rejoint Marmelade. La palette de produits est vaste et vous permet de découvrir le savoir-faire local. Jus, soupes, sauce tomate, caviar de légumes, confitures, miels, yaourts, fromages, condiments, fruits et légumes, plats préparés, thés, cafés, chocolats, viennoiseries, pains, pâtes... mais aussi des savons et produits de beauté. Le créateur du concept Quentin Seyeux fait le tour des fermes pour chercher des bons produits locaux, et vous livre avec son vélo triporteur électrique.

CUEILLETTE

FERME CLAUSS

4, rue du Général Leclerc - **LA WANTZENAU** ✆ 03 88 96 60 31
www.bienvenue-a-la-ferme.com
Ouvert du lundi au vendredi de 8h à 12h et de 15h à 19h ; le samedi de 8h à 15h.

À la ferme, vous pourrez récolter les fruits et les légumes cultivés par Anne et Gérard Clauss. Vous vous amuserez à cueillir des produits frais et mûrs. Fraises, haricots, petits pois, courgettes... le choix est vaste ! Si manier la bêche n'est pas votre hobby préféré, vous pouvez aussi acheter les fruits et légumes déjà cueillis au magasin. Vous y trouverez aussi des aliments de producteurs locaux : fromages, charcuterie, bière, épices, condiments, glaces, miel, champignons, asperges, conserve de poissons, œufs, jus de pomme..., ainsi que des plats cuisinés et des confitures confectionnés par Anne, avec les produits de la ferme. Un régal et des produits sains : que demander de plus ?

CUEILLETTE

FERME DOLLINGER

39, rue de la République - **HOERDT** ✆ 03 88 51 79 20
www.ferme-dollinger.com
Du lundi au vendredi de 9h à 19h. Samedi de 8h30 à 15h. Dimanche de 10h à 12h. Panier de 10 € à 15 € ou fruits 9,50 €.

À la ferme Dollinger, vous trouverez des fruits et des légumes du jardin, produits par la ferme depuis cinq générations. Ses spécialités sont avant tout l'asperge, mais aussi les pommes de terre et les fraises. Vous trouverez aussi d'énormes patates douces, des artichauts, ou encore plusieurs variétés de courges. Il est également possible d'acheter des produits locaux provenant d'autres fermes comme du fromage, du miel, ou encore de la viande et de la charcuterie. Pour vous simplifier la vie, vous pouvez réserver en ligne votre panier de la semaine puis venir le chercher quand ça vous arrange. En tout cas, c'est certain, vous aurez le choix parmi les produits frais et locaux.

CUEILLETTE

JARDIN DES 4 SAISONS

51, route d'Olwisheim - **ECKWERSHEIM** ✆ 06 38 44 33 94
A 25 min de Strasbourg, par l'A35.
www.cueillette-eckwersheim.fr
Ouvert le lundi de 15h à 19h30 ; du mardi au vendredi de 9h30 à 13h et de 15h à 19h30 ; le week-end de 10h à 18h.

Envie d'une escapade bucolique et de légumes frais ? Allez cueillir vos produits au jardin des 4 saisons. À votre arrivée, vous serez renseigné sur la disponibilité des produits. On mettra à votre disposition une brouette ou un panier, ainsi qu'une bêche et un sécateur pour faciliter votre cueillette. Au fil des saisons, vous aurez le choix entre 12 sortes de fruits, 25 de légumes et des fleurs. Pommes de terre, navets, carottes, courgettes, tomates... Profitez-en pour rendre visite aux animaux de la ferme : chèvres, oies... Vos enfants seront ravis de cette expérience. En période d'abondance, le prix sont dégressifs. L'occasion de faire une belle balade et de ramener des produits sains.

FRUITS - LÉGUMES

MOI MOCHE ET BON

4, quai Koch
✆ 06 98 19 61 99
https://moimocheetbon.fr

Une belle et riche idée pour lutter contre le gaspillage alimentaire ! Moi, moche et bon, c'est avant tout un concept dans la tête de trois compères : conserver les fruits moches et les optimiser en les transformant. De là est né le jus de pomme artisanal et naturel, 100 % made in Alsace composé de produits moches. Cela permet d'éviter à 30 % des fruits et légumes d'aller à la poubelle et donc de lutter contre le gaspillage alimentaire et consommer de manière plus responsable. Depuis la gamme de saveurs s'est élargie. Retrouvez les produits dans les différents points de vente de la ville (U Express...). Une valorisation de l'activité locale et une lutte contre le gaspillage alimentaire.

FRUITS - LÉGUMES

FERME DIEMER

13, rue Hangenbieten - **KOLBSHEIM**
✆ 03 88 96 14 71
www.fermediemer.com
Ouvert le vendredi de 10h à 12h et de 17h30 à 19h.

Des légumes et des fruits frais de saison, en direct de la ferme ! C'est tendance et sain. Sur les étals, de nombreux produits qui évoluent au fil des saisons : poivrons, aubergines, oignons blancs, concombres, courgettes, poireaux, tomates, asperges, carottes, brocolis, fenouils, pomme de terre, haricots, chou, céleris, salades. Mais aussi des fruits bien sûr : melons, pastèques, framboises, groseilles à maquereau, groseilles, mûres, abricots, pommes, pêches, poires, quetsches, cerises, mirabelles, raisins. Et des herbes aromatiques : basilique, thym, persil, menthe, sauge, livèche, romarin, coriandre. Vente de produits transformés : fruits séchés, confitures et gelées, et des jus.

EPICERIE EN VRAC

BEEVRAC

36, route de Mittelhausbergen
✆ 09 81 36 26 24
http://beevrac.fr
Ouvert du mardi au vendredi de 10h à 13h et de 14h30 à 19h30 ; le samedi de 10h à 13h et de 14h à 18h.

© RIEGEL BAUER

Les épiceries zéro déchet ont le vent en poupe en ce moment. BeeVrac n'est pas la première sur Strasbourg, mais propose des produits très intéressants. En plus du prix qui est économique par rapport à d'autres enseignes, vous pourrez mettre dans vos bocaux pour la maison : bicarbonate, lessive, vinaigre cristal ou encore du gel WC. La gamme de produits d'hygiène est étendue, tout comme l'alimentaire. Il est possible de commander pour 10 euros un panier de fruits et légumes et d'agrémenter par de l'huile en vrac. Même s'il est possible d'en acheter, pensez à amener vos contenants. Enfin, le personnel est chaleureux ! Retrouvez tous les jours des bons plans zéro déchets sur leur page Facebook.

NEW

EPICERIE EN VRAC

BON ET BIO

16, rue du Maréchal Foch - **LINGOLSHEIM**
✆ 09 86 40 23 96
Mardi, mercredi, jeudi et samedi de 9h à 19h. Vendredi de 9h à 12h30 et de 15h à 19h. Samedi de 8h30 à 19h.

Bon et bio, tout est dans le nom de cette toute nouvelle épicerie de Lingolsheim qui propose des produits biologiques de qualité (proposés majoritairement en vrac) ainsi que des fruits et légumes frais, de saison, issus pour la plupart d'exploitations de producteurs locaux. Avec cette nouvelle façon de consommer plus écologique et responsable, vous ferez vos courses en toute sérénité, assuré d'être dans une démarche juste et raisonnée. Bio et bon propose également un bel éventail de produits d'entretien en vrac, un rayon boulangerie plutôt gourmand, un rayon de cosmétiques bien fourni, des compléments alimentaires et un rayon entièrement dédié à la petite enfance.

EPICERIE EN VRAC

LE BOCAL

21, rue de la Krutenau ✆ 03 88 36 70 61
Bus arrêt Krutenau.
www.lebocalzerodechet.com
Ouvert du mardi au vendredi de 10h à 19h ; le samedi de 10h à 17h.

C'est une magnifique boutique bio au décor tendance et industriel, où l'on peut acheter ses produits en vrac ! Pour ceux qui ne connaissent pas le concept, lorsque vous achetez en vrac, vous ramenez soit des sachets, soit des bocaux. Ce nouveau mode de consommation permet de limiter les déchets, notamment les emballages. Les produits vendus sont en grande partie bios et locaux. Sur les étagères, il y a des produits partout, tout est parfaitement aligné et ça donne envie d'acheter ! Vous pouvez aussi trouver des produits d'hygiène comme des shampoings solides ou encore des déodorants de la marque Lamazuna. L'atout de la structure ? Une boutique avec du choix, notamment pour les épices !

PRODUCTEUR

FERME DU LOEB

9, rue de Friesenheim - **ESCHAU** ✆ 03 88 64 01 87
Sur le chemin perpendiculaire à la rue des Pêcheurs, dans le prolongement de la D222.
Ouvert tous les jours de 7h30 à 9h30 et de 17h30 à 19h30.

À la ferme du Loeb, vous partirez à la rencontre de producteurs passionnés, soucieux du bien-être de leurs animaux, et attentifs à la qualité de leurs produits. Cette exploitation familiale produit du lait depuis plusieurs générations, et fait de la vente à la ferme. Pour compléter leur offre, ils proposent également des aliments des producteurs locaux : des œufs, miel, légumes de saison cultivés en permaculture... Les horaires permettent d'y aller faire des emplettes, mais aussi de passer un moment avec les producteurs pour parler de leur exploitation, pendant la traite des vaches. Une activité qui intéressera les petits et grands. Allez aussi voir les jeunes veaux : ils sont adorables !

PRODUCTEUR

LA NOUVELLE DOUANE

1A, rue du Vieux-Marché-aux-Poissons ✆ 03 88 38 51 70
Bus arrêt Ancienne Douane. - www.lanouvelledouane.com
Ouvert du mardi au vendredi de 9h30 à 19h30 ; le samedi de 8h à 18h30.

Vingt-deux producteurs alsaciens se sont associés pour créer leur propre point de vente directe, en plein centre-ville. Fruits et légumes de saison (bio ou pas), viandes, charcuterie, produits laitiers, vins et même escargots ! Le choix est vaste mais les prix sont un peu plus élevés qu'en supermarché. L'espace est divisé en pôles et la circulation entre les rayons plutôt fluide, même quand il y a foule. La Nouvelle Douane se démarque aussi par le personnel constitué d'agriculteurs donnant quelques heures par semaine à la coopérative. L'occasion de discuter avec eux de leurs produits et de leur soutirer quelques bonnes recettes, également proposées sur le site Internet.

PRODUCTEUR

LA RUCHE QUI DIT OUI !

https://laruchequiditoui.fr

Nous ne cesserons jamais d'avoir de nouvelles idées pour consommer mieux et plus responsable. La Ruche qui dit Oui ! est un site Internet mais aussi une application permettant d'acheter des produits frais auprès de producteurs locaux. À la carte : viandes, légumes, fromages ou encore biscuits et pains. Une fois votre commande passée et payée, vous n'avez plus qu'à attendre le jour de collecte (une fois chaque semaine) dans la « ruche » la plus proche de chez vous. L'Alsace en compte une quarantaine, il suffira ensuite de venir récupérer sa commande. Cela permet de gagner du temps tout en rémunérant de manière juste le travail de nos agriculteurs. Concept génial et prix attractifs !

THÉ

AR'TISANE

18, rue de la Division Leclerc
www.artisane.alsace
Du mardi au samedi de 10h à 19h.

Ar'tisane est le paradis des amoureux de bons thés et d'infusions particulièrement riches en parfums. Tous sont biologiques et issus du commerce équitable. Les Jardins de Gaïa et Pass'port Tea sont particulièrement bien représentés avec plus de 150 références ! Pour les tisanes, on trouve celles bio et locales de la Ferme Saint-Gilles ou des Jardins de la Montagne Verte. Ar'Tisane propose aussi des céramiques alsaciennes artisanales, notamment de la Poterie Graessel à Soufflenheim ou de Carole K, à Schiltigheim. Pour accompagner vos boissons, Aline vous proposera des douceurs, elles aussi locales. On aime le tandem écoresponsable et gourmand à l'heure du tea time !

VIANDES - VOLAILLES

LA FERME DE L'OBERFELD

GEISPOLSHEIM ✆ 06 81 34 11 80
www.ferme-oberfeld-alsace.fr
Commande par téléphone ou internet, à chercher à la ferme, sur RDV.

Éric et Caroline Schwoob sont éleveurs. Leur objectif ? Fournir une viande bovine d'exception. Une viande de qualité, qui a du goût, qui est tendre et persillée... privilégiant la distribution locale, ils proposent la vente à la ferme. Pour se fournir chez eux, il suffit de leur transmettre vos coordonnées : ils vous enverront un mail pour vous indiquer les dates de disponibilité des colis (différents volumes). Vous passez commande et passez à la ferme chercher votre réservation. Autant dire que la production est fraîche. C'est aussi l'occasion de pouvoir discuter avec les éleveurs, pour mieux connaitre leur métier et leur mode d'élevage. Les enfants seront ravis de visiter la ferme !

MIEL - CONFITURE

LE RUCHER DE L'ILL

16 a, rue Vincent-Scotto - **ILLKIRCH-GRAFFENSTADEN**
✆ 09 70 35 87 57 - www.le-rucher-de-l-ill.fr
Sur RDV. De 4 à 9 € le pot de miel. Différents miels et dérivés sont proposés.

Nicole, Roland et leur fils Maxime sont des apiculteurs passionnés qui valorisent les produits du terroir alsacien depuis plus de 50 ans maintenant. Ils proposent une gamme très variée, issus de l'apiculture : allant des miels (de sapin, châtaignier, acacia, tilleul, fleurs), à la gelée royale, en passant par le pollen et la propolis. Tous les miels se targuent d'une indication géographique protégée (IGP), garantie d'authenticité. De l'encaustique, de la pure cire d'abeille et des bougies sont également disponibles. Ici, tous les produits sont 100 % locaux et faits maison. En plus de faire vos achats, vous pourrez également visiter la ferme et en apprendre plus sur l'apiculture.

CAVES - MAISONS DES VINS

L'ALSACE À BOIRE

14, rue du Vingt-Deux Novembre
✆ 03 90 00 21 61
Caviste spécialisé dans les vins d'Alsace.

Parce que – ce n'est un secret pour personne ! – l'Alsace est, certes, une place forte de la gastronomie, c'est aussi une terre où l'on aime bien boire. Nouvellement installée dans l'incontournable rue du Vingt-Deux Novembre, en plein centre-ville, cette boutique s'est donné pour mission de promouvoir les breuvages divers et variés de notre belle région vinicole et brassicole. Ainsi vous pourrez y acquérir une importante sélection de vins régionaux qui font les beaux jours de la mythique route des vins, mais également toute une palette de bières artisanales et originales. Dans cet espace conçu comme un écrin ceint de bois sombre, vous n'hésiterez pas non plus à tester d'autres spiritueux !

CAVES - MAISONS DES VINS

VERSUS

3C, rue du Fort - **GEISPOLSHEIM** ✆ 03 88 39 98 05
www.versus.wine
Ouvert du mardi au jeudi de 10h à 12h30 et de 13h30 à 19h ; le vendredi et le samedi de 10h à 19h.

Chez Versus, vous pourrez échanger avec Vincent Linder qui connaît parfaitement les vins et les spiritueux, leurs terroirs et leurs origines. En fonction de votre attente, vos goûts et surtout votre budget, il saura vous proposer les nectars qui vous correspondent le mieux. Vincent Linder est passionné, et vous conseillera pour créer votre propre cave, ou dénicher le vin qui s'alliera parfaitement avec votre plat. Vins, crémants et spiritueux, de toutes les régions, sont disponibles au magasin. Et parce que le flacon est aussi important, vous trouverez de belles bouteilles. Vous pourrez aussi recevoir des invitations pour participer à des animations et des dégustations.

CAVES - MAISONS DES VINS

LUPANAR

33, rue du Fossé-des-Tanneurs
✆ 03 90 29 08 39

Au cœur du centre-ville historique de la ville, cette charmante petite boutique nouvellement ouverte rue du Fossé-des-Tanneurs ravira les amateurs de breuvages alcoolisés en tous genres. Des vins fins venus de tout l'Hexagone mais également de l'étranger, une importante palette de bières artisanales venues également des quatre coins de la planète, mais aussi des spiritueux de toutes sortes, des plus connus aux plus étonnants. Ici, on se targue de vous procurer ce que vous ne trouverez pas ailleurs ! ! Si toutefois vous vous arrachez les cheveux de ne savoir qu'offrir à un dîner auquel vous êtes convié, on ne manquera pas de vous dénicher la bonne bouteille pour la bonne occasion !

CAVES - MAISONS DES VINS

LA VIGNERY

Boulevard des Enseignes - **REICHSTETT**
✆ 03 88 48 84 47
www.lavignery.fr
Du lundi au samedi de 9h à 19h30.

La Vignery vous propose plus de 1 500 vins à tous les prix et 100 % labellisés dont 150 vins d'Alsace, plus de 200 champagnes, 200 whiskies, 90 rhums, de nombreux autres spiritueux sans oublier plus de 250 bières. Les vendeurs expérimentés et passionnés sont à vos côtés pour vous conseiller les meilleurs accords mets et vins ou vous proposer un large choix d'idées cadeaux. La Vignery vous offre tout au long de l'année la dégustation permanente de ses produits, et vous propose de nombreuses animations, des ateliers œnologiques et même des dîners avec ses vignerons partenaires ! Pour découvrir le vin autrement et apprendre à l'aimer, c'est à La Vignery qu'il faut aller !

CAVES - MAISONS DES VINS

VERRE DE TERRE

28, rue des Juifs ✆ 09 86 55 89 94 - Tram arrêt Broglie.
www.verredeterre.fr
Ouvert le lundi de 14h à 18h ; du mardi au vendredi de 10h30 à 13h et de 14h à 19h30 ; le samedi de 10h à 19h30.

Verre de Terre : une belle cave à vins biologiques à Strasbourg. Florence Brouillard, sommelière passionnée, vous invite à découvrir son univers de vins bio et biodynamiques. Ici vous trouvez des vins qui valorisent le terroir et le labeur des vignerons. C'est dans sa jolie boutique, décorée de manière sobre et épurée, que Florence prend le temps de vous raconter l'histoire et le choix des vins qu'elle propose. Le savoir-faire s'allie à la pédagogie, pour que le client puisse mieux connaître les différents vins présentés. Des livres pédagogiques sont accessibles à la clientèle pour parfaire leurs connaissances vinicoles. Verre de Terre : une nouvelle expérience de la cave à vins !

CAVES - MAISONS DES VINS

LE VINOPHILE

10, rue d'Obernai
✆ 03 88 22 14 06
Ouvert le mardi de 10h30 à 17h ; du mercredi au vendredi de 15h à 19h ; le samedi de 10h à 12h30 et de 14h30 à 19h.

Cette boutique presque institutionnelle est située au cœur du quartier gare. Elle est tenue par Michel le Gris qui est un caviste d'exception ! Ce passionné dispose d'un millier de références. Militant contre l'industrialisation du vin et du goût, défenseur d'un vin artisanal issu des terroirs, cet ancien professeur de philosophie cultive sa différence jusque dans la présentation de ses merveilles. En effet, comme le vin supporte mal la lumière, toutes les bouteilles exposées sont... vides. Si l'adresse est hautement recommandable lorsque l'on veut se constituer une cave, elle s'avère également un bon plan pour des petites références destinées à être dégustées rapidement.

CAVISTE

LA CAVE DU SOMMELIER

28, rue du Maréchal Foch
✆ 03 88 36 57 71

Ouvert du mardi au samedi de 9h à 12h30 et de 14h à 19h. Livraison possible (et expédition).

Dans une boutique totalement modernisée parfaitement bien agencée, très agréable, le propriétaire Sylvain Girard vous reçoit chaleureusement et vous conseille admirablement. Il nous offre un choix pléthorique dont les gammes de cépages et de prix sont très étendues. On trouve ici de quoi enrichir sa propre cave ou sublimer sa table sans attendre, pour le plus grand bonheur de ses convives. On peut aussi découvrir une belle gamme de vins australiens haut de gamme, de whiskies, de liqueurs et d'alcools blancs de qualité, et quelques terroirs plus ou moins connus comme le Kastelberg d'Andlau. La Cave du Sommelier vous propose également la livraison à domicile et l'expédition !

CAVISTE

AU MILLÉSIME

7, rue du Temple-Neuf ✆ 03 88 22 30 20 - Tram arrêt Broglie.
www.aumillesime.com

Ouvert le lundi de 14h à 19h ; du mardi au samedi de 9h30 à 19h.

Les bons vins et les conseils ne manquent pas dans cette belle boutique à la présentation irréprochable. Vêtus d'élégants tabliers, les cavistes de la maison, véritables passionnés, vous aiguillent vers la perle rare qui accompagnera à merveille votre repas ou complétera votre cave. Les flacons présentés, plus de mille, ont tous été sélectionnés méticuleusement et couvrent une large zone géographique (France et pays limitrophes). On y trouve également un large choix d'alcools blancs et de whisky (plus de 200 références), dont certains produits en Alsace ! Goûtez-les, vous serez surpris par leur qualité ! Articles d'épicerie salés et sucrés également à disposition pour aller avec les vins.

CAVISTE

LE CELLIER DES BOULEVARDS

23, boulevard de la Marne
✆ 03 88 66 07 58

Du mardi au vendredi de 9h30 à 19h30 et le samedi de 8h30 à 18h30.

Chez ce sympathique caviste de quartier, il y a un vaste choix, un juste prix et une équipe aux petits soins pour faciliter les accords mets et vins de vos prochains dîners ou déjeuners. On y trouve des vins de référence ainsi qu'une sélection de vins de producteurs indépendants. C'est également un paradis pour les amateurs de spiritueux en tous genres : whisky, rhums... Mais également des bières traditionnelles ! Les petits budgets érigeront cette boutique en temple du bon plan du fêtard et amateur de bons alcools qui ne souhaite pas pour autant se ruiner.

CAVISTE

MILLÉSIMES ET PLAISIRS

20 A, rue Aristide-Briand - **PLOBSHEIM** ✆ 03 90 00 20 20
www.millesplaisirs.e-monsite.com

Ouvert du mardi au samedi de 10h à 12h30 et de 14h à 20h. Le dimanche de 10h à 12h30 : prévenir de votre venue.

Dans la très belle cave voûtée en bois, des vins de toutes les régions de France et quelques vins du monde, sélectionnés avec passion sont parfaitement conservés. Des alcools et liqueurs sont également proposés : des scotchs, bourbons, d'élégants whiskys japonais et liqueurs artisanales. Des produits gourmands locaux enrichissent la gamme avec une épicerie fine : foie gras et saumon fumé artisanal. Les produits sont de qualité et essentiellement locaux. Régulièrement, Éric Sutter organise une dégustation à thème, très conviviale, pour mieux connaître les vins régionaux et les produits du terroir. Un rendez-vous incontournable. Des nouvelles découvertes sont à faire tout au long de l'année.

CAVISTE

AU FIL DU VIN LIBRE

26, quai des Bateliers ✆ 03 88 35 12 09 - Tram arrêt Porte de l'Hôpital - www.aufilduvinlibre-strasbourg.com

Ouvert le lundi de 14h à 19h30 ; du mardi au samedi de 10h à 19h30. Dégustations régulièrement organisées.

Le concept ? Proposer des vins de qualité, mais surtout dépourvus du moindre additif, sans sulfite, en bref : un breuvage le plus naturel possible. Une attention toute particulière est portée aux petits producteurs : un rendement plus faible pour une qualité exceptionnelle. Jean ne distribue que les vignerons dont il connaît et aime l'esprit et le travail, des hommes et des femmes qui ont l'amour de leur métier et de leur terroir. Parmi les 800 références de la boutique, vous devriez trouver de quoi sublimer votre prochain dîner entre amis : des cépages alsaciens bien sûr, mais également de Bourgogne, Bordeaux et Corse ainsi qu'au-delà des Alpes avec des vins de Toscane et du Piémont.

VINS - ALCOOL

LE THÉÂTRE DU VIN

2, rue du Marché Gare

Ouvert du lundi au samedi de 8h30 à 19h30. Caviste. Un millier de références d'Alsace et d'ailleurs.

Christophe Lasvigne est à la tête du Théâtre du vin, une cave implantée au marché gare. Le décor est moderne et chaleureux. 150 pieds de vigne ont été plantés devant le théâtre dans un jardin didactique. Ce temple du vin propose pas moins de 1 500 références, dont la majorité sont des vins français. Une classification, basée sur le jeu des 7 familles, permet une approche ludique des différents nectars. Les sommeliers, compétents, sont à votre écoutent pour vous aider à trouver le nectar que vous recherchez. Si le vin est votre passion, vous pourrez adhérer au club de L'Hydropathe pour devenir un amateur confirmé. Le plus : différentes gammes d'animations proposées.

BRASSERIE

LA BIÈRERIE

1, rue des Orfèvres - **ILLKIRCH-GRAFFENSTADEN**
✆ 03 88 67 85 55 - Tram A : arrêt Cours de l'Illiade. Parking.
Ouvert le lundi de 14h à 19h ; du mardi au vendredi de 9h30 à 12h et de 14h à 19h ; le samedi jusqu´à 19h.

Blonde, brune ou rousse ? Dans ce paradis de la bière, vous trouverez plus de 500 références spéciales ou artisanales, sur 150 m². Grace aux microbrasseries, les nouveautés viennent de nombreux pays... Et bien sûr de la France, où l'Alsace n'est pas en reste : 130 références sont proposées en magasin. L'occasion de faire un tour du monde, une choppe à la main. Et de suivre les saisons, avec les bières de Noël et de printemps. Les corbeilles thématiques sont joliment présentées : idéal pour un cadeau original et gourmand. Le conseil est professionnel et Dominique saura vous guider parmi le large choix proposé, notamment en bière alsacienne, en fonction de vos goûts et envie de découverte.

MICRO-BRASSERIE

BRASSERIE LA MERCIÈRE

17, rue Principale - **COSSWILLER** ✆ 09 52 68 67 41
www.la-merciere.fr
Ouvert le mardi de 14h à 18h30 ; du mercredi au vendredi de 9h à 12h et de 14h à 18h30 ; le samedi de 9h à 12h.

Depuis sa création en 2013, la brasserie défend avec vigueur un mode de production alternatif visant à privilégier les matières premières de qualité, les circuits courts et les partenariats locaux. Elle privilégie aussi la convivialité avec un lieu de vie et d'échanges directement sur le site. Les bières proposées sont nombreuses et les saveurs éclectiques mais si vous ne trouvez pas votre bonheur, Franck, le brasseur, vous proposera de réaliser une cuvée sur mesure, rien que pour vous et uniquement pour vous ! Pour vos événements, pensez à la location de tireuses et pour une sortie entre amis à la visite avec dégustation. Nul doute que les amateurs de houblon seront comblés !

BRASSERIE

BRASSERIE ARTISANALE PERLE

11, rue de l'Ardèche
✆ 06 89 84 30 41
www.biereperle.com
Ouvert le jeudi et le vendredi de 9h à 12h et de 14h à 18h ; le samedi de 10h à 13h.

À l'origine, les bières Perle proviennent d'une ancienne brasserie alsacienne basée à Schiltigheim qui a vu le jour en 1882. Mais en 1971, cette dernière est fermée. Il faut alors attendre 2009 pour que la fameuse bière réapparaisse grâce à Christian Artzner. Basée cette fois à Strasbourg, vous pouvez retrouver la marque sous différentes déclinaisons, les bières phares Perle Pils, Perle IPA ou encore la blanche. Un goût excellent et surtout des saveurs surprenantes avec par exemple le brassage au jus de raisin d'Alsace ! Sur rendez-vous, visitez le site !

MICRO-BRASSERIE

BRASSERIE STORIG

85, route de Bischwiller - **SCHILTIGHEIM**
✆ 03 88 33 02 02
www.brasserie-storig.fr
Ouvert du lundi au vendredi de 8h à 15h.

Vous êtes une entreprise, une association ou un groupe d'amis, venez visiter la Brasserie Artisanale Storig et découvrez son histoire de Strasbourg à Schiltigheim. Une explication du processus de brassage et fermentation ainsi que les parti pris de la Brasserie Störig vous seront proposées. Vous pourrez ensuite déguster et acheter les nombreuses bières ainsi que d'autres produits comme l'Élixir de houblon (40 % vol, macération du houblon aromatique alsacien «Strisselspalt» dans une eau-de-vie de bières artisanales Storig, notes citronnées, fruitées, épicées et florales) ou le Single Cask Storig (eau-de-vie de bière 40 %, distillé et élevé dans un fût unique de chêne d'où son appellation).

MICRO-BRASSERIE

BRASSERIE ARTISANALE BRASSIN DES FRANGINS

7, rue de la Mésange - **PLOBSHEIM** ✆ 09 77 84 02 89
brassindesfrangins.fr
Jeudi et vendredi de 17h à 19h. Samedi de 9h à 12h et de 14h à 18h.

Le Brassin des Frangins est, comme son nom l'indique, une brasserie artisanale sortie de l'imagination de deux frères qui ont longuement appris de leur grand-père l'art de réaliser ce breuvage incontournable en Alsace qu'est la bière. Ici, vous trouverez une production à taille humaine dont les bouteilles s'arrachent, notamment lorsqu'il s'agit de créations de saison. À chaque occasion en effet, les frangins sortent une nouvelle bière, inspirée de ce que la nature a à offrir. Toutes sont délicieuses mais on a vraiment craqué pour la printanière aux fleurs d'acacia !

NEW **CAFÉ**

BELLES RENCONTRES D'OMNINO

6, rue du Renard-Prêchant ✆ 06 45 48 68 66
omnino.fr
Mardi, jeudi et vendredi de 9h à 18h. Mercredi de 8h à 18h. Samedi de 9h30 à 18h.

Omnino a choisi l'accueillant quartier de la Krutenau pour ouvrir un nouveau café-boutique baptisé Belles Rencontres. La réhabilitation étant l'une de ses valeurs primordiales, toute l'équipe a transformé une ancienne librairie en un chaleureux café-boutique. Dans cette jolie maison verte, vous trouverez d'alléchantes boissons préparées par le barista et surtout, vous pourrez faire le plein de café fraîchement torréfié. Omnino propose également du matériel et initie avec plaisir et passion ses clients aux gestes simples pour réussir un bon café à la maison.

EPICERIE

LE BANQUET ITALIEN

6, rue d'Austerlitz
✆ 03 88 64 49 34
Du lundi au samedi de 10h à 20h.

Le Banquet italien est une toute nouvelle épicerie fine dédiée aux produits italiens et plus particulièrement à ceux de la Sicile. Messaline et Loris, les propriétaires, mettent un point d'honneur à faire devenir amoureux des produits qu'ils ont eux-mêmes découverts et aimés lors d'un voyage. Dans leur boutique, ils proposent des pâtes fraîches à l'huile de truffe, du Provolone, de la tapenade olive et artichaut, des câpres, des antipasti, une marmelade à base de vin, de nombreuses charcuteries et divers fromages pour au total près de 180 produits inédits ou méconnus, parfois rares, mais toujours à des prix accessibles pour que tous puissent y goûter avec même des produits frais !

EUROPE

LES DELICES DE SICILE

1, rue de l'Industrie - **REICHSTETT** ✆ 06 22 08 61 07
www.delicesdesicile.com
Commande en ligne. Les marchandises sont à retirer au dépôt, sur RDV.

Les Délices de Sicile importent directement de cette sublime île des produits fins, qualitatifs, régionaux et non détériorés par l'industrialisation. Le concept est né d'une aventure familiale, guidée par le désir de faire découvrir des produits de qualité, respectueux de ceux qui les produisent et de l'environnement. Vous aurez le choix parmi les différents agrumes de Sicile (mandarine, orange citron cédrats...), avocats, huile d'olive, sauces et conserves, épices et condiments, confitures bio et panettones. La promesse de déguster des produits atypiques et surtout particulièrement savoureux. En vous abonnant, vous serez informé des nouveautés et pourrez réserver vos produits.

EUROPE

CASA CAMPOLO

11, rue du Général Leclerc - **BISCHHEIM**
✆ 03 88 83 39 70
Du mardi au vendredi de 9h à 12h45 et de 15h à 19h ; samedi de 9h à 12h45 et de 14h à 18h. Plat à emporter 7,90 €.

Cette épicerie-traiteur propose des produits importés d'Italie, d'Espagne et du Portugal. Vous trouverez des aliments de qualité pour voyager gustativement. Laissez-vous guider par les conseils du patron Antonio Campolo... Des produits classiques, mais aussi des spécialité de saison, comme les Agnoli frais aux asperges et mascarpone (pâtes), ou encore des spécialités de Pâques portugaises : Pao de Lo, Cavacas, amandes, charcuteries, fruit, vins. Vous allez vous régaler, le tout pour un budget plus que raisonnable. Si vous souhaitez déguster une spécialité sans avoir à cuisiner, vous avez la possibilité d'acheter un plat du jour à emporter : paella, penne con polpette, morue à la crème...

NEW

EUROPE

GRANDE TORINO

41, quai des Bateliers
✆ 06 59 24 70 49
Ouvert du lundi au vendredi de 12h à 22h30 ; le samedi de 12h à 15h.

Amateurs de gastronomie italienne, il vous sera difficile de ne pas craquer dans cette épicerie fine qui offre un riche panel des meilleurs produits venus de la grande botte. Dans un espace chaleureux, les maîtres des lieux proposent essentiellement des mets délicats issus de la région du Piémont. Pêle-mêle, vous vous laisserez tenter par des produits phares tels des fromages d'exception, des vins ensoleillés ou encore de la charcuterie, mais également les spécialités de la maison tels la pompette à la truffe d'été, la raclette à l'italienne Fontina D'Alpeggio DOP, le jambon de Cuneo, la bresaola, le jambon aux herbes de montagne ou encore de nombreux plats en sauce à se damner !

PRODUITS DU MONDE

CASE MÉTISSE

46, rue de la Krutenau
✆ 03 88 36 77 41
www.casemetisse.unblog.fr
Ouvert le lundi de 14h à 19h ; du mardi au samedi de 11h à 19h.

Bernard et Adèle vous proposent dans leur boutique atypique saveurs, tissus et objets en provenance du monde entier, tout mélangé. Vous pourrez acheter de magnifiques tissus dont la confection peut se faire sur mesure et en pièces uniques, de l'art africain authentique et ancien, de l'art asiatique, des masques de toutes sortes et des petits trésors, mais aussi des thés variés et délicieux, des douceurs régionales (miel, confitures...)... Cette année la nouveauté ce sont les tisanes bio en médecine naturelle ou détox ainsi que les épices d'exception, bio elles aussi. Une petite épicerie japonaise et exotique vous est aussi proposée et des nouveautés sont sans cesse ajoutées !

MÉDITERRANÉE

IBERICA

4, rue de l'Ecurie
✆ 03 67 08 15 06
Carte : 21 € environ. Tapas entre 5 € et 12 €, planchettes dès 8,50 €. Terrasse. Boutique. Privatisation possible.

Le rendez-vous des amateurs de cuisine espagnole au centre de la capitale européenne ? C'est la promesse de ce restaurant aux accents ensoleillés. Une jolie décoration pas guindée, un service des plus aimables et chaleureux, le tout sur une musique de fond latino : le voyage ibérique commence plutôt bien. Ensuite, à vous de choisir entre des tapas ou des planchettes dans un esprit festif d'apéro à l'espagnole, des plats traditionnels ou un arroz (spécialité à base de riz pour deux personnes qu'ils sont les seuls à proposer dans la ville !). Les assiettes sont belles et bonnes bien qu'un peu trop salées parfois. Le plus ? Le rapport qualité-quantité-prix est là.

MÉDITERRANÉE

IBÉRICA L'EPICERIE

124, Grand'Rue ✆ 03 67 07 47 75
https://ibe-rica.com
Ouvert du mardi au samedi de 10h à 19h30 ; le dimanche de 14h à 19h30. Vente en ligne.

Il faut passer le porche pour basculer dans la chaleur de l'Espagne. Épicerie fine du restaurant du même nom (les produits s'y retrouvent d'ailleurs à la carte), la charmante boutique offre un large panel de produits espagnols. Charcuteries (avec ou sans gluten), fromages, huiles et vins espagnol. De quoi voyager avec des produits de qualité. Quelques sardines, des poivrons farcis et un morceau de nougat… Voilà que les tapas de l'apéro se préparent. La maison propose également des plateaux de charcuterie à emporter, idéal pour l'apéro improvisé et à des prix tout doux. Le service se fait sourire et chaleur. Le petit bonus : on adore la possibilité de commander en ligne.

MÉDITERRANÉE

LE PANIER DES PÂTES

7, rue d'Austerlitz ✆ 03 88 25 53 59 - Tram arrêt Etoile Bourse.
www.panierdespates.fr
Ouvert du lundi au vendredi de 10h à 20h30 ; de 10h à 19h. A emporter. Formule midi : 8,40 à 11,40 €.

La spécificité de cet établissement est de proposer à la fois des spécialités alsaciennes et italiennes. Traiteur italien, le Panier des pâtes vend des pâtes et des plats, des pestos mais aussi des pizzas et des desserts italiens. Pour ceux qui voudraient s'essayer par eux-mêmes à la confection de la *pasta*, la boutique vend également tous les produits nécessaires. Et si vous n'avez pas envie de cuisiner, laissez-vous tenter par les plats à emporter : cannelloni savoureux, lasagne gourmands. De magnifiques dampfnuedels salés ou sucrés, bien gonflés et absolument divins s'offrent à vous sur le présentoirs. À la période de Noël, vous avez même la formule au pain d'épices et raisins.

ASIE

MANICOOK RESTAURANT ET SUPERMARCHÉ ASIATIQUE

1, rue du Colonel-Lilly - **FEGERSHEIM**
✆ 03 88 68 75 35
www.manicook.com
Ouvert du mardi au samedi de 9h30 à 19h. Parking.

Envie de cuisiner vous-mêmes une petite soupe thaï ou de bons nems croustillants et parfumés ? Vous trouverez tous les ingrédients indispensables : basilic chinois, pâte de curry, galettes ou nouilles de riz, boulettes de poisson… dans ce supermarché asiatique. Flânez au milieu des condiments et épices, des thés, boissons et alcools, produits congelés, espace traiteur, ustensiles de cuisine… Le restaurant de l'enseigne, situé dans le même bâtiment, vous permettra de goûter ces spécialités, préparées pour vous, confortablement installé dans la salle au décor typique.

ASIE

PARIS STORE

27, rue du Faubourg-de-Saverne ✆ 03 88 22 69 20
Tram arrêt Faubourg de Saverne.
www.paris-store.com
Ouvert du lundi au samedi de 10h à 19h.

Chez Paris Store, vous trouvez tous les ingrédients indispensables de la cuisine asiatique. N'hésitez pas à demander à un employé du magasin de vous aiguiller dans vos achats ! Des fruits de mer et poissons, des boulettes de viande en passant par les fruits et les légumes, les pâtes déshydratées, les biscuits, le thé. Ici les produits sont proposés frais, congelés et sous vide. Chez Paris Store, il y a également un large choix de boissons (jus de fruits, lait de soja, bières) et de sauces pour agrémenter vos plats (sauce aigre-douce, au piment, huître, au soja, aux fèves). Mention spéciale aux épices fraîches : persil plat, coriandre. Une adresse incontournable pour les transis d'Asie !

EPICERIE

MARMI FRATELLI

29, rue Saint-Aloise
✆ 03 88 55 03 72
Lundi de 14h à 20h. Du mardi au vendredi de 10h30 à 20h. Samedi de 9h à 19h.

Marmi Fratelli, c'est une épicerie italienne oui, mais une épicerie à part. Bien loin de se contenter de vous proposer des classiques vus et revus, ici toute l'équipe cherche en permanence des pépites de petits producteurs de toutes les régions italiennes et des produits tous plus qualitatifs les uns que les autres. Saviez-vous par exemple que les bières italiennes sont nombreuses ? Non ? Vous le découvrirez ici parmi bien d'autres choses. Quand on a à boire, il faut à manger et il y a de quoi faire ! De l'entrée au dessert, composez vos menus complets grâce aux conseils avisés de vos dénicheurs de gourmandises italiennes et laissez-vous tenter et surprendre !

EPICERIE

SICA LES SPÉCIALISTES DU MADE IN ITALY

30, rue des Tuileries - **SOUFFELWEYERSHEIM**
✆ 03 88 91 12 35
Ouvert du lundi au samedi de 10h à 15h ; le jeudi et le vendredi de 18h à 21h30.

Strasbourg a enfin une entreprise avec des passionnés qui pourront vous conseiller sur le choix de vins, fromages, farines pour four professionnel à pizza, huiles d'olive extra vierge, pâtes de tous les formats et riz pour risotti ! Mais chez Sica, tout le monde est bienvenu et les particuliers ne s'y trompent pas. On y vient pour l'épicerie et les pâtes fraîches délicieuses mais aussi pour la carte de restaurant avec pizzas, plats du jour et spécialités. Le service est incroyablement attentionné et efficace et c'est un plaisir que de s'y retrouver en famille ou entre amis.

JE SORS JE ME CULTIVE

One man show, soirée cabaret, spectacle humoristique ou burlesque... À Strasbourg, et dans les communes avoisinantes, de nombreuses animations sont proposées. Et ça tombe bien ! Si vous avez décidé de sortir pour vous changer les idées, en feuilletant le guide, vous vous rendrez compte que vous n'avez que l'embarras du choix : la pièce de théâtre, le film d'art et d'essai ou le concert philharmonique, l'adresse d'une discothèque ou d'une guinguette. Mais avant, vous pourrez toujours aller boire un verre dans un bar branché ou une rhumerie, histoire de vous mettre dans l'ambiance. Ou alors, vous pourrez passer un après-midi cool au bar de la plage de Plobsheim, avec votre neveu. À moins qu'il ne préfère visiter ce grand musée militaire privé à La Wantzenau ou le fort Frère à Oberhausbergen... Découvrir toutes ces activités culturelles, découvrir la philatélie ou aller voir des livres anciens : c'est sûr, grâce à cette rubrique vous allez avoir envie de nouvelles activités et apprécier les salons de thé et coffee shop. C'est un véritable Pass culture !

NOUVEAU !

VOTRE GUIDE DEVIENT **INTERACTIF**

TAPEZ **PETITFUTE.APP** DANS LE NAVIGATEUR DE VOTRE SMARTPHONE.

PRENEZ UNE PHOTO DE LA PAGE DÈS QU'ELLE A CE PICTO !

COFFEE SHOP ET SALON DE THÉ

ANTICAFÉ

1, rue de la Division-Leclerc ✆ 09 87 33 45 19
Tram arrêt Langstross Grand Rue.
Ouvert du lundi au vendredi de 9h à 21h ; le week-end de 10h à 21h. À partir de 5 € l'heure.

L'Anticafé est plus qu'un simple concept déjà bien connu des grandes mégapoles ! Ici vous payez le temps passé au café et non à la pièce. Et c'est du *all inclusive* : cafés, thés, boissons fraîches, petits encas, wi-fi, vidéo projecteur et imprimante. Plus vous restez dans l'établissement, plus le prix augmente. Pour 1h, vous pouvez boire autant de café que vous voulez, tout ça pour 5 euros. Réduction de 10 % pour les étudiants et les chômeurs, voire 15 % pour ceux qui ont la carte de fidélité. L'atout phare des lieux ? Une décoration très sympa pour stimuler l'esprit des travailleurs. Côté animation, renseignez-vous : on y propose des ateliers entrepreneurs ou gestion des nouveaux médias...

COFFEE SHOP ET SALON DE THÉ

LA BELLE CHOC'

189, route de Lyon
ILLKIRCH-GRAFFENSTADEN
✆ 03 88 66 14 26
Ouvert du mardi au samedi de 8h à 17h. Chèque Restaurant.

Ce salon de thé-pâtisserie-chocolaterie-snacking est réputé et ce n'est pas sans raison. Il y règne constamment une effervescence due à sa notoriété. Vous viendrez y déguster de copieuses pâtisseries, des tartes salées, des salades et sandwichs, mais aussi des chocolats et des glaces. Le tout, fait maison ! Et il faut bien reconnaître que les pâtisseries sont aussi belles que gourmandes. Ce confiseur-pâtissier-glacier travaille avec les saisons et propose des soufflés aux fruits, tarte au fromage, pralinés et truffes au chocolat... À noter que l'origine de cette Belle Chocolatière remonte à 1970. Dans ce salon de thé, on peut profiter de la terrasse ou du petit salon, au gré de ses envies.

NEW

CAFÉ

BELLES RENCONTRES D'OMNINO

6, rue du Renard-Prêchant ✆ 06 45 48 68 66
omnino.fr
Mardi, jeudi et vendredi de 9h à 18h. Mercredi de 8h à 18h. Samedi de 9h30 à 18h.

Omnino a choisi l'accueillant quartier de la Krutenau pour ouvrir un nouveau café-boutique baptisé Belles Rencontres. La réhabilitation étant l'une de ses valeurs primordiales, toute l'équipe a transformé une ancienne librairie en un chaleureux café-boutique. Dans cette jolie maison verte, vous trouverez d'alléchantes boissons préparées par le barista et surtout, vous pourrez faire le plein de café fraîchement torréfié. Omnino propose également du matériel et initie avec plaisir et passion ses clients aux gestes simples pour réussir un bon café à la maison.

BIO

BISTROT ET CHOCOLAT

8, rue de la Râpe ✆ 03 88 36 39 60
www.bistrotetchocolat.net
Ouvert du lundi au jeudi de 11h à 19h ; le vendredi de 11h à 21h ; le samedi de 10h à 21h ; le dimanche de 10h à 19h.

À la fois restaurant et salon de thé, c'est dans une ambiance chaleureuse et conviviale que vous êtes reçus chez Bistrot et Chocolat. Jus de fruits bio, chocolats chauds à l'ancienne, brochettes de madeleines, crumbles, fondues de chocolat, coupes « croque miam », burgers sucrés, thés des Jardins de Gaïa, vins bio ou naturels... L'idée est de pouvoir venir grignoter à n'importe quelle heure de la journée. Le dimanche n'hésitez pas à venir profiter du copieux et délicieux brunch : 4 formules sont proposées. Pour prolonger ce moment gourmand, la boutique fait aussi épicerie. Et les chocolats chauds sont divins ! ! Goûtez le Cuzco, dont la fève blanche du Pérou.

COFFEE SHOP ET SALON DE THÉ

LE CAFÉ SUISSE

2-4, rue de la Râpe
✆ 03 88 35 22 11
www.hotel-suisse.com/fr
Ouvert tous les jours y compris les jours fériés de 8h à 18h.

Dépaysement immédiat dans ce café-salon de thé attenant à l'Hôtel Suisse. Un lieu intimiste et convivial, décoré dans l'esprit chalet où l'accueil est absolument charmant. Boiseries et lumières tamisées sont propices aux tête-à-tête en amoureux comme aux rendez-vous d'affaires (la présence d'une borne wifi rend bien service), et surtout une pause cocooning. Vous pouvez y venir pour le petit déjeuner, ou pour un goûter : café, thé, chocolat chaud et jus de fruit sont à la carte. Une belle sélection de produits frais : *kougelhopf*, *streussel*, tartes au fromage ou aux fruits sont proposés. La terrasse fleurie de géraniums à l'ombre de grands parasols en toile rouge a beaucoup de charme.

COFFEE SHOP ET SALON DE THÉ

COFFEE STUB

12, quai des Pêcheurs ✆ 03 88 16 08 62
www.coffeestub.com
Ouvert du mercredi au vendredi de 8h à 19h ; le week-end à partir de 9h. Ouvert le mardi en été.

Avec sa grande baie vitrée donnant sur les quais, face aux péniches, le Coffee Stub ressemble en tous points à un coffee shop américain : mobilier design en bois, vaste carte de cafés, thés et chocolats importés du monde entier, cheesecakes et autres muffins en journée, wraps et salades végétariennes pour le déjeuner. Pourtant l'Alsace n'est pas oubliée et demeure très présente avec des éléments de mobilier créés par des artistes locaux. L'établissement fait la part belle à des produits provenant, pour la plupart, des producteurs alentour. Très solidaire, cet établissement offre la possibilité de laisser un café suspendu sur votre note afin de l'offrir à une personne sans abri.

COFFEE SHOP ET SALON DE THÉ

AU FOND DU JARDIN

6, rue de la Râpe ✆ 03 88 24 50 06
www.aufonddujardin.fr
Du mercredi au vendredi 9h30-13h, et 14h30-18h30. Samedi et dimanche 9h30-16h et 16h30-18h. Boutique.

Au Fond du Jardin est un salon de thé de style anglais, où les roses anciennes sont à l'honneur. La spécialité affichée est la Madeleine de voyage aux confitures élaborées avec soin. Vous pourrez les déguster avec une sélection de thés raffinés. Laurent Renaud la décline en plus de 80 versions, sur place ou via la boutique en ligne. Vous pourrez aussi déguster des pâtisseries originales accompagnées de chocolat chaud et de cocktails maison. Au Fond du Jardin est un endroit vraiment charmant où il fait bon petit-déjeuner ou bruncher ! Mais pour vous attabler ici dans une ambiance raffinée, hors du temps, pensez à réserver car l'établissement est très prisé !

HÔTEL

HÔTEL SUISSE***

2-4, rue de la Râpe ✆ 03 88 35 22 11 - Proche de la cathédrale.
www.hotel-suisse.com
Chambre double à partir de 105 € ; chambre triple à partir de 149 €. Petit déjeuner : 12,90 €.

L'Hôtel Suisse est un établissement classée 3 étoiles niché dans une belle maison du XVIIe. L'accueil et le cadre sont très chaleureux. Les chambres sont confortables, claires et spacieuses, et donnent envie de prolonger la nuit par une grasse matinée ! À votre réveil, le petit déjeuner composé de viennoiseries alsaciennes (kougelhopf, streusel, couronne nattée...) est servi dans une jolie salle boisée ou en terrasse à la belle saison. Vous pouvez d'ailleurs profiter d'un thé ou d'un café accompagné de douceurs même sans être résident de l'hôtel. Une adresse également recommandable pour son excellent rapport qualité-prix et sa situation idéale, à deux pas de la cathédrale.

COFFEE SHOP ET SALON DE THÉ

LES JARDINS DE GAÏA

6, rue de l'Écluse - **WITTISHEIM** ✆ 03 88 85 88 30
www.jardinsdegaia.com
Ouvert du mardi au samedi de 10h à 12h et de 13h à 18h. Terrasse. Achat en ligne possible.

25 ans pour les Jardins de Gaïa ! Dans ce lieu insolite, 500 variétés de thés, de tisanes et de rooibos sont proposées. Goûtez à des mélanges traditionnels en provenance d'Inde, du Sri Lanka, de Chine ou encore d'Afrique du Sud, tous issus de l'agriculture bio et une majorité certifiés commerce équitable. La balade dans les jardins japonais incite volontiers à la méditation. Pour parfaire cette cérémonie, les Jardins de Gaïa proposent tous les accessoires indispensables : théières en porcelaine, boîtes à thé... La maison organise des manifestations culturelles et artistiques et dispose d'une école de thé pour apprendre à reconnaître les grandes familles de cette boisson millénaire.

COFFEE SHOP ET SALON DE THÉ

OH MY GOODNESS

13, rue de la 1re Armée
✆ 09 50 52 08 61
http://ohmygoodnesscafe.fr
Ouvert du mardi au vendredi de 12h à 17h ; le samedi de 9h à 17h.

Amateurs d'ambiance cosy so british : vous êtes chez vous ! Ce café associatif est né de l'imagination fertile du patron, véritable passionné des cafés anglo-saxons. SI l'endroit est déjà très accueillant et merveilleusement décoré, côté douceurs c'est également l'extase entre les pâtisseries délicieuses à tendance anglaise et les lunch boxes accompagnées de jus de fruits bio, y compris pour les végétariens, pratiques et peu chères pour la pause déjeuner. Une fois par mois, le brunch est exceptionnel. Avec de nombreux bénévoles au service et une multitude d'ateliers linguistiques et autres, Oh My Goodness est aussi un lieu melting-point de brassage social, ce qui décuple son charme.

COFFEE SHOP ET SALON DE THÉ

OSMANTHUS

10, rue des Tonneliers
✆ 09 86 45 91 15
osmanthus.eatbu.com
Du mardi au vendredi de 10h à 17h30. Le samedi de 9h30 à 17h30.

Osmanthusest un petit salon de thé chinois de la rue des Tonneliers, ouvert depuis début février. Si les mots « pain ananas », « briochine », « taro » ou encore « bo cake » vous intriguent, vous allez pouvoir découvrir ce à quoi ils correspondent en ce lieu à l'ambiance feutrée et agréable. Sur place ou à emporter, ces douceurs se dégustent à la mode chinoise, traditionnelle. On se sent instantanément dépaysé en s'installant ici et en y prenant une pause gourmande hors du temps. Côté boissons, on trouve de nombreuses sortes de thés, des plus classiques aux plus extravagants et méconnus. Le service est impeccable, aimable et souriant, aux petits soins et pas avare d'explications.

COFFEE SHOP ET SALON DE THÉ

LA PART THÉ

42, Grand-Rue ✆ 03 88 32 20 83 - Tram arrêt Alt Winmärik.
www.lapartthe.com
Ouvert du lundi au vendredi de 8h à 19h ; le samedi de 8h à 18h30 ; le dimanche de 9h à 18h30. Terrasse.

Malgré son nom (vous noterez le jeu de mot), La Part Thé ne propose pas que du thé. Si à midi vous pourrez y manger une salade, une quiche lorraine, un sandwich ou un jarret braisé, la spécialité demeure le dessert ! L'immense buffet qui présente les produits est un sublime supplice de tantale ! Tarte au fromage blanc, tarte aux fruits de saison, forêt-noire, cheesecake au citron et son coulis framboise... On agrémente sa pause douceur par un chocolat chaud maison ou un thé en vrac. L'ambiance y est chaleureuse et l'accueil très professionnel. Le plus : il est possible de réserver en ligne sur leur site Internet et l'enseigne partage ses suggestions du jour tous les matins sur Facebook.

COFFEE SHOP ET SALON DE THÉ

LA PASSION DES DÉLICES

12, rue de l'Elbe
✆ 03 88 34 74 75
Du lundi au vendredi de 6h30 à 18h30. Le samedi de de 7h à 14h. Le dimanche de 8h à 12h.

Dans un cadre charmant et convivial, installez-vous pour déguster de délicieuses créations culinaires réalisées par Jérémy Hinnewinkel. Il vous propose une large sélection de produits faits maison tels que la pâtisserie, les pains et la viennoiserie. La boulangerie-salon de thé La Passion des délices est un lieu de rencontre prisé pour le déjeuner, une collation ou un café rapide pour puiser de l'énergie avant le travail. Les spécialités maison peuvent être commandées à emporter et pour tous vos évènements, que vous soyez plutôt sucré ou plutôt salé, vous pouvez parler de vos envies et besoins au chef qui se fera un plaisir de créer avec vous des mets qui vous correspondent.

COFFEE SHOP ET SALON DE THÉ

PÂTISSERIE CAFÉ STEIN

29, rue du Vieux-Marché-aux-Poissons ✆ 03 88 22 25 25
steinstrasbourg.fr
Ouvert tous les jours de 7h15 à 18h30, le samedi de 7h15 à 16h et le dimanche de 8h à 12h.

À deux pas de la cathédrale, venez prendre un bon café, thé ou chocolat accompagné de l'une des délicieuses douceurs de la maison à n'importe quelle heure. Si le lieu est agréable pour le petit déjeuner, il l'est tout autant pour une pause à tout moment de la journée. Le midi, vous profiterez de bons petits plats du jour, de bon rapport qualité-prix et dont les inspirations varient. D'excellents sandwichs, et bien sûr les incontournables pâtisseries de la maison qui en ont fait la réputation et qui sont prises d'assaut par les Strasbourgeois depuis bien longtemps sont également proposés. Avec son ambiance moderne et épurée, ce lieu deviendra vite votre incontournable !

COFFEE SHOP ET SALON DE THÉ

CHEZ POMM' CAFÉ À CROQUER

64, rue Boecklin ✆ 03 88 67 71 34
chezpomm.wixsite.com
Mardi, jeudi et vendredi de 7h45 à 18h30. Mercredi jusqu'à 14h30 et samedi jusqu'à 16h.

Chaleureux, bien-être et élégance décontractée sont les mots d'ordre de Chez Pomm', tout nouveau salon de thé strasbourgeois. Les produits sont sélectionnés avec rigueur et passion, les productions confectionnées avec des produits frais et de saison, livrés chaque jour. Vous pourrez déguster une belle et vaste sélection de cafés, pains, viennoiseries, pâtisseries ou tout simplement déjeuner sur place le midi avec des formules plus qu'avantageuses. C'est une belle adresse conviviale pour se retrouver, travailler ou juste profiter de l'instant présent.

COFFEE SHOP ET SALON DE THÉ

SNACK MICHEL

20, avenue de la Marseillaise ✆ 03 88 35 45 40 - Tram arrêt Gallia ou République. - www.cafe-brasserie-michel.com
Ouvert du lundi au vendredi de 6h à 21h ; le samedi de 6h à 19h. Fermé le dimanche.

Véritable institution strasbourgeoise, le Snack Michel accueille une clientèle hétéroclite dès 6h du matin dans une chaleureuse ambiance de brasserie parisienne typique. Très prisé des acteurs culturels de la ville, on y papote livres, spectacles et concerts autour d'une des délicieuses viennoiseries proposées et d'une tasse de café ou de chocolat fumant. On peut également y déjeuner dans une ambiance conviviale : on s'y interpelle souvent de table en table. Le service est particulièrement chaleureux et c'est un endroit parfait pour étayer son réseau amical et professionnel. Attention, les tables du petit déjeuner sont rapidement prises d'assaut, notamment sur la terrasse à la belle saison.

COFFEE SHOP ET SALON DE THÉ

LE THÉ DES MUSES

19, rue Sainte-Barbe ✆ 03 88 37 13 77
www.thedesmuses.com
Ouvert le lundi de 14h à 19h ; du mardi au samedi de 10h à 19h.

Le Thé des Muses, c'est plus qu'un salon de thé, c'est une « maison du thé » au décor intimiste où l'on peut à la fois acheter et déguster, confortablement installé dans un canapé tout en s'accompagnant d'une tranche de gâteau ou de tarte. À la carte et à la vente au poids, ce sont plus de 300 références de thé de toutes les couleurs et de toutes les origines qui sont majestueusement exposées dans cet espace calme et reposant. Une très bonne adresse pour le goûter en hiver, pour déjeuner d'un sandwich et se rafraîchir avec un thé glacé en été, pour faire cadeau – nombreux services et accessoires en vente – ou tout simplement obtenir des conseils de préparation de ce breuvage millénaire.

COFFEE SHOP ET SALON DE THÉ

WHAT THE CAKE ?

51, rue du Fossé-des-Tanneurs
✆ 03 69 08 21 41
www.whatthecake.fr
Ouvert du mardi au samedi de 11h à 19h. Vegan friendly.

On ne présente plus les cupcakes, cheesecakes, muffins et autres sucreries très en vogue depuis la série TV *Sex and the city*. Pourtant, What the Cake ? a encore réussi à se démarquer en créant un salon de thé agréable, vintage et branchée. Kevin, le pâtissier, vous régalera de ses jolies confections : cupcakes façon citron meringué ou Oréo, cheesecakes classique ou à la châtaigne. Ajoutez à cela de bons cafés, latte et cappuccino, réalisé au choix à base de lait de soja ou de vache. Pour le midi, des wraps, des quiches ou des salades vous sont proposées. À noter que What the Cake ? est très sensible à la mode vegan ! Mais que les carnivores se rassurent, la carte pense aussi à eux.

BAR - CAFÉ

CHAMPAGNE BAR

5, rue des Moulins ✆ 03 88 76 43 43
Tram arrêt Langstross Grand Rue
www.regent-petite-france.com
Ouvert tous les jours de 17h à 1h. Terrasse.

À défaut de pouvoir jouir des chambres, les Strasbourgeois peuvent profiter du luxe de l'hôtel Le Régent-Petite France en se rendant dans le bar de ce palace historique, idéalement placé au plus près des écluses de ce quartier pittoresque. Dans une ambiance feutrée et tamisée, faite de mobilier en bois sombre et de lumière aux tons violets, avec vue sur l'écluse, le bar propose une sélection d'une vingtaine de vins de Champagne en plus de tous les autres breuvages réglementaires, ainsi que quelques snacking (sandwich club, tranche de foie gras). L'été, la terrasse est très agréable. Attention aux mauvaises surprises, les tarifs sont à l'image de l'hôtel, dispendieux !

BAR - CAFÉ

LE PERESTROIKA

2, rue Thiegarten
✆ 03 88 32 71 88
www.grillon.com
Ouvert du lundi au samedi de 8h à 3h ; le dimanche de 9h à 3h.

Tout l'univers de la vodka réuni en un seul et même lieu. Vous trouverez ici le célèbre alcool sous toutes ses formes et en provenance d'une multitude de pays : Russie, Pologne, Suède, Danemark, Finlande, France... Des nectars corsés servis nature ou savoureusement accommodés avec de la pêche, de la banane, du citron, du melon, du caramel, etc. L'ambiance est très sympathique, les habitués viennent y jouer aux échecs ou au backgammon. La décoration est un écrin discret. On trouve de vieilles affiches, des tables en marbre et en bois... Le service est efficace et les conseils avisés si vous ne savez quelle boisson choisir. Un petit bar proche de la gare à découvrir de toute urgence !

BAR - CAFÉ

KITSCH'N BAR

8, quai Charles-Altorffer ✆ 03 88 36 31 20
Tram arrêt Faubourg National.
Ouvert du mardi au samedi. Baby foot et frites maison. Plat du jour 7,50 €.

Au rez-de-chaussée d'une vieille bâtisse alsacienne peinte en jaune, le Kitsch fait le bonheur de ses habitués de plus en plus nombreux. Sur la terrasse ou bien à l'intérieur loufoque et vintage, ce café-resto vibre au rythme des habitants du quartier et des jeunes actifs. Non seulement parce que les lieux sont aussi charmants que chaque membre de l'équipe, mais surtout grâce à un rapport qualité-prix unique à Strasbourg. L'endroit fort sympathique permet à tout un chacun de déguster un délicieux repas et quelques bières de bonne facture pour un prix défiant toute concurrence. On vous recommande les frites, croustillantes à souhait, d'une qualité incomparable !

BAR - CAFÉ

TROC'CAFÉ

8, rue du Faubourg-de-Saverne ✆ 03 88 23 23 29
Tram arrêt Faubourg de Saverne
Ouvert le lundi et le mardi de 7h30 à 22h ; du mercredi au vendredi de 7h30 à 0h30 ; de 14h à 20h.

Depuis une vingtaine d'années, le Troc'afé met à l'honneur le vintage et ce, avant même que le vintage ne soit tendance. Brocanteur-chineur dans l'âme avant l'avènement des célèbres sites de petites annonces, ce café détendu, chaleureux et peu onéreux, où l'on peut déjeuner ou prendre l'apéro en musique (de nombreux concerts sont organisés), doit son charme à son mobilier de récupération, à ses vieilles banquettes, à ses murs et son plafond bardés d'objets insolites, d'affiches et publicités d'un autre temps, de photos et de peintures en tout genre. Un endroit à part à Strasbourg qui fait le bonheur de ses nombreux habitués – journalistes, artistes, comédiens. Où danser certains soirs.

BAR - CAFÉ

LA MANDRAGORE

1, rue de la Grange ✆ 03 88 22 38 71 - Tram arrêt Homme de Fer.
www.barlamandragore.blogspot.fr
Ouvert du mardi au samedi de 15h à 1h ; le dimanche de 15h à 22h. Chèques non acceptés. Terrasse.

Derrière le centre commercial de la Maison rouge, dans une rue qui ne paie pas de mine, à la place d'un ancien bar à hôtesses, se trouve l'un des bars les plus atypiques et sympathiques de la ville. Animaux empaillés, peaux de serpent clouées au plafond, des dizaines d'insectes, de papillons et d'araignées sous cadre, des tabourets zébrés et velus, des tables décorées, des cactus, des petits jeux disséminés un peu partout... La Mandragore est un lieu rare et prisé de nombreux acteurs culturels et d'étudiants, un véritable cabinet de curiosités, digne d'un fol explorateur du XIXe siècle : du décor à la bande sonore jusqu'aux serveurs tatoués mais d'une profonde gentillesse et patience.

BAR À BIÈRE

LA PÉPINIÈRE

10, place d'Austerlitz
✆ 03 88 69 82 33
Ouvert tous les jours de 11h à 1h30 (le dimanche à 18h).

La Pépinière, c'est le petit nouveau des bars de la place d'Austerlitz, installé juste à côté du Café Lové. On y trouve entre autres une sélection de bières artisanales et pas mal de belles quilles locales, notamment du domaine Achillée. Avec son ambiance décontractée et sa carte assez large jouant à fond les découvertes et les nouveautés tout en restant centrée sur la région, nul doute que chacun y trouve son compte pour boire un verre entre amis. Le service est efficace et souriant et l'accueil chaleureux, propice aux rencontres entre tables. Sur la belle place d'Austerlitz connue pour son ambiance festive, on ne se lasse pas de découvrir de nouvelles choses à boire.

ET SI ON PRENAIT UN VERRE ?

BAR À BIÈRE

L'ACADÉMIE DE LA BIÈRE

17, rue Adolphe-Seyboth
✆ 03 88 22 38 88
Ouvert tous les jours de 11h à 4h. Happy hours. American Express. Terrasse. Restauration.

L'Académie de la Bière fait le bonheur des étudiants et jeunes actifs depuis des années maintenant. Dans son antre biscornu, avec ses banquettes et ses tables en bois brut, « L'Aca » pour les intimes reste un incontournable des nuits strasbourgeoises. Quand tout est fermé et qu'on a encore envie d'un dernier verre, alors il faut aller à l'Académie de la Bière. Avec sa carte ultra large tant du côté des boissons que de celui de la petite restauration, le lieu comble même les plus difficiles et ravit toutes sortes de noctambules. Les soirs d'évènements sportifs, la fête est encore plus grande avec des retransmissions en direct et pour les fêtes privées on peut privatiser le caveau.

BAR À BIÈRE

LE BARISTO

14, rue des Tonneliers
✆ 06 64 88 61 15
Ouvert du lundi au samedi le soir à partir de 17h30 (17h le samedi).

Le Baristo est un tout nouveau bar-café à la déco sobre et épurée, dans lequel on se sent tout de suite bien. L'ambiance n'est ni trop festive ni trop calme. Le juste milieu a été trouvé et ainsi chacun s'y sentira bien, quelles que soient ses envies. Fait très rare à Strasbourg, Le Baristo propose des brunchs tous les jours de la semaine ! Ainsi, les lève-tard n'auront pas à attendre le week-end pour démarrer la journée du bon pied avec de beaux produits. Le Baristo propose également en plus de sa vaste carte de cocktails, bières et vins de belles planchettes avec des produits locaux à partager ou à déguster seul pour les plus gourmands. L'endroit parfait pour une petite pause !

BAR À BIÈRE

BRASSERIE LE MÉTÉOR

10, rue du 22-Novembre
Ouvert du mercredi au dimanche de 7h à 1h30. Terrasse. Restauration. Petit déjeuner. Ateliers de brassage.

Voici la plus grande brasserie de Strasbourg ! En plein centre-ville, on s'y rejoint bien sûr pour boire une bonne bière Meteor ! 30 becs, 13 bières à la pression dont la Meteor HopStar en exclusivité et quatre citernes de 1 000 litres sont là pour vous combler, en plus des fours à tartes flambées traditionnelles, des snacks à déguster seul ou à partager, ou de la carte de spécialités alsaciennes et de plats du jour pour se restaurer pleinement. Vous pourrez même apprendre l'activité brassicole si le cœur vous en dit. Cet espace de 1 200 m² est vraiment idéal pour tous types de fêtes et pour se retrouver en grande bande d'amis. Et en plus, à la belle saison, deux terrasses vous raviront.

BAR À BIÈRE

LA LANTERNE

5, rue de la Lanterne ✆ 03 88 32 10 10
Tram arrêt Langstross Grande Rue
Micro-brasserie et restauration. Ouvert tous les jours de 16h à 1h30. Terrasse.

Rares sont les bars pouvant s'enorgueillir de servir leur propre bière maison. La Lanterne, qui tient son nom de la petite rue perpendiculaire à la rue Gutenberg dans laquelle elle se niche, brassait déjà sa propre bière blonde et savoureuse. Une place de pionnier qui lui vaut un beau succès parmi la population jeune et étudiante, mais qui est aussi fort appréciée par les touristes qui se baladent dans le secteur de la cathédrale. Son cadre et son accueil favorisent la convivialité des apéros-concerts et des soirées bière-tartes flambées-foot, avec ses cuves en cuivre et les manomètres. Sert aussi des plats au déjeuner et au dîner. La terrasse, située dans une rue piétonne, est agréable.

BAR À BIÈRE

LE LOCAL

3, rue de l'Abreuvoir ✆ 09 63 56 90 19
Bus arrêt Cité Administrative. - www.lelocalbar.fr
Ouvert du lundi au mercredi de 17h à 1h30 ; du jeudi au samedi de 17h à 4h ; le dimanche de 18h à 1h.

La musique et la bière sont pour vous indissociables ? Prenez vos pieds, votre vélo ou votre voiture et direction Le Local pour faire vibrer ses oreilles tout en dégustant une savoureuse bière alsacienne. Les connaisseurs ne seront pas déçus car les bières sont issues des meilleures brasseries d'Alsace : rigoureusement sélectionnées. Côté ambiance, une douzaine de concerts sont donnés par mois (style folk, pop...), dans la joie et la bonne humeur. La structure organise aussi des soirées insolites comme des soirées retro-gaming ou cosplay (déguisements). Organisation d'Apéristeams, sorte d'*after work* qui promeuvent le *steampunk*, un univers rétro-futuriste très décalé.

BAR À BIÈRE

LE METEOR

10, rue du 22 Novembre
✆ 03 88 65 66 30
Ouvert du mercredi au dimanche de 7h à 1h30. Terrasse. Restauration. Petit déjeuner. Ateliers de brassage.

Le nouveau QG géré par la plus ancienne brasserie française encore en activité a ouvert ses portes. Le Meteor, c'est plus qu'une brasserie, un bar, c'est un lieu de découverte brassicole où tout le monde se croise et où il se passe toujours quelque chose ! Situé idéalement au cœur de Strasbourg, on y prend un petit déjeuner tôt le matin, on y découvre une cuisine alsacienne revisitée en continu et l'on déguste toute la gamme de bières Meteor avec certains brassins en exclusivité ! Vous pourrez apprendre l'activité brassicole. Cet espace de 1 200 m² est adapté pour tous types de fêtes et pour se retrouver en grande bande d'amis. Aux beaux jours, deux terrasses permettent de voir et d'être vu.

BAR À COCKTAIL

LES AVIATEURS

12, rue des Sœurs ✆ 03 88 36 52 69
Tram arrêt Broglie
www.les-aviateurs.com
Ouvert tous les jours de 20h à 4h. Bar à cocktails et animations.

Ce bar américain aux boiseries sombres offre une ambiance particulière avec sa déco résolument orientée vers l'aviation. Derrière le bar, le pilote et les copilotes proposent des cocktails sur mesure, avec beaucoup d'originalité. Notamment des compositions dédiées aux films et séries TV. L'apanage du bar est aussi d'offrir des soirées à thème (les filles prennent le pouvoir !, Event Rodéo…), apéro jazz et autres festivités du genre. Des moment toujours appréciés par les habitués, du coup la salle est souvent bondées. Les Aviateurs est quelque peu une institution, où les générations se succèdent. On y vient le temps d'un drink, faire de belles rencontres et danser jusqu'au bout de la nuit.

BAR À VIN

ILL VINO

19A, quai des Pêcheurs ✆ 03 88 36 65 78
www.illvino.com
Ouvert le mardi et le mercredi de 18h à 00h30 ; du jeudi au samedi de 18h à 1h30.

Profitez d'une belle soirée avec une vue imprenable sur l'eau, les péniches et les beaux bâtiments de Strasbourg pour déguster un verre d'un excellent vin. Chez Ill Vino, sur la péniche, la sélection de vins au verre est tout bonnement incroyable par sa largesse et sa diversité. Depuis plus de 20 ans, ces cavistes sélectionnent rigoureusement les vins et spiritueux qu'ils proposent dans leur cave à Strasbourg rue des Bouchers, à Sélestat ou sur la péniche. Sur cette dernière, on prend le temps de vivre grâce à la dégustation entre amis et on profite de planchettes et autres petits mets pour accompagner les verres. Le lieu peut être privatisé pour vos évènements.

S'AMUSER - SORTIR

BARAKA

6, place de l'Homme de Fer
✆ 03 90 23 18 16
Du lundi au vendredi de 17h à 1h et le week-end à partir de 14h.

© BARAKA

Plus de 600 jeux ainsi qu'un billard et un jeu de fléchettes vous attendent ici ! Dans un décor à la *Jumanji*, vous vous amuserez en dégustant des bières belges à la pression, des cocktails ou des rhums arrangés par exemple. Et pour combler vos petites faims, planchettes de charcuteries et fromages espagnols en provenance de l'Épicerie Iberico ou tartinades maison vous attendent. Tous les mois, ne manquez pas les blind tests et tournois de billard sur inscriptions. Vous pourrez ainsi défier vos amis ou vous mesurer à de parfaits inconnus dans une ambiance agréable et bon enfant. Attention cependant l'établissement n'est pas accessible aux personnes à mobilité réduite.

BAR À VIN

LE PURGATOIRE

34, rue de Zurich
✆ 03 88 35 62 87
Ouvert du lundi au samedi de 11h30 à 1h30.

Partage et plaisir sont les deux maîtres mots de ce lieu imaginé comme un « débit de vin ». L'ambiance y est chaleureuse et propice aux échanges, aux rencontres. Pour se désaltérer ou pour combler un petit (ou gros) creux, c'est idéal. La carte des vins est immense et propice aux découvertes, de tous les continents et de tous les genres, les bouteilles se vident avec plaisir (et modération). Il y a même le très peu connu vin orange, un délice ! Les prix sont doux, y compris côté cuisine, qui est ouverte en continu. L'été, on profite bien volontiers de la terrasse jusqu'au bout de la nuit et le jeudi, on se rue pour les DJs divers qui viennent enchanter vos oreilles en plus de vos papilles.

BAR À VIN

LE XX - BAR À VINS

3, rue des Planches
✆ 06 81 54 64 99
www.lexxbaravins.fr
Ouvert du lundi au samedi de 17h à 20h45.

Le XX vous invite à découvrir des vins d'Alsace bien sûr, mais aussi des autres régions viticoles françaises et même quelques pépites venues de l'étranger. Avec plus de 150 références au verre de blancs, rouges, rosés, pétillants et autres, vous aurez de quoi passer une longue soirée de découvertes. Pour modérer votre consommation, une carte de petite restauration est disponible jusqu'à 23h : planchettes de charcuteries et fromages, croque-monsieur, saucissons, rillettes, terrines, soupes et, en dessert, un peu de sucré dont un moelleux au chocolat. L'ambiance se veut chaleureuse et propice aux rencontres, surtout sur la terrasse à l'arrivée des beaux jours

ET SI ON PRENAIT UN VERRE ?

BAR D'HÔTEL

LE BAR LOUNGE DES HARAS

23, rue des Glacières
✆ 03 88 24 00 00
www.les-haras-brasserie.com
Bar à cocktail, bar à vin, tapas. Restauration.

Niché au cœur du restaurant des Haras, au pied du majestueux escalier sous une charpente exceptionnelle de beauté, ce bar offre un écrin élégant et contemporain pour venir se délasser au terme d'une longue journée, pour un simple apéritif ou pour attendre sa table. Assis dans les fauteuils en cuir ou sur les tabourets au comptoir, vous pourrez déguster, outre les 120 vins du restaurant, des cocktails créés par et pour la maison, comme le Haras au Rhum ambré et jus de pêche, ou le Mirabellini, Eau de vie de Mirabelle et Martini ambrato. En soirée, l'établissement propose quelques tapas sucrés ou salés, le mini-burger d'agneau ou plus traditionnellement une bonne tarte flambée.

BAR LOUNGE

Z BAR - BAR GAY STRASBOURG

9, rue de la Course
www.zbar.fr
Ouvert du dimanche au mardi et les jours fériés de 22h à 2h ; du mercredi au samedi de 22h à 4h. Animations.

Le Z bar est un bar à tendance gay à Strasbourg. Bar de nuit sympathique, on y rencontre des personnes de tous horizons et les ami(e) s peuvent accompagner. La musique est bien choisie et l'ambiance générale est bon enfant. Le Z Bar organise de nombreuses soirées (Blind Test pour tester vos connaissances musicales, Disco, Sur place ou à emporter) réservée aux garçons et dont interdite aux filles). Fumoir et backroom sont à disposition. Chaque 1er lundi du mois, une soirée «Naked» uniquement réservée aux garçons avertis vous promet une des nuits les plus hot !

BAR DE QUARTIER

LE DOK

25, presqu'île Malraux
Tous les jours de 10h30 à 23h, jusqu'à 00h30 les vendredis et samedis.

Le Dok, c'est le nouveau bar addictif de la presqu'île Malraux, situé au pied du Shadok. Vous pourrez y retrouver du café Mokxa, de la petite restauration pleine de saveurs (dont de fabuleux twixx maison du café Bretelles), des happy hours sur les bières et autres cocktails à l'heure de l'apéritif et surtout, une vue imprenable sur la presqu'île dans un jardin urbain intérieur véritablement féerique. Le Dok propose très régulièrement des événements, concerts et expositions très variés, dont la programmation complète est disponible sur le site Internet et les réseaux sociaux. Pour un moment de détente délicieux à deux pas de centre commercial Rivétoile, indubitablement.

JEUX

BAR LES TRICHEURS

7, rue des Serruriers ✆ 03 88 35 03 08
www.lestricheurs.com
Du lundi au mercredi de 17h à 00h ; jeudi et vendredi de 17h à 1h ; samedi de 15h à 2h ; dimanche de 15h à 00h.

Les Tricheurs, c'est un bar à jeux sympathique où l'on se rencontre autour de parties endiablées de jeux de société (plus de 500 sont disponibles : jeux de coopération, d'attaque, de développement, de créativité, de culture générale...). En consommant régulièrement, vous bénéficierez de tous les jeux, de l'explication des règles par l'équipe et même de conseils personnalisés pour gagner ! Il est aussi possible de jouer sans consommer moyennant une micro-contribution horaire. Boissons et grignotages accompagnent les différentes parties, le tout dans une ambiance très conviviale. Régulièrement, des soirées spéciales sont proposées dont la convoitée game-dating.

BAR À JEUX

SCHLUCK & SPIEL

5, rue de la Chaîne ✆ 09 84 49 53 48
www.schlucknspiel.fr
Ouvert du mardi au vendredi de 17h à 1h30 ; le samedi de 14h à 1h30 ; le dimanche de 12h à 23h.

Quoi de meilleur dans la vie que de retrouver son âme d'enfant ? Quoi de meilleur que de jouer entre amis autour d'un verre ? C'est cet amusant programme que vous propose Schluck & Spiel à deux pas de la Grand'Rue. Dans un décor délicieusement *old school*, Jean, Thibault, Stéphane et Yanick mettent à votre disposition une vaste gamme de petits bonheurs ludiques pour s'échapper du quotidien (jeux de société, jeux de rôles ou encore jeux de carte...). Entre amis ou en famille, vous pourrez également y déguster de savoureux snacks locaux et de bons petits plats. Côté bar, chacun y trouvera également son compte puisque la carte propose pléthore de cocktails, bières, softs et boissons chaudes.

JEUX

PHILIBAR

15, rue du Marais Vert ✆ 03 90 40 33 39
www.philibar.net
Bar à jeux. Plat du jour le midi de 10 € à 18 €. Brunch les samedi et dimanche de 11h à 15h.

Bienvenue au temple strasbourgeois du jeu de société. Créé en 2019, l'établissement propose une grande sélection de jeux en libre-service. Jeu de cartes, jeu de plateau, jeu de stratégie ou jeu de l'oie… il y en a pour tous les âges et tous les niveaux. Côté ambiance, ajoutez un bar et un peu de musique juste pour être bien. Un petit creux ? Plat du jour le midi, planchettes le soir : on y joue et on y mange de midi à minuit pour un moment en toute convivialité. Le plus ? Pas besoin de connaître toutes les règles : ici on vous les explique. C'est l'environnement parfait pour découvrir et tester les nouveautés. Des événements y sont également organisés autour de l'univers du ludique.

ET SI ON PRENAIT UN VERRE ?

MUSIQUE - SPECTACLE

L'OREE 85

32, Impasse de l'Ecluse

L'Orée 85, c'est un lieu de vie, de partage et de stimulation, dans un cadre naturel et singulier, au bord d'une écluse et de la piste cyclable du canal. Vous y trouverez un espace de restauration, pour toutes les bourses et tous les estomacs, avec des aliments et des boissons locales, fournis par des producteurs locaux comme l'îlot de la Meinau pour les légumes, Perle et Meteor pour les bières. Dehors, une ferme pédagogique, avec un potager en permaculture, des ruches et un poulailler. Et ce n'est pas tout : une programmation culturelle avec des ateliers, des concerts, des dj-sets, des vide-dressing, des projections ou encore des soirées-débat est proposée !

PUB

PUB SHAMROCK

196, route de Lyon - **ILLKIRCH-GRAFFENSTADEN**
✆ 03 88 66 62 51
Ouvert du mardi au dimanche de 17h à 1h. Terrasse. Animations. Concerts (piano-bar le jeudi soir).

Ce pub Irlandais cosmopolite est le lieu de rencontre de nombreux habitués. Pour déguster une pinte sur Illkirch, ou se donner rendez-vous... On peut combler une petite faim avec une tarte flambée ou un croque-monsieur. Fanny assure la préparation des boissons au comptoir, et de manière plus confidentielle, elle sait aussi se mettre devant les fourneaux pour mitonner un onglet à l'échalote (uniquement sur réservation) ! Vous pourrez déguster toutes sortes de bières, des whiskies, long drinks, cocktails, softs, grog au rhum et bien sûr Irish coffee. Les plus téméraires testeront l'Irish-picon ! Si vous aimez danser ou écouter de la musique, venez le jeudi soir : ambiance piano-bar garantie.

RHUMERIE

BARCO LATINO

✆ 03 88 23 59 06
www.barcolatino.fr
Ouvert tous les jours de 16h à 0h30. Terrasse.

Le Barco Latino vous invite au dépaysement total ! Avec sa décoration exotique, on s'envole directement en Amérique du Sud. Bien sûr, on sirote ici des mojitos tout en dégustant des farandoles de tapas, froides ou chaudes. Vous trouverez aussi des boissons et collations plus européennes. La terrasse est apaisante et agréable, rayonnante de soleil en été. Régulièrement, des cours de danse latine et autres évènements sont organisés sur inscription. Pour les plus petits budgets, happy hour et afterwork vous permettront de passer un bon moment sans avoir à casser votre tirelire. Pour ceux qui n'ont pas le pied marin, pas de panique, sur cette péniche on ne sent rien !

MUSIQUE - SPECTACLE

KAFÉ KAIJOO

20, rue du Jeu-des-Enfants
✆ 03 88 32 37 12
www.hotel-kaijoo.com
Ouvert du mardi au samedi de 17h à 0h.

Le Kafé Kaijoo propose un sympathique concept : prendre un verre et se cultiver en même temps ! Dans une ambiance conviviale, dans un quartier vivant situé en plein centre-ville, vous pourrez venir ici pour vous détendre et profiter d'une programmation d'événements très large et éclectique. Expositions d'artistes locaux, conférences sur des thèmes divers, dédicaces et concerts de tous styles de musique sont à l'affiche pour ambiancer les after-works et les vernissages. À table, on profite de son verre en regardant et en écoutant tout ce qu'il se passe autour. Si un petit creux se fait sentir, vous profiterez d'une petite restauration autour de produits locaux et de qualité.

MICRO-BRASSERIE

BRASSERIE ROUE LIBRE - BREWPUB

17a, route de Vienne
✆ 07 49 00 34 13
www.brasserie-roue-libre.fr
Mercredi de 15h à 18h. Samedi de 14h à 18h.

La Brasserie Roue Libre vous accueille sur place, dans un véritable bistrot à bières dans lequel les univers du brassage et du vélo s'entremêlent avec goût. Cette microbrasserie est intégrée au bistrot et les bières sont imaginées et brassées sur place, juste à côté du comptoir ! Roue Libre est un lieu ludique, agréable et amusant. De nombreuses animations, ateliers et concerts ponctuent l'agenda pour faire de votre visite un moment unique et plein de fantaisie. Repartez avec vos bouteilles, vos coffrets ou même votre « growler » (bouteille de 2 litres).

THÉÂTRE

LE CHEVAL BLANC

25, rue Principale - **SCHILTIGHEIM** ✆ 03 88 81 53 20
Bus 4 arrêt Mairie. Tram B arrêt Futura

Salle de spectacle et winstub. Ouvert jeudi, vendredi et dimanche à midi. Du jeudi au dimanche en soirée. Plat du jour.

Aménagée dans une superbe et ancienne ferme du XVIIIe siècle, Le Cheval Blanc est l'une des principales salles culturelles de la ville de Schiltigheim et demeure une belle institution, bien connue des Asaciens férus de culture régionale. Sa salle peut accueillir 170 spectateurs, sa régie son et lumière garantit une bonne qualité de prestation. Tout au long de l'année, des pièces de théâtre, spectacles, concerts, projections cinématographiques sont organisés. Vous pouvez boire un verre, déguster une tarte flambée ou un plat du jour dans la winstub. Tous les détails de la programmation, ainsi que les tarifs, sont consultables sur le site Internet de l'établissement.

THÉÂTRE

LE TAPS

96, route du Polygone ✆ 03 88 34 10 36
www.taps.strasbourg.eu

Billetterie ouverte du mardi au vendredi de 13h30 à 18h30. Entrée : 17 €. Plusieurs offres d'abonnement. Enfant : 6 €.

Le Taps est la nef du théâtre contemporain et un véritable incubateur de talents. Depuis 2002, cette structure municipale, répartie sur plusieurs sites – deux salles du Scala au Neudorf, et une autre à la Laiterie –, propose de nombreuses créations françaises mais aussi étrangères chaque saison. Tantôt dramatiques, tantôt humoristiques, les spectacles, portés par des professionnels ou de jeunes créateurs, sont variés et abordent des thématiques différentes réservant à chaque fois leur lot de surprises et d'émotions. Le programme détaillé est disponible sur le site Internet de l'établissement. Il vous est également possible de réserver vos billets ou vos abonnements directement en ligne.

THÉÂTRE

LA LAITERIE - ARTEFACT

11, rue du Hohwald ✆ 03 88 23 72 37
www.artefact.org

Tarif cartes Culture et Atout-voir pour certains concerts. Restauration.

Cette salle de concert hors normes à Strasbourg dans le quartier gare accueille depuis maintenant bien longtemps des artistes de rock, de hip-hop ou d'électro, exceptionnels de renommée et de qualité pour une ville du niveau de Strasbourg pour le plus grand bonheur des mélomanes. Vous retrouverez la programmation riche et variée de la structure sur le site Internet. N'hésitez pas à assister à des concerts que vous n'iriez pas voir habituellement. Vous serez surpris ! Petite, la salle présente néanmoins le désavantage d'être vite pleine et il faut bien suivre l'agenda et les mises en vente en ligne de places pour s'assurer de les obtenir. Billetterie en ligne.

THÉÂTRE

THÉÂTRE NATIONAL DE STRASBOURG

1, avenue de la Marseillaise ✆ 03 88 24 88 00
Tram arrêt République - www.tns.fr

Abonnement individuel entre 6 € et 15 €. Billetterie en ligne. Tarif plein : 28 €.

C'est une exception française puisqu'il est le seul théâtre national en région. Ajoutez à cela une des deux Écoles nationales supérieures de formation professionnelle à l'art dramatique de laquelle sont issus quelques-uns de nos plus grands comédiens et metteurs en scène, et vous obtenez un des éléments majeurs de la dynamique strasbourgeoise ! Au sein du théâtre, deux salles : la salle Koltès et la salle Hubert Gignoux où sont joués des spectacles plutôt contemporains. De nombreuses rencontres et conférences sont organisées ainsi que plusieurs autres événements.

THÉÂTRE

LE MAILLON

1, boulevard de Dresde ✆ 03 88 27 61 81 - Tram arrêt Wacken
www.maillon.eu

Billeterie du mardi au vendredi de 14h à 19h. Entrée : 23 €. Formules à partir de 4 spectacles. Restauration.

Le nouveau Maillon, inauguré en 2019, comprend deux grandes salles dont une de 700 places, des locaux administratifs, des espaces pour la logistique, mais aussi des lieux d'accueil avec un tout nouveau bar restaurant Le BIM ! et une belle cour intérieure. L'architecte italien Umberto Napolitano y a inclus des espaces ouverts et modulables pour conserver l'esprit de ce qui existait jadis. Ce bâtiment de 6 700 m^2 permet à « la machine de théâtre » d'être toujours plus novatrice et de toucher de nouveaux publics. La programmation, quant à elle, demeure toujours très diversifiée, pour tous les publics et tous les styles, et résolument éclectique avec des artistes du monde entier.

CONCERT

ESPACE DJANGO

4, impasse Kiefer ✆ 03 88 61 52 87
Tram arrêt Neuhof Rodolphe Reuss.
www.espacedjango.eu

Billetterie en ligne.

L'espace Django est ouvert à un public particulièrement diversifié via une programmation dédiée aux musiques actuelles, aux styles variés, soul, blues, folk, rock africain, pop, jazz manouche, électro ou encore hip hop. Il poursuit son engagement en faveur de l'accessibilité aux œuvres des publics malentendants et malvoyants. Tous les groupes locaux de la région se bousculent pour assurer les premières parties. Le billet suspendu, la proximité, le cinéma d'animation le 1er dimanche du mois avec prix libre, les soirées participatives un jeudi par mois, les concerts à la bonne heure, 14h30, contribuent à renforcer l'aspect attractif de ce bel espace très convivial de 400 places.

TOUT UN SPECTACLE !

CONCERT

JAM SESSIONS

Place André-Malraux - **GEISPOLSHEIM** ✆ 03 0 29 72 72
www.geispolsheim.fr
Le 3e vendredi du mois, la commune de Geispolsheim organise une soirée concert. Entrée libre. Bar, petite restauration.

Envie d'aller voir un spectacle et de passer une soirée entre amis, sans faire exploser votre budget culture ? Rendez-vous à l'Espace Malraux. Vous pourrez découvrir des artistes talentueux peut-être encore méconnus, mais prometteurs. Au programme : World music, jazz manouche, poetic post-pop, rock and blues ou rock alsacien, trio vocal... L'offre est diversifiée et de nombreux groupes locaux se produisent sur cette belle scène. Vous pouvez boire un verre entre amis ou en famille et manger un morceau (petite restauration). Un RDV prisé par les habitants du secteur et les habitués. Programme disponible sur le site de la mairie. Amis mélomanes, vous savez ce qu'ils vous restent à faire !

CONCERT

OPÉRA NATIONAL DU RHIN

19, place Broglie
✆ 08 25 84 14 84
Tram arrêt Broglie
www.operanationaldurhin.eu

L'Opéra national du Rhin jouit d'une réputation qui dépasse largement les frontières régionales et hexagonales. Fréquenté par les mélomanes les plus pointilleux, ce haut de lieu de la culture l'est également par nombre de néophytes. Et pour cause, l'Opéra vise à accueillir en son sein les publics les plus divers par des actions de communication et des opérations tarifaires des plus intéressantes. Récitals et spectacles de danse y sont aussi époustouflants que les opéras, qui reprennent de grands classiques et jouent avec la modernité. Scène incontournable, l'Opéra est aussi une école qui forme aux arts du maquillage, du postiche, de la coiffure ou encore du masque...

CONCERT

ORCHESTRE PHILHARMONIQUE

Place de Bordeaux ✆ 03 68 98 68 15
Tram arrêt Wacken
https://philharmonique.strasbourg.eu
De 25 à 66 €. Différentes réductions possible. Abonnement.

La programmation annuelle de l'Orchestre philharmonique est particulièrement diversifiée : musique de chambre, concert symphonique, ciné-concert jeune public, opéra et opérettes. De découvertes en sensations nouvelles, vous évoluerez dans la symphonie musicale avec bonheur. Nommé en 2021, Aziz Shokhakimov, jeune chef ouzbèke et prodige de la musique, assure la direction musicale et artistique aussi bien à Strasbourg que sur la scène internationale. Il a récemment fait part de sa volonté à proposer une véritable *vision* susceptible de séduire le public. Des animations musique de chambre, concert en famille et à la découverte des instruments sont également proposés, à des tarifs attractifs.

CONCERT

LE PARLEMENT DE MUSIQUE

17, Grand-Rue
✆ 03 88 32 20 13
Tram arrêt Alt Winmärik
www.leparlementdemusique.com

Fondé en 1990 par Martin Gester, le Parlement de Musique réunit des chanteurs, des instrumentistes et des solistes. Son répertoire musical est axé sur un registre classique et baroque. L'établissement a, de ce fait, développé un partenariat avec le Centre de musique baroque de Versailles. Oscillant entre création et relecture du répertoire classique, la structure a fait parler d'elle à de nombreuses occasions à travers l'interprétation des œuvres de célèbres musiciens tels que Bach, Mozart, Schubert, Charpentier ou Scarlatti. Le bonus : un grand nombre de concerts sont organisés partout en France et en Europe. Plusieurs disques sont également disponibles sur place.

CONCERT

LE POINT D'EAU

17, allée René-Cassin - **OSTWALD** ✆ 03 88 30 17 17
www.lepointdeau.com
Programmation et horaires des spectacles consultable sur le site. Tarif en fonction du type de spectacle.

Le Point d'eau d'Ostwald se veut un lieu multiculturel ! La programmation de spectacles et concerts pour tous publics est vaste et particulièrement diversifiée : concerts, danses, mais aussi des pièces de théâtre sont présentés tout au long de l'année. L'espace culturel possède deux salles : celle de 250 places avec une petite scène, tandis que la salle de 580 places est adaptée au grand show possibilité d'acheter les billets en ligne. Le Point d'eau propose également des ateliers théâtre (pour jeunes et adultes), et des cours de danse pour tout âge. Un espace culturel incontournable qui ravira les petits comme les plus grands, car la culture, on le sait, n'a pas d'âge !

CONCERT

LE PRÉO SCÈNE

5, rue du Général de Gaulle - **OBERHAUSBERGEN**
✆ 03 88 56 90 39 - www.le-preo.fr
Programmation et horaires des spectacles consultable sur le site Internet. Tarifs selon les spectacles.

Cette salle, parfaitement adaptée, accueille des spectacles et des concerts tout au long de l'année. La programmation est éclectique, et s'adresse aux adultes comme aux enfants. Des spectacles scolaires sont aussi proposés. Théâtre d'objet musical, théâtre visuel, conte musical dessiné, récit de voyages, hip hop. Le choix est vaste, voire hétéroclite. Et si vous souhaitez organiser une manifestation, sachez que vous pouvez privatiser Le Préo. La salle de spectacle, avec gradins modulables permet de l'adapter de façon optimum. Le Préo organise des ateliers de pratiques artistiques, avec notamment des cours de théâtre pour enfants et adultes. Mais aussi de l'initiation à l'impro et au hip hop.

INTERVIEW

AZIZ SHOKHAKIMOV

UN NOUVEAU CHEF POUR L'ORCHESTRE

© JEAN-BAPTISTE MILLOT

Nommé directeur musical et artistique de l'Orchestre philharmonique de Strasbourg à 32 ans seulement, Aziz Shokhakimov est un jeune chef au parcours d'exception. Originaire d'Ouzbékistan, il s'est installé à Strasbourg en septembre 2021. Rencontre avec celui qui apporte à l'Orchestre un nouveau souffle et pose un regard neuf sur la ville.

Comment êtes-vous devenu chef d'orchestre ?

J'ai commencé la musique par le violon et le chant. Très vite, j'ai mué et ai dû me tourner vers d'autres pratiques. J'ai eu la chance de recevoir des leçons du grand professeur Vladimir Neymer, qui m'a encouragé à persévérer. Je me suis donc engagé dans cette voie tôt, et ai pu dès mes 13 ans diriger l'Orchestre national d'Ouzbékistan. Le concours Mahler à Bamberg que j'ai remporté à 21 ans a marqué un véritable tournant dans ma carrière. Aujourd'hui, je suis fier d'être à la tête du plus ancien Orchestre de France.

Comment décririez-vous l'Orchestre philharmonique de Strasbourg ?

C'est un orchestre de très haute tenue, constitué de professionnels très précis et impliqués. Une complicité s'est installée dès notre première coopération en 2014 et s'est développée au fil des années. J'ai tout de suite apprécié la vivacité des musiciens, leur tempérament solaire. J'essaie de partager avec eux ma vision de la musique, qui est très personnelle, et ils m'en apprennent énormément en retour.

© JEAN-BAPTISTE MILLOT

Quelles sont vos ambitions pour l'Orchestre?

Le niveau de l'Orchestre est déjà excellent, et je pense que l'on peut encore viser plus haut. Pour cela, j'ai convié cette saison parmi les solistes les plus importants de la scène internationale : Patricia Kopatchinskaja par exemple, qui est actuellement artiste en résidence au Philharmonique de Berlin. Je compte également sur une programmation riche et variée au travers de créations françaises et mondiales. Il est important pour l'Orchestre de poursuivre dans ce qu'il excelle et aussi de prendre des risques en s'ouvrant à de nouveaux répertoires.

Que prévoyez-vous cette saison ?

La reprise des concerts et de l'activité musicale est une aubaine. L'Orchestre a beaucoup à offrir sur différents plans : à côtés des grands concerts symphoniques, une série de concerts et d'ateliers attendent le jeune public, mais aussi les adultes désireux de découvrir la musique sous un autre angle. Divers partenariats avec des institutions culturelles et sportives ancrent l'activité de l'Orchestre dans la ville... Et ce n'est que le début !

© JEAN-BAPTISTE MILLOT

› ORCHESTRE PHILHARMONIQUE

Place de Bordeaux - Tram arrêt Wacken
✆ 03 68 98 68 15
https://philharmonique.strasbourg.eu

CAFÉ-CONCERT

SALLE DE LA VICTOIRE

24, quai des Pêcheurs ✆ 03 88 44 99 40
Tram arrêt Gallia.
www.marlyse.fr
Voir programmation.

Située à l'étage du restaurant la Victoire, la salle de spectacles homonyme vous offre un éventail de soirées dîner-spectacle pour allier cuisine et bonne humeur dans une ambiance sympathique et décontractée. Avant ou après le spectacle, vous avez la possibilité de dîner au restaurant. La cuisine vous accueillera jusqu'à 1h du matin. Humour, one-man show, cabaret ou duo comique : voici la joyeuse programmation de cette jolie salle de spectacle où Patricia Weller et Denis Germain ont établi leurs quartiers depuis déjà plusieurs années. Un espace où l'on appréciera un festif moment de divertissement, aussi bien entre amis, entre collègues de travail, qu'en famille.

CINÉMA

AUDITORIUM DU MUSÉE D'ART MODERNE ET CONTEMPORAIN

1, place Hans-Jean-Arp ✆ 03 68 98 51 55
Tram arrêt Musée Art moderne
www.musees-strasbourg.eu
Horaires : de 10h à 18h. Fermé le lundi.

Lieu de rencontres entre les arts et la transmission des savoirs, l'Auditorium du MAMCS offre plus de 150 manifestations annuelles. Pouvant recevoir 140 spectateurs, il tente de répondre à de multiples vocations dont celle de rassembler divers évènements affiliés aux expositions en cours, des manifestations culturelles ponctuelles (comme les Journées du Patrimoine ou la Nuit des Musées) ou de recevoir de nombreux artistes. Toute l'année ce sont donc concerts, rencontres, projections de films, conférences, journées d'études, lectures et autres performances qui se succèdent.

CINÉMA

L'ODYSSÉE

3, rue des Francs-Bourgeois ✆ 03 88 75 10 47
www.cinemaodyssee.com
7j/7 10h-22h45. Bibliothèque gratuite, mardi, mercredi et vendredi 16h-18h. Entrée : 7,50 €. Diverses réductions.

Cinéma public géré par l'association Rencontres Cinématographiques d'Alsace depuis 1992, l'Odyssée est vraiment un cinéma atypique à Strasbourg. D'abord avec son cinéma d'art et d'essai provenant des quatre coins du globe. Mais surtout par son véritable trésor : sa grande salle, sublime joyau néoclassique de 1913 bâti selon le style italien, avec ses balcons, son parterre et son rideau cramoisi devant l'écran. L'Odyssée, c'est aussi une bibliothèque dont tout un chacun peut profiter et où l'on retrouve avec plaisir des milliers de fiches de films, de magazines et de photographies. Vous pouvez y prendre un verre et vous asseoir sur la terrasse agréable pour voir... et être vu !

SPECTACLE

CENTRE SOCIO-CULTUREL FOSSÉ DES TREIZE

6, rue Finkmatt ✆ 03 88 14 36 40 - Bus arrêt Faubourg de Pierre.
www.cscf13.org
Ouvert le lundi de 9h à 18h30 ; du mardi au jeudi de 9h à 12h30 et de 14h à 18h30.

Association dédiée à l'éducation populaire, le Fossé des Treize est un équipement de quartier à vocations multiples : sociales, familiales et pluri-générationnelles. Un lieu d'animation de la vie sociale voué à la socialisation, l'autonomie, la responsabilisation et la tolérance. On s'y adresse à tout un chacun, nourrisson, ado ou retraité. La philosophie du lieu : remettre la famille, la culture et la solidarité au cœur de la vie de chacun et ce grâce à de multiples événements et activités. Cela se traduit également par de l'accueil périscolaire et de l'aide aux devoirs.

SPECTACLE

L'ILLIADE

11, allée François Mitterrand - **ILLKIRCH-GRAFFENSTADEN**
✆ 03 88 65 31 06 - www.illiade.com
Billetterie sur place et en ligne. Programmation et tarif visible sur le site. Pique-nique musical en été (gratuit).

L'Illiade est le centre culturel de la ville d'Illkirch-Graffenstaden dont la programmation prestigieuse et hétéroclite n'a rien à envier à celle des grandes villes. Dans cette salle, spacieuse et bien équipée, les spectateurs peuvent apprécier des pièces de théâtre, des spectacles humoristiques ou musicaux, mais aussi du cabaret et des expositions. Les plus grand humoristes français sont passés sur la scène de l'Illiade et y reviennent ! Le cirque Plume présente également son spectacle. La programmation propose un large panel de ce que peut offrir le spectacle vivant, avec même de l'opéra en partenariat avec l'Opéra national du Rhin. Possibilité d'achat de bons cadeaux.

SPECTACLE

SALLE DU CERCLE

2b, rue de l'Eglise - **BISCHHEIM** ✆ 03 88 18 01 00 - Bus 4 et 70 : arrêt Cheval Blanc - www.salleducercle.ville-bischheim.fr
Ouvert le mardi de 8h30 à 11h45 et de 14h à 17h45. Tarifs selon les spectacles. Possibilité de tarifs réduits.

La Salle du Cercle est la salle de spectacle dédiée de Bischheim, située près de la Cour des Boecklin. Ce lieu convivial propose tout au long de l'année un programme fort éclectique : pièces de théâtre, spectacles de danse, ou encore concerts de musiques du monde... La programmation s'adresse aux adultes bien sûr, mais aussi aux enfants. Et pour les tout-petits, des spectacles adaptés sont proposés régulièrement (spectacles participatifs, marionnettes...). Des ciné-concerts sont également au programme et vous pourrez participer à des ateliers artistiques. Le programme est renouvelé chaque année. Moins connue que les autres structures de l'Eurométropole : elle est à découvrir !

LET'S DANCE !

DISQUAIRE

MUSIC NON STOP

19, Quai Saint-Nicolas
✆ 03 90 29 94 14
Du lundi au samedi de 9h à 19h.

François Follénius vient d'ouvrir Music Non Stop... C'était le rêve de cet ancien directeur commercial passionné. Dans son magasin vous trouverez des étagères, des boîtes, des bacs bien garnis de quelques CD, mais surtout des vinyles : 4 000 33 tours, et près de 9 000 45 tours. C'est une mine d'or, une caverne d'Ali Baba, pour des clients de tous les âges. Pour un petit budget car la majorité de la marchandise est d'occasion, vous aurez l'opportunité de faire de belles trouvailles avec des disques d'époque, rares et difficiles à trouver pour les collectionneurs avertis comme pour les simples nostalgiques du temps où l'on écoutait la musique en analogique et pas en numérique.

KARAOKÉ

GROOVE BOX KARAOKÉ

56, rue du Jeu-des-Enfants
✆ 07 82 21 07 47
https://groove-box-karaoke.com
Concept-bar karaoké.

Une soirée à chanter entre amis ou entre collègues dans un univers décalé et surprenant ? Ce nouveau concept est fait pour vous. À quelques pas de la place de l'Homme-de-Fer, le très élégant Groove Box Karaoké vous propose de passer la soirée dans l'une de ses 7 salles singulièrement décorées (ambiance little jungle, banana party ou encore graff room...) afin de vocaliser comme jamais sur les 40 000 titres régulièrement mis à jour. En cas de soif et de faim, le personnel apportera de délicieux cocktails et des planchettes aux chanteurs en herbe. Les salles peuvent se réserver à l'avance via le site Internet. Pour les entreprises, d'amusants team-buildings sont également au programme.

LIEU DE DANSE

DELIRIUM CAFÉ

5, quai de Paris ✆ 03 88 32 66 44
Le dimanche et le lundi 17h-1h ; le mardi et le mercredi 17h-2h ; le jeudi 17h-4h. Happy hours (18h30-21h).

Tout travail mérite sa bière ! Le soir, après une dure journée, pourquoi ne pas retrouver ses amis autour d'un bel éventail de breuvages houblonnés ? Le Délirium c'est une quarantaine de pressions, mais aussi plus de 300 références de bières en bouteilles dans un bar de plus de 500 m², une collection qu'ils comptent bien augmenter en travaillant essentiellement sur la bière belge que vous pourrez accompagner avec une planche de charcuteries et de fromages. La décoration est industrielle, faite de bois et de gros fûts métalliques ce qui donne une ambiance atypique pour des soirées bien arrosées. Ce concept sympa permet d'accueillir les groupes et d'y suivre gratuitement des cours de salsa.

DISCOTHÈQUE

LIVE CLUB

1, rue du Miroir ✆ 03 88 38 52 15 - Tram arrêt Langstross Grand Rue.
www.club-live.fr
Ouvert du mercredi au samedi de 23h à 7h. Privatisation possible.

Au grand dam des voisins de la place Gutenberg, le Live Club continue d'agiter bruyamment les nuits strasbourgeoises. Dans une ambiance furieusement branchée, pleine de néons épileptiques et de tables lumineuses, une clientèle composée d'étudiants et de jeunes actifs branchés se déhanchent au rythme des sons immersifs des DJs résidents. Des soirées à thèmes sont régulièrement organisées et certains jours sont entièrement dédiés à un style de musique précis (musiques urbaines chaque jeudi). Les prix d'entrée varient au gré de la programmation, de l'heure d'arrivée et du sexe. À noter qu'on y organise également des soirées étudiantes particulièrement courues.

DISCOTHÈQUE

LE KALT

1, rue Lafayette
Clubbing, évènements, shop et artspace.

Ouvert en 2018, le Club Krimmeri Alternative plus communément appelé KALT, a désormais conquis la communauté des clubbers strasbourgeois et des fans de musique éléctro en imposant au cœur de la plaine des Bouchers un espace dédié à la fête et aux arts, à l'instar des nombreuses structures du genre que l'on peut trouver à Berlin. Dans un bel espace contemporain et indus, le KALT propose les soirées les plus courues de la ville en invitant des DJs reconnus internationalement et en imposant une programmation musicale extrêmement pointue. On s'y retrouve entre amis pour *teufer* jusqu'au bout de la nuit, siroter quelques verres sur un son maîtrisé. Le KALT accueille également des expositions.

DISCOTHÈQUE

RÉSERVE 1862

25, rue des Tonneliers
✆ 03 88 32 77 77
www.reserve1862.fr
Ouvert du mercredi au samedi de 22h à 6h.

Les nuits strasbourgeoises sont animées et les noctambules en tous genres disposent désormais d'un nouveau lieu de ralliement ! Dans ce tout nouveau club, pensé tout spécialement pour des soirées différentes et endiablées, vous trouverez de quoi vous amuser jusqu'au petit matin. Lâchez prise et laissez-vous entraîner par les DJ talentueux. *Trendy, elegant, glorious, smart, proud, unique, different, urban, idealistic, rough et rebel* : voilà comment se définit ce lieu prometteur qui attirera sans doute les plus récalcitrants aux boîtes de nuit. L'accueil des groupes est assuré avec brio, dans le respect des normes de sécurité tout en assurant un divertissement illimité.

LOISIR CRÉATIF

ALCHIM AROMATIQUES

20, rue J.-M.-Jacquard - **ILLKIRCH-GRAFFENSTADEN**
✆ 03 88 66 76 11
www.alchim.com
Sur rendez-vous.

Fondée en 1874, la Maison Grégoire s'est installée à Illkirch en 1989. Cathy Sollinger est experte en parfum, sa sœur Isabelle gère le caveau et Estelle Waltz crée les bougies et les parfums d'ambiance. Cette distillerie d'essences et de produits aromatiques crée des produits tels que des bougies parfumées, des sucres et des sels aromatisés, des mélanges d'épices (pour la charcuterie par exemple), des parfums d'ambiance, et une gamme bien-être à base d'huiles essentielles et de produits biologiques. Dernière nouveauté ? Les fruits sur sucre, une pâte noisette. Mais aussi des nectars et des liqueurs. Un atelier « Création sur mesure » vous offre la possibilité de réaliser votre propre parfum.

LOISIR CRÉATIF

ART ET CARTON

16, rue de la Paix - **ESCHAU** ✆ 09 83 80 36 10
www.artetcarton.com
Ouverture du magasin et animation des ateliers uniquement sur rendez-vous. Stage de 30 heures de cours : 400 €.

Né d'un concept écoresponsable (recyclage du carton) et d'une créativité artistique, Art et Carton propose des articles en carton. Mais attention, contrairement à ce que l'on pourrait penser, c'est du solide ! Les meubles sont fonctionnels et résistants, les sacs à main esthétiques, les nichoirs pratiques et les articles de décoration originaux. Sandrine Knobloch organise régulièrement des ateliers pour les enfants et les adultes, qui vous permettront d'acquérir les techniques de création de mobilier en carton recyclé (agrément de formateur). Offrez-vous un stage de 30 heures : vous maîtriserez bien la technique et serez autonome pour réaliser vos propres objets. Vive *l'upcycling* !

LOISIR CRÉATIF

L'ATELIER DE GEPPETTO

7, rue des Couples ✆ 06 77 80 42 80
www.atelierdegeppetto.blogspot.com
Ouvert le mardi de 16h à 17h45 ; le mercredi de 9h30 à 12h et de 14h à 16h30 ; le samedi de 9h30 à 12h.

Quoi de mieux qu'un nouveau jouet ? Un jouet fabriqué de vos propres mains ! C'est ce que propose l'Atelier de Geppetto grâce à des ateliers pour petits et grands (dès 5 ans) et des stages lors des vacances scolaires. Geppetto vous proposera des modèles de jouets anciens pour réaliser celui que vous désirez, en bois, grâce à ses conseils avisés. Pour les plus doués, votre jouet pourra même se voir animé. Si les enfants se prendront vite au jeu, les adultes aussi et ils pourront tester leur adresse et leur créativité. Petit à petit et au fil des ateliers, créez une pièce unique, donnez vie à une idée, maîtrisez les gestes techniques et votre corps jusqu'au résultat final à offrir... ou pas !

LOISIR CRÉATIF

LES BATELIERS (CENTRE CRÉATIF ET ARTISTIQUE)

3, rue Munch ✆ 03 88 36 39 77 - Tram arrêt Gallia
www.lesbateliers.com
Ouvert du lundi au vendredi de 8h30 à 12h et de 13h30 à 18h. Adhésion annuelle 13 € par famille + prix de l'atelier.

Situé derrière l'église Saint-Guillaume, le centre créatif et artistique « Les Bateliers » est une association de plus de 1 000 adhérents, qui, depuis près de quarante ans organise des ateliers artistiques encadrés par des professionnels et des spécialistes, à destination des adultes et des enfants. Au programme : arts plastiques, expression corporelle, divers artisanats d'art (ébénisterie, reliure, poterie, etc.). Dessin, peinture, photographie, illustration, mais aussi stylisme, menuiserie, sculpture, cartonnage, les domaines où exercer ses talents sont nombreux.

HOBBIES

LA CAB'ANNE DES CRÉATEURS

1, place de la Gare
SCHILTIGHEIM
✆ 03 88 81 14 83
www.la-cabanne-des-createurs.com
Du lundi au vendredi : 10h à 19h. Samedi de 10h à 17h. Et sur réservation jusqu'à 22h.

Ce tiers lieu de 400 m² permet au artistes, bricoleurs et créateurs de créer, rénover, innover ou encore de se former. Dans cet atelier, en self-service, des établis, des outils et surtout de l'espace sont à la disposition des personnes qui souhaitent réaliser une activité manuelle. Que vous soyez étudiant, retraité, actif, particulier ou professionnel. Vous pouvez oser toutes les activités : du tricot, à la soudure, en passant par la photographie, la confection de bijoux, la peinture. Fabriquez, créez, réparez, customisez, échangez vos compétences dans la bonne humeur.

ATELIER - COURS DE THÉÂTRE

CITÉ DE LA MUSIQUE ET DE LA DANSE

1, place Dauphine ✆ 03 68 98 51 00 - Tram arrêt Étoile Bourse ou Étoile Polygone et bus arrêt Étoile Bourse ou Sécurité sociale
www.conservatoire.strasbourg.eu
Ouvert toute l'année. Du lundi au vendredi de 8h à 22h ; le samedi de 8h à 20h.

Depuis 2006, le Conservatoire de Strasbourg, créé en 1855, s'est installé à la Cité de la Musique et de la Danse. Cette école renommée forme des musiciens, des danseurs chorégraphes et des comédiens. Les élèves, une fois passés entre les mains d'enseignants aux programmes riches et exigeants, présentent ponctuellement à qui le veut, lors de soirées dans l'auditorium, les fruits de leur dur labeur. Des concerts, des master classes et les désormais célèbres Bibliothèques Idéales s'y tiennent chaque année avec une belle pléiade d'auteurs nationaux et internationaux.

COURS DE DANSE

LA CLANDESTINE

33, rue du Maréchal-Lefebvre ✆ 06 49 21 50 99
Tram arrêts Lycée Couffignal et Lefebvre.
www.lunamokaschool.com
Cours du lundi au dimanche. Entre 250 € et 500 € l'année. Prix variables selon le cours.

Une école créée par notre Pin Up locale : Luna Moka ! La Clandestine est un établissement atypique qui propose des cours avec des danses très peu connues. Vous pourrez vous initier au charleston, au french cancan ou encore à l'effeuillage burlesque ! Les classes se déroulent dans une ambiance intime, en petit comité, ce qui met très à l'aise. Ancienne usine de réparation d'avions pendant la Seconde Guerre mondiale, l'école de 300 m² est répartie sur 3 niveaux et possède deux salles de cours de 80 m² chacune. L'atout de la structure ? La diversité des cours et les danses très atypiques. Mais attention, ne vous arrêtez pas sur le prix des cours à l'année qui peut faire peur.

COURS DE CUISINE

CUISINE APTITUDE

39, rue du Faubourg de Saverne ✆ 03 88 36 11 72
Tram, arrêt Porte de l'Hôpital - www.cuisineaptitude.com
Atelier enfant : cours du mardi au jeudi, à 11h et 15h. Durée : de 1h à 1h30.

La cuisine est un art que certains aiment transmettre. À quelques pas de la cathédrale, Cuisine Aptitude propose, depuis 2007 des ateliers culinaires prisés. Au programme : cuisine française, du monde, cours d'œnologie et même de pâtisserie ! Aux côtés de chefs diplômés, vous apprendrez la base pour être un parfait petit commis, mais aussi à parfaire vos connaissances. Le mot d'ordre de la structure ? Apprendre, se perfectionner, déguster et s'équiper ! Les cours varient entre 30 minutes et deux heures, ainsi que les prix. Le programme des cours est disponible sur le site Internet et change régulièrement. Convivialité oblige, vous passerez un joli moment, dans la joie et la bonne humeur.

BRODERIE - COUTURE - TRICOT

CLUB PASSION ET BRICOLAGE

Rue de la Salle des Fêtes
ENTZHEIM
✆ 03 88 68 54 18

Vous êtes une adepte du DIY (Do it yourself) ? Alors rejoignez ce club, vous ferez de belles rencontres en vous amusant. Vous vous retrouverez pour fabriquer des créations uniques et originales de toutes sortes. Mais aussi réaliser des patchworks, des broderies, des objets décoratifs... avec des matériaux nobles ou en mode *upcycling*. Le tout dans une ambiance chaleureuse et conviviale. De plus, une fois par an, une vente est organisée à la salle des fêtes. L'occasion de faire connaître les activités du club, les techniques employées, et de vendre les beaux objets réalisés.

ENCADREMENT - ENLUMINURE

L'ÉCLAT DE VERRE

6-8, rue de la Première-Armée
✆ 03 88 35 36 37
www.eclatdeverre.com
Ouvert du mardi au samedi de 10h à 12h30 et de 14h à 18h30.

Un seul coup d'œil à la vitrine suffit à comprendre la spécialité de cette boutique. Professionnel de l'encadrement, l'Éclat de Verre propose un service sur mesure afin de sublimer vos tableaux, dessins, et autres photographies. Au choix, des dizaines de matières, de couleurs et de motifs, mais également un large panel de matériel de reliure, un beau rayon carterie et papeterie. Plus qu'un simple magasin, l'Éclat de Verre est aussi un lieu d'apprentissage où l'on peut venir s'essayer à l'encadrement bien sûr, mais aussi à la calligraphie, au scrapbooking, à la peinture, au dessin ou à la réalisation d'abat-jour et de meubles en carton. Une adresse à retenir !

DANSE DE SALON

COUNTRY ROSE DANCERS

24, rue de la 1ère Division Blindée - **ESCHAU**
✆ 06 17 46 34 78
www.country-rose-dancers.com
Cours les mardis, jeudis, vendredis, selon le niveau et le style.

Venez découvrir ou pratiquer la dance Country et la Modern Line Dance. Pour compléter leur offre, deux associations se sont regroupées, Country Rose Dancers et Happy Face Band, pour proposer des cours et animations à Eschau. Pour être au plus près du niveau des pratiquants, des cours pour débutants, intermédiaires et avancés sont au programme. Et parce que le plus efficace pour apprendre est de pratiquer, des animations sont organisées au courant de l'année, dans la salle des fêtes. Alors, enfilez votre jupe ou pantalon en cuir, mettez vos bottes et chapeaux de cow-boy, et en route pour la dance de saloon... Ambiance garantie pour les Dolly Parton en herbe ! En piste !

CIRQUE

GRAINE DE CIRQUE

Parc du Rhin
✆ 03 88 45 01 00
www.grainedecirque.fr
Ouvert toute l'année. Du lundi au vendredi de 9h à 17h30.

Depuis 1990, l'association Graine de Cirque fait vivre la pratique et la passion des arts du cirque en Alsace. Sous son chapiteau installé au jardin des Deux Rives, à côté du club équestre, l'école de cirque forme le public le plus large à diverses activités circassiennes : jonglerie, équilibre sur objet, aérien, acrobatie... Ouvert aux enfants à partir de trois ans en duo avec un parent ou à partir de quatre ans seul, il est possible de pratiquer tout au long de l'année pour apprendre une discipline particulière, comme de s'inscrire à l'un des stages pluridisciplinaires organisés pendant les vacances. Chaque fin d'année, une semaine de spectacles est organisée.

BRODERIE - COUTURE - TRICOT

LA GRANGE À LAINE

69, rue Principale - **MITTELHAUSBERGEN** ✆ 03 88 56 34 00
Bus arrêt Mittelhausbergen Eglise.
www.la-grange-a-laine.fr
Ouvert du mardi au vendredi de 9h à 12h et de 14h30 à 19h ; le samedi jusqu ´à 18h.

Eden absolu pour les afficionados du tricot et du crochet, cette immense grange située près de l'Espace Entreprise contient des milliers de pelotes. Dans les bacs il y a toutes sortes de laines : douce, classique, torsadée, multicolore ou encore pailletée. Toutes les couleurs et textures sont disponibles. Dans cette boutique, vous trouverez aussi des accessoires pour confectionner des vêtements et des doudous en laine. La Grange à Laine vous propose diverses marques et types de fils (alpaga, cachemire, mohair, soie...). Un large choix, sur plus de 500 m², et un bon rapport qualité-prix. Tous les éléments sont à votre disposition afin de réaliser vos créations.

DISQUAIRE

LOCKED GROOVES

10, place des Halles
✆ 06 62 81 71 76
www.lockedgrooves.fr
Ouvert du mercredi au samedi de 13h à 19h.

Locked Grooves est un disquaire indépendant qui propose CD et vinyles neufs et d'occasion. Tous les genres sont ici représentés : house, techno, electro, jazz, soul, funk, wave, postpunk, garage rock, afrobeats, disco, krautrock, blues, 70's classics... Vous pourrez également trouver, en plus de conseils avisés pour dénicher des pépites de vos genres préférés, de la hi-fi vintage ainsi que des platines pour écouter directement sur place certains albums. On vous conseillera au mieux sur les appareils. Ici la passion de la musiqué crée de belles discussions, des débats, des découvertes, pour un excellent moment entre passionnés de tous âges et de tous horizons. Bons moments garantis !

ENCADREMENT - ENLUMINURE

LE LOFT DE L'ENCADR'HEUR

13, rue de l'Eglise - **ECKBOLSHEIM** ✆ 03 88 77 04 04
www.encadrheure.fr
Mardi, jeudi et vendredi de 10h à 18h30 ; mercredi de 10h à 12h15 ; samedi de 10h à 12h et de 13h30 à 17h30.

Vous aimez prendre votre temps pour choisir cadres, baguettes, contrecollés et autres produits spécialisés, jetez donc un œil sur ses 500 m² d'exposition. De la fourniture pour encadrements et beaux-arts jusqu'aux travaux d'encadrement, ce Loft de l'Encadr'Heure offre un large panel et des prestations de qualité. Il propose également des encadrements sur mesure. Une équipe sympathique et professionnelle saura vous conseiller et trouver une réponse à toutes vos attentes. Un choix de 800 références de baguettes, fournitures pour les beaux-arts, librairie spécialisée... Et profitez de votre visite pour admirer les œuvres exposées : elles sont nées de la créativité d'artistes de tous niveaux.

HOBBIES

PHIL'PATCHWORK

72, rue du Général de Gaulle - **GEISPOLSHEIM** ✆ 09 83 70 61 79
www.philpatchwork.fr
Ouvert mardi, jeudi, vendredi de 9h30 à 11h30 et de 13h à 18h. Samedi de 10h à 13h et de 13h à 18h.

Enfin une boutique dévouée à l'univers du patchwork ! Vous y trouverez de splendides étoffes, dont la matière et les motifs seront de beaux supports pour vos réalisations. En rayon, également, des calendriers de l'Avent, à personnaliser. Bien sûr, pour vous aider dans vos créations, vous pouvez acheter des kits et des fiches dédiées. Régulièrement, des promotions vous permettent de bonnes affaires. Vous avez la possibilité de passer commande en ligne et de vous faire livrer. Pour vous tenir au courant des animations et des nouveautés, un blog annonce les expositions, et avant-premières. N'hésitez pas à demander des conseils : cette équipe, passionnée et compétente, vous donnera des astuces.

JEUX

SQUARE INDOOR

1, rue du Fort
GEISPOLSHEIM
✆ 03 90 67 27 84
www.le-square-indoor.fr
Vendredi de 14h à 18h. Samedi de 11h à 23h. Dimanche de 11h à 20h. Jeux gonflables 1h : 10 €. Escape game : 22 € à 34 €.

© SQUARE INDOOR

Le Square Indoor est le seul parc de jeux intégralement dédié aux adultes ! Des jeux gonflables (attrape-mouche, joutes, baby-foot humain, parcours jungle), un escape game, une piscine à boules, un bar à jeux. Il y a également un bar avec petite restauration pour (re) prendre des forces si le besoin s'en fait sentir.. Tous les ingrédients sont réunis pour passer des moments ludiques et endiablés entre amis ou collègues ! On vous fournira sur demande des chaussettes antidérapantes, pour vous éclater en toute sécurité. Allez-y pour vous amuser et vous défouler, c'est délicieusement régressif et drôle ! Possibilité de privatiser le lieu pour des événements particuliers.

LIBRAIRIE

AU BONHEUR DES LIVRES

11, rue du Général-Castelnau
✆ 03 88 24 20 50
Bus arrêt Vosges Oberlin.
Ouvert le samedi de 10h à 12h et de 14h à 18h.

Au Bonheur des Livres est une librairie de quartier qui porte bien son nom. Ici, l'accueil est fort agréable et chaleureux et la libraire toujours disponible pour satisfaire vos demandes et vous conseiller. Le cadre est clair et vous êtes toujours ravis de vos découvertes dans ces petits espaces dédiés comme ce coin consacré à la jeunesse. Des vernissages réguliers d'artistes ont lieu toute l'année (expositions de peintures ou encore présence d'auteurs). À noter, une fois par mois, en soirée, la librairie propose une lecture des textes de Maupassant : une façon de découvrir ou redécouvrir vos classiques ! Une très belle librairie que les mordus de livres aimeront à coup sûr !

LIBRAIRIE

CULTURA

7, rue du Fort - **GEISPOLSHEIM**
✆ 03 68 71 11 90
www.cultura.com
Ouvert du lundi au samedi de 9h à 20h. Ateliers : tarif variable.

Adeptes du scrapbooking, de guitare ou de bandes dessinées, un nouveau lieu de prédilection vient d'ouvrir ses portes en périphérie de Strasbourg. Vous trouverez de tout : des livres, des instruments de musique, des DVD et des CD, mais aussi des accessoires de loisirs créatifs... Il y en a pour tous les goûts et tous les âges ! Dans ce magasin de 2 800 m², vous ne craindrez pas de vous fureter dans les rayons, car le directeur a veillé à créer un agencement organisé par thème. Des ateliers créatifs sont animés dans différents secteurs, très instructifs et totalement ludiques. Des cours de couture, de dessin et de musique sont dispensés dans un espace optimisé.

LIBRAIRIE

ESPACE CULTUREL E.LECLERC

90, route du Général-de-Gaulle
SCHILTIGHEIM
✆ 03 88 33 19 67
www.e-leclerc.com
Ouvert du lundi au samedi de 8h à 20h30. Grand parking gratuit.

Pour faire une petite pause dans vos sempiternelles courses et vous accorder un petit plaisir, n'hésitez pas à jeter un œil au rayon culture de votre magasin. Côté littérature, vous trouverez bon nombre de références : de la littérature classique à la littérature contemporaine et aux BD, des beaux livres aux livres de cuisine, ouvrages jeunesse ou encore périscolaires, le choix est large ! Il y a aussi des CD et des DVD, pour les mélomanes et les cinéphiles, ainsi que du matériel informatique et des jeux vidéo pour les gamers. Tout le monde y trouvera son compte...

LIBRAIRIE

ESPACE CULTUREL E.LECLERC

4, rue du Fort
GEISPOLSHEIM
✆ 03 88 55 34 00
www.e-leclerc.com/geispolsheim
Ouvert du lundi au jeudi de 8h à 20h30 ; le vendredi de 8h à 21h ; le samedi de 8h à 20h.

Voilà de quoi faire une pause culturelle durant vos achats ! L'espace culturel E. Leclerc propose un vaste choix en matière de livres, de CD et de DVD. Sur place, des séances de dédicaces, des rencontres et d'autres événements animent régulièrement l'espace et permettent la découverte de nouveautés. Pour les amateurs de BD, les rayons sont bien fournis et régulièrement achalandés. Livres, disques, films et jeux vidéo, il y en a pour tous les goûts. Si vous rencontrez des difficultés pour faire votre choix, n'hésitez pas à demander conseil aux libraires professionnels !

LIBRAIRIE

FNAC

22, place Kléber
✆ 0825 020 020
www.fnac.com
Ouvert du lundi au vendredi de 10h à 19h ; le samedi de 9h à 19h.

Quelle caverne d'Ali Baba que la Fnac de Strasbourg ! À commencer par les livres. Vous y trouverez de nombreux ouvrages aux genres éclectiques : littérature française ou étrangère, bandes dessinées, histoire, science, art et bien-être... Mais la Fnac de Strasbourg est bien plus qu'une simple librairie. Une grande sélection de films Blue Ray et DVD est également disponible ainsi que toutes les nouveautés musicales, des appareils électroniques dernier cri (ordinateurs, smartphones), des jeux de société, des jouets ainsi que du petit électroménager design et de qualité. Le personnel est de très bon conseil et le système de caisses est plutôt bien pensé pour éviter les longues files d'attente.

LIBRAIRIE

LIBRAIRIE CAFÉ LA TÂCHE NOIRE

1, rue de Zurich
✆ 03 88 22 67 92
www.latachenoire.com
Ouvert du mardi au samedi de 10h à 19h.

Spécialiste incontournable du roman noir, du thriller et du polar, cette librairie-café propose à travers ses livres neufs ou d'occasion, ses événements, ses jeux et ses boissons, un univers à part qui saura ravir tous les amoureux du genre. Vous pourrez y trouver tout ce que vous cherchez et, si vous ne cherchez rien de précis, Éric saura vous guider selon vos goûts et envies du moment à travers ses rayons pour trouver le livre parfait pour vous ! De nombreuses séances de dédicaces y sont organisées. Une institution du genre, que les spécialistes ne désavoueront pas...

LIBRAIRIE

LIBRAIRIE DE LA PRESQU'ÎLE

3, place Dauphine
✆ 03 88 45 54 30
Tram arrêt Etoile Bourse
www.lileauxlivres.wordpress.com
Ouvert du lundi au vendredi de 10h à 20h ; le samedi de 9h à 20h.

Cette librairie, contemporaine et bien fournie, propose une grande collection d'ouvrages fort diversifiée. Un espace est dédié à chaque domaine et catégorie : littérature jeunesse, littérature française, musique, tourisme, vie pratique… Une aubaine pour tous les passionnés de lecture. Les étudiants ont également droit à leur rayon avec de nombreux livres consacrés aux sciences, au droit et à l'Histoire. Vous trouverez aussi des jeux de société pour vos enfants et du matériel de toute sorte au rayon papeterie. Astuce : suivez bien l'actualité de la librairie.

LIBRAIRIE

LIBRAIRIE DINALI

102, Grand'Rue ✆ 09 86 65 40 07
Tram arrêt Langstross Grand'Rue - www.dinali.fr
Le lundi 14h-19h ; du mardi au vendredi 10h-12h30 et 13h30-19h ; le samedi 10h-12h30 et 13h30-18h.

Dinali est le spécialiste des beaux-livres à prix cassés, mais l'on y trouve aussi des romans et des livres consacrés à la culture régionale (histoire, guides touristiques…). Tous les thèmes sont représentés : architecture, arts, alsatiques, décoration, voyages, photographie, bricolage, cuisine, nature. Le catalogue présente aussi de très belles collections notamment de monographies d'artistes qui peuvent être utiles aux étudiants en histoire de l'art par exemple ou aux passionnés tout simplement. Pour les enfants, de nombreux ouvrages sont à dénicher ici, des premières lectures en passant par des CD musicaux. Une 2e adresse au 26 rue de la Mésange près de la place Broglie.

LIBRAIRIE

LIBRAIRIE KLÉBER

1, rue des Francs-Bourgeois ✆ 03 88 15 78 88
Tram arrêt Homme de fer
www.librairie-kleber.com
Ouvert le lundi de 10h à 19h30 ; du mardi au samedi de 9h à 19h30.

La librairie Kléber est le temple des amateurs de littérature, classique ou contemporaine, française ou étrangère. Mais elle ravira aussi chercheurs et étudiants grâce à son deuxième étage particulièrement fourni. Étage où se situe également la salle blanche, lieu de « conversations » très fréquenté lors des débats, des expositions, des concerts gratuits mais aussi et surtout des séances de dédicaces qui attirent ici les plus grands écrivains français et internationaux. Romanciers, essayistes, musiciens de renom : tous répondent présent ! Le rayon manga et bandes dessinées est pléthorique tout comme celui de la littérature pour enfants et des guides de voyage.

LIBRAIRIE

LIBRAIRIE L'ILL AUX TRÉSORS

172, route de Lyon
ILLKIRCH-GRAFFENSTADEN
✆ 03 88 67 96 94
www.illauxtresors.com
Ouvert le lundi de 14h à 19h ; du mardi au vendredi de 9h à 12h et de 14h à 19h ; le samedi de 9h à 18h.

L'Ill aux trésors ! Le nom de cette librairie est déjà une invitation à l'évasion. Guidé par Julia et Pedro, de véritables passionnés, vous déambulerez à la découverte d'ouvrages de tout style, et surtout la littérature jeunesse, spécialité de la boutique. On feuillette au gré des rayons, on papote volontiers… Et les conseils prodigués sont toujours judicieux. Les enfants adorent ! Cette librairie de proximité offre de belles initiatives et le dynamisme de son équipe n'est pas une légende. Un rayon papeterie, cadeaux, carterie complète l'offre déjà très large.

NEW BD

FARFAFOUILLES

Boulevard des Enseignes
REICHSTETT
✆ 06 74 80 64 63
Du lundi au samedi de 10h à 19h.

Farfafouilles permet d'acheter des albums d'occasion, des éditions originales de luxe et de nombreux mangas. La librairie propose aussi des produits dérivés ainsi qu'un beau choix d'affiches, de figurines et de sérigraphies numérotées et signées. Les amateurs pourront aussi y dégoter des objets de collection, plutôt rares : des ouvrages signés par des dessinateurs. Il y a beaucoup de choix, et la présentation est belle. Il y a régulièrement de nouveaux arrivages. Au Social Market l'offre s'enrichit de livres pour enfants et adolescents, de livres d'illustrations, de beaux-arts… Les invendus et les dons sont déposés aux associations partenaires : « Solidarité Congo » et « Autour du livre ».

BD

LIBRAIRIE LE TIGRE

36, quai des Bateliers ✆ 03 88 25 75 97
Bus arrêt Zurich.
https://librairie-letigre.fr
Ouvert du mardi au dimanche de 10h à 19h.

Situé le long du quai des Bateliers, vous trouverez dans cet espace dédié aux romans graphiques des BD neuves tout comme des BD d'occasion. Avis aux collectionneurs et aux lecteurs aguerris qui ne manqueront pas de trouver le petit trésor qui manque à leur collection ! L'atout phare des lieux ? La boutique propose aussi des produits dérivés comme des figurines, mais aussi animations, romans graphiques et microéditions. Une structure en passe de devenir un lieu de découverte, d'échange et un acteur de la vie culturelle strasbourgeoise. N'hésitez pas à suivre le Tigre sur les réseaux sociaux pour être au courant de l'actualité (organisation d'événements, dédicaces…).

JEUNESSE

LA BOUQUINETTE

28, rue des Juifs ✆ 03 88 36 81 19 - Tram arrêt Broglie
www.placedeslibraires.fr
Ouvert le lundi de 14h à 19h ; du mardi au vendredi de 10h à 12h30 et de 13h30 à 19h ; le samedi de 10h à 19h.

La Bouquinette a été reprise en 2019 par Stéphanie, Audrey et Élodie, anciennes employées de la librairie depuis 10 ans, en gardant le concept qui fait sa force. Cette boutique, c'est 12 000 références pour les enfants, du berceau au lycée. à l'intérieur, un vaste choix d'ouvrages, très bien valorisé. Au sous-sol, une multitude de trésors : doudous, jouets en bois, jeux de société, mobiles, cartes postales, billes, véritables marionnettes, toupies et pleins d'autres merveilles rigolotes... Le lieu incontournable pour trouver des livres et des jeux pour se construire. Des rencontres avec des auteurs et des ateliers thématiques pour les enfants (écriture, lecture...) sont aussi organisés.

VOYAGE

LIBRAIRIE DES BATELIERS

5, rue Modeste-Schickele ✆ 03 88 37 90 60
Tram arrêt Porte de l'Hôpital
Ouvert le lundi de 14h à 19h ; du mardi au samedi de 10h à 12h et de 14h à 19h.

Cette librairie qui jouxte le quai des Bateliers vous fera voyager aux quatre coins du monde. L'établissement propose un vaste choix : romans, livres érudits, ouvrages d'art, catalogues d'exposition, dictionnaires, méthodes de langues, livres de photo. L'occasion d'y dénicher de bons romans parfois difficiles à trouver, des inédits, des perles littéraires ou même des éditions épuisées. Les livres rares sont courageusement mis en avant, tout comme un tas de petites collections sympas et méconnues, souvent absentes des librairies classiques. La librairie organise régulièrement des rencontres, avec au programme dédicaces et présentations des ouvrages pour de belles découvertes en perspective.

LIVRES ANCIENS

LIBRAIRIE LA JUMENT VERTE

21, rue des Juifs
✆ 03 88 35 54 42
Tram arrêt Broglie
www.librairiejumentverte.com
Ouvert du mardi au vendredi de 10h à 12h30 et de 14h à 18h30 ; le samedi de 10h à 12h et de 13h30 à 18h.

La boutique incontournable pour ceux qui cherchent des livres rares et anciens. Ici, les ouvrages sont véritablement mis en valeur. Martin Matrat vous accueille toujours avec autant de professionnalisme. Véritable passionné et chasseur de trésors, il possède une étonnante collection d'éditions originales, d'estampes, de manuscrits et d'alsatiques. Des ouvrages d'histoire, de littérature et des curiosités trônent sur les étagères. Avis aux amateurs d'ouvrages anciens ou épuisés, aux chineurs et aux collectionneurs : votre trésor littéraire est peut-être ici !

CULTURE - BIBLIOTHÈQUE

BIBLIOTHÈQUE DES MUSÉES DE STRASBOURG

1, place Hans-Jean-Arp
✆ 03 68 98 51 60
Tram arrêt Faubourg-National-Gare
Entrée gratuite et sans inscription.

Le fonds regroupe la documentation amassée par les musées d'art de la ville depuis 1877, soit environ 135 000 volumes. Autant dire qu'ici, vous trouverez une documentation pléthorique dans tous les domaines de l'histoire de l'art occidental, du Moyen Âge jusqu'à l'époque contemporaine. Et même des dictionnaires, encyclopédies ainsi que des catalogues de ventes européennes récentes de Christie's, Drouot et Sotheby's. Vous pouvez aussi consulter la base « Videomuseum », qui recense toutes les collections publiques françaises en art moderne et contemporain.

CULTURE - BIBLIOTHÈQUE

BIBLIOTHÈQUE NATIONALE ET UNIVERSITAIRE

6, place de la République ✆ 03 88 25 28 00
Tram arrêt République - www.bnu.fr
Du lundi au samedi 10h-22h ; dimanche 14h-22h. Fermeture à 19h en été. Gratuit pour les étudiants et les chercheurs.

Grâce à son écrin, la BNU est à la hauteur de la réputation de l'université de Strasbourg. Une offre pléthorique et incroyablement diversifiée de livres et de documents disponibles. Si ses collections et son catalogue sont toujours aussi impressionnants, c'est dans les conditions de travail offertes aux utilisateurs que la BNU a fortement progressé : grandes salles calmes et lumineuses, ouverture quotidienne et même dominicale, horaires étendus. Il n'est pas nécessaire d'être étudiant ou chercheur pour bénéficier des services de la deuxième bibliothèque de France.

MÉDIATHÈQUE

MÉDIATHÈQUE ANDRÉ MALRAUX

1, Presqu'île André-Malraux ✆ 03 88 45 10 10
www.mediatheques-cus.fr
Gratuité et tarif réduit sous conditions. Carte Pass'relle. Ouvert mercredi et samedi de 10h à 19h

La médiathèque André-Malraux est une merveille architecturale qui abrite plus de 260 000 documents en accès libre et 310 000 livres anciens à consulter sur place. En plus d'un fonds littéraire riche sans cesse mis à jour, les abonnés peuvent aussi trouver les dernières sorties DVD et des CD de tous les genres musicaux et découvrir plus de 700 titres de presse disponibles sous format papier ou numérique. Les différents espaces sont équipés pour étudier, consulter les ouvrages et se connecter à Internet. Attention, c'est une véritable ruche en période de forte affluence

FG.
FeelGood.

TÉLÉVISION

ALSACE20

333 A, avenue de Colmar
✆ 03 88 52 81 23
www.alsace20.tv
Diffusion de programmes 24h/24 et 7j/7.

Alsace20 est une chaîne de télévision privée, subventionnée par des organismes publics et 100 % alsacienne. Vous pouvez visionner ses programmes sur la TNT, le câble et toutes les box. Des émissions variées, dont le thème central est avant tout l'Alsace et ses habitants, sont proposées. *24 heures en Alsace* est l'émission phare qui décrypte l'actualité avec des JT, des invités, des chroniqueurs et des magazines... Tous les acteurs locaux, qu'ils soient artistes, artisans ou citoyens lambda s'y expriment. Vous pouvez consulter en *live* et en *replay* les programmes de la chaîne sur son site www.alsace20.tv et sur son application gratuite pour smartphones et tablettes.

TÉLÉVISION

ARTE

4, quai du Chanoine Winterer
✆ 03 88 14 22 22
Tram arrêt Lycée Kléber
www.arte.tv

Née en 1991, la chaîne franco-allemande dont le siège est à Strasbourg (depuis 2003) est un véritable vecteur de culture et de réflexion qui porte un regard européen sur l'actualité mondiale. Soucieuse de garder son statut de chaîne transfrontalière et européenne, sa programmation s'avère foisonnante et variée. Elle ravit tous les publics : amateurs de cinéma d'art et d'essai, de courts-métrages ou encore de danse et de séries. Diffusés en français et en allemand, un certain nombre de programmes peut aussi être sous-titré en anglais, en espagnol, en italien et même en polonais. Sur son site Internet : Arteradio.com permet le téléchargement de podcasts et divers reportages sonores.

TÉLÉVISION

FRANCE 3 ALSACE

Place de Bordeaux
✆ 03 88 56 67 68

Sport, politique, vie locale et culturelle, France 3 Alsace est la chaîne incontournable des Alsaciens ! À 10h45, « Ensemble c'est mieux » met l'accent sur l'entraide au quotidien. Ensuite c'est le 12-13, première édition régionale de la journée tous les jours à midi, et, dans le 19/20, l'information régionale démarre à 18h55. Quand au programme court Rund'Um, il aborde tous les domaines de la vie en alsacien (12h15 et 20h). Le samedi après-midi, André Muller anime « A Gueter », une émission culinaire qui zoome sur un chef ou un passionné de cuisine. Le dimanche matin, « GsunTheim » vous invite à un rendez-vous qui allie humour et culture, dérision et découverte, échanges et rencontres !

TÉLÉVISION

STRAS TV

20, rue Sainte-Madeleine
✆ 03 88 44 74 92
www.strastv.com

StrasTV est un « Web média » créé en août 2008 par un journaliste qui travaille pour TFI, LCI et iTélé dans la région Grand Est. La rédaction de *StrasTV* produit et met en ligne chaque semaine une dizaine de reportages réalisés en allant au contact des Strasbourgeois. Actualité locale, sport et culture, les différents thèmes abordés sont particulièrement variés. Partout dans le monde et à partir d'une simple connexion sur le Web, tout un chacun peut ainsi suivre l'actualité locale grâce à *Stras TV*. Qu'ils soient expatriés ou non, les Strasbourgeois apprécient de retrouver sur la toile des informations concernant des thématiques et des lieux qui leur tiennent à cœur !

QUOTIDIEN

20 MINUTES

2, rue du Saumon ✆ 03 88 23 96 36
Tram arrêt Homme de Fer
www.20minutes.fr/strasbourg
Distribué entre 7h et 9h30 aux principales stations de tramways.

Du lundi au vendredi, l'édition locale de *20 Minutes* est distribuée gratuitement à la gare, au campus, à certaines stations de tram et bus comme à l'Homme de Fer ou sur la place de la République par exemple. Elle est également disponible en ligne. Aisé à lire, pas trop grand et agréable à feuilleter, ce quotidien vous offre un aperçu de l'essentiel de l'actualité locale, nationale, internationale, sportive, culturelle et *people*. Sans oublier la fameuse grille de mots fléchés, celle-là même qui fait le succès de ce gratuit auprès de tous les publics ! Le gros plus de ce journal est sans aucun doute son actualité sous forme de brèves avec de nombreuses photos. Cela donne envie de s'informer !

QUOTIDIEN

LES DERNIÈRES NOUVELLES D'ALSACE - DNA

17-21, rue de la Nuée Bleue ✆ 03 88 21 55 00
Tram arrêt Broglie.
www.dna.fr
Prix au numéro : 1,10 € (1,60 € le vendredi). Boutique en ligne.

Les Dernières Nouvelles d'Alsace (DNA) est l'un des plus anciens titres de la presse régionale en France. Ce quotidien incontournable est composé de quatre cahiers différents : le premier consacré à l'actualité nationale et internationale, le second, pour l'actualité régionale, le troisième pour le sport, et le dernier pour les informations locales. La force de ce quotidien repose sur son réseau d'agences locales qui favorise une couverture rapide et efficace du moindre événement. Le quotidien *Les Dernières Nouvelles d'Alsace* est vendu en kiosque ou en version numérique.

MENSUEL
ALSA'SPORTS

www.alsasports.fr
Gratuit mensuel disponible aux arrêts de trams.

Alsa'sports est le magazine gratuit dédié au sport en Alsace. Vous trouverez à l'intérieur tout ce qu'il y a à savoir sur l'actualité de vos équipes favorites, qu'il s'agisse de handball, de football, basket, hockey, waterpolo, rugby ou encore d'autres sports collectifs ou individuels comme le tennis ou le cyclo-cross. Grâce à des reportages d'actualité et des interviews pertinentes chaque mois, vous en apprendrez plus sur les univers sportifs alsaciens. En plus, sur le site, vous trouverez plein d'infos supplémentaires et des bons plans en tous genres. La version papier est quant à elle disponible gratuitement chaque début de mois aux arrêts de trams de toute la communauté urbaine.

RADIO
FRANCE BLEU ALSACE

4, rue Joseph-Massol
✆ 03 88 76 20 00
www.francebleu.fr/alsace
Fréquence Bas-Rhin : 101.4 et Haut-Rhin : 102.6.

Première radio généraliste d'Alsace et de proximité, France Bleu Alsace est partenaire de nombreux événements du territoire. Sa programmation locale est axée sur l'information, le divertissement, le patrimoine, la musique, les jeux et même la cuisine : le tout cuisiné à la sauce alsacienne. Une émission à ne pas manquer : il s'agit du rendez-vous avec des spécialistes vétérinaires, jardiniers ou encore psychothérapeutes, fort apprécié des auditeurs. Bref, pour être au courant de ce qui se passe au bout de votre rue, restez branchés sur cette station. Sont à votre disposition en plus du poste de radio, l'application mobile, le site Internet ou encore le live Facebook.

S'INFORMER
ZUT !

37, rue du Fossé des Treize ✆ 03 67 08 20 87
Bus arrêt Krutenau
www.zut-magazine.com
Trimestriel. Gratuit.

Zut ! est un magazine local de belle facture qui aborde joyeusement la mode, le design ainsi que des dernières tendances hype de Strasbourg. Plutôt bien édité – belle maquette, beau papier – mais essentiellement rempli de publicités et d'articles faisant la promotion de « personnalités » locales ou nationales, le trimestriel propose tout de même d'intéressantes pages culture, arts et spectacles, des dossiers de fond, des portraits de personnalités et des interviews d'artistes. Il est distribué gratuitement dans les boutiques et restaurants partenaires. *Zut !* est également diffusé en Lorraine et dans la région du Rhin Supérieur (édition semestrielle bilingue).

RADIO
RADIO JUDAICA - 102.9 FM

1 A, rue René-Hirschler
✆ 03 88 36 11 67
www.radiojudaicastrasbourg.fr

Contrairement à ce que l'on pourrait croire, Radio Judaïca n'est pas dédiée uniquement aux personnes de confession juive. Beaucoup de non-juifs l'écoutent. Pour cause, la structure se positionne comme une radio culturelle et non cultuelle. Sa grille de programmes est très attractive, avec des émissions de théâtre, sur le jazz, l'histoire, des interviews de grands noms français, et même sur le développement durable. Grâce à son ton propre, la radio locale a su se faire une place dans le paysage strasbourgeois et national. Attention, la radio s'appelle tout de même Judaïca, attendez-vous à avoir des émissions religieuses et de la musique israélienne lors du Chabbat ou pendant les fêtes juives.

RADIO
ACCENT 4 - 96.6 FM

8, place de Bordeaux
✆ 03 88 75 12 03
www.accent4.com
Fréquence FM : 98.8 (Sélestat), 90.4 (Colmar).

Créée en 1984 avec pour but de diffuser un répertoire classique, cette radio locale associative et atypique séduit les quelque trente mille auditeurs chaque semaine. Sa programmation : de la musique classique, des infos musicales locales et régionales, sans aucune coupure publicitaire. *Accent 4* enregistre et diffuse des concerts locaux sur ses ondes. Ses partenaires sont les institutions et les associations culturelles de la région, notamment l'Orchestre Philharmonique de Strasbourg ou encore l'Opéra du Rhin. *Accent 4* propose à ses auditeurs une formule d'abonnement : pour recevoir le bulletin mensuel des programmes diffusés et profiter de réductions sur les manifestations musicales.

RADIO
TOP MUSIC - 94.5 FM

2, avenue d'Alsace
✆ 03 88 88 88 88
www.topmusic.fr

Top Music : l'esprit Pop Rock en Alsace ! Radio musicale régionale, elle s'adresse en priorité aux fans des classiques pop-rock des années 1980 mais aussi d'aujourd'hui. Outre les tubes, *Top Music* diffuse aussi des bulletins d'informations locales chaque heure, et surtout ouvre à tout moment son antenne aux automobilistes qui signalent bouchons et autres ralentissements. Un vrai plus pour les usagers de la route. Vous aurez la possibilité de gagner des lots comme des places pour un événement. Enfin, Top Music organise parfois des showcases privés d'artistes célèbres, de Keziah Jones à Bénabar, en passant par Trust ou Julien Doré. *Top Music* : une radio de proximité qui bouge !

JE PRENDS SOIN DE MOI

C'est décidé, vous voulez changer de look ! Direction les pages du Petit Futé... Votre mission sera de trouver le coiffeur qui saura vous conseiller en toute sincérité et le magasin de vêtements très tendance, ou tiens, pourquoi pas plutôt vintage ? Mais avant tout, une séance de soin esthétique. Et si vous alliez chez Agnès à Plobsheim, ses massages à la pierre chaude et aux huiles essentielles sont divins, et en plus elle crée des bijoux ravissants. En feuilletant, vous découvrirez des pépites et notamment que le plus grand hammam d'Alsace se trouve à Strasbourg, une belle idée de sortie ! En attendant, allez faire un tour chez cet artisan qui saura bien vous proposer le cadeau original pour l'anniversaire de votre mère ! Eh bien, il y en a des adresses sympa dans ce guide : clubs de relaxation, cours de yoga, d'écriture japonaise, mercerie, magasins de lunettes, chaussures sur mesure, chapeaux, gants, foulards et autres accessoires... En prime, il y a aussi des bons plans : magasins d'usine, d'occasion, de déstockage et friperies. Et une boutique de lingerie plutôt géniale !

ACCESSOIRES

CÉLESTE

30, Grand-Rue ✆ 09 80 31 98 49
www.boutiqueceleste.com
Ouvert le lundi de 14h à 19h ; du mardi au samedi de 10h30 à 19h.

Cette chatoyante petite boutique demeure dans la rue la plus changeante de Strasbourg. Et pour cause ! Céleste c'est un style résolument romantique et bohème, un brin enfantin. On aime particulièrement leurs sacs en cuir qualitatif et à des prix abordables (Nat & Nin) ainsi que leur gamme de bijoux tantôt raffinés tantôt fantaisie. Pour parachever votre look, vous trouverez également une petite sélection de prêt-à-porter dans un esprit plutôt arty et décontracté. Et pour faire entrer le style Céleste dans votre intérieur des petits objets déco (cahiers, trousses, cadres, petite vaisselle) sauront vous tenter. Une jolie adresse qui a su devenir un repère pour les shoppeuses strabourgeoises.

NEW

HOMME - FEMME

LA CONSIGNE STORE

Boulevard des Enseignes - **REICHSTETT** ✆ 03 88 35 59 95
www.laconsignestore.fr
Du lundi au samedi de 10h à 19h.

Ouvert en 2016, le dépôt-vente La Consigne Store s'est rapidement imposé comme la référence de la seconde main de marques Streetwear et Skate sur Strasbourg. On y déniche de belles pièces uniques, parmi un large assortiment de vêtements, sneakers et accessoires de seconde main des marques Streewear et Skate du moment. Créée par deux passionnés de sapes, sneakers et de glisse, La Consigne Store est un melting-pot de toutes les cultures urbaines : danse, graff, sports de glisse, musique et mode. En favorisant la seconde main, La Consigne Store promeut une consommation écoresponsable de vos marques préférées et vous garantit une consommation locale grâce à son dépôt-vente.

CHAPEAUX - GANTS - FOULARDS

CHAPELLERIE MEDERNACH 1884

27, place de la Cathédrale
✆ 03 88 21 93 00
Tram arrêt Broglie
Ouvert du lundi au samedi de 9h à 12h et de 14h à 18h.

N'hésitez pas à venir jeter un coup d'œil à la Chapellerie Medernach qui vous propose des modèles pour tous les styles et toutes les bourses. Ici, vous trouvez forcément le couvre-chef qui vous convient, des styles classiques aux plus originaux comme le Borsalino, le Stetson ou le Kaminski d'Australie (fort utile en voyage). Vous pourrez également vous procurer des capelines pour les cérémonies de mariage ou de baptême, des bobs, des casquettes, des chapeaux en raphia pour se protéger des rayons du soleil ou encore des bonnets et des chapkas pour affronter le grand froid !

HOMME - FEMME

FAGUO

22, rue des Frères
✆ 03 88 23 61 87
Ouvert le lundi de 14h à 19h ; du mardi au samedi de 10h30 à 19h.

Faguo est une marque de prêt-à-porter masculin, d'accessoires et de chaussures pour hommes et femmes. Le concept est né il y a 10 ans, avec les créateurs Frédéric Mugnier et Nicolas Rohr. Engagés au niveau de l'environnement, ils tiennent compte de l'émission de gaz à effet de serre. Des vêtements : T-shirt, jeans, chemises, pulls et sweats mais aussi des vestes et des manteaux vous attendent sur les cintres. Les chaussures comprennent des baskets et des chaussures de ville, jusqu'à la pointure 49. Un rayon bagagerie propose des articles très pratiques et design. La boutique a ouvert il y a quelques mois dans le secteur de la cathédrale pour être plus proche de ses clients.

ARTS

COLMENA

23, rue du Dôme
Galerie d'Art - Mode - Restaurant

Colmena signifie « ruche » en espagnol et c'est effectivement un concept aux multiples facettes qu'ont créé José Québrajo et Régis Fauquet, forts de 20 ans d'amitié autour de l'art et de la mode. Entrez dans cet espace 3-en-1 dévoué aux d'œuvres d'art, au prêt-à-porter axé sur des visuels innovants (des pièces uniques sont proposées à l'instar de vestes et de blousons peints à l'élégance rare !), au restaurant Le Colmena Café qui délivre une carte truffée de pépites savoureuses, élaborée en collaboration avec les chefs du Cèdre et d'Avobowl. Ce dernier espace peut également accueillir des cours d'initiation à la peinture et des réunions d'entreprise. Un concept novateur à découvrir !

HOMME - FEMME

FLAIR, FRIPES AND COFFEE SHOP

32, rue de la Course
✆ 03 88 38 85 19
Jeudi et vendredi de 14h à 18h. Samedi de 10h à 18h.

Voici l'endroit idéal pour passer un petit moment shopping sans se ruiner tout en s'accordant une petite pause douceur. Flair, c'est la nouvelle adresse qui va ravir les Urban chineuses et chineurs : une friperie indépendante spécialisée dans la vente de vêtements de seconde main... au kilo ! Oui, oui, ici, pas de prix sur chaque vêtement et pas de surprise à la caisse. On choisit tout ce que l'on veut et on paie un prix fixe en fonction du poids de tout ce que l'on souhaite rapporter chez soi. Et puis pour prolonger le plaisir, Flair propose un espace salon de thé.

CRÉATEUR

CURIEUSE ! CONCEPT STORE STRASBOURGEOIS

4, Quai des Bateliers
✆ 09 50 09 42 59

On connaissait Curieux, maintenant voici que le rejoint Curieuse ! Elle regroupe une cinquantaine de créateurs originaux pour 2 000 produits ! Patrick Verchot déniche des objets originaux créés par des marques indépendantes strasbourgeoises, françaises ou encore portugaises. Dans sa boutique, on déniche toujours quelque chose : entre les lunettes de soleil, les parkas anti-pluie pour vélo aux styles très particuliers, les bobs fluo, la papeterie, la maroquinerie ou les cosmétiques, on trouvera forcément de quoi faire se faire plaisir, pour tous les budgets.

FRIPERIE

LE CABARET DU CHAT

40, rue de Zurich ✆ 07 81 25 20 47
www.lecabaretduchat.com
Ouvert du mardi au jeudi de 10h à 12h et de 14h à 19h ; le vendredi et le samedi de 10h à 19h.

Vêtements, accessoires, chaussures, décoration, mobilier, jouets, bibelots, vaisselle... Les nostalgiques et amoureux de vintage trouveront ici leur bonheur et ce qu'ils cherchent (et ce qu'ils ne cherchaient pas forcément d'ailleurs mais pour quoi ils auront craqué). Le Cabaret du Chat propose une devise simple mais qui vaut le coup : « Partager, transmettre, faire tourner, ces objets anciens et parfois oniriques ». La coquetterie des femmes et des hommes de la première moitié du XXe siècle est époustouflante de beauté et elle pourra être retrouvée ici ! De quoi habiller toute la famille, redécorer la maison et trouver des idées originales de cadeaux à offrir.

GRANDE TAILLE

TOSCANE

Boulevard des Enseignes - **REICHSTETT**
✆ 03 88 04 04 37
www.toscane-boutique.fr
Du lundi au samedi de 10h à 19h.

De la personnalité, de l'audace et beaucoup de féminité : découvrez Toscane, la mode du 44 au 52 ! Son secret ? Des coupes parfaitement maîtrisées qui subliment la silhouette et les formes, des matières ultra confortables, des motifs et des couleurs qui donnent le sourire, et une bonne dose de bonne humeur communicative ! Toute l'équipe Toscane vous attend pour vous accueillir et vous conseiller au mieux, vous orienter pour que vous trouviez à coup sûr et quelle que soit votre taille votre bonheur. Ici vous vos sentirez bien, les vendeuses sont très attentives, présentes quand il le faut mais pas trop, et surtout elles ne vous jugeront pas, vous laisserez libre cours à vos idées.

CHAPEAUX - GANTS - FOULARDS

CHAPELLERIE CLERFF-FRAIKIN

40, Grand'Rue
✆ 03 69 32 78 26
www.clerff-fraikin-strasbourg.com
Ouvert le lundi de 14h à 18h. Du mardi au samedi de 10h à 19h.

© CLERFF FRAIKIN

© CLERFF FRAIKIN

Depuis 1872, la chapellerie Clerff-Fraikin propose des chapeaux de grande qualité dans sa belle boutique de la Grand'Rue. Femmes et hommes peuvent ici trouver leur bonheur parmi le large choix de chapeaux, casquettes, foulards et cannes ; en grandes marques : City Sport, Crambes, Panizza, Stetson comme en fabrication maison. Bérets basques, feutres de fabrication française, panama, chapeaux de cérémonie, parapluies, accessoires de mode, maroquinerie de fabrication française... Tout le monde trouve son bonheur dans la plus ancienne chapellerie strasbourgeoise !

NEW

HOMME - FEMME

VETIS

Boulevard des Enseignes - **REICHSTETT**
✆ 03 90 40 27 60
www.vetis.org
Du lundi au samedi de 10h à 19h.

Créée il y a maintenant 27 ans, Vetis est une association alsacienne spécialisée dans le recyclage des produits textiles, linges de maison, et chaussures. Elle aide à l'insertion sociale et professionnelle des personnes en difficulté ou en situation d'exclusion. Elle forme aux métiers de la vente et de la logistique. Grâce aux dons, Vetis collecte chaque année plus de 600 tonnes d'articles de seconde main dans toute l'Alsace, permettant l'embauche d'une quarantaine de personnes. C'est le fruit de ce travail de tri et de revalorisation que vous retrouvez dans cette boutique, et bien plus encore. De la retouche à la customisation, vos idées sont transformées en créations uniques !

LINGERIE

LINGERIE SIPP

Boulevard des Enseignes
REICHSTETT
✆ 03 88 18 38 34
Du lundi au samedi de 10h à 19h.

Depuis 4 générations, la famille Sipp et ses équipes s'efforcent de mettre à votre service toutes les compétences et le savoir-faire nécessaire au métier de la lingerie en Alsace. Lingerie Sipp propose plus de 60 marques de lingerie pour hommes et femmes (toutes morphologies, du bonnet A au bonnet I). Les collections sont sélectionnées avec le plus grand soin et répondent toutes à des critères de qualités élevés. Qu'elles soient classiques, techniques ou super tendance, elles répondent à vos envies. L'équipe très attentionnée saura vous conseiller au mieux et vous orienter selon vos envies et besoins, car votre satisfaction est au cœur de ses préoccupations.

MODE

LE GRENIER

2, rue des Pontonniers
✆ 06 95 38 73 81
www.legrenier-friperie.com
Ouvert du mardi à samedi de 11h à 13h et de 14h à 19h.

Halte à la fast-fashion ! Dans cette friperie nouvelle génération, les plus belles pièces vintage ont été choisies avec le cœur avant tout. Pour une somme modique, vous pourrez renouveler votre garde-robe avec des vêtements et des accessoires que vous ne retrouverez pas sur votre voisine de terrasse. Ici, comme dans toute bonne friperie digne de ce nom, on assume avec panache son goût pour les années 1960 et 1970 et les pièces qualitatives. Rassurez-vous, on y trouve également des pièces récentes de seconde main et des access' faits main. Que vous soyez fashionista, modeuse modeste ou curieuse, on vous aidera à twister votre look en douceur ou à vous transformer avec maestria.

PRÊT-À-PORTER

ALGORITHME LA LOGGIA

6, rue Gutenberg ✆ 03 88 23 61 61 - Tram arrêt Langstross - Grand Rue - www.algorithmelaloggia.com
Ouvert le lundi de 14h à 19h ; du mardi au vendredi de 10h à 12h30 et de 13h30 à 19h ; le samedi de 10h à 19h.

Algorithme La Loggia est une boutique de vêtements, d'accessoires, de produits de beauté et de bijoux haut de gamme aussi bien dédiés aux hommes qu'aux femmes. Depuis maintenant plus de quinze ans, Patricia et Bernard se démènent et redoublent d'ingéniosité pour proposer des collections exclusives de marques et créateurs introuvables à Strasbourg (Diane Von Furstenberg, Paul Smith, Bleu de chauffe, Parajumpers...). Des modèles et accessoires pour tous les goûts à l'image de la boutique en elle-même, joliment aménagée et décorée avec un petit coin salon dans lequel il est possible de se relaxer en lisant une bande dessinée ou en regardant les meilleurs moments de la fashion week !

PRÊT-À-PORTER

SPEAK OUT

43, Grand Rue
✆ 06 41 88 26 45
Ouvert le lundi de 14h à 19h ; du mardi au samedi de 10h à 19h.

Cette boutique propose une gamme de vêtements et accessoires de style vintage et rétro, pour hommes, femmes et enfants. Speck Out est ambassadeur du mouvement underground, mais aussi du genre rock, hip-hop et blues. Une vrai boutique de sapes, avec des tissus originaux... Un endroit où vous trouverez des pièces uniques chargées d'histoire ! Côté accessoires, vous trouverez des sacs et des ceintures. Les conseils du vendeur, souriant, sont sincères et avisés. Une boutique où il fait bon flâner, à la recherche de la perle rare ou du coup de cœur. Suivez les news sur le compte Facebook de la boutique : des événements et les nouvelles collections y sont annoncés.

SPORTSWEAR - STREETWEAR

JD SPORTS

Boulevard des Enseignes - **REICHSTETT**
✆ 03 67 22 07 68
www.jdsports.fr
Du lundi au samedi de 9h30 à 19h30.

Vous êtes un inconditionnel du survêt' ? On vous voit déjà vous ruer dans la boutique JD Sports pour découvrir les derniers modèles de vos marques préférées (Adidas, Nike, Puma, Fila, Lacoste, Reebok, Champion...). La boutique propose un large choix de baskets, tee-shirts, survêtements, sweats, vestes, jeans, maillots de football, sacs de sport, chaussettes... Vous trouverez aussi de nombreux accessoires pour compléter votre look (lunettes de soleil, écharpes, gants, casquettes et chapeaux...). Une boutique qui habille toute la famille ! Originaire du Royaume-Uni, l'enseigne JD Sports puise sa force dans des produits exclusifs issus des marques les plus réputées.

COIFFURE

L'ARTISTE COIFFURE

9, rue d'Alsace - **ILLKIRCH-GRAFFENSTADEN**
✆ 09 86 25 15 42
Ouvert le mardi, le mercredi et le vendredi de 9h à 18h ; le jeudi de 10h à 20h ; le samedi de 8h à 16h.

En entrant dans ce salon de coiffure, vous confiez votre tête à des coiffeuses aux doigts de fée ! Kelly, Céline et Mélanie sauront prendre soin de vous, en effectuant des coupes tendance et vivifiantes. Si vous souhaitez un véritable changement, tentez une coloration : les couleurs sont éclatantes avec des effets de lumière. De quoi retrouver une nouvelle jeunesse ! Ici, les soins sont personnalisés, afin de respecter le type et la texture de vos cheveux. Et si vous hésitez à changer complètement de style, vous apprécierez le concept aux clichés, qui permet de visualiser des types de coiffures, avant de passer sous les ciseaux. Vous n'aurez plus d'excuse pour sauter le pas !

COIFFURE

CIZ'O BY ISA

8, rue Saint-Hélène ✆ 03 88 13 78 15
www.coiffure-cizobyisa.fr
Ouvert le lundi, le mardi et du jeudi au samedi de 9h à 18h ; le mercredi de 9h à 12h.

Porteuse de ses 17 ans d'expérience professionnelle, Isa vous reçoit dans son très agréable salon, bien conçu et propice aux bons moments et au papotage durant votre coupe. Hommes, femmes et enfants sont les bienvenus et seront chouchoutés, selon leurs besoins et désirs. Professionnelle et conseillère en image certifiée, Isa vous propose ses conseils, ses couleurs personnalisées en fonction de votre carnation et de vos envies. Styliste visagiste, elle est bien plus qu'une simple coiffeuse et travaille avec les plus grandes marques de son domaine : L'oréal, Kérastase, Tokio, Inkarmi, Reuzel... Vous ressortirez de là sublimés, plus beaux et plus confiants que jamais !

SOINS BIO

KODA COSMETIQUES BIO & VEGAN

5, rue du Chaudron
✆ 09 82 30 22 69
kodacosmetiques.fr
Ouvert le lundi de 11h à 18h ; du mardi au vendredi de 10h à 19h ; le samedi de 10h à 18h30.

© KODA COSMÉTIQUES

Dans cette boutique, prenez soin de vous et de votre corps, avec des soins et produits végans et biologiques. Femmes, hommes et enfants trouveront les cosmétiques qui feront leur bonheur grâce à Charlotte qui a deux passions dans la vie : le maquillage et l'écologie. Et les deux peuvent se réunir, Koda en est la preuve. Les produits proposés sont tous écoresponsables, en vrac ou rechargeables, non testés sur les animaux, issus de marques françaises et locales. 95 % des ingrédients contenus dans les produits sont d'origine naturelle et issus de l'agriculture biologique.

COIFFURE

CUT & SPIN

1, rue Louis Apffel ✆ 06 64 97 85 99
www.cutandspin.fr
Lundi, mardi et samedi de 8h à 18h, mercredi au vendredi de 10h à 21h.

Cultivez votre différence ! Voilà la devise de ce salon hybride où exerce Phong. Coiffeur depuis plus de 10 ans, il est aussi un grand fan de musique et compose des playlists sur mesure pour ses clients. Dans son local atypique très bien situé et intimiste, sans aucune vitrine, il prend véritablement soin de vous en vous chouchoutant comme aucun autre salon ne le ferait. Si vous êtes amoureux de musique, de vinyles et si vous aspirez à vivre une expérience client incroyable et vous faire dorloter dans un endroit à la fois discret et original, n'attendez pas et prenez rendez-vous dès maintenant ! Se faire plaisir tout en changeant de coupe de cheveux n'a jamais été aussi facile et délicieux !

COIFFURE

L'UOMO E LA DONNA PRESTIGE

26, avenue de la Marseillaise
✆ 03 88 24 08 93
Tram arrêt Gallia
http://luomoeladonna.xtens.fr
Coiffure de mariage et soirée sur devis. Mercredi : - 20 % pour les étudiants.

L'Uomo e la Donna est un salon de coiffure élégant et tendance où la qualité de l'accueil est fort appréciée. On vous propose bien sûr coupe, balayage ou encore mèches (produits à base d'huiles essentielles et sans paraben), mais si vous rêvez d'avoir les cheveux longs, vos désirs pourront être exaucés grâce aux extensions de cheveux haut de gamme Hairdreams 100 % naturelles. Laissez-vous guider par les conseils experts de Karin, maître-coiffeur, qui mettra en valeur votre visage et votre personnalité. Les hommes trouveront ici l'un des meilleurs barbiers de la ville.

COIFFURE

L'ILL AUX COIFFEURS

156/8, route de Lyon - **ILLKIRCH-GRAFFENSTADEN**
✆ 03 88 67 32 80 - www.l-ill-aux-coiffeurs.fr
Mardi, mercredi et vendredi de 9h à 19h. Jeudi de 10h à 20h. Samedi de 8h à 17h.

Ce beau salon de coiffure est expert des produits L'Oréal et Kérastase. Ici, on chouchoute tout le monde dans la bonne humeur et avec le talent dû à la clientèle : coiffures femmes, hommes et enfants. Il faudra néanmoins prendre impérativement rendez-vous pour profiter de ces services professionnels. Pour tous vos besoins en colorations professionnelles, les coiffeurs de cet établissement expérimentent et se forment sans cesse, les rendant également très au fait des dernières tendances, des dernières technologies et des nouveaux produits au fur et à mesure qu'ils arrivent sur le marché. Vous aurez l'assurance de ressortir avec la coupe et la couleur de vos rêves...

COIFFURE

OXALIS

54, rue du Général Libermann - **ILLKIRCH-GRAFFENSTADEN**
✆ 03 88 66 27 26
Ouvert le mardi, le mercredi et le vendredi de 8h à 18h ; le samedi de 8h à 16h. Jeudi jusqu'à 19h.

La convivialité est le maître mot de ce salon de coiffure où l'on aime prendre le temps de discuter. Ici on vous bichonne : siège massant, massage du cuir chevelu avec des huiles essentielles, conseil et suggestion pour choisir la coupe idéale. Très agréablement accueilli par Christine et Corinne, vous profiterez de ce moment de détente pour vous refaire une beauté. Le top : le salon de coiffure utilise une gamme de produits solaires, hydratants et protecteurs qui préserve le cuir chevelu. Mais aussi une gamme botanique pour cheveux, certifiée vegan, dont l'action est basée sur des essences végétales. Et pour compléter votre prestation beauté, le salon abrite aussi un institut de beauté.

BEAUTÉ

BAHAMA SUN

33, route de Bischwiller - **SCHILTIGHEIM** ✆ 03 88 19 69 99
Bus 4 arrêt Mairie - www.bahama-sun.com
Ouvert le lundi de 14h à 19h ; du mardi au vendredi de 10h à 19h ; le samedi de 9h à 16h. Soin du visage : 45 €.

La structure vous offre une parenthèse de détente et de bien-être : modelage, soins du corps, rituels spa... Vous vous sentirez zen et relaxé. Ramona et son équipe sont aux petits soins. Laissez-vous tenter par un voyage corporel au sable de Bora-Bora, un gommage sucré-salé aux huiles chaudes, un modelage bien-être profond ou relaxant de la tête aux pieds. L'institut propose également trois cures minceur. L' « épilation sans rendez-vous » se fait avec des cires à l'azurène qui réduisent et calment les rougeurs. Pour les gens pressés, une gamme de soins qui ne vous prendront pas plus de 15 minutes, tout en étant fort efficace, vous sera proposée. Le salon offre des promotions régulières.

BEAUTÉ

HAVRE DE BEAUTÉ

12, Rue du Renard-Prêchant ✆ 03 88 35 73 42
www.havredebeaute.fr
Ouvert le mardi et le vendredi de 10h à 19h ; le mercredi de 9h à 17h ; le samedi de 9h à 13h.

Le Havre de Beauté est un lieu d'ancrage qui vous permet de vous retrouver, de vous recentrer, de vous recharger en énergie et d'éliminer vos toxines. Bien plus que des soins, on vous propose un voyage sensoriel complet, pour le corps oui, mais aussi pour l'esprit, qui ressentira instantanément des bienfaits forts et durables. Profitez des massages divers (méthode traditionnelle chinoise, massage ayurvédique, soin Reiki, massage indien...), des soins esthétiques du visage, des mains et des pieds, de l'épilation, de soins énergétiques traditionnels chinois holistiques ou encore d'offres spéciales. Vous ressortirez d'ici magnifiques et détendus complètement pour toute la journée !

BEAUTÉ

INSTITUT DE BEAUTÉ SOLYNEA

38, rue du Faubourg-de-Pierre ✆ 03 88 23 06 24
Bus arrêt Faubourg de Pierre.
Uniquement sur rendez-vous. Ouvert du mardi au vendredi de 10h à 19h ; le samedi de 9h à 17h.

Solynea est un petit salon de beauté *cosy* de quartier à taille humaine. Ici pas de complexe. Venez profiter d'un soin indonésien du cuir chevelu d'inspiration balinaise ou d'un modelage sur mesure aux textures personnalisables (citron et petits grains, lys bambou, vanille et bois de santal). L'institut propose aussi des séances d'UV, des manucures ainsi que des épilations pour femme comme pour homme. Les mains sont expertes, et les soins Sothys et Maria Galland font le job. Vous pouvez aussi vous faire maquiller, des forfaits sont d'ailleurs proposés aux futures mariées.

BEAUTÉ

INSTITUT MÉTAMORPHOSE

7, rue du Jeu des Enfants ✆ 03 88 22 23 51
www.institut-metamorphose.fr
Lundi 12h30-19h ; mardi, mercredi et vendredi 9h30-19h ; jeudi 11h-20h ; samedi 9h30-12h. Soin visage de 35 à 245 €.

Depuis maintenant plus de 28 ans, cet institut professionnel propose des soins esthétiques pour une clientèle à la fois féminine et masculine. Vous pouvez investir le lieu en toute confiance, le personnel saura prendre soin de votre corps. Que ce soit pour savourer un pur moment de détente, ou pour sublimer votre beauté à l'occasion d'une soirée ou d'un évènement, vous pourrez vous faire dorloter par des soins d'inspiration japonaise ou des gommages délicats et agréables, à la cannelle ou encore la noix de muscade. Vous pouvez également profiter d'un modelage gourmand au chocolat, pour oublier l'hiver ou encore d'un modelage alliant art ayurvédique et hawaïen. Massages de qualité.

COSMÉTIQUES

L'ÂME DU SAVON D'ALEP

3, rue de l'Epine
✆ 09 84 11 94 43
www.lamedusavondalep.com
Ouvert du mardi au samedi de 10h30 à 12h30 et de 14h à 19h.

L'Âme du Savon d'Alep porte merveilleusement bien son nom ! Ici vous trouverez tous les savons de cette ville incontournable et leurs produits dérivés, importés directement d'Alep ! Vous trouverez des savons plus ou moins concentrés en laurier sous forme de blocs, mais aussi liquides. Des produits recyclés s'ajoutent à la boutique comme des paniers en pneu. Le choix est vaste et il est certain que chacun y trouvera son bonheur, admirablement orienté par de nombreux conseils, toujours avec le sourire. Et en plus il y en a pour tous les budgets car, si la qualité est indéniablement haute, les prix, eux, restent raisonnables. Idéal pour les personnes souffrant de dermatoses comme le psoriasis.

PARFUMERIE

SERENA GALINI

27, rue de la Krutenau
✆ 09 53 02 40 78
serena-galini.com
Ouvert du lundi au samedi de 10h à 19h.

La maison Serena Galini, ce sont des bougies, parfums et parfums d'intérieur de grande qualité. Élaborés à partir d'essences naturelles précieuses et raffinées, ils sont d'une totale délicatesse et renouent avec le savoir-faire de la haute parfumerie française du XIXe siècle. C'est une histoire de famille passionnelle qui s'offre à vous à la Krutenau pour une expérience inédite du parfum. Ici, l'inspiration c'est vous, vos envies, votre caractère et les messages que vous voulez faire passer dans les effluves que vous laisserez derrière vous. Les parfums sont ainsi personnalisés à l'infini, pour vous et rien que pour vous. Des atelier de création sont même organisés pour les plus curieux !

MASSAGE - RELAXATION

HARMONIE DÉTENTE OBERNAI

4a, rue du Général Leclerc - **OBERNAI** ✆ 07 85 91 04 04
www.bien-etre-obernai.com
Massages de 33 à 83 €/séance. Ouvert les jeudi, vendredi et samedi. Accompagnement énergétique. Hypnose, Hypno-massages.

© SYLVIE CAYOL

La bien nommée Harmonie vous accueille à Obernai pour un moment de pur plaisir ! Avec de nombreuses années d'expérience et de nombreux clients satisfaits dans le Sud, elle est nous fait aujourd'hui profiter de ses doigts de fée en Alsace. Accompagnements en thérapies autonomes, hypnose ericksonienne, évolutive spirituelle ou thérapie archétypale sont autant de cordes à son arc. Mais surtout, ne manquez pas ses massages, professionnels et agréables, pour un pur moment de détente : il y en a pour tous les goûts et tous les budgets ! Votre massage est ici bien loin d'être à la chaîne, on prend le temps, on discute un peu, et on se laisse aller. Effet petit nuage à la sortie garanti !

SOINS BIO

CHANVR'EEL - CHANVRE BIO ALSACE

OSTWALD
www.chanvreel.fr

Chanvr'Eel est la première entreprise alsacienne spécialisée dans la transformation alimentaire et cosmétique de graines de chanvre bio. La graine de chanvre est considérée comme un super-aliment c'est-à-dire un aliment avec des effets supérieurs à ceux des autres aliments et particulièrement bénéfique pour la santé. La graine de chanvre peut se consommer entière et décortiquée, en huile alimentaire ou cosmétique et farine sans gluten riche en protéines. Côté cosmétique, la gamme est très variée et il y en a même pour les animaux de compagnie !

SOINS BIO

LES PETITS BONHEURS DE MARGOT

22, rue des Pluviers
✆ 06 18 68 62 88
www.lpbdm-savonnerie.fr

La savonnerie cosmétique artisanale Les Petits Bonheurs de Margot vous propose des savons surgras à la cire d'abeille obtenus par saponification à froid (SAF). Naturellement riches en glycérine. Ils sont doux pour la peau, ne l'assèchent pas et préservent son film hydrolipidique. La cire d'abeille, très riche en insaponifiables (qui ne se transforme pas en savon) protège l'épiderme, en déposant un film comme une deuxième peau, une véritable protection naturelle. Tous les savons sont fabriqués de manière artisanale à Strasbourg. De très nombreuses gammes sont proposées.

ALLIANCES

L'ALLIANCIER

Boulevard des Enseignes
REICHSTETT
✆ 03 88 81 81 09
Du lundi au samedi de 10h à 19h.

Depuis 1930, l'Alliancier, entreprise familiale, propose du rêve pour les événements heureux de votre vie. Ses professionnels sauront vous guider dans le choix de la bague ou le bijou qui vous correspond, et vous proposeront la meilleure qualité au juste prix. Venez essayer des bagues uniques, et découvrir un large choix parmi plus de 5 000 références dans cette toute nouvelle boutique au shopping promenade de Vendenheim. Vous pourrez également découvrir un configurateur d'alliances qui vous permettra de créer ou personnaliser vos modèles. N'hésitez pas à faire confiance à ces professionnels au savoir-faire transmis de génération en génération pour notre plus grand plaisir.

ART - DESIGN

LES HERBES FOLLES

44, rue du Jeu-Des-Enfants
✆ 03 69 57 29 50
Ouvert du mardi au samedi de 10h30 à 19h.

Située à seulement quelques pas de la cathédrale, Les Herbes Folles est l'une des belles boutiques de créateurs du centre-ville de Strasbourg. Les quatre artisans/artistes à l'origine de sa création ont eu pour volonté de promouvoir l'art du fait-main 100 % local. Vous découvrirez dans cette enseigne divers univers. Des bijoux, de l'illustration et du design mais aussi des produits locaux et bio et des articles de papeterie. De nombreux créateurs sont également régulièrement invités dans le magasin afin de participer à un riche programme de manifestations. Pour les plus curieux, sachez que des ateliers de broderie ou de conception de bijoux sont organisés régulièrement.

BIJOUTERIE

BIJOUTERIE LES TOURMALINES

24, place des Halles
✆ 03 88 22 10 58
Du lundi au samedi de 10h à 19h.

Dans cette bijouterie du centre commercial des Halles, on trouve de tout puisque le choix est vraiment éclectique. Des plus petits bijoux proches de la fantaisie aux gros colliers en or adjoints de pierres précieuses en passant par les montres et accessoires divers, chacun pourra ici satisfaire ses envies, pour lui-même ou pour faire des cadeaux qui feront plaisir à coup sûr. L'avantage non négligeable de cette sympathique boutique est la présence régulière d'offres promotionnelles très avantageuses et alléchantes. Pas de panique, ces offres sont proposées toute l'année.

BIJOUX - HORLOGERIE

L'AIR DU TEMPS

30, rue des Juifs
✆ 09 53 57 85 69
Tram arrêt République et bus arrêt Saint-Guillaume.
Ouvert en continu du mardi au samedi de 10h à 19h.

Cette jolie petite boutique, proche de la cathédrale, est charmante et accueillante. On vous y propose une grande variété de très beaux bijoux et de montres. Ici, vous trouverez de la fantaisie certes, mais également des produits haut de gamme à la fois délicats et raffinés. La décoration et le style sont tendance, bohème, chic, jeune et dynamique bien que l'espace soit relativement étroit. Si vous aimez les gros colliers, les manchettes ethniques, en or ou en argent, c'est ici que vous trouverez votre bonheur ! L'établissement propose de nombreuses marques comme Camille Enrico ou encore Laco... On aime les conseils judicieux et personnalisés des vendeurs, bien formés dans leur discipline.

BIJOUX - HORLOGERIE

LITTLE NUAGE

32, rue du Bain-aux-Plantes
✆ 06 71 21 04 58
https://littlenuage.fr
Ouvert du mardi au samedi de 10h à 19h.

On pousse la porte pour se retrouver sur un petit nuage. Dans la boutique, on retrouve Céline, une jeune entrepreneuse et créatrice de bijoux par passion. Bagues, bracelets, colliers ou boucles d'oreilles, les collections ont pour noms évocateurs « nuage », « ginkgo » ou encore « Noël blanc ». Ses créations sont imaginées en petites séries, voire en pièces uniques. Envie d'une création sur mesure ? Little Nuage est aussi l'interprète de commandes personnalisées. La bonne idée, c'est d'avoir associé à la boutique d'autres créatrices pour compléter la gamme : déco, beauté, fashion... et des ateliers de loisirs créatifs vont rythmer la saison. *Stay tuned* sur Facebook.

CONCEPT STORE

CURIEUX ? CONCEPT STORE STRASBOURGEOIS

6a, quai Kellermann ✆ 09 84 48 33 62 - Tram arrêt Broglie.
www.curieux-store.com
Ouvert le lundi de 14h à 19h30 ; du mardi au samedi de 11h à 19h30.

Ce concept-store regroupe mode, design et art. La culture est également à l'honneur grâce aux expos renouvelées avec régularité. Ici, les produits proposés sont originaux et constituent souvent des pièces uniques, des vêtements et des chaussures vintage, des articles de papeterie, une jolie collection de verres et carafes en forme de poissons signée Paola Navone, des parfums, et bien d'autres accessoires et gadgets branchés. Un bar à thé proposant de nombreux mélanges de thés bio des Jardins de Gaïa est disponible. Bonus : le loft peut être loué pour des événements privés.

FANTAISIE

CARPE DIEM

Boulevard des Enseignes
REICHSTETT
✆ 03 88 33 17 24
Du lundi au samedi de 10h à 19h.

Née à la suite d'un coup de foudre pour les bijoux fantaisie lors d'un voyage à Saint-Tropez, Chantal et Philippe créèrent la boutique « Carpe Diem » en 1985 à quelques pas de la cathédrale de Strasbourg. L'aventure familiale n'a depuis cessé d'évoluer pour continuer à vous faire plaisir. Les collections changent au fil des saisons. Les marques fétiches sont toujours là : Gas, Réminiscence, Pilgrim et les Interchangeables, des rubans élastiques strassés et colorés, pratiques car on peut les retirer facilement... On trouve également des parfums Réminiscence dont Love Rose ou Tonka. Les vitrines sont toujours très joliment décorées, et les bijoux sont magnifiquement mis en valeur.

JOAILLIER - DIAMANTAIRE

JOAILLERIE FICHT FRANCK

19, rue des Tonneliers
✆ 03 88 22 98 73
Du mardi au samedi de 9h à 12h et de 13h30 à 18h30.

Maître bijoutier-joaillier depuis 1999, Franck Ficht et son équipe vous reçoivent en atelier au centre-ville, depuis 2002. Des pierres précieuses et semi-précieuses aux pierres fines en passant par les perles, ils conçoivent et réalisent selon leur savoir-faire des montures de qualité « sur mesure », adaptées à votre budget, extensible ou non. Dans cet établissement, on prend soin de vous et on met un point d'honneur à travailler pour que chacun puisse avoir le bijou dont il rêvait sans pour autant se ruiner. L'écoute est primordiale et la qualité n'est pas en reste, vous serez conquis et prêt à parader avec de beaux atours scintillants et à la finition impeccable !

RELIGIEUX

ECHOPPE CATHÉDRALE STRASBOURG - SAINT-MICHEL

Place de la Cathédrale
✆ 03 88 32 75 78
www.echoppe-cathedrale-strasbourg.fr
Tous les jours de 10h à 18h.

Bienvenue à l»Échoppe Saint-Miche, installée dans l'ancien espace Saint-Michel de la cathédrale Notre-Dame de Strasbourg, accessible depuis la place du château ou bien directement depuis la cathédrale. On trouve ici des chapelets, des souvenirs, des crèches, des bijoux, des statues, des crucifix, des cartes postales, des livres, des jeux, des vitraux, du multimédia et des produits du terroir. Bref, sur 90 mètres carrés, tout le monde y trouve son compte. Il y en a pour tous les budgets et bien évidemment les articles religieux sont majoritaires.

GADGETS

ALSATRUCS

✆ 03 88 28 21 22
alsatrucs.com

Alsatrucs, c'est la boutique éphémère ou en ligne spécialisée dans l'artisanat alsacien ! Toute une gamme originale d'objets entièrement créés et réalisés en Alsace, par des artisans d'art de la région, réunis dans le but de proposer des objets souvenirs de qualité, vous est proposée. C'est bien mieux que les souvenirs fabriqués en Chine, plus authentique. Et ça fait vivre l'artisanat et l'économie locale. Chez Alsatrucs vous ne vous y tromperez pas et ne serez jamais déçus. Verrerie, ébénisterie, textile, céramique, travail du métal, graphisme, tout est là pour des objets insolites qui remettent le folklore au goût du jour. Il y en a pour tous les goûts et tous les budgets !

GADGETS

BRETZEL AIRLINES

2, rue du Parchemin ✆ 03 88 36 57 68 - Tram arrêt Broglie.
www.bretzelairlines.com
Ouvert du mardi au samedi de 10h à 12h30 et de 13h30 à 19h. Boutique en ligne. Ouvert le dimanche (en décembre).

À deux pas de la cathédrale, vous entrez dans l'univers alsacien et festif de Bretzel Airlines, la marque alsacienne de T-shirts et cadeaux qui fait le buzz. Dans cette boutique, vous trouverez de bonnes idées cadeaux pour les Alsaciens de souche ou des souvenirs à ramener dans votre contrée. Un large choix de t-shirts aux visuels créatifs et humoristiques sont sur les présentoirs. Des souvenirs décalés mais toutefois pratique vous attendent sur les étagères (mugs, tabliers, chopes à bière...) ! Des logos sont détournés et c'est particulièrement original. Décomplexée et farfelue, l'Alsace s'affiche donc désormais avec humour et à petits prix à travers des créations uniques !

GADGETS

JEANNALA & SEPPALA

Boulevard des Enseignes - **REICHSTETT**
✆ 03 88 18 69 20
www.jeannalaetseppala.com
Du lundi au samedi de 10h à 19h.

Rondouillards et rigolards, les personnages créés par David Grandmaire en 2004 séduisent au premier regard ! Vêtus de leur plus beau costume alsacien, ils s'invitent sur des cartes, des tableaux, des nappes, des sets de table humoristiques et il leur arrive aussi de se transformer en bougies ! En prime, ils décorent des assiettes, plats de service, moules à baeckaoffe et à kougelhopf... Réalisées en poterie d'Alsace dans un atelier créé en 1750 à Soufflenheim, les diverses collections proposées sont aussi jolies que pratiques car elles passent au micro-ondes comme au lave-vaisselle ! L'heureux créateur de Jeannala et Seppala a posé ses valises à Kaysersberg en 2011 où un détour s'impose !

COSMÉTIQUES

BLEU LIBELLULE

Boulevard des Enseignes - **REICHSTETT**
✆ 03 88 47 29 63
www.bleulibellule.com
Du lundi au samedi de 10h à 20h.

Des produits de coiffure et d'esthétique de qualité professionnelle à la portée des particuliers, telle est l'idée derrière ce nouveau magasin Bleu Libellule ! L'enseigne propose à ses clients plus de 15 000 références de produits et matériels à prix attractifs. Produits de coiffure, beauté des ongles, maquillage ou encore mobilier professionnel, vous voici dans le supermarché de l'esthétique. Ici, des milliers de produits de grandes marques se bousculent (L'Oréal, Schwarzkopf, Eugène Perma, Wella...). Bleu Libellule, c'est aussi une entreprise qui a su développer ses propres marques et des employés hautement qualifiés aux petits soins pour vous orienter parmi les références.

MANUCURE - PÉDICURE

PEGGY SAGE

Boulevard des Enseignes - **REICHSTETT**
✆ 03 67 21 35 04
www.peggysage.com
Du lundi au samedi de 10h à 19h.

Dans cette boutique, vous trouverez du vernis à ongles simple ou semi-permanent, des limes, des faux ongles ou encore des lampes UV. Un coin make-up et une maquilleuse sont à votre disposition pour tester les cosmétiques. Enfin, vous trouverez aussi un rayon beauté avec des crèmes, de la cire épilatoire, des accessoires... Chez Peggy Sage, vous pourrez suivre des formations pour vous perfectionner dans le domaine de la manucure. Vous trouverez chez Peggy Sage beaucoup de choix et des prix raisonnables, ce qui en fait un lieu incontournable pour les fashionistas à petits budgets. Si vous ne savez pas ce que vous voulez précisément, profitez des conseils experts des vendeuses.

NEW

PARFUMERIE

EQUIVALENZA

Boulevard des Enseignes - **REICHSTETT**
✆ 03 88 81 61 51
equivalenza.com
Du lundi au samedi de 10h à 19h.

Equivalenza révolutionne la parfumerie en proposant des parfums créés sur mesure. Chacun est donc unique, conçu pour chaque moment de la journée, chaque situation particulière, chaque action ou chaque expression que vous souhaitez transmettre. Vos notes olfactives et les émotions que vous souhaitez transmettre sont la base de la création de votre parfum. Simplicité et accessibilité sont au cœur des créations en proposant des prix abordables et des flacons réutilisables et sans fioritures, ainsi qu'un engagement fort pour des solutions durables pour chacune des gammes de produits proposées, des parfums au maquillage en passant par la cosmétique et la parfumerie d'intérieur.

COQUIN

PINK PLAISIR

22, rue du Commerce - **VENDENHEIM** ✆ 03 88 20 92 39
www.pinkplaisir.com
Lundi de 14h à 19h ; du mardi au samedi de 10h à 19h. Horaires pouvant être modifiés durant les vacances scolaires.

Avec 7 magasins dans la région Grand-Est, cette enseigne est bien implantée. Dans cette grande structure, sur 300 m², vous trouverez des dessous coquins en dentelle, en vinyl ou en latex, et du prêt-à-porter sexy pour des soirées endiablées et torrides en club ou privatives. On se fait plaisir (dans tous les sens du terme) avec le fétichic Cantazaro, un espace sex-toys qui donnera des idées neuves à tous les couples en recherche de sensations vertigineuses, des gadgets ludiques et sexy, des accessoires dédiés à toutes les envies, et toutes sortes de produits pour créer une ambiance érotique qui réchauffera les hivers de tous les amateurs du genre, qu'ils soient novices ou déjà très actifs.

FUMEURS

LE COMPTOIR DU CIGARE

14, rue du Vieux-Marché-aux-Poissons ✆ 03 88 32 60 68
Bus arrêt Ancienne Douane.
www.lecomptoir-ducigare.fr
Ouvert du mardi au dimanche et les jours fériés de 10h à 21h.

Si vous cherchez un cigare d'exception, c'est ici à et pas ailleurs. La boutique propose une superbe cave à cigares au sous-sol de son débit de tabac mais aussi des étuis en cuir, pochettes humidifiées, briquets, zippos, cendriers... Cette cave est la plus importante de France en nombre de références (environ 400), avec des inédits (comme le Pitt Bull créé par un Parisien), et des terroirs confidentiels, de toutes provenances et dans tous les modules (au détail ou en coffret). Les amateurs de pipe seront tout autant satisfaits et trouveront une centaine de références en tabac, avec des éditions limitées (Peterson, Samuel Gawith), et des pipes bien choisies (Chacom, Savill).

NEW

MULTIMÉDIA - IMAGE - SON

EVERSO

Boulevard des Enseignes - **REICHSTETT**
✆ 03 55 33 00 39
everso.com
Du lundi au samedi de 10h à 19h.

Chez Everso, les beaux objets méritent une seconde vie et même plein de secondes vies. Cette vision de l'achat-vente permet aux vendeurs d'Everso de s'engager dans une vision durable du commerce. Dans ce concept-store de Strasbourg, vous ne trouverez que des produits uniques, de seconde main et reconditionnés qui permettent de faire vivre l'économie locale et favoriser la circularité. Que ce soit en téléphonie et multimédia, culture et loisirs, jeux vidéo et consoles, ou en maroquinerie et bijoux : rien ne se perd, tout se transfère. Les petits budgets seront de plus ravis car ici les prix sont vraiment tout doux pour que chacun puisse profiter des belles occasions proposées.

COACHING

CRYO & FIT

13, avenue de Strasbourg
ILLKIRCH-GRAFFENSTADEN
✆ 06 65 34 14 19
1h de coaching pour une ou deux personnes : 40 €.

Cryo & Fit est un complexe sport et bien-être. Pour booster votre forme ou perdre du poids, vous pourrez opter entre différentes prestations, ou plutôt une combinaison très efficace d'actions complémentaires. Pour commencer, du coaching sportif personnalisé (par un ancien athlète de haut niveau et préparateur physique depuis plus de 15 ans), et du sauna infra-rouge pour votre récupération musculaire. Puis, dans un autre domaine, de la cryothérapie (pour une récupération par le froid) et pour finir un modelage suédois avec utilisation d'huiles naturelles. Dans ce centre spécialisé, vous trouverez l'écoute, la disponibilité et l'accompagnement pour atteindre vos objectifs.

FORME

CLUB FIT'N WELL

150, rue Urs Graf - **ILLKIRCH-GRAFFENSTADEN**
✆ 03 88 40 84 40 - www.fitnwell.fr
Ouvert du lundi au vendredi de 9h à 22h ; le samedi de 9h à 19h ; le dimanche et les jours fériés de 9h à 17h. Tarifs.

Pratiquez un sport ! Dans ce club, vous bénéficierez de 2 200 m² pour pratiquer des activités sportives variées ou vous détendre. L'espace comprend deux salles de fitness pour les cours collectifs, un espace cardio-training et un espace musculation. Des activités de fitness et aquatiques sont aussi proposées. Deux saunas équipés de chromothérapie (hyper relaxant !), une cabine bronzage haute pression, un espace zen, les hammams aux mille mosaïques complètent le dispositif. La piscine chauffée de plus de 16 m de long est équipée de lits et fauteuils massants, buses de massage, volcan col de cygne pour la nuque et musique aquatique. Coaching sportif et conseils nutritionnels disponibles.

DÉTENTE - FORME

CRYOFAST

9, rue des Pontonniers ✆ 03 69 32 40 04
www.cryofast.fr
Ouvert du lundi au vendredi de 10h à 19h ; le samedi de 10h à 17h.

Cryofast est spécialisé dans la cryothérapie du corps entier ou localisée. Leur philosophie ? La beauté, le sport et la santé par le froid. La cryothérapie du corps entier est une thérapie par le froid naturelle et efficace, non médicamenteuse, qui consiste à placer le corps du patient dans un caisson (tête en dehors) durant 2 à 3 minutes à des températures allant de -120 à -160 °C. Les réflexes de lutte contre le froid génèrent des effets positifs sur tout un ensemble de pathologies et de traumatismes, des effets hormonaux et biochimiques qui soulagent, régénèrent et renforcent. Un traitement local ou facial est également disponible. Cela fonctionne bien pour les tendinites par exemple.

FORME

LA COUR DE HONAU

Allée de Honau - **LA WANTZENAU** ✆ 03 88 96 33 44
www.cour-de-honau.fr
Ouvert du lundi au jeudi de 9h à 23h. Du vendredi au dimanche et jours fériés de 9h à 21h.

Ce centre de remise en forme, bien connu des Strasbourgeois depuis de nombreuses années, propose de nombreuses activités sportives : cours de tennis, séances de cardio-fitness, de musculation, endurance sur vélo, zumba, body karaté, bodypump, aquabiking, gym (chinoise, aérogym, stretching)... Et bien sûr l'utilisation à votre rythme de machines de musculation et de fitness dernier cri. Les services d'un coach sont proposés pour un accompagnement optimisé. Mais vous pouvez aussi venir pour profiter de l'espace détente : piscine, spa, bain bouillonnant, sauna, hammam et solarium. Le restaurant sert des repas au déjeuner, et le bar est accessible en permanence.

DÉTENTE - FORME

ESPACE CASTELNAU

10, rue du Général-de-Castelnau ✆ 06 43 90 69 15
Près de Saint-Pierre-le-Jeune catholique.
www.espacecastelnau.fr
Ouvert tous les jours de 8h à 22h.

Véritable centre de bien-être et de développement personnel aux abords du Tribunal, l'Espace Castelnau regroupe divers praticiens et professeurs spécialisés qui vous proposent d'harmoniser votre corps et votre esprit. Méditation, réflexologie plantaire, hypnose, sophrologie, shiatsu, cours de yoga en français et en espagnol et de Pilates mais aussi reiki, hypnose et écriture japonaise ! Des conférences et des formations sont aussi organisées afin de vous aider à améliorer votre zénitude au quotidien, avec la possibilité de suivre divers ateliers. N'hésitez pas à consulter le planning détaillé sur leur site Internet et leur page Facebook. Être acteur du mieux-être commence maintenant !

FORME

YOGAMOVES

10, rue de la Râpe ✆ 03 88 23 64 02
www.yogamoves.fr
Ouvert 7j/7 selon le planning des cours : accueil assuré du lundi au vendredi de 14h30 à 20h et le samedi de 10h à 15h.

Deux adresses, deux ambiances pour un unique concept : près de 80 cours par semaine au sein des deux salles. À Strasbourg : un cadre intimiste où la sérénité règne en plein centre historique. À Vendenheim un cadre zen et élégant, très lumineux avec un parking gratuit à votre disposition. Vous pourrez vous initier ou progresser dans la pratique des différentes types de yoga. Des cours de tous niveaux, tout au long de l'année sont proposés. Vous pourrez évoluer avec des enseignants qui ont leur propre approche. Les accessoires et les tapis sont mis gracieusement à disposition. Le centre possède aussi salle de massage, espace détente, boutique, sauna, douches et vestiaires.

HAMMAM

ASIAN VILLA - SPA DU CHATEAU DE L'ILL

4, quai Heydt - **OSTWALD** ✆ 03 88 66 85 46
www.spa-chateau-ile.com

Ouvert du lundi au dimanche de 10h à 20h. Sur réservation uniquement. Accès au spa (3h) : 25 €. 3 forfaits détente.

Envie de se détendre après une semaine harassante, stressante ? C'est au spa du château de l'Île que nous vous conseillons d'aller. Vous aurez accès au spa, avec un soin au choix (modelages thaïlandais ou californiens aux huiles essentielles...). De nombreuses formules sont proposées pour répondre à vos attentes, avec notamment la possibilité de faire un repas gastronomique. Différents forfaits intéressants sont offerts, pour découvrir le site, ou devenir accro. Il faut avouer que le site, à quelques encablures de Strasbourg, est sublime. Possibilité de coffret cadeau.

HAMMAM

LES CENT CIELS

12, rue Finkmatt ✆ 03 90 22 78 78

Femme : mer et sam 10h-22h ; jeu et ven 10h-17h ; dim 10h-14h. Mixte : jeu et ven 17h-22h ; dim 14h-22h.

Avec ses 700 m², c'est le plus grand hammam d'Alsace. C'est au cœur d'un mélange de tradition et de modernité que vous vous retrouverez. Les décorations sont somptueuses et les fragrances orientales vous offrent un dépaysement absolu : un riad au cœur de Strasbourg ! Hammam tiède de 200 m², hammam chaud et hammam froid pour se vivifier, sauna, piscine et salle de fitness... Les Cent Ciels est un véritable temple de la sérénité. Différents soins du visage et du corps, des massages à l'huile d'argan biologique et aux huiles essentielles et des bains au lait d'ânesse sont proposés. Le restaurant est idéal pour terminer une escapade romantique après une après-midi de massages et de soins à deux.

MASSAGE - RELAXATION

LE SECRET DU BIEN-ÊTRE

7, cour Fernand-Jaenger ✆ 06 20 31 36 36
Tram arrêt Saint-Florent. - www.lesecretdubienetre.alsace

Le lundi, le mercredi et le vendredi 10h-19h ; le samedi 10h-13h. Sur rendez-vous. Entre 35 € et 70 € la séance.

Le Secret du Bien-être propose des séances de naturopathie et des moments de pure détente grâce à la réflexologie plantaire et aux modelages relaxants : massage californien, suédois, spécial dos ou massage Abhyanga (pour revitaliser et défatiguer le corps). Chaque séance dure entre 30 minutes et 1 heure. Les huiles utilisées sont d'origine végétale vierge et de qualité. Stressé, fatigué ou sous pression, accordez-vous une véritable pause au Secret du Bien-être pour vous ressourcer et pour apaiser votre mental. N'hésitez pas à vous connecter sur la page Facebook de l'établissement pour trouver des astuces beauté et bien-être. Comme par exemple sur le choix de ses (bonnes) huiles alimentaires.

SPA

HAMMAM ET TRADITIONS

2, rue Kageneck
✆ 03 88 36 93 10
www.hammam-et-traditions.com

Ouvert dimanche de 10h à 18h.

Des rituels ancestraux qui ont fait leurs preuves depuis des temps immémoriaux : les hammams ont toujours excellente réputation ! Hammam et Traditions est un havre de bien-être situé en plein centre-ville, à deux pas de la gare. Les lieux proposent des rituels orientaux : bains de vapeur, gommages au savon noir ou encore soins au rassoul. Les prestations sont naturelles et alliées à un massage doux mais très professionnel : vous retrouverez vite l'harmonie et la paix intérieure. Votre mental sera détendu et votre épiderme purifié. Les prestations sont de qualité et les lieux enchanteurs. Il est possible de prendre un soin duo pour partager ce moment en couple, ou d'offrir une carte cadeau.

ZEN

ALOHA FENG SHUI

15, rue de la Haye
SCHILTIGHEIM
✆ 06 03 97 46 39
www.aloha-feng-shui.com

Une expertise en Feng Shui et Ba Zi, des soins énergétiques, de la libération émotionnelle, des méditations guidées en groupe et des stages « Transformer sa vie avec la loi de l'attraction » pour particuliers et professionnels. Alohavous aide à comprendre et résoudre les difficultés de votre quotidien, en procédant à un rééquilibrage de l'énergie de votre lieu de vie (habitat ou local professionnel) et/ou à un rééquilibrage de votre matrice énergétique personnelle. Vous pourrez également harmoniser votre énergie personnelle par des soins énergétiques reiki. Des pratiques de plus en plus tendance après une année difficile pour retrouver zénitude et équilibre émotionnel.

ZEN

MOMENT M

13, rue de Bouxwiller ✆ 06 67 96 22 57
momentm.fr

Tous les jours de 10h à 18h, jusqu'à 22h le jeudi et le vendredi.

Chez Moment M, on prend soin de vous quels que soient vos besoins ! Lithothérapie, coaching émotionnel et mental, reconnexion à soi, coaching divinatoire, soin aux huiles essentielles, danse, yoga, atelier de reconnexion et créativité, cercle de femmes, méditation, accompagnement shopping ou encore soins de beauté sont proposés. À ce vaste programme s'ajoutent des évènements thématiques ponctuels et une boutique où acheter de quoi poursuivre les séances ou l'effet bien-être chez soi : pierres, encens, palo santo, sauge blanche, aromathérapie... Chez Moment m on prend soin de vous intégralement, sur un plan physique mais aussi et surtout mental et spirituel, pour votre plus grande sérénité.

OPTIQUE

C L'OPTIQUE LUNETOROLOGISTERIE

26, rue des Tonneliers
✆ 03 88 75 07 50
cloptique.com
Lundi de 13h à 18h45, du mardi au samedi de 9h à 18h45.

On appelle lunetorologiste celui qui fabrique et vend des instruments d'optique et des lunettes. Ce mot a été créé en 2005 par Claude Fersing à Strasbourg afin de redéfinir une nouvelle approche de son joli métier. C l'Optique vous offre la possibilité de réaliser vos lunettes « sur mesure » et en a fait sa spécialité incontournable. Ces montures sont faites à la main en acétate de cellulose. Ce procédé vous permet de personnaliser la forme et la couleur de vos lunettes, d'avoir une taille adaptée. Une boutique idéale pour associer confort et esthétique !

OPTIQUE

LES LUNETTES DE GISÈLE

24, rue Brûlée
✆ 03 88 21 51 00
www.leslunettesdegisele.fr
Du mardi au samedi de 10h à 17h.

Au sein de cette jolie boutique d'optique, Marie a soigneusement sélectionné toutes ses montures en privilégiant des créateurs indépendants, de la fabrication française et des matériaux de qualité. Frédéric quant à lui, a eu une attention toute particulière pour l'équipement du magasin avec les dernières technologies en matière de taille de verre et de contrôle de la vue, afin de vous offrir le meilleur service possible. Le petit plus c'est l'optique spécialement dédiée au sportif, difficile à trouver ailleurs. Que vous soyez ou non un athlète, vous bénéficierez de véritables conseils et d'un accompagnement personnalisé afin de trouver les lunettes les plus adaptées.

OPTIQUE

ESPACE VISION OPTICIEN

6, avenue Aristide Briand
✆ 03 88 60 17 97
www.espace-vision.fr
Du mardi au vendredi de 10h à 19h et le samedi de 10h à 17h.

Chez cet opticien reconnu, l'objectif est de permettre à tout un chacun de bénéficier d'une qualité de vision optimale grâce à des prix doux sur des verres sélectionnés parmi les plus grands verriers et les plus grandes marques de luxe. Que des bonnes surprises sur la qualité et le prix de vos lunettes ! L'enseigne propose également un service sur mesure. De cette rencontre entre l'artisan lunetier et le porteur de lunettes naîtra une monture unique, une signature singulière pour sublimer chaque regard. Laissez-vous tenter, sublimez votre regard en mettant en avant votre personnalité ! Confort visuel et esthétique sont associés pour que chacun se sente unique.

OPTIQUE

MAURICE FRÈRES OPTICIENS

40, rue des Hallebardes
✆ 03 88 32 14 81
Lundi de 11h à 19h, du mardi au vendredi de 10h à 19h et le samedi de 10h à 18h.

Depuis 1985 Maurice Frères appartient à la famille Schertz qui prône un commerce indépendant au service de votre bien-être visuel. Dans cet établissement, on mise avant toute chose sur l'écoute attentive dans un univers chaleureux et intimiste où vous prendrez le temps, avec votre expert dédié en santé visuelle, de choisir une monture, révélatrice de votre personnalité et des verres personnalisés, taillés sur mesure en magasin. Trois boutiques de l'enseigne sont installées à Strasbourg, la seconde est au quartier de Neudorf et la troisième à la Robertsau, pour toujours plus de suivi et de possibilités. L'occasion de magnifier son regard en alliant confort et design.

OPTIQUE

LA LUNETTERIE DU COIN

24, rue du Faubourg de Pierre
www.lalunetterieducoin.fr
Ouvert du lundi au vendredi de 10h à 19h ; le samedi de 9h à 12h et de 13h à 19h.

Qui a dit qu'optique ne rimait pas avec futé ? La lunetterie du coin est un concept révolutionnaire, permettant de se démarquer par rapport à d'autres opticiens. L'adorable Romain et ses collègues vous proposent des montures de créateurs rares mais aussi d'occasion ! Ce concept inédit à Strasbourg a pour vocation d'œuvrer pour le développement durable en recyclant et en donnant une seconde vie à des montures. Mais attention, qui dit *vintage*, ne veux pas dire démodé ! Si vous ramenez vos anciennes lunettes, vous aurez droit à un bon de réduction, jusqu'à - 70 € (selon qualité et état) pour acheter une nouvelle paire (neuve ou d'occasion). Un concept éthique et terriblement audacieux !

OPTIQUE

OPTICAL DISCOUNT STRASBOURG POLYGONE

79, route du Polygone
✆ 03 88 65 41 44
www.opticaldiscount.com
Du lundi au samedi de 9h à 12h30 et de 14h à 19h.

Optical discount cherche à rendre accessible à tout un chacun les plus grandes marques de lunettes avec l'expertise et le conseil d'un professionnel de l'optique en plus ! L'enseigne s'organise essentiellement autour de trois valeurs fortes : le professionnalisme de ses opticiens diplômés à votre service, l'accessibilité grâce à un conseil personnalisé et de qualité, et l'innovation grâce à ses produits exclusifs en verres, montures et contact. Le choix est vaste, le rapport qualité-prix excellent. Vous trouverez ici de quoi habiller votre visage à petit prix !

ENSEIGNEMENT

COLLÈGE OSTÉOPATHIQUE STRASBOURG EUROPE

47, rue du Jeu-des-Enfants ✆ 03 90 40 19 47
Tram arrêt Homme de Fer. - www.cos-osteopathie.fr
Ouvert du lundi au vendredi de 8h30 à 19h30 ; le samedi de 8h30 à 12h30. Sur rendez-vous. La Consultation : 15 €.

Pour le plus grand bonheur de tous ceux qui souffrent du mal du siècle ou d'autres douleurs corporelles ! On ne l'imagine pas forcément mais ce lieu est aussi une clinique où le quidam est le bienvenu. À condition d'accepter de se faire manipuler par un étudiant (de troisième année minimum et supervisé par des professionnels). Le tarif de la consultation est particulièrement avantageux. Côté formation, l'école, dirigée par un ostéopathe, est reconnue par l'État. Elle forme au métier en cinq années. L'admission se fait sur dossier préalable et entretien de motivation.

HERBORISTERIE

FLORALPINA

19, rue des Juifs ✆ 03 88 37 08 28 - Tram arrêt Broglie.
www.herboristerie-suisse.fr
Ouvert le lundi de 13h30 à 18h30 ; du mardi au samedi de 9h à 12h30 et de 13h30 à 18h30.

Remèdes ancestraux utilisés depuis des siècles, les plantes médicinales suscitent toujours un certain engouement. L'expertise des vendeurs et les conseils prodigués dans cette boutique vous permettront de trouver le produit qui sera optimal pour vous : les plantes délivrées seront en adéquation avec votre problème de santé. Cette herboristerie suisse propose divers produits, comme les plantes médicinales bien sûr, mais aussi les plantes aromatiques, les épices et huiles essentielles, sous différentes formes, y compris les gélules, plantes séchées en vrac. Fondée en 1936, cette belle et grande herboristerie est située dans le centre historique de la ville, à un saut de puce de la cathédrale.

LABORATOIRE D'ANALYSE / IMAGERIE

CENTRE MÉDICAL SOMED

Boulevard des Enseignes - **REICHSTETT**
✆ 03 67 07 20 72
www.somedsante.fr
Du lundi au samedi de 9h à 19h.

SoMeD Santé est un groupement national de centres de santé polyvalents. Au sein de Shopping Promenade Cœur Alsace, sur plus 1 000 mètres carrés, avec un plateau technique de dernière génération, vous disposerez des services médicaux, dentaires, radiologiques et paramédicaux. Toutes ces activités sont pratiquées en Secteur I, sans dépassement d'honoraires, et surtout en tiers payant intégral (nul besoin d'avancer la partie Sécurité Sociale ou mutuelle de vos soins). Avec cet espace regroupant de nombreux professionnels, vous aurez ainsi l'occasion de réaliser vos soins ou vos examens tous en même temps, pour un gain de temps considérable sans rogner sur la qualité.

PARAPHARMACIE

HIGH SOCIETY CBD STRASBOURG

46, rue du Faubourg-de-Pierre
✆ 09 86 48 33 07
www.highsociety.fr
Boutique de CBD légal.

Le CBD ou cannabidiol, issu du chanvre, est aujourd'hui autorisé à la vente en France. C'est sur terrain que cette nouvelle boutique vous propose toute une gamme de produits faite pour votre beauté, votre bien-être et votre détente. Au-delà des e-liquides et des tisanes et infusions, vous pourrez vous y procurer des cosmétiques, des bonbons au CBD mais également des huiles, de la résine, des extractions (à ajouter à votre e-liquid ou dans diverses préparations culinaires). Pour les novices, l'établissement propose également tout un éventail d'accessoires dédiés.

SANTÉ

MAM GYNECO

https://mamgyneco.wordpress.com
Blog accessible sans abonnement.

Sur ce blog très complet, vous trouverez toutes sortes d'informations utiles, liées à la gynécologie. Tenue avec beaucoup d'humour par Odile Bacot, gynécologue à Strasbourg. Régulièrement, Mam Gynéco poste des vidéos et des articles, qui parlent du quotidien et répondent aux questions que toutes femmes (et leurs conjoints ?) se posent. Des astuces, des conseils judicieux, et surtout un moyen de dédramatiser les situations parfois délicates. Car Odile, forte de son expérience acquise lors de ses consultations, aime apporter ses conseils pour rassurer les femmes de tous âges. Vous avez aussi la possibilité de lui envoyer des messages, ou des questions, et c'est bien pratique !

SANTÉ

SOS FEMMES SOLIDARITE STRASBOURG

5, rue Sellénick ✆ 03 88 24 74 92
www.sosfemmessolidarite67.org
Accueil ouvert du lundi au vendredi de 10h à 16h.

L'accueil de jour est un lieu d'écoute, de soutien, d'orientation et d'accompagnement des femmes et de leurs enfants. L'équipe pluridisciplinaire sensibilise, informe et prévient les comportements et les violences sexistes. Cet organisme dispose également d'un centre d'accueil (Flora Tristan) dont la mission est d'accompagner pendant 18 mois des femmes victimes de violence conjugale. Quant à la maison-relais, elle permet aux personnes de se stabiliser dans un logement sans limitation de durée, afin qu'elles développent un véritable projet de vie. Une initiative à saluer !

CORDONNIER

CORDONNERIE MAS

21, rue des Charpentiers ✆ 03 88 36 98 04
Tram arrêt Broglie.
Ouvert du mardi au vendredi de 9h à 12h et de 14h à 19h ; le samedi de 9h à 12h et de 13h30 à 16h.

Spécialiste du cousu et du ressemelage bottier, Sébastien Mas rénove et patine les cuirs et donne une seconde jeunesse à vos sacs et ceintures. Chez lui, même les produits cirants sont d'excellente facture, la gamme Saphir à base de cire d'abeille et de térébenthine garantissent la beauté des cuirs, la palette des teintes est variée, que ce soit en pâte ou en crème. La gamme s'étend à l'entretien du mobilier bois ou cuir, cire, baume rénovateur ou lait nettoyant. Les pointilleux trouveront ici les accessoires de cordonnerie anglaise, embauchoirs, chausse-pieds, brosses à daim et à reluire en crin de cheval. En bonus, de superbes sacs en cuir dans la vitrine.

CORDONNIER

CORDONNIER WILLIAMS. H

9, rue de l'Église
Tram arrêt Broglie
Ouvert le lundi de 14h à 19h ; du mardi au samedi de 8h30 à 13h et de 14h à 19h.

Williams H. est le maître incontesté de la chaussure sur mesure ! Chez cet artisan cordonnier chausseur, les modèles sont créés et fabriqués sur place. Certains sont en édition limitée comme les mocassins de style français, italiens ou anglais. Williams H. réalise des chaussures pour homme jusqu'à la taille 50 et pour femme. Une deuxième boutique dans la rue du Fossé-des-Tanneurs propose des marques prestigieuses pour des chaussures confortables et de qualité. Ceintures, sacs et pochettes complètent la gamme. Des produits d'entretien sont également en vente (cirage, brosse, spray). Dans les deux boutiques, on optimise également la durée de vie de vos souliers en les réparant.

COUTURIER - RETOUCHE

RECYCLE ET COUD

20, rue de Mundolsheim - **NIEDERHAUSBERGEN**
✆ 07 69 70 90 64 - recycleetcoud.wixiste.com/retouche
Ouvert le jeudi et le vendredi de 17h à 19h ; le samedi de 9h à 12h. Et sur RDV. Devis sur demande.

Brigitte Metzger, couturière retoucheuse est non seulement une excellente couturière, mais aussi une créatrice hors norme. Son concept ? Redonner une seconde vie aux vêtements qui dorment dans vos armoires, ou que vous avez dénichés en friperie. Grâce à son expérience et son inventivité, Brigitte est en mesure d'adapter, de réparer et de customiser vos vêtements. D'ailleurs, elle participe au défilé de « La Mode sous toutes ses coutures », organisé par l'union des corporations artisanales du Bas-Rhin. Faites un tour dans sa boutique : vous aurez l'occasion d'y admirer ses tenues de jour et de soirée, crées à partir de chute de tissus. Ses créations sont surprenantes.

LAVERIE - PRESSING

SÉQUOIA PRESSING

10, allée François-Mitterrand - **ILLKIRCH-GRAFFENSTADEN**
✆ 03 88 84 22 39 - Tram arrêt Centr'Ill. - www.sequoiapressing.fr
Ouvert du lundi au vendredi de 9h à 19h ; le samedi de 9h à 13h30. Tarif sur demande.

Le mot d'ordre chez Séquoia, c'est le respect de l'environnement ! Ici, les produits utilisés limitent la pollution tout en respectant les tissus. Les membres de l'équipe sont formés et exercent leur métier avec passion. La technique de nettoyage à sec utilisée est innovante et sans produit chloré : le Siloxane (silicone liquide). Ce produit à base d'un dérivé de silicone, nettoie en profondeur en hydratant les fibres. Le résultat ? Les textiles sont plus souples et les couleurs sont ravivées. Sequoia nettoie aussi vos sacs, gants, chaussures, cuir, fourrure et daim. Et la fidélité est récompensée grâce à une carte. L'atout véritable des lieux ? Vraisemblablement la qualité d'accueil.

SPORTS MÉCANIQUES

L'INCREVABLE

3, place de Zurich
✆ 09 83 52 86 44
http://lincrevable-cycles.fr

Amis de la petite reine, L'Increvable est fait pour vous ! Dans cet antre du cyclisme, à l'impossible nul n'est tenu. En effet, que vous soyez un sportif du dimanche ou un acharné de la grimpette (tel Bernard Hinault ou Michel Drucker !), vous trouverez ici un personnel qualifié pour réparer ou rénover votre vélo préféré, vous permettre d'acquérir une jolie pièce vintage au charme suranné, un VTT ou un vélo urbain et contemporain. Comme l'équipe ne laisse rien au hasard et affirme que «tout problème a une solution !», vous pourrez également louer le vélo adapté à votre prochaine escapade ainsi que tous les accessoires possibles et imaginables (bagages, sièges enfant, casques…)

TAPISSIER

SELLERIE ANDRE

4, rue de l'Electricité - **GEISPOLSHEIM** ✆ 03 88 66 64 65
www.sellerie-andre.fr
Ouvert du lundi au vendredi de 8h à 12h et de 13h30 à 17h15. Sur RDV. Livraison possible.

La sellerie créée en 1972 par Yves André, véritable artisan sellier, a su évoluer au cours de son époque, pour s'adapter aux demandes les plus diversifiées. Aujourd'hui, la structure de 600 m² compte 6 salariés qualifiés et a un niveau de production semi-industriel. Ils interviennent dans la sellerie automobile (intégrant du gel anti-vibration), de bureau, sportive, nautique, médicale (matériel et isolation sonore des portes d'accès au cabinet), mais aussi camping (auvent). L'équipe intervient aussi dans la conception de housse de protection en cuir ou PVC, réparation de canapé, fauteuil en cuir ou tissu. Bonus : vos propres créations sont personnalisables !

LIEU DE RÉCEPTION

CAVE HISTORIQUE DES HOSPICES DE STRASBOURG

1, place de l'Hôpital ✆ 03 88 11 64 50
Tram : arrêt Porte de l'Hopital.
www.vins-des-hospices-de-strasbourg.fr
Tarifs variables en fonction des horaires de location.

La Cave des hospices de Strasbourg est à la fois une cave voûtée exceptionnelle (vieille de plus de 800 ans) et une boutique dans laquelle sont vendus les meilleurs vins d'Alsace. La cave est en effet remplie de fûts de chêne dont l'un, encore plein, date de 1472. L'établissement perpétue la tradition viticole locale et tout le savoir-faire alsacien à travers ses produits. La conception des vins est suivie par un œnologue jusqu'à leur mise en bouteilles. Les bénéfices engendrés sont reversés à l'Hôpital de Strasbourg afin de financer l'achat de matériels médicaux. Un must !

LIEU DE RÉCEPTION

CERCLE SAINT-SYMPHORIEN

7, rue de la Poste - **ILLKIRCH-GRAFFENSTADEN** ✆ 03 88 66 08 26
Tram arrêt Cour de l'Illiade
www.cercle-st-symphorien.fr
Parking gratuit à proximité.

Un mariage, un anniversaire, un départ à la retraite ou un séminaire à organiser ? Le Cercle Saint-Symphorien, idéalement situé au centre-ville d'Illkirch, propose trois salles à la location. La capacité d'accueil s'étalonne de 10 à 200 personnes, selon la salle voulue. Celles-ci sont équipées de limitateur de bruit, et pour certaines, d'un réfrigérateur. Une cuisine équipée est commune à toutes les salles – location en supplément –, très fonctionnelle avec 4 fours électriques et 8 plaques, un grand réfrigérateur et un lave-vaisselle. Le prix de la location comprend la vaisselle et les couverts jusqu'à 200 personnes. La salle étant fort prisée, il vaut mieux anticiper la réservation !

LIEU DE RÉCEPTION

COLOD'ART

28, rue du Maréchal Lefebvre ✆ 03 88 33 61 00
www.colodart.com
De 120 à 2835 €, selon la superficie et le type de prestation choisi.

Vous êtes à la recherche d'un lieu unique pour organiser une fête, une réunion, un spectacle, un gala, une soirée festive ? Colod'art vous propose diverses solutions : différentes salles sont disponibles (selon la taille et le nombre de personnes que vous souhaitez accueillir). Vous pouvez réserver votre pack en ligne. Des prestations complémentaires peuvent être rajoutées afin de vous libérer l'esprit de toute les problèmes d'intendance : service traiteur, animation son et lumière... Cette ancienne usine, aménagée, est très facile d'accès et loin des habitations. Colod'art organise aussi du *mapping* : technique de projection illusionniste sur un mur, un plafond ou encore une façade.

LIEU DE RÉCEPTION

LA COUR DE HONAU

Allée de Honau - **LA WANTZENAU**
✆ 03 88 96 33 44
www.cour-de-honau.fr
Proposition de prestation et devis sur demande.

La Cour de Honau est un endroit idyllique pour passer le jour le plus important de votre vie ! Tout a été rebâti sur le site depuis une vingtaine d'années, dans l'esprit de l'abbaye bénédictine du IXe siècle. Le complexe sportif s'étale sur cinq hectares de verdure. Les salles de réception sont véritablement bien agencées pour les mariages, avec parquet. la Grange mesure 420 m² (300 personnes assises), avec sa magnifique terrasse qui donne sur le parc. À l'étage, les Etichons, une salle de 220 m² (80 personnes attablées), et Le Hangar (160 places assises). En été, les tables s'étalent sur les pelouses et la terrasse se transforme en dancing. Diverses prestations vous seront proposées.

CRÉATEUR

JAMES & VIVIANN DU FERMOIR-DE-MONSAC

14, Grand'Rue
✆ 06 65 48 50 92
www.jvdufermoirdemonsac.com
Sur rendez-vous.

Du Fermoir de Monsac, c'est un atelier de création de robes de mariées d'un nouveau genre ! Deux drag queen strasbourgeoises se sont lancées dans cette aventure de la robe du plus beau jour de votre vie en total sur-mesure afin de vous créer la robe dont vous rêvez. Ici, aucun jugement : toutes les tailles, toutes les morphologies, toutes les identités sont les bienvenues ! Avec un regard bienveillant et une imagination débordante, ces créateurs fabuleux vous rendront la plus heureuse du monde et créeront même des accessoires, pour les hommes aussi !

LIEU DE RÉCEPTION

PAVILLON JOSÉPHINE

Avenue de l'Europe ✆ 03 88 60 97 17
Tram et bus arrêt Droits de l'Homme.
Location entre 700 € et 2 600 € (tables et chaises comprises). Jusqu'à 6h du matin.

Bâti en 1804 dans le jardin de l'Orangerie, le Pavillon Joséphine tient son nom de l'impératrice Joséphine de Beauharnais, épouse de Napoléon Bonaparte. Trois salles sont mises à disposition (salle Napoléon, Joséphine et de l'Impératrice) et offrent un cadre chic et historique. Les deux premières salles peuvent accueillir environ 240 personnes assises ou 300 debout. Souvent utilisé pour des salons, concerts, conférences ou expositions, il est également très demandé pour l'organisation de banquets et de mariages. Pour une soirée dansante avec DJ, des formules de sonorisation adéquates sont disponibles. L'espace cuisine est à disposition près de la salle Napoléon avec un accès traiteur.

JE TRANSPIRE MAIS JE M'ÉCLATE

Voici la rubrique des loisirs, au sens large ! Que ce soit dans le domaine du sport, par le biais du foot, du basket, d'activités à la patinoire, running, escalade... Ou d'activités en pleine nature, en profitant par exemple des aménagements autour des différents plans d'eau de l'Eurométropole, il y en a pour tous les goûts et toutes les conditions physiques. À moins que vous ne préfériez les sensations fortes des *escapes games*, et de l'accrobranche ? Et si vous avez l'esprit de compétition, optez pour une partie de bowling ou de *laser quest*. Vous préférez les loisirs créatifs ? Ça tombe bien, il y a aussi les adresses des meilleurs fournisseurs de laine, de broderie, customisation, et autres arts graphiques. Apprendre à faire des jouets en bois à l'Atelier de Geppetto, s'inscrire en famille ou entre amis à une participation sportive, une randonnée en roller, ou à une course d'obstacle dans la nature *Xtrem country race* : franche rigolade garantie ! Vous trouverez toutes les dates utiles dans l'agenda. Petit clin d'œil : les naturistes trouveront aussi leur bonheur dans ces pages.

NOUVEAU !

VOTRE GUIDE DEVIENT
INTERACTIF

TAPEZ **PETITFUTE.APP**
DANS LE NAVIGATEUR DE VOTRE SMARTPHONE.

PRENEZ UNE PHOTO DE LA PAGE DÈS QU'ELLE A CE PICTO !

SPORTS

OFFICE DES SPORTS, DE LA CULTURE, DES ARTS ET LOISIRS

112, route de Bischwiller - **SCHILTIGHEIM** ✆ 03 88 62 57 24
www.ville-schiltigheim.fr

Ouvert du lundi au jeudi de 8h30 à 12h et de 14h à 17h30 ; le vendredi de 8h30 à 14h ; le samedi de 9h à 12h.

L'OSCAL regroupe environ 90 associations aux thématiques variées, dans les secteurs du sport ; de la culture, de l'art et des loisirs. Cet organisme aux diverses compétences se donne pour mission d'organiser de nombreux événements. Un soutien précieux pour la création de manifestations. Parmi les services proposés, vous trouverez : accueil et conseils professionnels, le prêt de matériel, un service de communication, ou encore la possibilité de louer un minibus... L'OSCAL organise des événements, tels que Schilik à vélo, la fête de la musique, des cabarets et des lotos.

COMPLEXE MULTISPORTS

OFFICE DES SPORTS DE STRASBOURG

19, rue des Couples
✆ 03 88 31 83 86
www.coursesdestrasbourg.eu

L'office des sports de Strasbourg est une association dont les missions sont aussi essentielles que diverses. Ici, se rassemblent et se coordonnent les acteurs sportifs de la ville. L'association s'impose également comme un réel soutien à la pratique sportive mais aussi à l'organisation d'évènements afférents. On y valorise aussi l'investissement bénévole et la citoyenneté. À leur contact, vous aurez accès à toutes les informations pour vous lancer ou poursuivre une activité sportive mais également à des interviews en ligne de sportifs et à des comptes-rendus d'action.

COMPLEXE MULTISPORTS

DECATH'CLUB

24, place des Halles

Cours du lundi au samedi, sur réservation (en ligne). A partir de 3 € par heure (sans abonnement).

Un concept unique qui ravira les sportifs de tous poils : un club de sport au cœur d'un magasin Décathlon ! Le lieu accueille quotidiennement des sessions animées par des coachs où il est possible de faire du crosstraining, du yoga, de la self-défense, du stretching ou encore de la baby gym. Les cours sont dynamiques et se tiennent du lundi au samedi, sur réservation, à des tarifs plutôt abordables. Des vestiaires et des douches sont bien évidemment mis à disposition. Ce magasin a aussi la particularité d'être dans l'air du temps, plus tourné vers un public citadin, avec au premier étage un coin télévision, des caisses rapides et des cabines d'essayage connectées.

PATINAGE

ICEBERG - PATINOIRE DE STRASBOURG

Rue Pierre-Nuss ✆ 03 68 98 51 76
Tram : arrêt Rotonde.

Mardi, jeudi et vendredi de 20h30 à 23h. Mercredi de 14h à 18h30. Samedi de 14h à 18h30 et de 20h à 0h. Entrée 5,50 €.

L'Iceberg offre un superbe cadre aux aficionados de patin à glace et aux visiteurs. L'équipe de hockeyeurs de l'Étoile Noire de Strasbourg s'y entraîne régulièrement et des matchs très dynamiques y sont disputés pendant la saison. Avec sa piste de 1 500 m² dédiée aux amateurs, l'Iceberg offre de quoi passer un bon moment à zigzaguer et tomber sur la glace avec une musique entraînante. Côté club, l'Iceberg est l'écrin de l'équipe de hockey strasbourgeoise, et des clubs de patinage artistique et de curling. Pour les enfants, la patinoire propose des formules anniversaire.

PLAN D'EAU

BLAUELSAND WEYVER

11, rue de Zellenberg
✆ 03 88 84 03 19
www.cra-ffn.fr/pansab/ansab.html

Dans ce site naturel point de rendez-vous des naturistes, vous trouverez le cadre idéal pour apprécier ce mode de vie en toute sérénité et sécurité. Les eaux claires de l'étang sont particulièrement appréciées par les habitués. Le lieu est public et des personnes de tous âges s'y retrouvent. Des sanitaires sont présents : WC, douches (l'utilisation du savon n'est pas autorisée), mais aussi des bancs, des tables pour déjeuner... Côté activités de loisirs, des tables de ping-pong et un terrain de pétanque sont en accès libre. Le calme règne malgré la foule qui afflue dès les premiers rayons du soleil. Avec un peu de chance et de patience, vous pourrez apercevoir des animaux sauvages.

FOOTBALL

RACING CLUB

12, rue de l'Extenwoerth ✆ 03 88 44 55 10
Tram arrêt Krimmeri.
www.rcstrasbourgalsace.fr

Entrée tarif individuel ou abonnement.

Le Racing Club Strasbourg Alsace, après une rétrogradation en 2e division, reprend la tête : le club est revenu en 1re division ! Cela promet de beaux matchs en perspective et surtout un suspense d'une belle intensité ! Et ce n'est pas pour déplaire aux supporters qui soutiennent fermement leur équipe. Pour ne pas manquer un match, vous pourrez acheter votre billet sur leur plateforme de billetterie en ligne. Vous pouvez suivre les actualités du Racing sur le site Internet ou encore sur la page Facebook de la structure. Racing Academy est le centre de formation de référence. Avec l'abonnement, c'est une place assurée toute l'année pour tous les matchs de votre équipe favorite !

PLAN D'EAU

BLAUELSAND WEYVER

11, rue de Zellenberg
✆ 03 88 84 03 19
www.cra-ffn.fr/pansab/ansab.html

Dans ce site naturel point de rendez-vous des naturistes, vous trouverez le cadre idéal pour apprécier ce mode de vie en toute sérénité et sécurité. Les eaux claires de l'étang sont particulièrement appréciées par les habitués. Le lieu est public et des personnes de tous âges s'y retrouvent. Des sanitaires sont présents : WC, douches (l'utilisation du savon n'est pas autorisée), mais aussi des bancs, des tables pour déjeuner... Côté activités de loisirs, des tables de ping-pong et un terrain de pétanque sont en accès libre. Le calme règne malgré la foule qui afflue dès les premiers rayons du soleil. Avec un peu de chance et de patience, vous pourrez apercevoir des animaux sauvages.

ESCALADE

BLOC SESSION

2, rue du Travail - **ILLKIRCH-GRAFFENSTADEN**
✆ 03 88 39 16 87
Du lundi au vendredi de 12h à 22h. Samedi et dimanche de 14h à 20h.

Block Session à Strasbourg, ce sont plus de 450 m², 120 blocks tous niveaux et une dizaine de profils différents. Avec ses nombreux volumes, cette salle d'escalade vous permettra de vous dépenser sans compter, que vous soyez expert ou débutant, et vous fera vivre des sensations fortes sans cesse renouvelées par de nouveaux agencements des blocks. Pour les non-initiés, l'équipement vous sera prêté, y compris les chaussures, et vous bénéficierez de conseils de moniteurs et de professionnels qualifiés. Régulièrement des cours sont proposés. N'hésitez pas à venir en famille ou entre amis et à vous lancer des défis pour vous mesurer les uns aux autres : frissons garantis !

CIRCUIT

KART INDOOR CHRONO

Rue du Colonel Lilly
FEGERSHEIM
✆ 03 88 59 03 40
www.kartindoorchrono.fr
Du mardi au jeudi et le dimanche de 14h à 22h ; vendredi et samedi de 14h à 00h. Une session 18 €. 10 sessions 160 €.

© KART INDOOR

Ce complexe de loisirs de 4 000 m² offre de fort nombreuses activités sportives et amusantes. Vous avez la possibilité de faire du karting, de jouer entre amis, en famille ou entre collègues à l'escape game et d'aller dans la salle de réalité virtuelle. La piste de karting est en bioéthanol, avec une piste spéciale pour les enfants, pour plus de sécurité. Tentez une aventure escape game, en jouant le rôle de l'inspecteur Scope pour mener une enquête passionnante et ludique. La salle d'arcade de réalité virtuelle propose un laser game virtuel. Pour reprendre des forces et vous reposer un peu, un espace de détente avec un bar est également accessible à tout un chacun.

PLAN D'EAU

LAC BAGGERSEE

1, rue de la Tour-Haute - **ILLKIRCH-GRAFFENSTADEN**
✆ 03 88 40 33 12 - Tram A et E : Baggersee.
www.strasbourg.eu
Baignade surveillée en période estivale. Accès libre. Tire-à-l'eau disponible, pour personne à mobilité réduite.

Cette ancienne gravière constitue une magnifique zone de promenade accessible tout au long de l'année. En été, c'est un charmant lieu de baignade aménagé, avec baignade surveillée par des professionnels. Sur le site, des espaces verts, des zones pique-nique et des barbecues sont accessibles gratuitement. Un incontournable pour aller se rafraîchir et se divertir après une chaude journée estivale, ou pour s'offrir un petit air de vacances, pour un budget très abordable. Des animations, ludiques et sportives sont proposées pour les petits et les grands, pendant les mois d'été. Un « Tire à l'eau » permet aux personnes handicapées d'accéder à l'eau en toute sécurité.

PLAN D'EAU

PLAN D'EAU DE REICHSTETT

REICHSTETT
✆ 03 88 20 02 26
www.reichstett.fr
Ouvert tous les jours de 10h à 19h. Baignade surveillée. Gratuit.

Ce site est incontournable pour les amateurs de baignade en milieu naturel. En saison estivale, la surveillance est assurée par un maître-nageur diplômé. En famille, entre amis ou en solo, vous profiterez d'une plage aménagée autour du plan d'eau. Et si vous avez envie de vous amuser un peu, un aménagement sportif est à votre disposition pour pratiquer le volley, le basket ou le ping-pong. C'est un endroit agréable pour passer une journée dans la nature et profiter du beau temps à moindre coût. À l'issue de toutes ses activités ludiques, une buvette plutôt bien agencée vous propose l'essentiel pour vous désaltérer joyeusement et manger un morceau en toute simplicité.

CYCLISME / CYCLOTOURISME

LES ROSALIES DU PIEMONT

Rue des Peupliers - **BOERSCH**
✆ 07 50 70 52 91
www.lesrosaliesdupiemont.fr
Ouvert tous les jours de 10h à 12h30 et de 14h à 18h.

Les Rosalies du Piémont, c'est une toute nouvelle façon de découvrir 11 km de voie verte et de promenades insolites ! Cette sortie familiale ou entre amis convient aussi bien aux plus petits et les enfants s'amusent beaucoup sur les Rosalies classiques ou à assistance électrique. La balade originale se transforme vite en véritable aventure et change un peu du cyclotourisme ou des sorties à vélo traditionnelles. Plusieurs modèles et plusieurs formules de location sont proposés afin que chacun trouve le véhicule adapté à ses besoins avant de se laisser aller à la contemplation et à la rêverie sur le circuit durant une heure... ou plus si le cœur vous en dit !

VOILE

ÉCOLE DE VOILE DE STRASBOURG

Route du Plan d'Eau - **PLOBSHEIM**
✆ 03 88 98 70 77
Stages pendant les vacances. Initiation et perfectionnement dès 7 ans. Tarif à la semaine variable selon formule.

Envie de découvrir les sports de voile ou de voguer en toute sérénité et sécurité au fil de l'eau ? L'école de voile de Strasbourg, installée à la base nautique de Plobsheim, vous propose différentes formules : découverte, perfectionnement ou villégiature. Des stages sont organisés pendant l'été. Les plus jeunes (7 à 12 ans), s'essayeront à l'optimist, tandis que les aînés embarqueront sur les planches à voile, catamarans et dériveurs. De quoi satisfaire les envies maritimes de tout un chacun. L'encadrement professionnel est assuré par des moniteurs diplômés.

PARAPENTE

OVERFLY - BAPTÊME DE PARAPENTE

44, route de Ribeauvillé - **GUÉMAR**
✆ 06 08 17 28 81
overfly.eu
Sur rendez-vous.

Thierry vous propose, après la prise d'un rendez-vous, de redécouvrir ou de réaliser un baptême de tandem parapente au cœur de l'Alsace ou dans le splendide massif des Vosges. C'est avec l'expérience, la passion et en toute sécurité, qu'il vous fera vivre un moment d'exception en survolant le massif vosgien (ou ailleurs, sur tous les sites de France et à l'étranger). Le vol dure environ 45 minutes et comprend, pour laisser une trace de cette expérience inoubliable, le film de votre vol, afin que vous puissiez revivre ce moment inoubliable avec vos proches. Alors, prêt ?

ÉQUITATION

FUN JUMP

Rue du Commerce - **GEISPOLSHEIM** ✆ 06 95 79 25 15
www.chevaux-juncker.com
Planing et tarif des cours sur leur site internet et sur demande.

Le poney-club de Geispolsheim accueille les adultes et les enfants dès l'âge de 3 ans, pour des cours d'équitation, de l'initiation au perfectionnement. Saut d'obstacles, promenade, dressage, compétition, préparation et passage de Galops... Christophe Juncker, cavalier professionnel de concours de saut d'obstacles, saura vous accompagner dans cette discipline, depuis le niveau débutant jusqu'aux compétitions. Dans un cadre parfaitement adapté de 4 hectares : deux manèges couverts et trois carrières, mais également des paddocks et un marcheur. Christophe Juncker se charge aussi de l'achat et de la vente de chevaux et de poneys. Il prend également des équidés en pension au sein du centre.

ÉQUITATION

HORSE'UP

Fort Kléber
WOLFISHEIM
✆ 06 10 49 80 70
http://horse-up.fr

Ce centre équestre, en partenariat avec Plaisirs équestres, propose cette activité aux personnes handicapées (adultes et enfants). La prestation est parfaitement adaptée, particulièrement aux personnes déficientes intellectuelles, atteintes de troubles psychiques, en situation de handicap physique, relationnel ou en souffrance. Le cheval étant le médiateur, partenaire de la relation. Que ce soit pour une activité de loisir, de plaisir, ou dans le cadre d'une rééducation, les encadrants, parfaitement formés, assurent l'activité en toute sécurité et avec une excellente pédagogie. Les deux poneys, shetland et hongre, sont curieux, espiègles, polyvalents et très proches des humains.

ÉQUITATION

HORSE WOOD

Rue Ferdinand-Braun - **OSTWALD**
✆ 03 88 66 91 66
www.horsewood.com
Ouvert du lundi au samedi de 10h à 19h.

Dans ce magasin spécialisé, vous trouverez tout le nécessaire pour pratiquer l'équitation et prendre soin des chevaux. Sur une grande superficie, des vêtements, chaussant, protections, accessoires techniques, selles, briderie et mors, enrênement sont en rayon. Et le cheval dans tout ça ? Il n'est pas oublié avec de la nourriture, bonbons, bonnets, couvre-reins et une foule d'autres accessoires. Les vendeurs (qui sont aussi cavaliers) mettront leur expérience à votre disposition. Horse Wood propose aussi des services bien utiles : le nettoyage de votre matériel, la location de tondeuse, l'affûtage de peignes, et des broderies pour personnaliser les accessoires.

ESCALADE

BLOCK'OUT STRASBOURG

4, rue Alexandre Dumas ✆ 03 90 23 06 91
Trams A ou D arrêt Dante. - www.blockout.fr
Du lundi au vendredi de 11h à 23h et du samedi au dimanche de 9h à 23h. Entrée : 15 €.

Block'Out est avant tout la plus grande salle de bloc de l'Est de la France, avec ses 800 m² de surface grimpable ! Les blocs sont tous les mois renouvelés afin que vous puissiez vivre une expérience d'escalade à la fois sensationnelle et unique. Plusieurs forfaits vous sont proposés selon vos envies. Vous pouvez soit régler votre activité à la carte ou bénéficier de plusieurs formules d'abonnement. Vous pouvez aussi manger au restaurant Au Cube Gourmand mais également de la musculation, vous détendre au sauna, au hammam ou encore suivre plusieurs cours collectifs comme du yoga. Sachez que vous pouvez également organiser les fêtes d'anniversaire de vos enfants.

ESCALADE

NINJASTORM

11, rue Alexandre Dumas ✆ 03 88 12 27 24
www.ninjastorm.co
Lundi, mardi et jeudi de 14h à 21h30. Mercredi 10h à 21h30. Samedi et dimache dès 9h30.

Attention, voici le parcours le plus délirant de Strasbourg ! Idéal pour s'entraîner, se défouler ou se défier, Ninja Storm propose une combinaison subtile et décalée entre l'escalade, la gym et l'accrobranche inspirée de l'émission *Ninja Warrior*. Pas de panique, petits et grands sont les bienvenus sur les différents parcours et les difficultés varient pour que tout le monde y trouve son compte, tous ensemble ! Cette salle de sport unique en France est un moyen ludique de faire du sport et des efforts, de tester sa force et de s'amuser sans se prendre la tête et sans enchaîner les exercices inutiles et inintéressants. De plus, si vous venez à plusieurs, vous pouvez vous challenger !

GOLF

GOLF DE LA WANTZENAU

LA WANTZENAU ✆ 03 88 96 37 73
www.golf-wantzenau.fr
Haute saison : de 8h à 19h. Tarifs semaine (Green-Fee : 65 €), Week-end (Green-Fee : 85 €).

Un cadre exceptionnel, d'immenses pelouses, 18 trous comme il se doit, des fairways impeccables, des bunkers traîtres desquels vous ne pouvez sortir que d'un brillant coup de sandwedge… Bienvenue au golf de la Wantzenau. Cet espace d'entraînement totalement ouvert au public réunit un compact 12 trous, un practice couvert, un practice sur herbe ainsi que deux putting greens. Pour l'agrément, club-house, restaurant, bar et pro shop. Pour accéder aux parcours, vous devez posséder la licence-assurance de la fédération française de golf et être titulaire au minimum de la carte verte. Bon à savoir : des initiations gratuites ont lieu le dimanche matin d'avril à octobre sans inscription préalable.

VTT

STRIDE INDOOR BIKE PARK

48, chemin Haut ✆ 03 90 22 30 22
www.stride-indoorbikepark.fr
Ouvert du mardi au jeudi de 12h à 21h, vendredi de 12h à 22h, samedi de 10h à 21h et dimanche de 10h à 18h.

Cette zone de loisirs est la première Bike Park Indoor 100 % vélo en France. Pour pratiquer sa passion, plusieurs zones existent : une pour les petits, une pour les débutants et d'autres pour les plus aguerris. Mention spéciale à la zone qui dispose d'un bac en mousse permettant de tester de nouvelles figures sans se blesser. Il est possible de louer des salles de séminaires et faire son anniversaire au sein de la structure qui propose des stages de perfectionnement, des concerts et des soirées à thèmes. Ce qui est génial chez Stride Indoor, c'est que la structure est ouverte à tous : aussi bien aux amoureux du VTT, du BMX et du Dirt qu'aux débutants ou experts, dès l'âge de 2 ans.

AÉROCLUB

AÉRO-CLUB D'ALSACE

38, rue Guynemer
✆ 03 88 34 00 98
www.aero-club-alsace.org
Aéromodélisme, école de pilotage, vol d'initiation, vol moteur.

L'histoire de cette base pourrait figurer dans un manuel scolaire. Le terrain du Polygone vit défiler les armées du Kaiser, les prestigieuses unités de chasse les Cigognes ou encore Antoine de Saint-Exupéry himself. Aujourd'hui, l'Aéro-club d'Alsace accueille de nombreuses activités de loisir comme des vols moteur et à voile ou encore du parachutisme. Débutant, vous pouvez réaliser votre baptême de l'air et les plus jeunes pourront passer leur brevet d'initiation aéronautique. Enfin, si vous souhaitez devenir pilote, votre rêve est tout à fait réalisable. N'hésitez pas à vous rendre sur le site Internet de la structure afin de réunir les conditions exactes et connaître les tarifs.

AÉROCLUB

FLIGHT ADVENTURES

Aéroport International de Strasbourg - **ENTZHEIM**
✆ 09 72 30 07 77 - www.flightadventures.fr
Prestations sur réservation de 10h à 18h. Tarif de 99 € à 429 € selon la prestation.

Le centre de simulation de vol Flight Adventures, est idéalement situé dans l'aéroport d'Entzheim. Ce centre vous offre la possibilité de prendre les manettes en main, pour une simulation de vol en toute sécurité. Le concept a été importé du Canada par Gilles Grégoire. Aux commandes d'un Mirage 2000 ou d'un Boeing 777 : le simulateur reproduit à l'identique le cockpit d'un avion et les sensations sont optimum ! Frissons garantis ! Grâce à un instructeur, très pédagogue, vous maîtriserez rapidement les bases. Décollage, procédures, maintien de l'altitude et de l'atterrissage, tout est au plus près de la réalité. Des stages sont proposés pour vaincre leur peur de prendre l'avion.

JEUX

BAR LES TRICHEURS

7, rue des Serruriers ✆ 03 88 35 03 08
www.lestricheurs.com

Du lundi au mercredi de 17h à 00h ; jeudi et vendredi de 17h à 1h ; samedi de 15h à 2h ; dimanche de 15h à 00h.

Les Tricheurs, c'est un bar à jeux sympathique où l'on se rencontre autour de parties endiablées de jeux de société (plus de 500 sont disponibles : jeux de coopération, d'attaque, de développement, de créativité, de culture générale...). En consommant régulièrement, vous bénéficierez de tous les jeux, de l'explication des règles par l'équipe et même de conseils personnalisés pour gagner ! Il est aussi possible de jouer sans consommer moyennant une micro-contribution horaire. Boissons et grignotages accompagnent les différentes parties, le tout dans une ambiance très conviviale. Régulièrement, des soirées spéciales sont proposées dont la convoitée game-dating.

JEUX ET JOUETS

BRIN D'HERBE LE PHILIBERT DES PETITS

10, place Kléber
✆ 03 88 32 30 26

Ouvert du mardi au vendredi de 10h à 12h30 et de 13h30 à 19h ; le samedi de 10h à 19h.

Une enseigne pour les enfants de 0 à 5 ans. Dans cette boutique petite, mais haute en couleur, on trouve essentiellement des jouets en bois, des peluches de qualité, des jeux de société et éducatifs ainsi que des luminaires, lampes, appliques… Le choix est également très vaste en matière d'objets de décoration pour les chambres de vos petits bambins. Une véritable caverne d'Ali Baba entièrement dédiée aux plaisirs et à l'éveil de nos chères têtes blondes ! Un petit bijou au cœur de la ville tenu par Christiane et Véronique; pour jeunes parents et grands-parents gâteaux.

JEUX

DOOZ DESTROY ROOM

12, rue des Magasins ✆ 06 10 24 20 52
www.doozescape.fr

Ouvert du mercredi au vendredi de 14h à 23h ; le week-end de 10h à 23h.

Une journée épuisante mentalement ? Vos enfants ou votre conjoint vous ont épuisé ? Envie de tout casser pour vous défouler ? Pas chez vous non, vous le regretteriez... Allez chez Dooz Destroy Room, c'est fait pour ! Le concept est plutôt simple : se défouler en cassant des objets divers tels qu'assiettes, bouteilles, mobiliers... Vous vous protégez d'abord, pour ne pas vous blesser. Ensuite, vous choisissez vos armes à l'instar des masses ou encore des battes de base-ball. Et vous voici paré pour tout péter ! Et ça fait un bien fou ! Vous pouvez le faire seul ou à plusieurs. Attention toutefois, cette activité n'est pas ouverte aux plus jeunes à qui cela pourrait donner de mauvaises idées !

JEUX

SQUARE INDOOR

1, rue du Fort - **GEISPOLSHEIM** ✆ 03 90 67 27 84
www.le-square-indoor.fr

Vendredi de 14h à 18h. Samedi de 11h à 23h. Dimanche de 11h à 20h. Jeux gonflables 1h : 10 €. Escape game : 22 € à 34 €.

Le Square Indoor est le seul parc de jeux intégralement dédié aux adultes ! Des jeux gonflables (attrape-mouche, joutes, baby-foot humain, parcours jungle), un escape game, une piscine à boules, un bar à jeux. Il y a également un bar avec petite restauration pour (re) prendre des forces si le besoin s'en fait sentir.. Tous les ingrédients sont réunis pour passer des moments ludiques et endiablés entre amis ou collègues ! On vous fournira sur demande des chaussettes antidérapantes, pour vous éclater en toute sécurité. Allez-y pour vous amuser et vous défouler, c'est délicieusement régressif et drôle ! Possibilité de privatiser le lieu pour des événements particuliers.

JEUX

VIRTUAL CENTER

Boulevard des Enseignes
REICHSTETT
strasbourg-nord.virtual-center.com

Découvrez Virtual Center Strasbourg Nord : la réalité virtuelle à portée de tous, dès 8 ans ! C'est le premier et le seul des espaces dédiés à ce genre de loisirs dans la région, pour notre plus grand plaisir. Expériences futuristes, courses automobiles et attractions pour les plus jeunes... On vous propose ici le loisir nouvelle génération pour toute la famille Jouez, expérimentez et profitez d'un moment exceptionnel... Un nouveau monde s'offre à vous et nul doute que vous saurez l'apprécier. En famille, entre amis ou même seul pourquoi pas, c'est une expérience à tester absolument. Pas de panique si vous n'êtes pas familier avec ce genre d'activités, l'équipe vous guidera.

JEUX

YOU JUMP - YOU KIDS TRAMPOLINE PARK

4, parc d'activité du Luetzelfeld - **GEISPOLSHEIM**
✆ 09 74 32 27 73

Ouvert du dimanche au jeudi et les jours fériés de 9h45 à 20h ; le vendredi et le samedi de 9h45 à 21h.

Vous pourrez réaliser des figures dans la Trampoline Arena, vous essayer au salto dans le Bac à mousse ou gagner votre défi contre votre adversaire lors d'un Battle Beam épique. Venez tenter le grand saut depuis la You Jump Tower et expérimentez votre agilité contre le You Jump Twister ! Prenez-vous pour Lebron James le temps d'une partie de Slam Dunk. Les plus petits sont eux aussi les bienvenus avec des activités ludiques adaptées. Chacun pourra donc s'amuser pleinement en famille ou entre amis à You Jump, lieu de loisirs tout nouveau mais déjà très prometteur.

PARCOURS DANS LES ARBRES

NATURAPARC

35, rue de la Nachtweid - **OSTWALD** ✆ 03 88 58 78 92
www.naturaparc.com
Ouvert tous les jours en été. Mercredi, samedi et dimanche les autres mois. De 14 € à 24 € selon le forfait choisi.

Découvrez la nature autrement en profitant en famille ou entre amis des joies de l'accro-branche ou encore du quickjump ! En allant au parc de loisirs Naturapac pour profiter des parcours, aménagés dans la forêt. Vous pourrez essayer l'accro-branche, la tyrolienne, le pont de singe, la corde de Tarzan ou encore le saut pendulaire (un sacré saut dans le vide). Si vous n'avez pas le vertige, optez pour les structures élevées à 20 mètres. Les moniteurs qualifiés vous accompagnent pour rassurer les néophytes. Possibilité de pratiquer aussi le Géocoatching, le tir à l'arc, la sarbacane, ou encore le Natur Laser ! Un parking et des aires de pique-nique sont à disposition.

ESCAPE GAME

A MAZE IN

5, quai de Paris ✆ 09 83 97 39 63 - Tram arrêts Homme de Fer ou Les Halles. Une fois rentré dans le bâtiment, traverser le parking et prendre l'ascenseur pour monter à l'étage.
www.a-maze-in.com
Entrée : 16 € (minimum en fonction des horaires et du nombre de personnes).

Dans un immeuble situé juste en face du centre commercial les Halles, qui aurait pu penser qu'un escape game se cachait ? En toute discrétion, à l'étage du bâtiment, pénétrez dans un concept original : s'échapper d'une pièce en 45 minutes en résolvant une série d'énigmes prévues par les *game masters*. La structure propose divers scénarii : l'univers apocalyptique où vous demeurez les seuls survivants, *l'asylum* de 1920, le gang des mafieux devant échapper aux forces de police ou encore le hacker poursuivi par la CIA. Vous avez la possibilité de venir boire un verre ou de travailler en groupe. Vêtu d'un déguisement, vous aurez droit à votre photo publiée sur la page Facebook d'A Maze In.

ESCAPE GAME

DOOZ ESCAPE GAME

19, rue des Magasins ✆ 06 10 24 20 52
www.doozescape.com
Ouvert du mardi au dimanche de 9h à 23h. Sur réservations uniquement.

Dooz, c'est un concept visuel qui ne s'oublie pas, mais surtout une structure prête à vous faire rire, frissonner et vous mobiliser pour résoudre les énigmes qui vous permettront de sortir de la pièce dans laquelle vous êtes enfermé. Mais avant cela, choisissez votre scénario : sauver l'humanité de 2023 d'un virus pouvant conduire à l'extinction de notre race, modifier le cours du temps à l'époque de Napoléon ou enquêter sur les meurtres des Agents de l'Horlogerie en 2207. Trois scénarios optimisés pour vous divertir, réfléchir, apprendre de vos erreurs, mais surtout, pour se méfier des apparences... Il pleut ? Vous vous ennuyez entre amis ? Réservez-vous une séance sur leur site Internet.

JEUX

FUNGAMES

21, rue du Chemin de Fer - **LAMPERTHEIM**
✆ 06 28 54 70 68
www.fungamesnet.fr
Ouvert du lundi au samedi de 10h à 19h. En ligne, utilisez le code promo petitfuté67.

© FUNGAMES

Fungames, ce sont les meilleurs jeux au meilleur prix ! Quel que soit votre âge, quels que soient vos goûts ou vos envies, vous serez sûrs de trouver quelque chose d'amusant pour la famille, les amis, les enfants ou même juste pour vous sans casser votre budget ! Besoin de conseils ou bien de vous offrir les dernières nouveautés et les grands classiques ? Fungames s'occupe de tout et vous déniche toutes vos envies, même si elles ne sont pas en stock malgré 5 000 références ! Chez Fungames on peut acheter, louer et même déposer ses jeux en dépôt-vente. Le magasin propose également des animations, des anniversaires, des découvertes de jeux et des tournois tous les mercredis et samedis.

ESCAPE GAME

ESCAPE YOURSELF

4, rue des Bonnes-Gens
✆ 03 88 16 37 83
www.escapeyourselfstrasbourg.fr
De 18 à 30 € par personne.

On ne vous présente plus les règles de ce jeu grandeur nature qu'est l'escape game, où il faut sortir de la pièce dans laquelle on est enfermé avant le temps imparti. Votre équipe réussira-t-elle à résoudre les énigmes folles de la structure ? Au programme : le secret du grand Léonard de Vinci, le manoir d'Ernestine, l'atelier du père Noël ou encore la légendaire Excalibur. La difficulté varie d'un scénario à un autre, mais Escape Yourself vous garantit toujours un moment fun et ludique. Que vous soyez en couple, en famille ou entre amis, venez activer sérieusement vos neurones ! Plus vous venez nombreux et moins c'est cher. Attention, il faut réserver votre partie sur le site Internet.

ET SI ON JOUAIT ?

ESCAPE GAME

LES SECRETS DU SABLIER

17, rue Vauban
✆ 07 67 28 51 89
http://lessecretsdusablier.com
25 € par personne à partir de 3 participants.

La cohésion de groupe, la réflexion, la communication et surtout l'amusement ! Tels sont les maîtres mots d'un escape game parfaitement réussi. Enfermé dans une pièce, vous devez en sortir avant que le temps imparti ne soit écoulé. Cet escape game propose trois scénariis : percer le mystère de la pyramide de Khéops, ramener la joie de vivre dans un obscure village mexicain ou encore renverser la contrebande d'un bar clandestin du Canada. Comme toujours dans ces concepts, les décors sont particulièrement travaillés (surtout la pyramide), et les énigmes fort complexes. Amusements et fous rires garantis ! Au niveau des tarifs, plus on est nombreux et plus le coût baisse.

CONSOLES - JEUX VIDÉO

LITTLE TOKYO

24, rue de la Fonderie ✆ 03 88 75 09 42 - Tram arrêt Broglie.
http://little-tokyo-67.com
Ouvert du lundi au samedi de 11h à 19h.

Avis aux amateurs de rétro-gaming et de kawaï, Little Tokyo comble les attentes de tous ceux qui ont la nostalgie des jeux vidéo de leur enfance ! Dans ce magasin bien fourni, vous trouverez toutes les consoles de première génération : Super Nintendo, Game Boy Color, Playstation... Et, bien évidemment, tous les jeux qui vont avec. Les tarifs sont très attractifs. La boutique est souvent fournie en nouveaux articles, n'hésitez pas à consulter la page Facebook de la boutique à ce sujet. Little Tokyo propose aussi de nombreux produits dérivés de mangas, directement importés du Japon pour la plupart. Sachez que la boutique rachète également les anciens articles qui squattent votre grenier !

ESCAPE GAME

THE LITTLE RED DOOR

5, rue des Bœufs ✆ 03 69 08 14 24
www.thelittlereddoor.fr
Entrée : 17 € (minimum en fonction des horaires et du nombre de personnes).

The Little Red Door est l'un des derniers escape game arrivé sur Strasbourg. L'objectif est de sortir avant le temps imparti en résolvant toute une série d'énigmes. Énigmes qui peuvent être parfois complexes et nécessitent un esprit d'équipe particulièrement affûté. Plusieurs scénarii sont proposés : s'infiltrer dans une banque pour y dérober des lingots, faire la chasse aux fantômes, récupérer du plutonium pour sauver une ville futuriste ou encore s'emparer d'un crâne de cristal dans un temple maya. Petite restauration sur place. Réservation en ligne obligatoire. Le personnel saura vous mettre dans le bain dès votre arrivée. Mais attention, ce loisir reste tout de même assez onéreux.

COURSES HIPPIQUES

HIPPODROME DE STRASBOURG-HOERDT

Rue du Cheval-Noir - **HOERDT** ✆ 03 88 51 32 44
Route de Bischwiller, 1 km avant d'entrer dans Hoerdt.
Autoroute : A4 (sortie Hoerdt). - www.hippodrome-strasbourg.fr
Ouvert mardi et mercredi de 12h à 17h. Jeudi de 16h30 à 21h. Le week-end de 11h à 19h. Entrée : 5 €. Restaurant.

En une quarantaine d'années seulement, le petit hippodrome local est devenu une référence régionale, si ce n'est nationale : huit réunions nationales y ont lieu chaque année. Des réunions – trot, galop, obstacles – auxquelles les amateurs de « tiercé-quarté-quinté-quinté+ » peuvent assister dans le but de parier (avec modération) auprès des guichets ou simplement pour admirer le formidable spectacle depuis l'immense tribune. Si dans les films, les courses de chevaux sont souvent l'apanage de la bourgeoisie, à Hoerdt l'ambiance est plus détendue et familiale.

BOWLING

BOWLING DE L'ORANGERIE

Parc de l'Orangerie ✆ 03 90 41 68 00
www.jardinorangerie.fr
Formule anniversaire. Formule croq-bowling. De 1,90 € à 6,10 € la partie selon jours et horaires. Chaussures : 1,70 €.

Profitez d'un moment de détente autour des vingt-quatre pistes de bowling, au calme en journée et un peu plus gaiement le soir : pistes et boules phosphorescentes, avec de la musique en fond sonore. Des écrans plasma géants, au-dessus des pistes, diffusent des clips, des matchs de foot, de rugby... Vous trouverez ici aussi un club de billard de plusieurs types (américain, pool, snooker). Des formules conviviales comme « croque-bowling » et « tournoi apéro » vous permettent de vous restaurer sur place sans trop dépenser, car les prix sont quand même assez élevés. Petit bémol pour la proximité avec les autres pistes. Vous aurez l'impression de jouer avec vos voisins.

JEUX ET JOUETS

JOY KIDS CONCEPT STORE UNISEXE

46, rue du Jeu-des-Enfants ✆ 03 88 24 28 69
joy-concept.fr
Lundi, jeudi et vendredi 11h-12h30 et 13h30-19h ; mardi et dimanche 13h30-19h ; mercredi 11h-19h ; samedi 10h-19h.

Le rose n'est pas réservé aux filles et le bleu aux garçons ! Ici on vous propose vêtements, jouets et livres écoresponsables, français et de qualité, dans un univers unisexe et non genré pour libérer les enfants des stéréotypes ! Tout ce qui compte, ce sont les envies des enfants. Ainsi, ils s'expriment librement, dans toute leur personnalité et toute leur créativité, sans frustration, pour devenir de futurs adultes tolérants et respectueux de l'autre dans sa différence, hommes, femmes et autres genres. Et quand on les voit sourire, on peut dire que c'est gagné !

JEUX ET JOUETS

PHILIBERT

12, rue de la Grange ✆ 03 88 32 65 35 - Tram arrêt Homme de fer
www.philibertnet.com

Le lundi 13h30-19h ; du mardi au vendredi 10h-12h30 et 13h30-19h ; le samedi 10h-19h. Vente en ligne.

Allié indispensable pour les fêtes de fin d'année, Philibert propose essentiellement des jeux indépendants, plus ou moins rares et méconnus, quelque soit l'âge, mais aussi des figurines, des cartes (Magic, Warhammer), des tours de magie, des casse-tête ou encore des jeux traditionnels (échecs, backgammon) en bois. Des après-midi et des soirées autour de jeux de rôles sont régulièrement proposées sur la page Facebook de la boutique. Le plus, véritablement appréciable : des conseils judicieux des vendeurs, qui sont avant tout des joueurs passionnés, chacun dans sa spécialité. La boutique possède son propre bar à jeux : le Philibar est donc aussi à découvrir pour un moment pleinement ludique !

JEUX VIDÉO

ALSACE ESPORT ARENA

9, rue la Fayette ✆ 03 67 10 19 24
alsacearena.com

Du mardi au jeudi de 13h à 21h. Vendredi de 14h à minuit, samedi jusqu'à 1h et dimanche jusqu'à 20h.

L'Alsace Esport Arena est un club sportif pensé par des joueurs et pour des joueurs. Que vous souhaitiez évoluer seul, en duo ou en équipe ou juste jouer pour le fun, le local a été entièrement configuré pour vous permettre de vous entraîner dans les meilleures conditions. En plus de proposer un espace bootcamp ainsi qu'un espace gaming libre, l'arène dispose d'une tribune spectateur ouverte au public tournée vers un espace scénique. Les joueurs disposent d'un matériel de pointe, d'une fibre dédiée symétrique ainsi que de services complémentaires comme un accès au streaming, des stages encadrés par des pros, un accompagnement personnalisé ou encore du coaching in game et IRL.

JEUX VIDÉO

EVA STRASBOURG

21, rue de l'Industrie - **ILLKIRCH-GRAFFENSTADEN**
✆ 03 88 31 28 64

Ouvert du lundi au samedi de 14h à 23h ; le dimanche de 14h à 20h.

Le concept est simple : à l'aide d'un casque de réalité virtuelle et d'une arme connectée, vous évoluez sur différentes cartes et affrontez vos amis. Escape games et jeux immersifs en réalité virtuelle complètent l'offre pour des moments incroyables d'amusement. Ce qui surprend vraiment, c'est la qualité des mondes virtuels dans lesquels vous êtes totalement happés. Ils ont en effet été pensés pour une expérience complète et très surprenante qui séduira même les plus sceptiques. Vous pouvez venir seul et jouer contre des inconnus ou en équipes déjà formées. À tout moment de la journée ou entre deux parties, vous profiterez aussi d'un espace bar et snacking.

LASER GAME

LASER QUEST

6, rue Transversale B - **VENDENHEIM** ✆ 03 88 18 91 89
Bus 71 : arrêt Zone commerciale.Parking gratuit.
www.laserquest67.fr

Ouvert l'après-midi du mercredi au dimanche. Entrée : 8 € la partie (20 minutes). 14 € les deux parties, 18 € les trois.

Laser Quest l'annonce d'emblée : vous êtes le héros ! C'est parti pour une aventure chargée d'émotions et de suspens. Dans un labyrinthe semé d'embûches, vous devrez avancer prudemment pour éviter les tirs croisés de lasers colorés ! Équipé d'un harnais composé de sept cibles et d'un pistolet, vous devrez progresser dans la pénombre. Votre mission ? Désactiver vos adversaires en leur tirant dessus sans sommation. Pour vous récompenser de vos efforts et de vos émotions, à la fin de la partie, un passage au bar est de circonstance : boissons, friandises et glaces. Dans la salle d'arcade, des jeux vidéo, de réflexe, de rapidité et de simulation sont accessibles, pour jouer seul ou entre amis.

NEW

LASER GAME

SPEED PARK

Boulevard des Enseignes - **REICHSTETT**
www.speedpark.fr

Horaires variables selon les jours et les périodes, consulter le site Internet.

De 3 à 77 ans, voire plus, chacun peut s'évader le temps de quelques heures. Idéal pour se retrouver en famille, ou partager un moment de convivialité entre amis, ou entre collaborateurs, Speed Park est un lieu unique pour une sortie originale. Il réunit en un même lieu une palette d'activités ludiques et complémentaires. Les anniversaires des enfants, les soirées à thèmes ou les challenges ravissent tous les amateurs de loisirs et de sensations multiples. Speed Park est un parc de loisir *indoor* regroupant les activités suivantes : bowling, karting, laser game, salle de jeux vidéo, billards, karaoké, bar lounge, snack... Les évènements proposés sont nombreux pour particuliers et pros.

PARC D'ATTRACTION

FUNNY-WORLD PARC D'ATTRACTIONS IN & OUTDOOR

Allmendstraße 1 ✆ +49 7822 445990
www.funny-world.de

Ouvert tous les jours et les jours fériés de 10h à 18h. Adulte : 14,50 €. Enfant (jusqu'à 3 ans) : 10,50 €.

Funny-World, c'est le paradis des plus petits à deux pas de la frontière ! Plus de 50 jeux, attractions et manèges en libre-service, en extérieur et en intérieur, vous attendent toute l'année. Vous pouvez faire autant de fois que vous voulez tous les manèges. C'est papa ou maman qui fait fonctionner les attractions ! Jouer aux héros ou héroïnes avec vos enfants, c'est possible à Funny-World quel que soit le temps grâce à des salles de jeux en intérieur quand il pleut et à des jeux d'eau quand il fait trop chaud ! Pensez aussi aux anniversaires organisés !

JE CRÉE MON ESPACE DE VIE

Il est temps de changer la décoration de votre appartement, d'y mettre de la couleur et surtout le fun des créateurs tendance ! Par où commencer ? Vous pourrez demander conseil au groupe de professionnels qui maîtrise l'habitat écologique : sûrement des économies à faire. Il y a une foule d'idées sympa dans ce guide ! Allez voir ce fleuriste à Schiltigheim. Oh ! Une animalerie : vous serez sûr d'y trouver un super arbre à chat qui fera la joie de Garfield. Des meubles, de la céramique, des illustrations, des luminaires, des bibelots, des parfums d'ambiance et des bougies... Une droguerie pour les conseils et articles introuvables ailleurs. Et en plus ce créateur à Eschau propose du fait main *made in* Alsace. Génial ! Et puis, si l'envie vous en prend, vous pourrez même changer de logement ! Vous trouverez dans cette rubrique tous les bons plans et adresses pour mener à bien ce projet ambitieux. Et lorsque tout sera fini, vous pendrez la crémaillère. Ce sera l'occasion de faire une soirée à thème avec les accessoires que vous irez glaner dans les boutiques référencées dans le guide.

DÉCORATION

ABRY-ARNOLD & ZAGO

2-6, rue de la Division-Leclerc ✆ 03 88 32 05 68
www.abry-arnold.fr
Ouvert du mardi au vendredi de 9h15 à 12h et de 14h à 19h ; le samedi de 9h30 à 12h30 et de 13h30 à 18h30.

Depuis 1920 Abry-Arnold vous comble ! Mais l'entreprise sait se moderniser et son espace de vente strasbourgeois vient de faire peau neuve pour vous offrir toujours plus de confort pendant votre shopping. On trouve ici un large choix de tapis, de rideaux, de revêtements de sol et de tapisseries avec une large gamme de services. Pour preuve, si besoin est, des techniciens ou des décorateurs se déplaceront pour prendre les mesures de vos pièces pour que vous ne vous trompiez pas dans votre commande ! Si un tapis vous plaît mais que vous n'êtes pas sûr de son effet chez vous, Abry-Arnold se déplace à domicile pour faire l'expérience en conditions réelles. Idéal !

NEW DÉCORATION

LA CHAISE LONGUE

Boulevard des Enseignes
REICHSTETT
✆ 03 88 62 14 03
Du lundi au samedi de 10h à 19h.

Spécialiste du cadeau quel qu'il soit, La Chaise Longue propose des objets du quotidien originaux qui mettent de l'extra dans l'ordinaire. Originales et accessibles, les collections regorgent de trouvailles pour la maison, le bien-être, la cuisine, le high-tech ou le lifestyle… À chaque collection, les équipes parcourent le monde pour sélectionner le meilleur des idées cadeaux à offrir ou à s'offrir. Et si vous recherchez pour Noël, la Saint ou sans Valentin, la fête des Mères ou des Pères, une petite attention ou un beau cadeau original qui fera basculer le banal dans l'inoubliable, ne cherchez plus ! À La Chaise Longue vous êtes sûr de trouver LE cadeau parfait !

DÉCORATION

LA CURIEUSE FABRIQUE

9, rue du Vieil Hopital
✆ 06 09 02 29 81
www.lacurieusefabrique.com

La curieuse fabrique réinvente la bougie avec une méthode de production artisanale depuis la conception, l'idée, la forme, les couleurs et les senteurs jusqu'à la commercialisation. Chaque bougie est unique et devient un objet d'art décoratif. Elles sont sculptées à la main dans des matières premières spécialement sélectionnées. Ainsi, les parfums proviennent d'un maître parfumeur de la région de Grasse, les cires sont végétales ou minérales car on prend soin du bien-être animal et les mèches en coton bio car on prend aussi soin de vous. De quoi trouver de belles idées pour embellir votre intérieur avant de l'embaumer de senteurs divines. Pour offrir ou pour se faire plaisir !

DÉCORATION

ISABELLE NEELEMAN DÉCORATRICE

3, rue des Frères ✆ 06 42 74 32 59
www.isabelle-neeleman.com
Ouvert le mardi de 14h à 19h ; du mercredi au samedi de 10h30 à 19h.

À quelques encablures de la cathédrale, Isabelle Neeleman vous accueille dans un bel écrin et vous propose des bouquets, plantes et compositions florales pour égayer, décorer et redonner vie à votre maison ou appartement. Décoratrice d'intérieur, Isabelle vous accompagne pour tout aménagement ou rénovation de votre intérieur. Son concept ? L'alliance entre l'art floral et la décoration intérieure pour apporter du bien-être chez vous. Le site web permet également d'acquérir du mobilier, des objets de déco, mais aussi une jolie sélection d'accessoires de mode !

DÉCORATION

LA MAISON DE HANSSEN ET GRETEL

7, rue du Chaudron
✆ 03 88 38 31 62
Ouvert du mardi au samedi de 10h à 12h et de 14h à 18h30.

Cette jolie boutique de souvenirs a les couleurs d'une maison en pain d'épices. Merveilleusement décorée et parée d'une multitudes d'objets aussi mignons qu'utiles, vous ne résisterez pas à une visite. A deux pas de la cathédrale, sur deux étages, de beaux objets traditionnels et au couleur de l'Alsace sont disposés et suspendus dans tous les coins de la boutique. Tout est fabriqué localement, dans la région. Linge de table, coussins, poteries de Soufflenheim avec des motifs revisités pour obtenir un style plus actuel. Vous y trouverez de beaux articles.

SOUVENIRS

UN NOËL EN ALSACE

10, rue des Dentelles
✆ 03 88 32 32 32
www.noelenalsace.fr
Haute saison : ouvert tous les jours de 10h à 19h. Gamme de prix variée.

Strasbourg au mois de décembre, c'est avant tout la féerie de Noël ! Mais dans la boutique Un Noël en Alsace, vous trouverez cette ambiance toute l'année. Situé dans le quartier de la Petite France, vous trouverez toutes sortes de décoration pour le sapin : en dentelle, petits sujets en bois peints à la main, crèches en vois de toutes les tailles et forme, des santons... Découvrez une belle curiosité : les pyramides de Noël (crèche en forme de tour qui tournent sous l'effet de la chaleur des bougies). Allez-y pour le plaisir des yeux ou pour trouver le cadeau original à tous les budgets. En juillet comme en décembre, l'ambiance est là, et on ne s'en lasse pas !

ARCHITECTE

GNOOSS BY LA MAISON DE CAROLINE

✆ 09 53 42 82 06
www.gnooss.com
Prestation sur devis.

Caroline Boeglin est décoratrice d'intérieure, blogueuse et concept store. Ancienne journaliste, elle animait une émission de décoration sur Alsace 20. De cette époque, elle a gardé son réseau, qui lui est fort utile lorsqu'elle procède aux décorations. Caroline est également conceptrice de boutiques éphémères. Confiez-lui votre projet de décoration, vous aimerez les idées lumineuses qu'elles vous proposera et son accueil chaleureux. Le site web propose également de nombreux petits objets déco et une jolie palette d'accessoires à offrir ou à s'offrir.

ARTISANAT

LA BOÎTE À BOUGIES

4, rue du Sanglier ✆ 03 88 32 05 62 - Tram arrêt Broglie.
www.laboiteabougies.fr
Mardi-vendredi 10h-12h30 et 14h-18h30 ; samedi 9h30-13h et jusqu´à 19h. Ouvert le dimanche en période de Marché de Noël.

Impossible de ne pas trouver son bonheur dans cette boutique située près de la cathédrale. Sur près de 200 m², vous trouverez une multitude de styles, couleurs, formes et tailles de bougies. Que ce soit pour une cérémonie (baptême, communion...), pour décorer votre intérieur ou pour offrir un cadeau original et personnalisé, vous serez assuré de trouver l'objet idéal. De nombreux accessoires (lanterne, photophore, bougeoirs) complète la gamme, dans une gamme de prix très variée. N'hésitez pas à demander conseil, car les avis son toujours judicieux. Des possibilités de faire un bel emballage cadeau sont aussi possibles. Et si vos achats sont conséquents, la livraison gratuite est possible.

ART - DESIGN

L'ATELIER DE SANDRA KAST

237, route de Lyon - **ILLKIRCH-GRAFFENSTADEN**
✆ 06 81 44 02 89
www.sandrakast.fr
Mardi et jeudi : 15h à 19h ; mercredi : 9h à 12h ; vendredi : 14h à 16h ; samedi : 10h à 12h. Label Made in Alsace.

Sandra Kast a des doigts de fée et cela a fini par se savoir ! Elle réalise pour votre plus grand plaisir de merveilleuses créations en céramique. Diplômée en histoire de l'art, elle a aussi été formée au modelage et la céramique. Le modelage, la cuisson et l'émaillage n'ont plus de secret pour elle. Dans la boutique, vous trouverez des cadeaux personnalisés, des cœurs, des bijoux, des photophores, des décorations intérieures et extérieures résistantes au gel, des Fontaines, des tableaux... De quoi faire plaisir ou se faire plaisir avec certitude. Sandra peut aussi réaliser des créations sur mesure sorties de votre imagination. Vous pouvez suivre ses cours hebdomadaires.

ARTISANAT

POTERIE D'ALSACE

3, rue des Frères ✆ 03 88 32 23 21
Tram arrêt Broglie
Ouvert tous les jours de la semaine de 10h à 12h et de 14h à 18h. Pour tous les budgets.

Dans ce beau magasin spécialisé dans la poterie traditionnelle alsacienne, situé derrière la cathédrale, vous trouverez une multitude d'objets de grande qualité et dans toutes les gammes de prix. Depuis 1860, cette boutique propose de belles pièces traditionnelles mais aussi des créations contemporaines. De plus, les sœurs Lehmann, issues d'une lignée de potiers depuis 1888, perpétuent un patrimoine familial en proposant les créations fabriquées et décorées à la main dans leur atelier à Soufflenheim. En venant ici, vous aurez la garantie d'acheter de véritables pièces alsaciennes (moules, plats...) et d'obtenir des explications ainsi que des conseils avisés.

ART - DESIGN

GALERIE FOU DU ROI

4, rue du Faisan ✆ 03 88 24 09 09
Tram arrêt Broglie
www.fouduroi.eu
L'atelier sur rendez-vous.

Au Fou du Roi, vous trouvez une sélection d'objets design pour la maison et le bureau, mobiliers, luminaires, textiles et aussi des tas d'idées de cadeaux utiles, esthétiques et design : des mobiles, des paniers fourre-tout aux couleurs vives et des gadgets déco à tous les prix. La boutique référence également différentes marques pour le mobilier pratique et décoratif, permettant d'aménager la cuisine, la table et le jardin. La galerie expose aussi des éditions limitées de jeunes créateurs français et européens. L'atelier propose aussi une activité de conseil et d'aménagement de locaux, espaces privés ou publics : café-salon de thé, transformation d'un ancien presbytère en agence notariale.

ARTISANAT

TERRE DE LUNE

20, rue des Fusillés Marins
ESCHAU
✆ 03 88 64 14 45
Ouvert du mardi au vendredi de 10h à 19h et samedi de 9h à 18h.

Dès que vous entrez dans la cour de cette ferme, aménagée en atelier-exposition, vous avez l'impression d'accéder à la caverne d'Ali Baba. Ici se côtoient de belles poteries, de superbes bijoux, de la décoration de tous styles mais surtout alsacienne et des céramiques originales. À l'intérieur, vous découvrirez un choix de confitures et de chocolats faits maison. À l'atelier, Christiane Meder-Come, potière-céramiste, n'a de cesse de créer de nouveaux modèles tandis qu'à la cuisine, c'est Francis Come, chocolatier, qui œuvre pour réaliser de savoureuses douceurs. Vous trouverez dans cette boutique un grand choix d'idées cadeaux. La gamme de prix est plutôt élevée, mais il y a du choix.

ARTS DE LA TABLE

AMBIANCES ET STYLES

Boulevard des Enseignes - **REICHSTETT**
✆ 03 88 18 08 67
ambiancesetstyles.com
Du lundi au samedi de 10h à 19h.

Ambiance et Styles est la boutique favorite des amateurs pour trouver de quoi faire de la grande cuisine à la maison avec des produits de grandes marques et de grande qualité : robots culinaires, sorbetière, plancha, cuiseur vapeur, moules en silicones de toutes les formes, couteaux et autres ustensiles professionnels ! Mais les ressources de cette boutique sont presque inépuisables, puisqu'on y trouve énormément d'objets plus ou moins utiles de décoration, de la vaisselle et des arts de la table. Les arts de la table et la décoration sont présentés autour de quatre styles de vie : Nature, Design moderne, Bistronomie et Pop pour s'adapter aux envies du quotidien.

ARTS DE LA TABLE

COUTELLERIE LAGUIOLE

23, rue des Hallebardes
✆ 09 84 13 28 13
Le lundi de 13h30 à 18h30. Du mardi au vendredi de 10h à 12h30 et de 13h30 à 18h45. Le samedi jusqu'à 18h15.

Dans cette élégante coutellerie, Katherine Sitterlé vous propose un vaste choix de couteaux Laguiole en Aubrac pliants, des couteaux de cuisine ainsi qu'une large gamme de couteaux de table, les fourchettes et les cuillères assorties, issus du savoir-faire de l'artisanat d'art. Connu par les amateurs de beaux objets et de bons vins, le sommelier Laguiole, en différentes essences de bois ou de corne, est un incontournable. Un espace est dédié aux célèbres couteaux de cuisine japonais KAI, avec son couteau élu « Meilleur couteau de cuisine au monde ». Vous seront également présentées les marques intemporelles comme, entre autres, Opinel ou Victorinox ainsi que l'affûteur Horl.

ARTS

GALERIE BERTRAND GILLIG

11, rue Oberlin ✆ 03 88 32 49 08
Tram arrêt Contades-Sybagogue - www.bertrandgillig.fr
Ouvert du jeudi au dimanche de 14h à 19h. Sur rendez-vous (sauf mentions contraires).

Du 1er étage d'un bel immeuble du XIXe siècle, Bertrand Gillig gère une galerie d'exposition mettant en avant l'art sous plusieurs de ses formes comme la sculpture, la photographie et la peinture contemporaine. Une scène alternative est également offerte aussi bien à de jeunes artistes, alsaciens pour la plupart, qu'à d'autres plus confirmés. Certains parmi eux sont des permanents de la galerie comme Élisabeth Fréring, Patrick Bastardoz ou encore Clément Montolio. D'autres, tel que Marc Felten, Olivier Lelong ou encore Leonardo Vargas sont de nouveaux venus tout aussi doués et talentueux. L'intégralité des programmations et des actualités de la galerie apparaît sur son site Internet.

ARTS

L'OISEAU RARE GALERIE, LIBRAIRIE, CAFÉ

23, quai des Bateliers ✆ 09 52 76 33 48
www.loiseau-rare.fr
Ouvert le mardi et le mercredi de 10h à 12h45 et de 14h à 19h ; du jeudi au samedi de 10h à 19h.

Une sœur peintre, une libraire... De là est né L'Oiseau Rare qui combine les deux pour deux fois plus de plaisir ! Galerie d'art, librairie et café, ce lieu allie l'Alsace, l'art, la littérature et le papier dans un cadre exceptionnel. La maison qui l'abrite date du XVIe siècle et offre une superbe cour arborée. Dans les tableaux proposés, on apprécie particulièrement la figure de l'Alsacienne, à admirer en feuilletant un livre, en particulier un alsatique puisque c'est la spécialité, et en dégustant une boisson chaude. En vente également : cartes postales et marque-pages.

ARTS

LA PORTE ROUGE

21, rue Brûlée
✆ 03 88 36 82 91
Ouvert du mardi au vendredi de 13h30 à 19h ; le samedi de 10h30 à 18h.

Il suffit de franchir la porte rouge de cette petite boutique-salon de thé pour vous dépayser, et vous retrouver dans l'ambiance subtile de la Chine. Colliers de jade, coffres à bijoux, thés sélectionnés en Chine, instruments de calligraphie, mobilier... Les prix sont intéressants pour certains objets, et vous trouverez aussi des objets rares et étonnants. À La Porte Rouge, l'ambiance est feutrée, la décoration subtile. Prenez le temps de boire un thé, offert par Marc Sun le propriétaire de la boutique, c'est un véritable moment de plaisir qui vous permettra de vous déconnecter du quotidien. Écoutez-le parler de l'histoire des objets exposés, c'est une véritable découverte.

CADEAUX DU MONDE

MIDORI

8, rue du Coq
✆ 06 82 68 38 27
midori-boutique.com
Du lundi au samedi de 10h à 19h et le dimanche de 14h à 18h.

Voici le paradis du pays du Soleil Levant au cœur de Strasbourg : décoration (luminaires, mobilier, estampes, kakemonos, ombrelles, éventails, etc.), idées cadeaux à offrir ou à s'offrir (kokeshi, maneki neko, bento et divers gadgets nippons), vaisselle (céramique, laque, services à thé, bols à riz, assiettes à sushi), encens, thés, kimono, yukata. Des cours et ateliers sont également proposés et animés par des intervenantes japonaises : origami (pliage de papier), furoshiki (pliage et emballages écologiques en tissu), calligraphie, Chanoyu (cérémonie du thé), Ikebana (art floral), cours de langue japonaise... Une occasion unique de se fondre dans cette culture fascinante.

NEW

CADEAUX

LA FABRIQUE D'ICARE

✆ 06 79 81 46 63
www.lafabriquedicare.com
Spécialiste de la broderie Arty (Déco, t-shirts et accessoires). Boutique en ligne.

Depuis son atelier magique installé dans le quartier Gare de Strasbourg, le jeune Avignonnais Baptiste Blanchard vous propose toute une série de produits brodés à porter sur soi ou à installer dans son espace de vie. Il est ainsi possible d'offrir ou de s'offrir de délicates broderies inspirées par les insectes ou les œuvres du peintre et dessinateur autrichien Egon Schiele. Encadrées, en broches ou encore sous forme de t-shirt, ces petites œuvres d'art monochromes ou chatoyantes raviront les fans d'art contemporain. Comptez environ 10 euros pour une broche, 35 euros pour un t-shirt et 55 euros pour un cadre. Un esprit arty et original accessible à toutes les bourses !

GADGETS

BRETZEL AIRLINES

2, rue du Parchemin ✆ 03 88 36 57 68 - Tram arrêt Broglie.
www.bretzelairlines.com
Ouvert du mardi au samedi de 10h à 12h30 et de 13h30 à 19h. Boutique en ligne. Ouvert le dimanche (en décembre).

À deux pas de la cathédrale, vous entrez dans l'univers alsacien et festif de Bretzel Airlines, la marque alsacienne de T-shirts et cadeaux qui fait le buzz. Dans cette boutique, vous trouverez de bonnes idées cadeaux pour les Alsaciens de souche ou des souvenirs à ramener dans votre contrée. Un large choix de t-shirts aux visuels créatifs et humoristiques sont sur les présentoirs. Des souvenirs décalés mais toutefois pratique vous attendent sur les étagères (mugs, tabliers, chopes à bière...) ! Des logos sont détournés et c'est particulièrement original. Décomplexée et farfelue, l'Alsace s'affiche donc désormais avec humour et à petits prix à travers des créations uniques !

EQUITABLE

LA FABRIQUE À BONHEURS

18, rue de la Division Leclerc
✆ 06 46 42 72 45
Du mardi au samedi de 10h30 à 19h.

La Fabrique à Bonheurs, c'est la boutique des créations 100 % faites à la main : bijoux, illustrations, mélanges d'huiles essentielles... C'est sous forme d'association qu'une équipe de créateurs strasbourgeois qui souhaite mettre en avant l'artisanat local sous la forme d'une boutique-atelier s'est réunie. Ces artisans exercent sur place leurs métiers et pour vous faire découvrir leurs passions et leurs savoir-faire. Vous trouverez ici une multitude de petits objets et d'idées cadeaux pour tous les goûts et tous les budgets et aurez en plus la possibilité d'échanger avec les créateurs ou de personnaliser certains objets en fonction de vos envies et de vos idées.

GADGETS

KDO SHOP

29, place de la Cathédrale
✆ 03 88 16 95 30
Du mardi au samedi de 10h à 19h.

Chez Kdo Shop, on trouve de tout, à petits prix et en plein cœur de la ville. Lorsque l'on a un cadeau à offrir, une bricole à apporter chez des amis, c'est l'idéal ! On peut aussi s'y rendre sans idée précise pour fouiller parmi les centaines de propositions offertes dans tous les domaines, allant de la beauté au sport en passant par la décoration et les accessoires pour enfants. Avec perpétuellement des nouveautés, vous ne serez jamais déçus et vous trouverez toujours un petit quelque chose à acheter, quel que soit votre budget, quels que soient vos besoins. Ouverte en continu, cette boutique strasbourgeoise est idéale pour un shopping entre midi et deux à l'ombre de la cathédrale.

EQUITABLE

TIBET BLEU

26, Grand'Rue
✆ 03 88 22 04 11
Le lundi de 14h à 19h. Du mardi au samedi de 10h30 à 19h.

On n'a même pas encore passé la porte que le Tibet Bleu attire déjà par ses effluves d'encens. On passe ensuite la porte et l'on voyage immédiatement à l'autre bout du monde. Quel que soit l'objet que vous cherchez, Éric et son équipe souriante et experte sauront vous conseiller pour trouver l'objet de vos désirs. On trouve vraiment de tout ici, des pierres aux objets de décoration, tous plus insolites les uns que les autres, en passant par les habits et bijoux en provenance de contrées lointaines. Le choix ne manque pas et de nombreux pays sont représentés, toujours dans une optique éthique et responsable. Un shopping ethnique qui comblera vos envies d'ailleurs.

MEUBLES

LA CHAISERIE

62, rue Jacques-Kablé ✆ 03 88 25 62 50 - Tram arrêt Lycée Kléber.
www.lachaiserie.fr
Ouvert du mardi au vendredi de 9h à 12h et de 14h à 18h ; le samedi de 9h à 12h et de 14h à 17h.

Spécialiste depuis plus de 30 ans dans la vente et la réparation de chaises anciennes et neuves. L'éventail de chaises et fauteuils proposés à la vente est large pour trouver votre style. Chaises de séjour ou encore canapés de relaxation sont visibles sur place, sur le site Internet ou sur catalogue. Le siège qui vous fait craquer est, quant à lui, parfaitement personnalisable ! Si vous souhaitez restaurer votre mobilier, Patrick Minvielle vous propose un diagnostic et établit un devis en fonction du travail à réaliser. Les travaux de tapisserie sont réalisés à l'ancienne avec les matériaux contemporains. La Chaiserie confectionne également divers éléments de décor sur mesure.

MEUBLES

GENTLEMEN DESIGNERS

Boulevard des Enseignes - **REICHSTETT**
✆ 06 88 38 59 57
www.gentlemen-designers.fr
Du lundi au samedi de 10h à 19h.

Une entreprise à taille humaine, écoresponsable et qui entretient des relations privilégiées avec ses clients ! Au départ, c'est l'histoire de deux passionnés et créatifs qui ont eu une idée : faire du neuf avec de l'ancien. L'équipe chine toute l'année pour proposer un large choix de mobilier de designers et d'exception. Elle propose aussi la fabrication de meubles sur mesure et offre des produits personnalisés, adaptés aux goûts et aux contraintes de chacun. Une grande importance est accordée au design, à la qualité des matériaux et aux méthodes d'assemblage. La fabrication est locale, durable et responsable. Les matériaux sont français, de qualité et sains pour l'environnement.

RECYCLERIE

LA RECYCLERIE BY AMITEL

25, rue de Lucerne
✆ 03 69 61 80 24
Ouvert du lundi au vendredi de 16h à 20h.

La Recyclerie by AMITEL est une boutique solidaire. Les objets récupérés, notamment au foyer Amitel et lors de dons de particuliers, sont revendus au sein de cette structure. L'objectif est de proposer des biens à petits prix aux étudiants qui s'installent, mais pas uniquement. La vente est aussi destinée aux particuliers qui souhaitent profiter de cette aubaine. Sur les étagères, vous trouverez de la vaisselle et des objets pour la cuisine, du petit électroménager, des textiles de maison et des bibelots de décoration. Le but est également de sensibiliser les jeunes sur les impacts environnementaux. Si vous souhaitez offrir une nouvelle vie à vos objets, vous pouvez les y déposer.

RELIGIEUX

ECHOPPE CATHÉDRALE STRASBOURG - SAINT-MICHEL

Place de la Cathédrale
✆ 03 88 32 75 78
www.echoppe-cathedrale-strasbourg.fr
Tous les jours de 10h à 18h.

Bienvenue à l»Échoppe Saint-Miche, installée dans l'ancien espace Saint-Michel de la cathédrale Notre-Dame de Strasbourg, accessible depuis la place du château ou bien directement depuis la cathédrale. On trouve ici des chapelets, des souvenirs, des crèches, des bijoux, des statues, des crucifix, des cartes postales, des livres, des jeux, des vitraux, du multimédia et des produits du terroir. Bref, sur 90 mètres carrés, tout le monde y trouve son compte. Il y en a pour tous les budgets et bien évidemment les articles religieux sont majoritaires.

RIDEAUX - VOILAGES - TISSUS - TENTURES

TOTO TISSUS

15, rue Thomann ✆ 03 88 23 11 20 - Tram arrêt Homme de Fer.
www.toto.fr
Ouvert du lundi au vendredi de 10h à 19h ; le samedi de 9h30 à 19h.

Toto est une caverne d'Ali Baba ! Ici, des centaines de rouleaux de satin, dentelle, jean, imprimé tropical sur coton ou encore effet daim et cuir sont exposés. Vous aurez de quoi vous prendre pour Jean Paul Gaultier, mais aussi de quoi twister votre intérieur (coussin, canapé, rideaux, couettes...). Le rayon ameublement situé au sous-sol renferme de nombreuses idées pour vos futures créations. Si d'aventure, vous n'arrivez pas à concrétiser votre envie, vous pouvez demander conseil au personnel. Le rayon mercerie sera aussi d'une grande aide pour finaliser vos travaux. Une grande diversité de tissus vous attendent. On regrette un personnel débordé : il est délicat de se faire conseiller.

SOUVENIRS

L'ATELIER DE THOMAS

48, rue Principale
SCHILTIGHEIM
Lundi de 10h30 à 17h30. Du mardi au vendredi de 9h30 à 17h30. Samedi de 9h à 14h.

Voici la boutique des passionnés de l'Alsace et de ceux qui aiment les créateurs locaux passionnés qui méritent d'être connus. Vous découvrirez ici une multitude de petites idées cadeaux ou décoration et des souvenirs à rapporter. L'Alsace et son imagerie traditionnelle sont au cœur des créations quelles qu'elles soient. On entre souvent sans idée précise mais on trouve toujours quelque chose qui attire l'œil, quels que soient ses besoins, ses envies ou son budget. L'Atelier de Thomas, c'est le lieu idéal pour goûter à l'authenticité des productions alsaciennes et pour consommer responsable, en soutenant l'économie locale et les artisans du coin qui en ont tant besoin.

SOUVENIRS

MAISON BOLLINGER

2, rue Mercière
✆ 03 88 32 15 77
www.souvenirstrasbourg.fr
Tous les jours de 9h30 à 19h.

Magasin de souvenirs et cadeaux en plein cœur historique de Strasbourg, la Maison Bollinger est une institution touristique au pied de la cathédrale. Âgée de plus de 400 ans, la maison fascine toujours, autant par son architecture à colombages que par la multitude de cadeaux et souvenirs à l'intérieur du magasin. Une véritable caverne d'Ali Baba avec une vaste gamme de tarifs, parfait pour les petits et gros budgets. Vous y trouverez par exemple toutes les poteries traditionnelles alsaciennes, des verres et des chopes, des vins et produits gourmands, mais aussi tout un tas de petites babioles, aux couleurs de l'Alsace ou à l'effigie de vos personnages historiques préférés.

MAISON

CASH IN STRAS

3 D, rue du Fort - **GEISPOLSHEIM**
✆ 03 88 67 46 99
Ouvert du lundi au samedi de 9h à 12h. 2e magasin : 4 rue du Commerce à Vendenheim.

Dans cette boutique de deuxième main, vous trouverez une mine d'objets utiles. L'enseigne achète des objets cash et les revend d'occasion. Bien sûr, ils sont vérifiés et garantis. Donc vous pouvez vous débarrasser rapidement des appareils qui vous encombrent, et faire de bonnes affaires. Dans les rayonnages, il y a du petit électroménager, de l'audio-vidéo, des outils électriques, mais aussi des objets utiles et décoratifs. Le magasin de Geispolsheim est spécialisé dans les instruments de musique et plus particulièrement les guitares. À Vendenheim, c'est surtout le rayon appareils photos qui est bien fourni. Vous avez la possibilité de faire transférer un objet dans un autre magasin.

ELECTROMÉNAGER

ENVIE

6, rue Herrade ✆ 03 88 10 04 30
Bus arrêt Herrade
http://strasbourg.envie.org
Magasin et service après-vente.

Envie est une émanation d'Emmaüs, spécialisée dans la rénovation, la réparation et la vente de produits électroménagers, du frigo à la machine à laver en passant par les fours et les hottes, et même les produits vintage sans oublier les smartphones et les tablettes. Tous les appareils sont donc de seconde main, mais optimisés dès la sortie des ateliers, réparés et bichonnés par les professionnels qui sont tous en réinsertion. Du matériel médical est maintenant également proposé. Outre faire une bonne affaire, acheter à Envie permet de soutenir une initiative sociale, solidaire et écologique, une initiative qui est née en 1984 à Strasbourg et qui depuis a essaimé dans toute la France.

QUINCAILLERIE - DROGUERIE

DROGUERIE DU CYGNE

24, Grand'Rue
✆ 03 88 32 17 72
Lundi de 14h à 18h45 ; du mardi au vendredi de 9h à 12h et de 14h à 18h45 ; le samedi de 9h à 12h et de 14h à 18h.

Si vous recherchez un objet original dans tout Strasbourg, sans jamais parvenir à mettre la main dessus, ne paniquez pas ! Dirigez-vous simplement à la Droguerie du Cygne qui a célébré il y a peu ses 150 ans. Vous aurez toutes les chances de trouver ce que vous recherchez dans cette boutique débordante de tout ce dont vous avez besoin pour votre vie quotidienne : cuisine, parfumerie, quincaillerie, cadeaux... Une vraie caverne d'Ali Baba ! N'hésitez pas à demander des conseils au personnel, vous serez renseigné avec une réelle bienveillance. Si vous n'avez besoin de rien, vous ressortirez certainement avec quelque chose entre les mains, charmé par cette boutique délicieusement rétro !

NEW

MULTIMÉDIA - IMAGE - SON

EVERSO

Boulevard des Enseignes - **REICHSTETT**
✆ 03 55 33 00 39
everso.com
Du lundi au samedi de 10h à 19h.

Chez Everso, les beaux objets méritent une seconde vie et même plein de secondes vies. Cette vision de l'achat-vente permet aux vendeurs d'Everso de s'engager dans une vision durable du commerce. Dans ce concept-store de Strasbourg, vous ne trouverez que des produits uniques, de seconde main et reconditionnés qui permettent de faire vivre l'économie locale et favoriser la circularité. Que ce soit en téléphonie et multimédia, culture et loisirs, jeux vidéo et consoles, ou en maroquinerie et bijoux : rien ne se perd, tout se transfère. Les petits budgets seront de plus ravis car ici les prix sont vraiment tout doux pour que chacun puisse profiter des belles occasions proposées.

MULTIMÉDIA - IMAGE - SON

EASY CASH

48, rue du Vieux-Marché-aux-Vins ✆ 03 88 16 15 72
www.easycash.fr
Ouvert du lundi au vendredi de 10h à 12h30 et de 14h à 19h ; le samedi de 10h à 19h.

Easy Cash est une structure qui rachète vos produits d'occasion : vendez directement en ligne grâce au service de rachat à distance ou rendez-vous au magasin. Ce concept permet de se débarrasser de ce qu'on ne souhaite plus, tout en se faisant un peu d'argent. Vous faites un geste pour la planète en offrant une seconde vie à l'objet et en faisant sûrement un nouveau propriétaire heureux ! Si vous n'avez rien à vendre, vous pouvez vous balader dans les rayons et peut-être dénicher la bonne affaire qui vous comblera. Easy Cash propose de l'informatique, de l'électroménager, des bijoux et même des sacs de marque ! Produits garantis un an. L'atout d'Easy Cash ? La revente et l'achat d'occasion.

BONS PLANS

HÔTEL DES VENTES DES NOTAIRES DU BAS-RHIN

5, allée de l'Europe - **ENTZHEIM** ✆ 03 88 68 63 63
www.strasbourg-encheres.com
Ouvert du lundi au jeudi de 8h30 à 12h et de 14h à 18h ; le vendredi de 8h30 à 12h.

Vous aimez chiner ? Alors vivez une vente aux enchères. Une démarche qui fait aussi partie d'une économie durable. Ce lieu vous permettra de découvrir mille époques et courants artistiques, ne serait-ce qu'en venant à l'exposition des objets. Une occasion d'admirer des pièces uniques et de s'amuser à déterminer la valeur d'un bibelot. Les lots proviennent pour l'essentiel de successions : bijoux, montres, vaisselle, argenterie, objets de décoration, tableaux, bibliophilie, mobilier, vins... L'accès est gratuit mais vous trouverez certainement quelque chose à vous offrir.

CONSOLES - JEUX VIDÉO

LITTLE TOKYO

24, rue de la Fonderie ✆ 03 88 75 09 42
Tram arrêt Broglie.
http://little-tokyo-67.com
Ouvert du lundi au samedi de 11h à 19h.

Avis aux amateurs de rétro-gaming et de kawaï, Little Tokyo comble les attentes de tous ceux qui ont la nostalgie des jeux vidéo de leur enfance ! Dans ce magasin bien fourni, vous trouverez toutes les consoles de première génération : Super Nintendo, Game Boy Color, Playstation... Et, bien évidemment, tous les jeux qui vont avec. Les tarifs sont très attractifs. La boutique est souvent fournie en nouveaux articles, n'hésitez pas à consulter la page Facebook de la boutique à ce sujet. Little Tokyo propose aussi de nombreux produits dérivés de mangas, directement importés du Japon pour la plupart. Sachez que la boutique rachète également les anciens articles qui squattent votre grenier !

SOLDERIE

NOZ

15 bis, rue du Pont-du-Péage - **GEISPOLSHEIM**
✆ 03 88 79 42 43
www.nozarrivages.com
Ouvert du lundi au samedi de 9h30 à 19h30. Objets à petit tarif.

Chez NOZ, on y va pour faire de bonnes affaires. Les objets proposés à la vente sont des produits dégriffés ou issus du déstockage. Ce soldeur propose des articles à des prix particulièrement attractifs. Des vêtements pour toute la famille, vous trouverez aussi à vous chausser : de la paire de bottes en caoutchouc jusqu'à l'escarpin en cuir importé d'Italie. Des articles de mode, de jardin, de la quincaillerie, de la vaisselle ou encore des objets déco et de loisir vous attendent dans les bacs. On y trouve également des produits d'entretien, de beauté et alimentaires – dont la date limite de consommation (DLC) est proche. Les arrivages sont réguliers, il est intéressant d'y passer souvent.

APPAREILS PHOTO - VIDÉO

OBJECTIF AUSTERLITZ - IMAGES PHOTO

22, rue d'Austerlitz ✆ 03 88 35 56 56
www.objectif-austerlitz.com
Ouvert du mardi au vendredi de 9h30 à 12h et de 14h à 18h45 ; le samedi de 10h à 12h et de 14h à 18h.

Alors que la plupart des enseignes de développement argentique ont fermé les unes après les autres, Objectif Austerlitz est un résistant salutaire et nécessaire qui fournit encore ce service aux passionnés en tous genres. C'est aussi l'une des rares boutiques indépendantes, pour ne pas dire la dernière, à vendre du matériel de photographie, ancien, récent, neuf, d'occasion et tous les accessoires. Il est aussi possible de laisser en dépôt l'appareil dont on veut se séparer. Un allié incontournable pour tous les photographes, novices ou professionnels.

INFORMATIQUE

PEARL DIFFUSION

32, rue des Tuileries - **SOUFFELWEYERSHEIM**
✆ 03 88 55 96 96
Ouvert du lundi au vendredi de 9h à 19h ; le samedi de 9h à 18h. Livraison possible. Chèques non acceptés.

Plus grand magasin de France de l'enseigne, Pearl Diffusion dispose d'un immense choix de consommables et périphériques informatiques et bureautiques, de tablettes tactiles, de smartphones et de GPS ainsi que du matériel hi-fi ou des spots et projecteurs pour assurer l'ambiance de vos soirées. Vous y trouverez aussi des objets décoratifs et accessoires pour l'habitat et le loisir. Pour gagner du temps, vous pouvez commander en ligne et récupérer votre panier en boutique. Enfin Pearl est aussi un centre technique où il est possible de faire réparer son ordinateur, son imprimante ou son téléphone. Les prix ainsi que les produits sont vraiment attractifs, surtout en période de soldes.

PHOTOGRAPHE

PHOTOBOUTIK

55, avenue des Vosges ✆ 03 88 25 11 89
Bus arrêt Vosges Oberlin. - www.photoboutik.fr
Ouvert le lundi de 14h à 18h30 ; du mardi au vendredi de 9h à 12h20 et de 14h à 18h30 ; le samedi de 9h à 12h20.

Photoboutik est un laboratoire photo numérique et argentique. Thierry D'Amico est tireur-filtreur, c'est-à-dire, celui qui développe les pellicules remises par les clients. Photoboutik réalise et commercialise tous les produits autour de la photo : albums, tirages en lignes, agrandissements... Pour ce faire, la boutique bénéficie d'une machine unique à Strasbourg : une imprimante à technologie UV pour développer une offre de tirages tous formats et tous supports. On peut ainsi réaliser des tirages sur des bâches, des contrecollés ou bien encore des plaques alu. La boutique met également à votre disposition une borne d'impression instantanée de clichés pris avec un smartphone.

MAISON

TITI INTERNATIONAL

14, rue de l'Industrie - **ILLKIRCH-GRAFFENSTADEN**
✆ 03 88 40 36 02 - Tram arrêt Leclerc
www.titi-strasbourg.dvif.fr
Ouvert du mardi au vendredi de 10h à 12h et de 14h à 18h30 ; samedi de 10h à 18h ; dimanche de 14h à 18h. Livraison.

Vous avez un petit budget et avez besoin de vous équiper ? Trop d'objets encombrent votre logement et vous voulez vous en débarrasser ? Alors allez chez Titi International ! Ce magasin de dépôt-vente est une véritable caverne d'Ali Baba ! Vous trouverez du mobilier ancien, design et contemporain, de l'électroménager, de la vaisselle, des jeux et jouets, livres, bandes dessinées, CD et DVD, accessoires pour animaux, objets de décoration ou encore bijoux... Au printemps, on y déniche aussi du mobilier de jardin et en hiver du matériel de sports d'hiver et des décorations de Noël. N'hésitez pas à passer régulièrement, le stock se renouvelle au fur et à mesure des arrivages.

ARTS DE LA TABLE

ALICE DÉLICE

31, place Kléber ✆ 03 88 16 58 34
Tram arrêt Homme de Fer
www.alicedelice.com
Ouvert du lundi au samedi de 10h à 20h. Carte cadeau.

Spécialisée dans les ustensiles et accessoires de cuisine et de pâtisserie, Alice Délice est l'enseigne qui vous propose de cuisiner avec créativité et ingéniosité. Des planches à découper aux couteaux de cuisine, des robots aux sorbetières et machines à barbe à papa en passant par les boîtes de rangement, chez Alice vous trouvez tout pour que la cuisine devienne un véritable plaisir. Un rayon épicerie (huile, moutarde, herbes aromatiques, confitures, chocolat à fondue, café, thé...) et quelques livres de recettes, viennent compléter les articles proposés dans la jolie boutique de l'Aubette, installée sur deux étages. L'accueil est très souriant et plein de bons conseils.

ARTS DE LA TABLE

COUTELLERIE LAGUIOLE

23, rue des Hallebardes
✆ 09 84 13 28 13
Le lundi de 13h30 à 18h30. Du mardi au vendredi de 10h à 12h30 et de 13h30 à 18h45. Le samedi jusqu'à 18h15.

Dans cette élégante coutellerie, Katherine Sitterlé vous propose un vaste choix de couteaux Laguiole en Aubrac pliants, des couteaux de cuisine ainsi qu'une large gamme de couteaux de table, les fourchettes et les cuillères assorties, issus du savoir-faire de l'artisanat d'art. Connu par les amateurs de beaux objets et de bons vins, le sommelier Laguiole, en différentes essences de bois ou de corne, est un incontournable. Un espace est dédié aux célèbres couteaux de cuisine japonais KAI, avec son couteau élu « Meilleur couteau de cuisine au monde ». Vous seront également présentées les marques intemporelles comme, entre autres, Opinel ou Victorinox ainsi que l'affûteur Horl.

ARTS DE LA TABLE

AMBIANCES ET STYLES

Boulevard des Enseignes - **REICHSTETT**
✆ 03 88 18 08 67
ambiancesetstyles.com
Du lundi au samedi de 10h à 19h.

Ambiance et Styles est la boutique favorite des amateurs pour trouver de quoi faire de la grande cuisine à la maison avec des produits de grandes marques et de grande qualité : robots culinaires, sorbetière, plancha, cuiseur vapeur, moules en silicones de toutes les formes, couteaux et autres ustensiles professionnels ! Mais les ressources de cette boutique sont presque inépuisables, puisqu'on y trouve énormément d'objets plus ou moins utiles de décoration, de la vaisselle et des arts de la table. Les arts de la table et la décoration sont présentés autour de quatre styles de vie : Nature, Design moderne, Bistronomie et Pop pour s'adapter aux envies du quotidien.

ARTS DE LA TABLE

FOURCHETTE ET COUTEAU

11b, rue Forlen - **GEISPOLSHEIM**
✆ 06 25 09 01 34
www.fourchetteetcouteau.fr
Devis gratuit sur demande.

Frédéric Bonn a un parcours atypique. Après avoir travaillé dans la sécurité, il se lance dans la location de vaisselle ! Déjà petit il se rêvait dans une cuisine, il préfère dorénavant sublimer les tables de réception. Vous préférez une ambiance conventionnelle style repas d'affaire, ou romantique pour un mariage floral en couleur pastel.... Tous les styles et thèmes peuvent être assumés. En version assise, ou buffet dînatoire, la société peut fournir tout le nécessaire : du nappage, à la vaisselle et au mobilier. Alors, plutôt que d'acheter des flûtes à champagne dans un magasin low cost, optez pour la location de vaisselle : c'est moins cher et vous vous éviterez la corvée de plonge !

ARTS DE LA TABLE

BACCARAT

44, rue des Hallebardes ✆ 03 88 32 32 10
Tram arrêt Broglie
www.baccarat.fr
Ouvert le lundi de 14h à 18h30 ; du mardi au samedi de 10h à 19h.

Baccarat est l'un des plus grands noms de la cristallerie mondiale dont le village est situé non loin, en Meurthe-et-Moselle. Un cristal exceptionnel, symbole d'excellence à la française, qui fera briller de mille feux étincelants votre table. Verres gravés ou taillés, cristaux colorés, aux courbes parfaites, aux formes appropriées pour déguster les millésimes, coupes et flûtes mais aussi tasses à café, verres à cocktail et à liqueur. Bougeoirs, luminaires, lustres, vases et objets décoratifs pour sublimer votre intérieur, la boutique propose également de magnifiques bijoux de cristal, pendentifs, colliers, bracelets, bagues et boucles d'oreilles. Des objets d'exception et intemporels.

ARTS DE LA TABLE

KITCHEN BAZAAR

16, rue du 22-Novembre
✆ 03 88 36 02 03
www.kitchenbazaar.fr
Ouvert le lundi de 14h à 19h ; du mardi au samedi de 10h à 19h.

Kitchen Bazar est le royaume de l'ustensile inventif et design qui facilite la vie en cuisine. Moules en silicone multicolores, siphons et autres accessoires pour apprentis chefs, presse-agrumes, robots, mixeurs, tire-bouchons, râpes, couteaux, thermomètre, etc. Il existe une gamme d'ustensiles adaptés aux enfants, colorés et ludiques. Attention tout de même au porte-monnaie, car les prix sont à la hauteur de la qualité des objets présentés. Les amateurs éclairés qui ne jurent que par Cyril Lignac, Philippe Etchebest ou encore Christophe Michalak trouveront ici de quoi se préparer à la prochaine édition de l'émission *Top Chef*... ou tout au moins, réaliser de superbes dîners !

ARTS DE LA TABLE

LALIQUE

25, rue du Dôme ✆ 03 88 75 55 52 - Tram arrêt Broglie
www.lalique.com
Ouvert le lundi de 13h45 à 18h45 ; du mardi au samedi de 10h15 à 12h et de 13h45 à 19h.

Lalique, l'un des plus prestigieux noms du cristal français. Les créations sont réalisées par des maîtres verriers d'exception, de véritables sculpteurs de lumière, en Alsace à l'usine de Wingen-sur-Moder où un élégant musée retrace la vie et l'œuvre de René Lalique. Vous y admirerez ses vases Art déco, ses statuettes de cristal et des bijoux d'art exceptionnels. Une collection nouvelle naît chaque année, dont certaines pièces en tirage très limité. Première boutique implantée en province, Lalique Strasbourg offre plusieurs espaces dédiés aux arts de la table, verrerie, objets de décoration, mais aussi à la maroquinerie, aux accessoires et aux bijoux, ainsi que des parfums intemporels.

ARTS DE LA TABLE

PAVILLON CHRISTOFLE

30, rue de la Mésange
✆ 03 88 23 02 19
www.eu.christofle.com
Ouvert du lundi au samedi de 9h30 à 12h30 et de 13h30 à 19h.

Les arts de la table sont l'incontournable de Christofle. Vous trouvez ici des produits de qualité, sublimés grâce à un savoir-faire exceptionnel. Que ce soit pour un cadeau personnel, un bijou en argent massif ou un accessoire, griffé et élégant, des créations de designers et d'artistes, Christofle met en avant luxe et raffinement. Pour elle, boîte en acier et cuir, coffret carnet et marque-page en métal, cadre photo ; pour lui, boutons de manchette, porte-clés, organisateur de bureau. Pour la petite histoire, Cristofle a été la première maison à breveter le métal argenté. C'est aujourd'hui une valeur sûre pour réussir ses tables de fêtes et éblouir ses convives.

ARTS DE LA TABLE

PORCELAINE MIREILLE

9, rue Alfred-Kastler - **OSTWALD** ✆ 03 88 67 67 57
www.porcelaines.org
Ouvert du lundi au vendredi de 8h30 à 12h et de 14h à 18h ; le samedi de 9h à 12h.

La spécialité de la boutique, c'est bien entendu la vraie porcelaine de Limoges, blanche ou décorée, mais pas seulement. Assiettes sous toutes leurs formes, verres, services à cafés et à thé, ou encore à fromage ou dessert, couverts, linge de table, vous trouverez forcément de quoi dresser la plus belle table possible pour recevoir. Mireille Porcelaine n'est pas qu'un simple revendeur des marques réputées, c'est aussi un créateur qui se propose de décorer assiettes et verres. Le paradis des arts de la table ! Vous y trouverez aussi des bijoux en verre de Murano, du décor pour la maison (miroir, applique, création en mosaïque...), de la porcelaine culinaire ou décorée.

ARTS DE LA TABLE

VILLEROY & BOCH

8, rue Mercière ✆ 03 88 75 67 03
Tram arrêt Langstross Grand Rue
www.villeroy-boch.fr
Ouvert le lundi de 14h à 19h ; du mardi au samedi de 10h à 19h.

Au pied de la mythique cathédrale, la boutique Villeroy & Boch, entreprise de fabrication de vaisselle en céramique, vous propose des produits de qualité, raffinés, alliant modernité et tradition. Spécialisé dans les articles de porcelaine, les ustensiles de cuisine, l'art de la table, les verres et la décoration, Villeroy & Boch décline ses produits en couleurs unies ou avec de jolis motifs. Villeroy & Boch offre également toute une collection d'assiettes, de poêlons ou de plats spécialement conçus pour les soirées barbecue. La boutique propose aussi des coffrets pour bébé comprenant des couverts, tasses et bols, très joliment présentés. À Noël, on y trouve de superbes décorations.

DÉGUISEMENT

L'ATELIER LA COLOMBE

32, rue du Faubourg-de-Pierre ✆ 03 88 22 17 81
Bus arrêt Faubourg de Pierre. - www.atelierlacolombe.fr
Ouvert du lundi au vendredi de 9h à 19h ; le samedi de 10h à 17h. Livraison possible.

À l'atelier La Colombe, toutes les époques historiques et toutes les contrées sont référencées. L'Atelier propose aussi beaucoup d'accessoires : masques, capes, plumes, paillettes, chapeaux. Si vous avez une idée bien précise de déguisement, vous pouvez en discuter avec Rita Tataï, la maîtresse des lieux, qui la réalisera pour vous. À l'atelier, les costumières sont polyvalentes et toujours prêtes à vous conseiller. 90 % des modèles sont créés et réalisés par l'Atelier. Les conseils de Rita et de son équipe sont judicieux et les prix de location tout à fait abordables. Pour de belles idées de costumes, rendez-vous sur le site Internet pour feuilleter l'album des tenues proposées.

FÊTE

FIESTA REPUBLIC

20, rue du Vieux-Marché-aux-Grains ✆ 03 88 23 10 17
Tram arrêt Langstross Grand Rue
www.fiesta-republic.com
Ouvert le lundi de 14h à 18h ; du mardi au samedi de 10h à 19h.

« Tous les hommes ont droit au bonheur et au déguisement. » Tel est le principe sur lequel est fondé la république de la fête costumée. Dans cette boutique incitant à l'euphorie et à l'originalité, les vampires et les cow-boys se côtoient. Quel que soit le costume que vous cherchez, vous le trouverez ici à n'en point douter. Des panoplies complètes d'accessoires sont proposées : masques, postiches ou éléments de décoration (drapeaux, lampions). De quoi vous déguiser pour toutes les occasions : anniversaires, mariages, Nouvel An... Et à des prix abordables. Le plus : Service de décoration complète de votre salle des fêtes et location des costumes sur demande.

SERVICES À LA PERSONNE

CRÉE & DÉCORS

18, rue du Général de Gaulle
REICHSTETT
Devis sur demande.

Corinne est décoratrice-étalagiste indépendante depuis 1992. Elle décore les vitrines des commerces, mais aussi les façades, les halls d'entrée, les salles... Selon vos desiderata, elle réalisera un thème précis, ou s'inspirera d'une saison, d'une couleur, d'un voyage, d'un rêve. Ses décors de Noël sont scintillants et nous replongent brillamment dans nos souvenirs d'enfance. Ses réalisations, colorées ou sobres, font preuve d'imagination. Corinne décor également les véhicules, des banderoles, des enseignes, des vitrines, grâce à un marquage adhésif. Si vous avez un projet ou un besoin de support de communication, exposez-le à Corinne. Elle saura vous conseiller et vous proposera un devis.

SERVICES À LA PERSONNE

IZY DRIVE

8 bis, place Jean-Macé
✆ 0820 000 418
www.izydrive.com

Un repas arrosé et très vite, il est indispensable de ne pas conduire. Les contrevenants s'exposent à 2 ans de prison et 5 ans de suspension de permis. Pour éviter pareille déconvenue, et si vous souhaitez à tout prix ramener chez vous votre véhicule même sous l'emprise de l'alcool, Izydrive est la solution. La société met à votre disposition un chauffeur, qui pourra vous conduire à domicile dans votre propre voiture. Le chauffeur aura au préalable introduit dans votre coffre une housse contenant un scooter pliable, pour lui permettre d'effectuer le trajet de retour. La personne qui s'installe à votre volant a le permis depuis 5 ans, toujours ses 12 points et un casier judiciaire vierge.

COURSIERS

LA CYCLGOGNE

✆ 06 27 09 73 10
www.lacyclgogne.com

Sur Strasbourg, l'Eurométropole et même jusqu'à Kehl, vous pouvez vous faire livrer en express et de façon écologique tout ce que vous désirez ! Les livreurs à vélo-conteneur électrique de La Cyclgogne peuvent prendre en charge d'une lettre à un paquet de 150 litres et 120 kg. Pour tous les envois urgentissimes, c'est la solution idéale ! Il est également possible, pour les entreprises par exemple, de souscrire des forfaits de livraisons régulières. Écologique et sans prise de tête, ce service pourra sortir toutes les têtes en l'air de bien des faux pas en leur sauvant la mise. Idéal aussi par exemple si vous oublier le cadeau de votre moitié pour le faire arriver dans les temps...

COLOR'FY

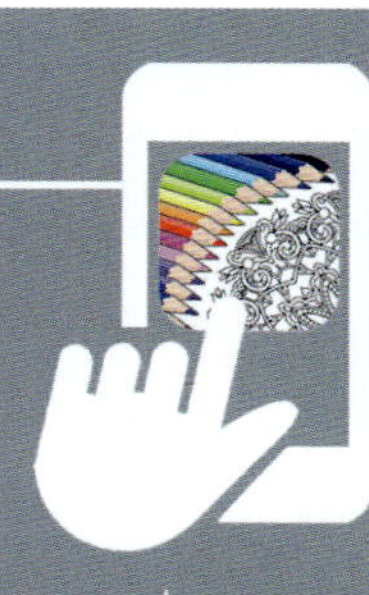

C'est scientifiquement prouvé : colorier c'est bon pour le moral. Tous les psychologues s'accordent sur les vertus anti-stress du coloriage. Le problème c'est qu'on n'a pas le réflexe d'emporter un carnet de coloriage partout avec soi. Mais grâce à l'appli Color'fy, votre smartphone suffira. Cette appli de coloriage virtuel est plus vraie que nature et vous fera retomber en enfance. Parfait pour se détendre.

DÉRATISATION / DÉSINFECTION

FLASH GUARDS

5, rue de l'Artisanat - **ESCHAU** ✆ 03 88 64 48 48
www.flashguards.com
Sur rendez-vous. Se déplace sur le lieux à traiter. Devis gratuit sur demande.

Les agents de Flash Gards interviennent dans tous les cas d'invasion. Leur mission ? Protéger vos biens contre les nuisibles ! Rats, pigeons, insectes, punaises de lit... Rien ne leur résiste. Le traitement des nuisibles se fait de manière très professionnelle par fumigation et nébulisation. Les étapes de l'intervention consistent en l'inspection du lieu à traiter et identification du nuisible, pulvérisation, disparition de toute trace de nuisibles et bactéries dans la zone traitée (pièces, mobiliers, objets, vêtements). L'équipe intervient en extérieur et en intérieur et propose une solution pour toutes les situations, même les plus problématiques. Intervention rapide et efficace.

SERVICES À LA PERSONNE

V&D RÉDACTION

24, rue de la Broque
✆ 06 81 67 02 63

Thierry et Julia ont chacun écrit des livres ayant connu de grands succès, et sont des habitués de la presse locale et nationale. Mais ils offrent aussi leurs services avec gentillesse, professionnalisme et bienveillance à tous en vous aidant à écrire tout ce dont vous avez besoin : discours divers, faire-part, biographies familiales ou d'entreprises, corrections de sites ou de documents, aide aux démarches administratives, lettres officielles, correction de mémoires ou de thèses, lettres d'amour ou de rupture... Ils organisent également des ateliers d'écriture sur mesure. En somme, dès qu'il faut écrire et que l'on a un doute, ils sont là pour nous accompagner ! Efficacité assurée !

FLEURISTE

ACANTHE FLEUR ET DECORATION

19, rue Geiler
✆ 03 88 35 40 29
Bus arrêt Golbery.
Ouvert du mardi au samedi de 10h à 12h30 et de 13h30 à 19h.

Voici une jolie boutique où le raffinement se fait maître-mot. Les fleurs et plantes sont joliment mises en scène au sein de cet espace dédié aux arts floraux et aux couleurs, aux fragrances : plantes grasses, superbes fleurs coupées et bouquets sont disposés un peu partout, de quoi accentuer la beauté de ce ravissant écrin. Ponctuellement, la boutique propose des ateliers de confection de couronnes, de guirlandes de fleurs séchées et d'autres animations. Accueil et sourire sont au programme. Vous trouverez aussi des sonnettes de vélo, foulards, bougies...

FLEURISTE

FLEURS CHRISTIANE GROLL

3, rue du Temple-Neuf
✆ 03 88 22 16 77
Le mardi de 10h à 12h et de 14h à 19h ; du mercredi au vendredi de 9h30 à 12h et de 14h à 19h ; le samedi de 9h à 19h.

Christiane Groll est l'écrin idéal si vous avez l'intention d'offrir à votre bien-aimé(e) un bouquet chic et fourni composé de fleurs fraîches. Il ne vous suffit que de deux ou trois tiges de fleurs exotiques et originales pour obtenir un magnifique bouquet aux fragrances parfaites. Toujours à votre écoute, Christiane et son équipe sauront vous orienter dans vos choix et réaliser pour vous d'élégantes compositions si vous êtes à court d'idées. Vous trouverez aussi des objets décoratifs ainsi que des vases pour mettre votre bouquet en valeur. Sachez enfin que des bouquets à des prix avantageux sont également proposés. La devanture, magnifiquement décorée, vaut à elle seule le déplacement.

FLEURISTE

LE SEMIS CAFÉ FLEURISTE

68, rue de Zurich
✆ 09 81 03 05 86
le-semis.business.site
Ouvert du lundi au vendredi de 9h à 19h ; le samedi de 11h à 18h.

Le Semis est un joli nouveau concept alliant amour des fleurs et des plantes et petite restauration. Deux activités se conjuguent ainsi parfaitement. La première est celle de fleuriste. Vous pourrez donc faire vos emplettes pour offrir de beaux bouquets en toutes occasions. Déjà composés ou personnalisés, il y en a pour tous les budgets et tous les goûts. La seconde activité du Semis est celle de café. Ainsi, vous pourrez profiter d'une pause gourmande au déjeuner entre passionnés de verdure, dans un cadre multicolore et plein de bonnes odeurs. Les produits proposés sont en grande majorité frais et locaux, issus de producteurs de la région. Une visite s'impose !

FLEURISTE

LES FLEURS DU BIEN

27, rue Brûlée ✆ 03 88 11 49 52
Tram arrêt Broglie ou République
Ouvert du mardi au samedi de 9h30 à 12h15 et de 14h à 19h. Livraison possible.

Artisan fleuriste, Thomas Wagner compose ses bouquets sur mesure, avec des fleurs de saison, et en fonction de votre budget. Il vous fait partager sa passion en vous expliquant le langage des fleurs et en vous conseillant sur les alliances de couleurs idéales. C'est avec beaucoup de plaisir qu'il met son savoir-faire à votre service, pour réaliser des créations, certes simples, mais très harmonieuses. Il sait proposer des bouquets personnalisées, du sur-mesure. Les fleurs, importées de Hollande, sont de qualité. Thomas a une prédilection pour les roses, et sait parfaitement valoriser leurs parfums, couleurs, structures et textures... La boutique est aussi belle que ses fleurs.

FLEURISTE

FLEURS KAMMERER

211, route de Lyon - **ILLKIRCH-GRAFFENSTADEN**
✆ 03 88 66 02 77 - Tram arrêt Illiade
www.fleurskammerer.com
Ouvert du lundi au samedi de 10h à 19h ; le samedi de 8h à 18h ; le dimanche de 10h à 12h. Ouvert le dimanche.

La boutique est vaste et le choix aussi. Impossible de ne pas trouver votre bonheur ! Le conseil est avisé, les produits de qualité, et les prix plus que corrects. Adhérent d'Interflora, le magasin propose aussi la livraison à domicile, en France et à l'étranger. Grace à sa boutique en ligne vous pourrez faire votre choix, depuis chez vous. Ce fleuriste propose des potions florales et des bacs à plantes vertes en hydroculture. C'est une équipe professionnelle et passionnée qui vous conseillera et vous orientera vers la meilleure création, en fonction de votre budget et de votre projet. Le plus ? Expositions de photos et de peinture tous les deux mois dans la galerie d'art.

FLEURISTE

UNE HISTOIRE...UNE FLEUR...

130, route de Bischwiller - **SCHILTIGHEIM**
✆ 03 88 18 86 08
Bus arrêt Maison Rouge
www.unehistoireunefleur.fr
Du mardi au samedi de 9h à 13h et de 14h à 19h ; dimanche et jours fériés de 9h à 12h30. Le lundi sur rendez-vous.

Vous voilà dans un univers de senteurs et de couleurs. Parfums floraux et compositions ravissantes, avec un large choix de fleurs... Vous souhaitez fleurir votre terrasse, réaliser l'aménagement intérieur ou extérieur d'un logement, ou encore faire entretenir une sépulture ? Faites appel à Cécilia et Élise ! Ces passionnées, artisan fleuriste, proposent aussi la création de bouquets et de décoration, la vente ou la location de plantes vertes. Vous trouverez aussi des bougies parfumées, des parfums d'intérieur et boules aromatiques, pour vous faire plaisir ou pour offrir.

FLEURISTE

FLEURS DE PAYS

34, rue du Fossé des Tanneurs ✆ 06 14 99 41 84
http://fleursdepays.com
Mardi de 10h à 19h30 ; du mercredi au samedi de 9h à 19h30 ; dimanche de 10h à 12h30. Livraison possible (à vélo).

Bien connu des Strasbourgeois pour son marché aux fleurs, ce fleuriste a désormais sa boutique rue du Fossé-des-Tanneurs. Le concept est simple : privilégier à tout prix la fleur française (et plus exactement du département du Var) et promouvoir la livraison à vélo dans le centre-ville. Ses grandes vitrines invitent à pousser la porte pour y découvrir une vaste palette de fleurs coupées, du branchages pour réaliser ses propres créations florales ou décoratives, des plantes en pots et autres confections. Sur le site Internet il est possible de commander des fleurs en ligne. Une belle idée pour les citadins pressés ou ceux qui souhaitent surprendre leurs proches.

JARDINERIE

BOTANIC

1, route d'Oberhausbergen ✆ 03 88 10 86 20
Tram arrêt Rotonde
www.botanic.com
Ouvert du lundi au samedi de 9h à 19h.

Enseigne couteau suisse où vous pouvez acquérir des plantes, mais aussi divers éléments pour votre jardin (bassins, salons de jardin, éclairages extérieurs, outillages...) et des animaux (poissons, rongeurs, oiseaux...). Un corner est aussi dédié au marché bio (phytothérapie et produits sans gluten), aux cosmétiques bio et à l'entretien de la maison. Éco-responsable par nature, la société Botanic prône les qualités du recyclage et des ateliers et des animations pour petits et grands sont régulièrement proposés. Parmi les services proposés : le chargement de vos achats dans votre voiture, la livraison à domicile, les listes « spécial événements » ou encore le diagnostic santé.

PROTECTION DES ANIMAUX

SPA

7, rue de l'Entenloch ✆ 03 88 34 67 67 - Derrière Ikea, à proximité du marché gare. - www.spa-strasbourg.org
Lundi-mercredi et vendredi 14h-17h ; samedi 10h-12h et 14h-17h. Service de garde 24h/24h (animaux perdus ou blessés).

Depuis 1878, la SPA œuvre pour la protection des animaux : elle vient en aide aux chiens et chats abandonnés, blessés et/ou maltraités. Les animaux sont remis sur pied et proposés à l'adoption pour une nouvelle famille. Si vous êtes sérieux et que vous cherchez un compagnon, que vous êtes prêt à donner de l'amour à un petit être, n'hésitez plus ! Contre une somme honorable à payer, les pensionnaires sont tatoués, vaccinés et stérilisés. Le lieu sert aussi de relais pour le GORNA (Groupement Ornithologique de la Région Nord Alsace ✆ 03 88 01 48 00) et l'Arche de Noé (✆ 06 67 82 57 66). Vous pourrez donc adopter aussi oiseaux, hérissons, bovins, ovins ou encore lapins.

ANIMAUX

AURORE WILD

✆ 06 72 86 49 98
Sur RDV. Se déplace au domicile du patient, dans l'Eurométropole. En moyenne 40 € la séance + frais de déplacement.

Aurore Wild est ostéopathe pour animaux. Titulaire d'une formation complète : une licence en biologie cellulaire et physiologique, une licence en ostéopathie animale et un Master écophysiologie-éthologie obtenue à l'université de Strasbourg, et une grande expérience dans le domaine, elle saura soulager efficacement vos animaux de compagnie. Consciencieusement et avec beaucoup de douceur, elle manipule, chien, chat, chevaux, mais aussi les petits animaux et le bétail. Par souci de confort pour les animaux, Aurore se déplace au domicile de ses patients. Les résultats sont renversants ! N'hésitez pas à la contacter afin de lui demander des informations et devis sur ses interventions.

ANIMAUX

CABINET VÉTÉRINAIRE CÉCILE HERVÉ-BAZIN

242, avenue de Colmar
✆ 03 88 79 72 19
Prise de rendez-vous uniquement par téléphone.

Cécile Cassiat Hervé-Bazin est une vétérinaire plutôt atypique. Dans son cabinet, elle reçoit tous types d'animaux et les soigne en leur offrant une prise en charge complète et alternative. Grâce à des techniques d'homéopathie, d'ostéopathie ou encore de réflexothérapie vertébrale et périphérique pour lever les blocages, elle permet à tous les animaux ayant des maladies chroniques ou dues à l'âge de se sentir mieux uniquement grâce à une pratique naturelle et non ou peu médicamenteuse. Elle réalise également des stages de partage de techniques, notamment pour les équidés.

PROTECTION DES ANIMAUX

ERA

1, rue des Zouaves
✆ 06 47 41 85 29
www.assocera.com
Uniquement sur RDV.

Cette association offre assistance et soins aux chats abandonnés de l'agglomération strasbourgeoise, et stérilise les chats errants. Chaque année, une trentaine de bénévoles ont la charge de centaines de petits félins. Si vous souhaitez adopter, devenir famille d'accueil ou aider l'association (en devenant bénévole ou par un don), cette association sera ravie de vous accueillir. Régulièrement, des portes ouvertes sont organisées : faites-y un tour pour rencontrer les bénévoles et les chats, mais aussi pour soutenir cette structure en participant à leurs animations. En fin d'année, une vente d'articles divers leur permet de récolter des fonds. Toutes les infos sont sur leur site Facebook.

PARQUET

BOIS EN SCENE / PARQUETS & PAREMENTS

1, quai Finkmatt ✆ 03 67 97 97 55
www.boisenscene.fr
Ouvert du lundi au vendredi de 10h à 18h30 ; le samedi de 11h à 18h30.

Voici le spécialiste des parquets et parements bois de qualité. Avec de très nombreuses essences disponibles, combinées à une multitude de finitions, vous aurez l'embarras du choix pour refaire votre décoration du sol au plafond. Avec d'excellents conseils et un accompagnement attentif et personnalisé, donnez vie à vos projets, même les plus fous. Il y en a pour tous les goûts et toutes les bourses et pour cet expert, travailler le bois est bien plus qu'un métier, c'est une passion ! Professionnels comme particuliers peuvent donc se rendre ici les yeux fermés.

CHEMINÉE - POÊLE

AU COIN DU FEU

19, rue de Brumath - **VENDENHEIM** ✆ 03 88 69 58 25
www.aucoindufeualsace.com
Ouvert le mardi et le mercredi de 9h30 à 12h et de 14h à 18h30 ; du jeudi au samedi de 9h30 à 12h et de 14h à 18h.

Voilà quelques années que le bon vieux poêle à bois reconquiert les chaumières, par son aspect économique et calorifère. Spécialiste du poêle à bois, du poêle à granules et de la cheminée créée de toute pièce, ce fournisseur vend aussi des pianos de cuisson et des barbecues de compétition. L'entreprise familiale s'engage à tout réaliser, du conseil à l'installation de ses produits, pour la plupart importés d'Italie et de Scandinavie. Des matériaux de qualité, des conseils avisés rien que pour vous. Il ne vous reste plus qu'à concrétiser votre projet et à profiter de la douce chaleur d'un feu de bois. Possibilité de faire venir un conseiller chez soi pour optimiser son projet.

PAPIER PEINT - PEINTURE

ECOL'HOME

3, rue Gutenberg - **LA WANTZENAU** ✆ 03 88 59 22 80
www.ecolhome.fr
Ouvert du lundi au jeudi de 9h à 12h30 et de 14h à 17h ; le vendredi jusqu´à 16h.

De la peinture à base de produits naturels ! Partenaire du réseau Ecologie et Habitat, c'est le spécialiste et le distributeur des peintures allemandes Biofa, bien connues en habitat écologique, depuis plus de 20 ans. Rappelons que Biofa, c'est plus de 30 années d'expérience en peintures naturelles, respectueuses de l'humain et de notre planète. Cette centrale d'achat regroupe une très large gamme des produits de cette marque : peintures, traitements du bois, enduits fins, enduits à l'argile, enduits à la chaux, huiles, cires, lasures sans solvants, glacis et pigments, laque à l'eau, produits d'entretien, diluants et l'outillage du peintre. Pour préserver votre santé et l'environnement.

TAPISSIER

FISCHER CLAUDE - TAPISSIER DÉCORATEUR

8, rue du Bouclier
✆ 03 88 32 62 70
Tram arrêt Langstross Grand Rue.
Appeler avant visite. Devis sur demande.

Claude Fischer, artisan, redonne une nouvelle vie aux chaises, fauteuils et meubles fatigués par l'usage et abîmés. S'il règne un sympathique capharnaüm dans cette boutique, l'artisan lui s'y retrouve parfaitement, évoluant au milieu de ses outils, des meubles en restauration, des échantillons de toiles et de tissus. Plutôt que d'acheter vos meubles en préfabriqué, rapportez-lui vos chaises, fauteuils et autres sofas, Claude Fischer s'occupe de leur redonner leur lustre d'antan ou de les twister à la sauce contemporaine. Des meubles anciens sont également en vente.

MENUISIER

MENUISERIE BRION GLESSER

8, route du Cor de Chasse - **ILLKIRCH-GRAFFENSTADEN**
✆ 03 88 66 66 15
www.menuiserie-brion-glesser.fr
Ouvert du lundi au vendredi de 7h à 18h.

Cette menuiserie est une institution depuis plus de 40 ans. Toujours à l'écoute de vos projets de rénovation, de construction ou d'aménagement, Roselyne, Dominique Gitz et leurs équipes savent toujours proposer une solution. Placard sur mesure, agencements en tous genres (petit appartement, magasin, ou grande entreprise...), fenêtres bois ou PVC, volets en bois, parquets, sont assurés avec sérieux. Tous les travaux de menuiserie sont gérés avec professionnalisme. Même la dernière tendance : la verrière style industrie n'a pas de secret pour eux. Le plus simple est de leur demander un devis gratuit. Ils se déplacent chez vous, vous conseillent et leur avis s'avère toujours judicieux.

TAPISSIER

SELLERIE ANDRE

4, rue de l'Electricité - **GEISPOLSHEIM** ✆ 03 88 66 64 65
www.sellerie-andre.fr
Ouvert du lundi au vendredi de 8h à 12h et de 13h30 à 17h15. Sur RDV. Livraison possible.

La sellerie créée en 1972 par Yves André, véritable artisan sellier, a su évoluer au cours de son époque, pour s'adapter aux demandes les plus diversifiées. Aujourd'hui, la structure de 600 m² compte 6 salariés qualifiés et a un niveau de production semi-industriel. Ils interviennent dans la sellerie automobile (intégrant du gel anti-vibration), de bureau, sportive, nautique, médicale (matériel et isolation sonore des portes d'accès au cabinet), mais aussi camping (auvent). L'équipe intervient aussi dans la conception de housse de protection en cuir ou PVC, réparation de canapé, fauteuil en cuir ou tissu. Bonus : vos propres créations sont personnalisables !

DÉMÉNAGEMENT

DÉMÉCLIC

15, rue du Chemin-de-Fer - **LAMPERTHEIM** ✆ 09 69 32 05 56
www.demeclic.fr

Du lundi au vendredi de 8h30 à 12h et de 14h à 20h ; samedi de 8h30 à 15h. Possibilité d'établir un devis en ligne.

Pour déménager fun et malin, faites appel à Déméclic. Le concept est original : c'est un déménagement participatif. Une nouvelle forme de prestation, gérée par des spécialistes : le groupe Seegmuller. La prestation est organisée sur mesure afin que votre journée de déménagement soit un moment convivial et à un tarif réduit par rapport aux déménagements classiques. En contrepartie, vous fournissez la main-d'œuvre, et Déméclic se charge de vous procurer un camion avec chauffeur. Le professionnel sera sur place pendant la durée du déménagement, pour vous conseiller et vous coacher, afin que tout se déroule en toute sécurité et sérénité. Vous pouvez réaliser votre devis aisément en ligne.

DÉMÉNAGEMENT

HOME BOX - LOCATION DE BOX DE RANGEMENT

8, rue du Doubs ✆ 03 90 40 46 46 - Bus arrêt Frères Eberts
www.homebox.fr

Ouvert du lundi au vendredi de 8h à 18h ; le samedi de 9h à 16h. Accessible 7/7 et 24/24h.

Votre appartement déborde d'objets inutiles dont vous n'avez usage qu'une fois toutes les Saint-Glinglin ? Homebox vous propose des box de rangement de 2 m² à plus de 12 m² pour stocker dans un lieu sûr tout ce que vous ne pouvez pas conserver à la maison. À partir de 35 €/mois pour les plus petits, cela peut vraiment valoir le coup. Les box sont accessibles 7j/7 et quelques-uns le sont 24h/24. Des offres promotionnelles sont proposées tout au long de l'année : n'hésitez pas à vous renseigner directement auprès de l'enseigne pour optimiser et évaluer vos besoins.

DÉMÉNAGEMENT

DEMEXPERT

66, avenue des Vosges ✆ 03 88 95 78 00
www.demexpert.fr

Ouvert du lundi au vendredi de 9h à 12h et de 14h à 18h.

C'est une agence à taille humaine avec un véritable échange en direct avec le responsable qui vous prête toute son attention ; presque une agence familiale avec une longue expérience de 25 années pour des déménagements en local, national et à l'international. Plusieurs formules sont proposées dont la formule VIP, le très haut de gamme. Même si la structure est basée à Strasbourg, elle peut assurer vos déménagements sur Paris ou encore Marseille, voire même à l'autre bout du monde ! L'équipe est très efficace, professionnelle et les prestations sont assurées sans aucun souci. C'est une bonne alternative aux déménagements classiques toujours source d'angoisses et de recherches de bras en vain.

IMMOBILIER

BATIGÈRE

4, boulevard Wilson
✆ 03 88 52 88 17
www.batigere.fr

Accueil téléphonique assuré à partir de 8h30.

Le groupe Batigère regroupe des entreprises sociales pour l'habitat de cinq régions – Île-de-France, Lorraine, Alsace, Rhône-Alpes et Bourgogne. Il s'inscrit comme un acteur fondamental du logement social dans le Grand Est de la France. Son bureau nord-est gère avec rigueur un parc locatif de plus de 8 000 logements en Alsace et en Lorraine. Son savoir-faire, son professionnalisme, son écoute attentive et une formation continue dispensée à ses collaborateurs lui permettent de répondre aux attentes et besoins de tout un chacun : bâtir un habitat durable, assurer un logement pour tous et garantir pleinement les meilleures qualités de produits et de services possible.

DÉMÉNAGEMENT

FRANCE EURO DEM

10, rue Gutenberg - **LA WANTZENAU** ✆ 03 88 40 07 49
Bus arrêts La Wantzenau ZAC ou Gutenberg.
www.france-euro-demenagements.com

Ouvert du lundi au vendredi de 9h à 12h et de 14h à 18h. Devis sous 24H.

Vous projetez de déménager ? Quels que soient la distance et le pays, France Euro Dem vous offre les prestations adaptées. Outre les formules habituelles, l'entreprise propose également une formule low cost qui consiste en la mise à disposition d'un camion avec chauffeur. Vous vous occupez de (presque) tout, le chauffeur se contentant de charger et décharger le camion : la sécurité et la technicité sont assurées. France Euro Dem dispose d'un monte-meubles et peut gérer jusqu'au nettoyage et état des lieux de votre ancien logement, l'installation de la cuisine équipée dans le nouveau lieu de vie. Et si vous n'avez pas encore trouvé votre nid douillet, optez pour leur garde-meuble sécurisé.

IMMOBILIER

CARINE ROLLING

1, quai Finkmatt
✆ 03 88 22 16 75
www.ri67.fr

Carine Rolling a lancé à Strasbourg les « mandats de recherche de biens », un concept qui consiste à rechercher des biens de façon ciblée, mandatée par des particuliers n'ayant ni le temps de prospecter, ni celui d'effectuer de multiples et chronophages visites. Elle travaille à partir d'un bilan détaillé des critères de ses clients, pour leur trouver le bien idéal dans les meilleurs délais. S'affirmant totalement dans ce domaine ainsi que dans le conseil et l'aménagement, elle aide ses clients jusqu'à la recherche d'entreprises de rénovation et d'aménagement. Le tout à des prix calculés au plus serré ! Elle a par ailleurs crée a un réseau d'agences indépendantes visible sur le www.ri67.fr.

IMMOBILIER

STRASBOURG TRANSACTION

10, rue des Francs-Bourgeois
✆ 03 88 32 02 32

Créée en 2003, Strasbourg Transaction est une agence spécialisée « centre-ville », dans les métiers de la transaction, c'est-à-dire la location/vente dans les domaines de l'habitation, de l'investissement et du professionnel (avec une offre intéressante et pléthorique de commerces et bureaux). Leur premier métier est de vous conseiller au mieux de vos intérêts personnels et/ou professionnels, en vous informant de manière claire, concise et objective sur le marché immobilier et ses possibilités. Pour vos projets, ils mettent leurs compétences à votre disposition, et c'est pour cela que l'on pousse leur porte. Une équipe à l'écoute active, bienveillante et dynamique.

IMMOBILIER

VAUBAN IMMOBILIER

67, allée de la Robertsau ✆ 03 88 37 38 08
Bus arrêt Orangerie.
www.immobilier-vauban.com
Sur rendez-vous pour les visites.

Membre de la FNAIM et de la FPI (Fédération des Promoteurs Immobiliers), Vauban combine les activités d'agent immobilier, de promoteur et de marchand de biens. Si vous souhaitez vendre ou louer, Vauban se charge d'effectuer auprès de professionnels agréés l'ensemble des obligations imposées par la loi : mesurage Carrez, recherche de plomb ou d'amiante, évaluation des risques naturels et technologiques majeurs, état des performances énergétiques, diagnostics gaz et électricité. Dans le cas d'une location, l'agence peut aussi, dans le cadre d'un mandat de gestion, prendre en charge la totalité du processus de recherche du locataire et de la gestion administrative et juridique du bail.

LOGEMENT

AGENCE LA BOÎTE À BOUGIES

7, rue de la Boîte-à-Bougies
✆ 03 88 34 51 07
Bus arrêt Vanneaux.
www.boiteabougies.com
3 résidences de locations d'appartements de 15 m² à 85 m² entre 460 € et 990 € charges comprises.

L'agence propose 3 résidences étudiantes avec services : parking privé, des studios rénovés (2 à 4 pièces), équipés d'une cuisine et de salles de bains communes, ou, à la résidence Les Vanneaux, une maison de caractère comprenant 17 studios équipés de salle de bains privatives et d'une cuisine commune (un espace véranda est aussi disponible). Enfin, la Résidence Le Chalet Alsacien qui comprend 9 appartements, allant du studio au 3 pièces de 100 m². Tous ces logements sont louées meublés et sans frais d'agence, éligibles aux aides prioritaires au logement.

LOGEMENT

LA CARTE DES COLOCS

26, rue Lauth
www.lacartedescolocs.fr
Annonces immobilières en ligne avec géolocalisation. Service gratuit.

Strasbourg est une ville où la colocation a le vent en poupe ! Et quoi de mieux pour trouver l'appartement idéal qu'un site Internet simple, intuitif et surtout gratuit du début à la fin ? Les fondateurs de ce site offrent un service où les annonces sont régulièrement vérifiées. Le concept ? Vous géolocalisez les appartements autour de vous qui répondent à vos critères, vous choisissez et vous n'avez plus qu'à prendre contact. Le site permet aussi au propriétaires de proposer leurs biens à la location en colocation. La géolocalisation qui vous permet de voir en un coup d'œil où se situe votre bien et donc de vous informer sur les moyens de transports et commerces à proximité.

LOGEMENT

CITE UNIVERSITAIRE GALLIA

1, boulevard de la Victoire
✆ 03 88 21 28 50
www.crous-strasbourg.fr/
Dans les locaux du CROUS.

Située dans les locaux du CROUS, la cité universitaire Gallia propose divers lieux d'habitation pour les étudiants, que ce soit pour un court ou long séjour, que l'on soit valide ou en situation de handicap. Le site Internet, particulièrement bien conçu, permet de connaître les différentes conditions d'attribution et toutes les démarches à effectuer pour trouver son petit cocon douillet au cœur de la communauté urbaine de Strasbourg. Les résidences proposent également de nombreux services (salles de fitness, salle de musique et bibliothèque) ainsi que des animations.

LOGEMENT

CITE UNIVERSITAIRE PAUL APPELL

8, rue de Palerme
✆ 03 88 15 54 00
www.crous-strasbourg.fr

Ouverte aux étudiants de tous bords, la cité universitaire Paul Appel met à disposition plusieurs chambres estudiantines à quelques encablures de l'Esplanade et de ses campus. Cette structure offre également un grand nombre de services dédiés à ses résidents : cuisines, laverie, parking, salle d'étude, salle de loisirs, salle de sports et salle de télévisions. Pour connaître les conditions d'admission et les droits et obligations des résidents, n'hésitez pas à vous rendre sur le site du CROUS où tout est parfaitement détaillé pour effectuer ses démarches sereinement.

JE BOUGE

Je me déplace, je voyage. Sur de longues distances, à l'étranger ou dans l'Eurométropole... C'est si simple avec les prestataires recensés dans le guide. Il y en a pour tous les goûts et toutes les bourses. Pour un soir, vous pouvez vous la jouer « grande classe » en louant une limousine avec chauffeur, pour aller à la soirée donnée par ce grand créateur de mode. C'est sûr, vous allez faire sensation parmi les invités. Vous trouverez plein d'idées de ce genre en feuilletant cette rubrique et tout pour le vélo, la voiture, de tous styles... en mode location, achat, ou réparation ! Et si vous vous offriez une folie ? Un vol en montgolfière au-dessus de la région, avec en prime la possibilité de prendre de belles photos aériennes. Et si vous êtes téméraire, inscrivez-vous pour prendre des cours de pilotage : n'hésitez pas à contacter le fournisseur pour connaître toutes leurs offres... Finalement, il suffit d'oser ! Toutes les pistes sont dans le Petit Futé.

AÉROPORT

AÉROPORT INTERNATIONAL DE STRASBOURG-ENTZHEIM

Bâtiment Louis Blériot - **ENTZHEIM** ✆ 03 88 64 67 67
www.strasbourg.aeroport.fr
L'aéroport est desservi jusqu'à quatre fois par heure par une navette train et une navette bus CTS.

L'aéroport international de Strasbourg accueille 15 compagnies aérienne, dessert 37 destinations et relie 184 lieux par correspondance. Pour patienter avant d'embarquer, de nombreuses boutiques sont dédiées dans la salle d'embarquement. Vous y trouverez aussi des restaurants et des cafés, des espaces détente avec wifi gratuit, un distributeur permettant le retrait d'argent, des agences de voyage... Les mesures de sécurité sont strictes, et c'est plutôt rassurant : cet aéroport est l'un des premiers aéroports français à assurer 100 % du contrôle des bagages en soute.

AUTO

AUTOMOBILE CLUB ASSOCIATION

38, avenue du Rhin
✆ 03 88 36 04 34
www.automobile-club.org
Adhésion annuelle ; plusieurs formules à partir de 45 €.

L'Automobile Club est le lieu où se procurer les vignettes autoroutières étrangères (Suisse, Autriche, République tchèque) ainsi que les accessoires de sécurité (gilets et triangles réfléchissants) ou de confort (kits mains-libres, bagues anti-somnolence, caméras embarquées). Pour les adhérents, l'association délivre une assistance juridique et pratique en cas de litiges (achats/ventes, accidents matériels et corporels, infractions...), ce qui permet de vraies économies : prises en charge des frais d'avocat, gratuité de stages de récupération des points, dépannages.

AUTO

ECF - CENTRE D'ÉDUCATION ET DE SÉCURITE ROUTIÈRE 67

20, rue des Champs - **ECKBOLSHEIM** ✆ 03 88 78 58 71
Circuit de ramassage Strasbourg-Eckbolsheim, navette en bus gratuite (port du Rhin, Esplanade, Gare centrale)
www.ecf.asso.fr

De la conduite accompagnée au permis sur voiture automatique, en passant par les permis EB – remorque et caravane –, poids lourd, transport en commun, moto, mini-moto, bateau et aussi le BSR... Le centre propose une large palette de stages, avec également des formations handi'conduite. Des cessions de récupération des points du permis, des « modules sécurité » concrets sur l'alcool, la ceinture de sécurité, le temps de réaction, des formations dédiées sur la découverte du véhicule, le changement de roue... Enfin, l'alternance d'un apprentissage sur piste et en circulation.

BATEAU

STRASBOAT

Quai Finkwiller
✆ 06 64 92 14 41
www.strasboat.com
Ouvert du lundi au dimanche de 10h à 21h.

Pendant deux heures offrez-vous un tour complet et unique de la ville de Strasbourg ! Au départ du quai Finkwiller, après les Institutions européennes, poursuivez l'expérience vers l'église orthodoxe puis le long de la presqu'île André-Malraux. Traversez ensuite les écluses et le barrage Vauban, pour vous retrouver en plein cœur de la Petite France. Seul, en couple, en famille ou entre amis, profitez de cette exceptionnelle promenade, conduits par un skipper expérimenté et surtout ultra sympa ! Le petit plus, c'est la personnalisation des circuits possible à l'infini et pour les personnes à besoins spécifiques, et les évènements à bord pour les anniversaires, les mariages...

COMPAGNIES FLUVIALES / MARITIMES

CROISIEUROPE

12, rue de la Division Leclerc ✆ 03 88 76 44 44
www.croisieurope.com
Ouvert du lundi au vendredi de 9h à 18h30 ; le samedi de 9h à 12h. American Express.

Depuis 1976, CroisiEurope s'impose comme une référence absolue en matière de croisières fluviales. Le croisiériste s'est également associé au Club Vosgien de Strasbourg pour ajouter une offre inédite à sa carte de séjours : le mariage de la déambulation fluviale et des excursions pédestres. Pourquoi se contenter d'admirer le paysage du bateau quand on peut chausser ses souliers de randonnée et partir à la découverte de l'arrière-pays, dans une randonnée accessible à tout un chacun, encadrée par un guide ? Qui plus est, le réconfort d'un bon repas au retour est toujours une promesse motivante ! De belles excursions à la carte et des offres spéciales proposées.

CONCESSIONNAIRE - AGENT - MANDATAIRE

HARLEY DAVIDSON CENTER OF ALSACE

6, rue du Commerce - **FEGERSHEIM** ✆ 03 88 68 55 00
www.harley-strasbourg.com
Ouvert du mardi au vendredi de 9h à 12h et de 14h à 19h ; le samedi de 9h à 12h et de 14h à 18h.

À quelques kilomètres de Strasbourg, vous trouverez tout le nécessaire à la pratique de la moto, dans ce magasin spécialisé. L'enseigne de la marque de Milwaukee, vend des motos neuves et d'occasion mais aussi des tenues et accessoires. Si vous préférez une utilisation ponctuelle, vous pouvez louer un engin pour jour ou d'un week-end : il suffit d'avoir son permis ! Parité oblige, une gamme adaptée est proposée aux dames. Si vous prévoyez un voyage ou une virée en moto, demandez conseil à l'équipe : vous obtiendrez des informations très utiles. Un bar permet de se réunir.

© JEAN-MARC DE BALTHASAR

© JEAN-MARC DE BALTHASAR

GARAGE AUMECA

16, rue Robert-Kieffer
BISCHHEIM
✆ 03 88 33 21 19
www.garageaumeca.fr
Ouvert du lundi au jeudi de 7h30 à 12h et de 13h45 à 18h15 ; le vendredi de 7h30 à 12h et de 13h45 à 17h15.

C'est dans un cadre très fonctionnel, avec un aménagement idéal que vous serez accueilli. Situé dans une rue résidentielle, Aumeca est un garage qui prend en charge les véhicules de la marque Renault. Multimarques, la réparation et l'entretien de tous les véhicules sont assurés. Enfin, c'est également une boutique de pièces détachées (pneus, enjoliveurs, jantes, etc.) et d'accessoires (GPS, autoradios, housses de siège, etc.), vous y trouverez toute une gamme de choix. Et si vous voulez changer de véhicule, n'hésitez pas à en parler à l'équipe d'Aumeca. Car le garage est aussi une concession de véhicules neufs et d'occasion. La structure est aussi un centre agréé pour le contrôle technique.

© DR

© JEAN-MARC DE BALTHASAR

© JEAN-MARC DE BALTHASAR

COVOITURAGE / AUTOSTOP

CITIZ - AUTOPARTAGE

5, rue Saint Michel ✆ 03 88 23 73 47
Tram arrêt Faubourg National-Gare.
www.alsace.citiz.coop
Ouvert du lundi au vendredi de 10h à 12h et de 14h à 18h ; le samedi de 10h à 12h et de 14h à 17h.

Profitez des avantages de la voiture sans les inconvénients de l'entretien et de l'assurance ! Les voitures blanches du réseau CITIZ sont disponibles dans les 58 stations de la métropole strasbourgeoise et dans le reste de l'Alsace. Pour bénéficier des services d'auto-partage, il suffit d'effectuer votre réservation via le site ou l'application mobile, après inscription dans une agence ou via le site web. Les tarifs dépendent de la distance parcourue et de la durée de la location. L'assurance, l'assistance, l'entretien de la voiture et l'essence sont compris dans le prix de la location et, pour faire le plein, une carte est mise à disposition à bord du véhicule.

LOCATION

EUROPCAR

16, place de la Gare ✆ 08 25 85 74 79
www.europcar.com
Ouvert du lundi au vendredi de 8h à 19h ; le samedi de 9h à 15h. Voitures récupérables 24h/24.

Europcar propose à la location de nombreux types de véhicules : compact, familial, utilitaire ou prestige, automatique ou écologique. Plusieurs formules sont proposées pour coller au mieux aux attentes des clients, avec tarif dégressif sur plusieurs jours et la possibilité de kilométrages illimités souvent plus intéressants en termes de coût. Les voitures peuvent être réservées via le site Internet ou l'application mobile de cette grande enseigne française bien connue des commerciaux, des hommes d'affaires mais aussi des vacanciers. Une opportunité de se déplacer à coup sûr avec un véhicule parfaitement optimisé pour vos besoins et idéalement entretenu. Le service client est impeccable.

MOTO - SCOOTER

YAMAHARENT - MOTOS SOHN

230, avenue de Colmar ✆ 03 72 83 58 75
https://rent.yamaha-motor.eu
Ouvert du mardi au vendredi de 9h à 12h et de 14h à 19h ; le samedi de 9h à 12h30 et de 13h à 18h.

Yamaha Rent constitue l'offre de location absolue de la célèbre entreprise Yamaha Motor. Celle-ci vous donnera accès à des véhicules récents et parfaitement entretenus aussi bien au niveau de l'esthétique que de la sécurité. L'équipe de l'agence strasbourgeoise saura vous conseiller au mieux pour trouver le véhicule adapté à votre besoin du moment. Pour la location, il vous suffira tout simplement de réserver en ligne et vous pourrez ensuite récupérer les clés de votre bolide. Vous n'aurez plus qu'à partir à la découverte de la route des vins d'Alsace (attention, pas d'alcool avant de prendre la route !) ou encore filer en direction du château du Haut Koenigsbourg !

PARKING

FOURRIÈRE DE STRASBOURG

1 C, rue du Doubs ✆ 03 90 40 14 00
Bus arrêt Fédération.
Accessible 24h / 24h. 116,81 € de frais d'enlèvement + 6,19 €/24H de gardiennage.

Si votre véhicule n'est plus à l'endroit où vous l'aviez stationné, il a peut être été pris en charge par la fourrière. Pour savoir ce qu'il en est, pensez à contacter la police ou la gendarmerie. Si votre voiture ou votre deux-roues a été saisi par la police nationale, rendez-vous au commissariat avec votre carte grise, votre carte verte et votre permis de conduire (si ces documents sont restés à l'intérieur de votre voiture, récupérez-les au préalable à la fourrière). Si c'est la police municipale, présentez-vous au siège de l'Eurométropole, place de l'Étoile, avec les mêmes justificatifs. Les services de l'Eurométropole, de la fourrière et de la police sont accessibles 7j/7 et 24h/24.

TAXI - VTC

MOOV ON TIME

✆ 06 07 21 66 83
www.moov-on-time.fr
Forfait aéroport d'Entzheim-Cathédrale : 42 €. Prise en charge de la course sur réservation.

Moov on Time est le plus rapide des services de transports strasbourgeois puisqu'il défie les bouchons sans difficulté aucune : c'est une moto ! Parfaitement protégé par un tablier imperméable avec doublure, et confortablement installé dans un siège chauffant, vous serez véhiculé par la limousine des 2-roues : une Honda Goldwing 1800. Naturellement, tout l'équipement de protection est fourni pour votre confort et votre sécurité. En plus, grâce au système Intercom, vous pourrez communiquer à tout moment avec le pilote, ce qui rassurera les moins téméraires. N'ayez crainte pour vos bagages, même si c'est une moto, il y a toute la place nécessaire pour transporter vos effets !

TAXI - VTC

TAXI 13

15, place des Halles ✆ 03 88 36 13 13
Bus arrêt Les Halles Sébastopol. - www.taxi13.fr
Taxis disponibles 7j/7 et 24h/24. Tarif minimum, supplément inclus : 7 €.

Taxi 13 est la société de taxis la plus importante de taxis en Alsace avec plus de 200 chauffeurs qui sillonnent les routes de l'Eurométropole, pour vous conduire d'un point A à un point B dans une voiture spacieuse, confortable et sécurisée. Grâce à son application, vous vous simplifierez la vie et pourrez avoir tous les renseignements nécessaires sur vos futures courses, qu'il s'agisse de temps d'attente, de réservation ou de prix. Il est aussi possible de faire livrer des paquets grâce à Taxi 13 et de bénéficier de véhicules médicalisés pour des déplacements en toute tranquillité. Une solution parfaite si l'on ne dispose de véhicule personnel ou si l'on n'est pas en état de conduire.

TAXI - VTC

TAXI STRASS

8, rue Gioberti
✆ 03 88 27 13 13
www.taxi-strass-strasbourg.fr
Tous les jours, 24h/24.

Cette centrale de chauffeurs de taxi saura toujours répondre à votre demande, 24h/24 et 7j/7, sur toutes les distances, y compris dans l'ensemble des pays européens. L'entreprise possède une quinzaine de véhicules, allant du monospace 7 places à la Mercedes classée. Les véhicules de Taxi Strass sont conventionnés par la CPAM pour transporter des personnes malades en position assise. N'hésitez pas à demander des devis pour tous vos trajets, y compris particuliers et internationaux. Des offres sont disponibles pour rejoindre les aéroports les plus proches. Une solution idéale pour voyager sereinement, l'esprit libre et en toute sécurité, quelle que soit la destination.

TRAIN

GARE CENTRALE DE STRASBOURG

20, place de la Gare ✆ 36 35 - Tram arrêt Gare Centrale.
www.voyages-sncf.com
Ouvert du lundi au vendredi de 4h45 à 1h ; le week-end de 5h à 1h. Chèque Vacances.

La célèbre gare de Strasbourg permet aux voyageurs de se rendre facilement en train dans de grandes villes comme Paris, Aéroport CDG2 TGV ou Marseille. L'aéroport d'Entzheim y est aussi relié régulièrement directement. Elle permet aussi grâce à son réseau TER de rayonner facilement dans toute l'Alsace. Les services proposés y sont nombreux et ce lieu historique est en outre un formidable bâtiment que l'on peut visiter et découvrir grâce à des applications. En été, on peut attendre son train en prenant le soleil ou en se restaurant sur la place parfaitement aménagée.

TRANSPORT

CTS

9, place Saint-Pierre-le-Vieux ✆ 03 88 77 70 70
www.cts-strasbourg.eu
Ouvert en continu du lundi au vendredi de 8h30 à 19h ; le samedi de 9h à 17h.

La Compagnie de Transports Strasbourgeois offre des services toujours plus grands. Elle offre aujourd'hui 7 lignes de trams dont une franco-allemande sur plus de 65 kilomètres au total, une trentaine de lignes de bus desservies par plus de 200 véhicules, des lignes spéciales, de nuit et dans tout le Grand Est. La CTS, c'est aussi une compagnie engagée avec la mise en place progressive de l'accessibilité pour tous, une égalité hommes/femmes, des tarifications solidaires, des avancées écoresponsables et éducatives ainsi qu'écologiques et artistiques. Des parkings-relais permettent également de laisser sa voiture pour effectuer ses trajets sereinement dans toute l'agglomération.

VÉLO

CADR 67

12, rue des Bouchers ✆ 03 88 75 17 50
https://cadr67.fr
Ouvert du mercredi au samedi de 12h à 18h. Gravage Bicycode de votre vélo 5 € (sur présentation d'une pièce d'identité).

L'objet de l'association CADR 67 (Comité d'Action Deux Roues 67) est de promouvoir la pratique du vélo. Présente sur tout le Bas-Rhin, elle prône le respect de tous les usagers. L'association assure également le relais entre usagers et pouvoirs publics via des réunions de concertation et la rédaction de fiches de doléances, et organise des animations pédagogiques pour sensibiliser les usagers aux règles et aux dangers potentiels de la circulation à vélo. Le plus : CADR 67 propose des prestations (informations, marquage, contrôle technique des vélos) et organise quatre bourses aux vélos par an ainsi qu'un challenge inter-entreprises « Au boulot à vélo ». Même adresse que l'espace Bicycode.

VÉLO

FOURRIÈRE À VÉLOS

Rue de Rothau
✆ 03 90 23 16 73
velos-trouves.strasbourg.eu
Ouvert le 1er et le 3e vendredi du mois de 13h30 à 18h.

Vous devez vous rendre à cette triste évidence : votre bicyclette chérie a disparu... Empruntée ? Volée ? Il vous reste un petit espoir de la retrouver à la fourrière à vélos de la Police Nationale. Les petites reines sont photographiées et mises en ligne sur le site dédié. Bien qu'un peu old school, il est régulièrement mis à jour. Si vous pensez avoir reconnu votre vélo, il ne vous reste plus qu'à vous rendre à la fourrière dûment munis d'une preuve de propriété et d'une pièce d'identité. Bien entendu, il est parfois difficile de faire la différence entre deux vélos en tous points semblables. Pensez donc à faire marquer votre vélo avec le procédé BICYCODE®.

VÉLO

VELHOP

Gare de Strasbourg ✆ 03 67 70 70 70 - Tram arrêt Gare Centrale
www.velhop.strasbourg.eu
5 € la journée en boutique. 1 €/heure sans abonnement en station automatique.

Avec 600 km de pistes cyclables, il est très agréable de visiter Strasbourg à vélo. S'il est désormais nécessaire de s'inscrire sur une liste d'attente pour la location longue durée (entre 1 et 12 mois), succès oblige, il est toujours possible de louer un vélo pour quelques heures ou une journée en se rendant en boutique, ou bien directement aux bornes libre-service, disséminées un peu partout dans la ville. Velhop s'occupe de tout et pour l'entretien et les petits soucis du quotidien sur la route vous n'aurez rien à gérer. Plusieurs types de vélos sont proposés. Strasbourg est réputée pour la qualité et l'importance de ses pistes cyclables, raison de plus pour en profiter !

TOUR OPÉRATOR

BOREAL LE VOYAGE

3, rue de la Demi-Lune
✆ 03 88 22 52 10
www.boreal.travel
Ouvert du lundi au vendredi de 9h30 à 12h30 et de 14h à 18h.

Boréal Le Voyage est une agence indépendante proposant des voyages exotiques et sur mesure à tous ceux qui souhaitent découvrir de nouveaux espaces dépaysants et somptueux. Voyages de noces sous les tropiques, croisières sur la mer, circuits en autonomie dans des contrées éloignées, séjours en famille au soleil... Les conseillers de Boréal mobilisent chacune de leurs compétences et regorgent d'idées originales pour vous satisfaire et vous organiser un séjour idéal dont vous vous souviendrez longtemps. Vous aurez le choix entre de nombreuses destinations parfois dans des pays et des régions insolites, tels que l'Iran, l'Ouzbékistan ou encore la Corée du Nord.

TOUR OPÉRATOR

EUROLINES

Place de l'Etoile
✆ 08 92 89 90 91
www.eurolines.fr
Ouvert du lundi au vendredi de 9h30 à 18h30 ; le samedi de 9h30 à 16h30.

Installée dans la gare routière de la place de l'Étoile, l'agence Eurolines propose des transports réguliers à destination de nombreuses villes du pays (Marseille, Nantes, Toulouse, Châteauroux, etc.) ainsi que vers de nombreuses capitales européennes (Prague, Rome, Budapest, Chisinau, Lisbonne...) ou même vers le Maroc. De quoi trouver des idées d'escapades, de week-ends en amoureux ou de longs séjours pour des tarifs imbattables. Que l'on soit seul, à deux ou à plusieurs, on bénéficie ici de tarifs très avantageux et de disponibilités de dernière minute. Seul bémol, la promiscuité et la longueur des trajets rendent les voyages plus éprouvants qu'en train.

TOUR OPÉRATOR

HORIZONS NOMADES

4, rue des Pucelles ✆ 03 88 25 00 72
www.horizonsnomades.fr
Agence ouverte du lundi au vendredi de 9h30 à 12h30 et de 14h à 18h, le samedi de 10h à 12h.

Spécialiste des circuits de randonnée et de découverte de paysages sauvages et insolites et des circuits culturels en groupes restreints ou à la carte. L'Orient, l'Asie, l'Europe, l'Afrique et les Amériques sont les grandes destinations proposées. Vous pouvez ensuite affiner votre projet en choisissant la Jordanie, le Cambodge ou encore le Soudan. De belles destinations qu'on ne voit pas dans toutes les agences de voyages ! Horizons Nomades propose de découvrir l'Irlande à travers le circuit « Des îles d'Aran au Connemara ». Vous pourrez ainsi vous promener durant 8 jours à travers les plateaux karstiques du Burren, les mystérieuses îles d'Aran et les montagnes du Connemara.

TOUR OPÉRATOR

TERRA NOBILIS

22, rue du Général-de-Castelnau ✆ 03 88 35 32 14
Bus et tram arrêt République
www.terranobilis.com
Ouvert du lundi au vendredi de 9h à 12h et de 13h30 à 18h.

Amoureux d'art, de la grande Histoire, de cultures nouvelles ? Partez à la découverte du patrimoine de vos rêves ! Situé à quelques pas de République, au cœur de la Neustadt, l'agence propose des circuits locaux, mais aussi dans un pays étranger ou dans une région française. Destiné à des petits groupes de 10 à 22 participants maximum, vous serez accompagné d'un spécialiste (historien ou historien de l'art) qui vous fera partager sa passion, ainsi que ses connaissances. Tout est planifié, et organisé par l'agence, il ne vous reste plus qu'à vous laisser porter. Parfait pour une destination éloignée comme l'Iran ou la Russie. Hébergements de qualité dans des hôtels 3, 4 ou 5 étoiles.

TOUR OPÉRATOR

TERRES D'AVENTURES

16, rue Sainte-Barbe
Ouvert du lundi au samedi de 10h à 19h.

Terres d'aventures est l'un des seuls voyagistes strasbourgeois à être spécialisé dans l'organisation de treks et de voyages sportifs (vélo, alpinisme, canyoning). L'agence propose des « voyages à pied » à destination de pays généralement délaissés par les autres tour-opérateurs, notamment en Afrique et en Asie centrale, mais aussi en France ou dans les pays nordiques. Si Terres d'aventures compose des circuits randonnées-bivouacs plus ou moins ardus en petit groupe de dix personnes, comme des safaris ou des treks en haute montagne, toutes les options et les adaptations sont possibles en fonction des souhaits et de l'endurance de chacun. L'agence travaille selon une logique écoresponsable.

CARAVANE - CAMPING-CAR

LAURENT CAMPING-CARS

7, rue de l'Industrie - **FEGERSHEIM** ✆ 03 88 68 56 18
www.laurent-camping-cars.fr
Ouvert le lundi de 14h à 18h ; du mardi au samedi de 9h à 12h et de 14h à 18h. Samedi jusqu'à 17h.

Envie de vivre vos vacances différemment ? Achetez un camping-car et partez sillonner les routes au gré de vos désirs ! Laurent-Camping-cars, à Fegersheim, vous apporte la solution. Car oui : le camping-car est très tendance ! Neuf ou d'occasion, l'enseigne alsacienne dispose de dizaines de modèles et donc de prix variés (qui peuvent monter jusqu'à plusieurs centaines de milliers d'euros !). Si vous êtes déjà l'heureux propriétaire d'une maison sur roues, Laurent-Camping-cars reste une bonne adresse, puisque c'est aussi un atelier de réparation agréé. En revanche, si vous souhaitez louer un véhicule pour quelques jours, passez votre chemin car l'entreprise ne propose plus de location.

JE PENSE FUTÉ

Dans ces pages, vous allez pouvoir trouver toutes les adresses et bons plans pour gérer votre vie quotidienne ou pour découvrir la ville et son histoire. Les infos s'adressent aux jeunes et aussi aux plus âgées, bien sûr. C'est certain, cette rubrique, vous allez sans doute la consulter très souvent. Dans ces pages se côtoient les adresses de centres de formation et les coordonnées de coachs très compétents qui pourront vous accompagner et vous conseiller, pour vous aider à maîtriser les turpitudes de votre vie personnelle ou professionnelle et le tout avec beaucoup de pédagogie... Il y a aussi les coordonnées des établissements qui proposent leur assistance dans les démarches administratives ou encore, et c'est d'actualité, la liste des organismes agissant dans le domaine de la solidarité : la tente des glaneurs, les frigos solidaires... Des organismes qui attendent votre aide et votre soutien. Tiens, il y a même une application qui propose d'éviter le gaspillage alimentaire. Ils sont à la page chez le Petit Futé ! C'est vraiment une rubrique pratique et utile !

NOUVEAU !

VOTRE GUIDE DEVIENT
INTERACTIF

TAPEZ **PETITFUTE.APP** DANS LE NAVIGATEUR DE VOTRE SMARTPHONE.

PRENEZ UNE PHOTO DE LA PAGE DÈS QU'ELLE A CE PICTO !

SÉMINAIRE - CONGRÈS

AUDITORIUM CRYPTE SAINT ETIENNE

2, rue de la Pierre Large ✆ 03 88 76 75 88
www.cse-strasbourg.com
Disponible en semaine. Tarif : Matin ou après-midi 500 €. Journée entière 700 €. Soirée 600 €.

Cet auditorium, d'une capacité de 200 personnes, est dédié aux réunions, conférences, visioconférences et tables rondes. Il est parfaitement équipé avec toute une technologie adéquate et optimisée pour tous les besoins : ensemble multimédia, sièges rabattables... L'auditorium est accessible aux personnes en situation de handicap avec un ascenseur, places adaptées pour fauteuils roulants et boucle magnétique permettant aux personnes malentendantes de connecter leurs appareils auditifs sur les micros. Une offre adaptée, avec possibilité de restauration ou de cocktail.

ORGANISME DE FORMATION

L'AVIS EN VERT

13, rue Martin Bucer
Tarif selon la prestation.

L'Avis en Vert est un cabinet de conseil, de formation et d'accompagnement de projets en santé-environnement, spécialisé dans la petite enfance. Leur objectif est de contribuer à la prévention des maladies chroniques en limitant l'impact des polluants du quotidien sur l'organisme. Evangéline Barbier et Clémence Pouclet interviennent sur les thématiques des produits ménagers, cosmétiques, l'alimentation saine et responsable, la qualité de l'air intérieur, les ondes électromagnétiques... Sous formes d'ateliers pratiques, d'actions pédagogiques, de formations professionnelles, et d'accompagnement de démarches éco-responsables, les interventions sont concrètes et ludiques.

COWORKING

BUREAU-MOBILE

4, rue de l'Artisanat - **REICHSTETT** ✆ 06 73 69 79 37
www.bureau-mobile.fr/domiciliation
Pour une journée 15 €. Tarif dégressif en fonction de la durée de la location.

Vous avez besoin d'une «bulle» pour travailler car votre espace professionnel est trop bruyant ? Vous avez besoin d'une salle de réunion, vous êtes auto-entrepreneur et avez envie de partager et d'étoffer votre réseau ? Ce lieu offre aussi une possibilité de mise à disposition de salle pour organiser une formation, recevoir des clients ou des fournisseurs... Profitez de la prestation coworking proposée par cet établissement. La connexion très haut débit vous permettra de travailler de façon optimisée. Le cadre est lumineux et la salle est bien agencée, très agréable pour travailler sereinement. Et si vous hésitez, venez passer une journée gratuite, pour tester l'environnement et le concept.

COWORKING

LES COMPOTES

9, rue de Sélestat

Les Compotes, c'est le tout nouveau tiers lieu strasbourgeois où l'on peut venir travailler en coworking dans un espace parfaitement pensé et surtout très sympathique. Avec la synergie créée par cette réunion de professionnels, on peut ouvrir de nouveaux horizons pour développer son projet et bénéficier de nombreux conseils avisés de professionnels de tous milieux. Les bureaux et le matériel informatique peuvent se louer selon différentes formules et on peut même profiter d'un superbe studio photo et vidéo très bien équipé pour aller encore plus loin. Les particuliers peuvent eux aussi louer cet espace pour réaliser une séance photo accompagnés d'un photographe pro ou non.

COWORKING

HOTEL D'ENTREPRISES DES FORGES

81, rue du Rhin Napoléon
✆ 03 68 98 65 60
Pépinière d'entreprises.

Dans le quartier contemporain du Port du Rhin, qui s'avère de plus en plus sollicité, investissez cet optimal lieu de coworking : l'Hôtel d'entreprises des Forges, centre d'affaires tertiaire dépendant de l'Eurométropole. 54 bureaux et une salle de réunion de 100 m² totalement équipée s'offrent en priorité aux entreprises ayant moins de 2 ans d'activité. Le but est de rassembler des jeunes ou des projets innovants et viables autour d'outils et de services multiples et personnalisés, pour une dynamique de groupe forte et enrichissante. L'acceptation se fait sur dossier.

COWORKING

QUAI N°10

12, rue de la Division Leclerc ✆ 03 69 82 90 46
quai10.org
Ouvert du lundi au vendredi de 9h30 à 18h.

Quai n° 10 est une association strasbourgeoise de coworking à destination des freelances, et particulièrement des start-up. Travailleurs indépendants et télétravailleurs peuvent s'y rassembler autour de ressources et de rencontres permettant de réussir. Plusieurs actions, rencontres et événements sont régulièrement proposés. Ici le but est d'encourager l'économie locale et l'espace est co-financé par l'Union européenne avec le Fonds européen de développement régional. Sont mis à votre disposition : un open space, une salle de réunion, une connexion haut débit, un réseau de professionnels et de conseillers, un apéro tous les vendredis soir... Le mot d'ordre principal ? La bonne humeur !

courrier Cadres
Management, organisation d'entreprise, innovation et gestion de carrière
UNE CARRIÈRE DANS L'AIR DU TEMPS !
ABONNEZ-VOUS !
ET SUIVEZ-NOUS
AU QUOTIDIEN SUR NOTRE SITE
WWW.COURRIERCADRES.COM
- OFFRE -
38 €
1 AN : 6 NUMÉROS
Au lieu de 57,60 €*
Soit + de 35 % de remise
(valeur vente aux numéros)
Remettre l'humain au cœur

COURS D'INFORMATIQUE

CENTRE DE CULTURE NUMÉRIQUE

16, rue René Descartes ✆ 03 68 85 50 13 - Le centre CCN est situé au rez-de-chaussée du bâtiment Atrium (campus Esplanade). Il s'agit du bâtiment vitré qui se trouve entre le Patio et le Portique.

Ouvert du lundi au vendredi de 9h à 18h. Accès au ateliers, formations, animations et matériels : gratuit.

Dédié à la découverte, la sensibilisation et la formation numérique, le Centre de culture numérique propose divers ateliers, formations, démonstrations, tables rondes et conférences. Ce lieu est constitué de trois espaces distincts : un espace en libre-service où vous pouvez vous connecter au WIFI, recharger les batteries de vos appareils et échanger de manière informelle. Une salle de cours pour vous initier à des services et outils. Un espace de travail dédié à l'expérimentation et à l'accompagnement technique de projets : experts, imprimante 3D, studio d'enregistrement.

ENSEIGNEMENT

UNIVERSITÉ POPULAIRE EUROPÉENNE

9, place de l'Université ✆ 03 88 36 32 10
https://u-p.alsace

Ouvert le lundi et le jeudi de 9h à 12h30 ; du lundi au jeudi de 14h à 18h30. Le vendredi, permanence par mail.

L'Université populaire européenne est une institution où tout un chacun peut prendre des cours d'allemand, d'anglais, de français langue étrangère (FLE), de photographie, de dessin, d'informatique, de théâtre, de chant, ou même d'apiculture, de bridge et de marche nordique. Depuis plus d'un siècle, elle permet à n'importe qui, sans condition d'âge, de diplôme ou de ressources, de suivre des cours délivrés dans toute l'Eurométropole, dispensés par des professionnels et enseignants reconnus, afin de faciliter le développement et la réalisation de l'individu.

COURS D'INFORMATIQUE

WILD CODE SCHOOL - FORMATION DÉVELOPPEUR WEB

1, rue des Corps-de-Garde
✆ 06 58 70 53 99
www.wildcodeschool.fr

La formation au développement web ou mobile proposée par Wild Code School dure 5 mois et permet d'accéder principalement au métier de développeur sans prérequis d'âge ou de diplôme. Il est possible d'apprendre gratuitement les bases du code sur la plateforme en ligne. Les Wild Breakfasts sont des petits déjeuners gratuits d'information autour de la formation complémentaire à celle disponible sur le site Internet. Ils permettent d'échanger avec l'équipe et les élèves. Une bonne idée pour élargir sa palette de compétences et faire son entrée dans ce secteur très prisé.

EVÉNEMENTS

ECO MANIFESTATIONS ALSACE

1, place Saint-Georges
SÉLESTAT
✆ 06 48 35 69 71
https://ecomanifestations-alsace.fr

Information et tarif adaptés selon la demande.

Vous souhaitez organiser une manifestation tout en ayant une attitude éco-responsable, mais vous ne savez pas comment vous y prendre ? Faites appel aux savoir-faire de l'association Eco manifestations Alsace. Leurs conseils avisés et clairs vous permettront la mise en place d'une action qualitative pour l'environnement. L'association propose aussi des outils (guides et fiches pratiques), des prestations (location et lavage de gobelets réutilisables), formations et des animations de rencontres. Ce prestataire accompagne les entreprises, les associations et les particuliers.

ENSEIGNEMENT

CENTRE DE RECRUTEMENT DES FORCES ARMÉES

1, rue de Saales
✆ 03 90 23 26 49
www.sengager.fr

Ouvert du lundi au vendredi de 8h30 à 12h et de 14h à 17h30.

Au CIRFA, venez en apprendre plus sur les métiers et carrières de l'armée et découvrez les opportunités professionnelles proposées par l'armée de terre. Vous y apprendrez les dates de recrutement et tout ce qu'il y a à savoir pour y accéder grâce à des conseillers qui feront le point avec vous et définiront un plan d'avenir selon vos envies, aptitudes et ambitions. À chaque profil correspond une possibilité d'emploi fixe au service des autres et de notre pays, mais aussi donc un engagement fort et valorisant. N'hésitez pas à vous rendre déjà sur le site pour en savoir plus.

ORGANISME DE FORMATION

CHAMBRE DES MÉTIERS

30, avenue de l'Europe - **SCHILTIGHEIM**
✆ 03 88 19 79 79
www.cm-alsace.fr

Ouvert du lundi au vendredi de 8h15 à 12h et de 13h30 à 17h15.

Cet organisme propose d'accompagner tous types d'entreprises par le biais d'un appui juridique et de conseil pour la réalisation de vos projets. Interlocuteur privilégié en cas de reprise ou de transmission d'entreprise, elle saura pour renseigner sur la faisabilité, le financement, les aides diverses… Mais elle propose aussi d'assister les particuliers dans la recherche d'une formation, qu'elle soit courte, continue, ou dans le cadre d'un apprentissage. La chambre des métiers propose aussi la validation votre expérience, grâce à la VAE. Et si vous souhaitez passer l'examen pour devenir chauffeur de taxi ou VTC, c'est auprès de cet organisme que vous devez vous inscrire.

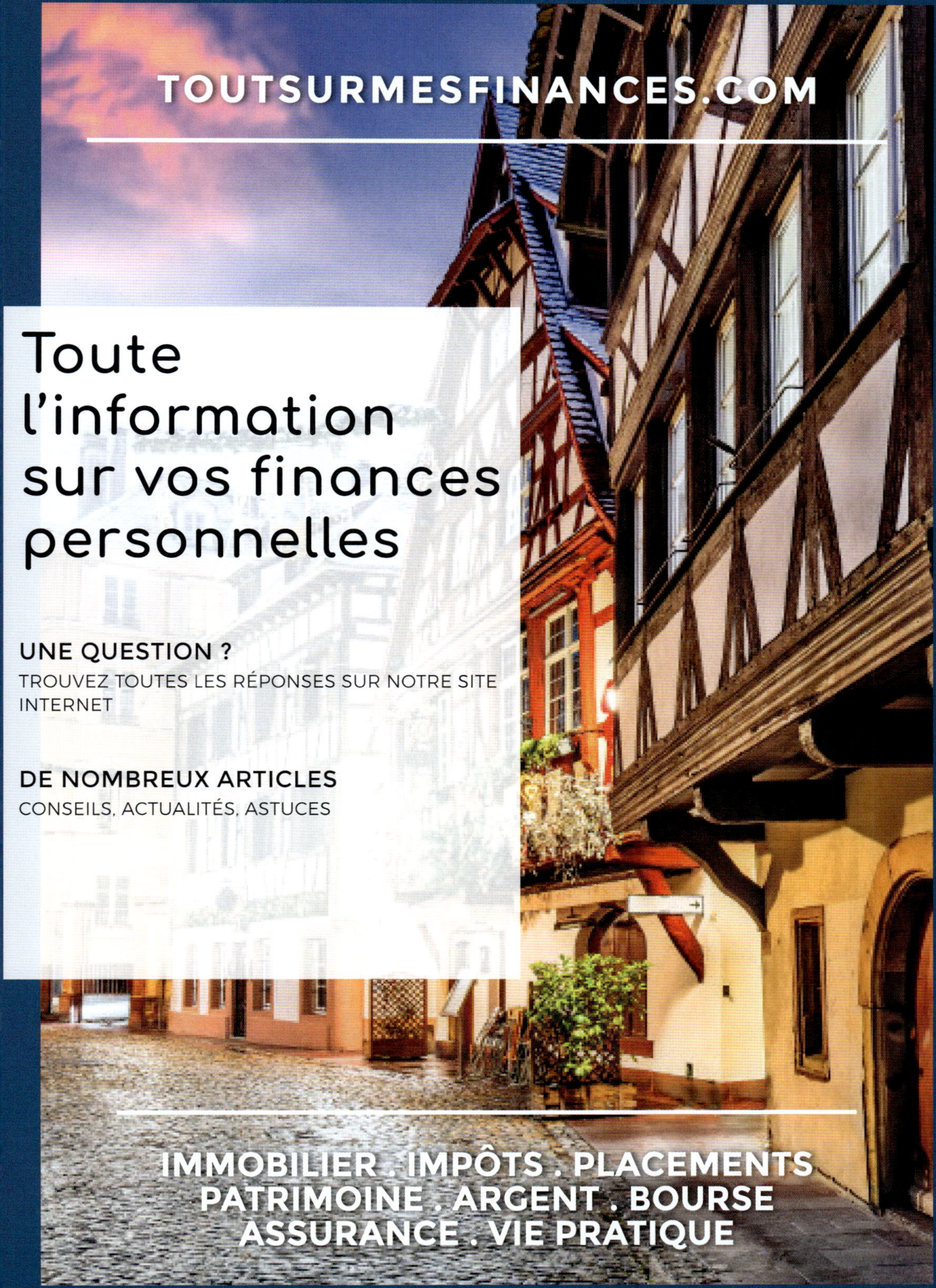
TOUTSURMESFINANCES.COM
Toute l'information sur vos finances personnelles
UNE QUESTION ?
TROUVEZ TOUTES LES RÉPONSES SUR NOTRE SITE INTERNET
DE NOMBREUX ARTICLES
CONSEILS, ACTUALITÉS, ASTUCES
IMMOBILIER . IMPÔTS . PLACEMENTS
PATRIMOINE . ARGENT . BOURSE
ASSURANCE . VIE PRATIQUE

MAIRIE - COLLECTIVITÉ LOCALE

CENTRE ADMINISTRATIF DE L'EUROMÉTROPOLE DE STRASBOURG

1, parc de l'Étoile ✆ 03 68 98 50 00 - Tram arrêt Etoile Bourse.
www.strasbourg.eu

Mairies de quartier : horaires sur le site web. Ouvert du lundi au vendredi de 8h à 17h30 ; le samedi de 8h à 12h30.

Le Centre administratif est le cœur névralgique de la ville et de l'Eurométropole. C'est le siège de services publics municipaux où l'on peut effectuer nombre de démarches comme les forfaits de stationnement et formalités (carte d'identité, passeport, inscriptions électorales, inscriptions scolaires, PACS, mariage, grossesse). Quatorze autres mairies de quartiers sont réparties sur le territoire de Strasbourg. Pour trouver les horaires de ces mairies ou connaître les démarches en ligne à effectuer, rendez-vous sur le site Internet de l'Eurométropole.

MAIRIE - COLLECTIVITÉ LOCALE

MAIRIE DE STRASBOURG - CENTRE ADMINISTRATIF

1, parc de l'Etoile ✆ 03 68 98 50 00 - Tram arrêt Étoile Bourse.
www.strasbourg.eu

Ouvert du lundi au vendredi de 8h à 17h30 ; le samedi de 8h à 12h30.

Le Centre administratif, tout comme les mairies de quartier, est le lieu où vous pourrez effectuer vos formalités administratives : renouvellement de carte d'identité, de passeport, de livret de famille, demande d'actes de naissance, de décès et de mariage, inscription sur les listes électorales, à l'école ou dans les crèches publiques. Il est possible d'y acheter des tickets de restauration scolaire, ou encore d'y commander un macaron résident pour pouvoir stationner son véhicule au plus près de son domicile. Vous trouverez aussi beaucoup de renseignements sur la ville.

ORGANISME DE CRÉDIT

CRÉDIT MUNICIPAL

6, rue Ingwiller ✆ 03 88 32 04 21 - Tram arrêt Les Halles.
www.credit-municipal-strasbourg.fr

Ouvert du lundi au vendredi de 8h à 12h et de 13h à 16h30. Prix de l'or évaluer à 17 € le gramme.

Au Crédit Municipal, il est possible de ramener un objet de valeur (bijou, œuvre d'art, argenterie, antiquités) pour y obtenir instantanément un prêt sur gage après expertise. Soit le prêt est remboursé et l'objet déposé récupéré. Soit l'argent n'est pas rendu et alors l'objet en question est mis aux enchères à l'hôtel des ventes au bout de trois mois. Le « mont de piété » est aussi un organisme de micro-crédit finançant les projets professionnels ou personnels. Cet établissement a donc une mission sociale d'importance à Strasbourg. Si le besoin se présente, n'hésitez pas à faire un tour chez «Ma tante», comme on appelle encore discrètement cette institution.

RÉPARATIONS - DÉPANNAGE

MOOVING BIKE

17, rue de Rosheim
✆ 03 69 61 61 61

Ouvert du lundi au samedi de 7h30 à 20h30 ; le dimanche de 7h30 à 12h30.

François-Xavier Orel a lancé un concept de réparation de vélo original : la réparation à domicile. L'objectif ? Rendre accessible la réparation de vélo quand le propriétaire n'a pas le temps de se déplacer. Sur rendez-vous, François-Xavier vient chez vous, pour faire une révision ou une réparation de votre deux-roues. Les produits utilisés pour le nettoyage sont écoresponsables, afin d'éviter l'impact sur l'environnement. En cas de besoin, il pourra même vous proposer un vélo de courtoisie, issus de la récupération et remise en état d'anciennes bicyclettes. Ce réparateur, très impliqué, est disponible 7 jours sur 7 : vous n'aurez plus d'excuse pour vous remettre à la pratique du vélo.

PRATIQUE

EDEN'SITTER

LA WANTZENAU ✆ 07 85 90 46 80
https://edensitter.com

Chat : 1 visite/jour 8 €. Chien : 1 visite/promenade/jour 10 €, 3 visites/promenades/jour 27 €, hors frais km.

Hélène Clauss a toujours vécu dans la ferme de ses parents et par amour des animaux a décidé de créer son entreprise de nounou pour animaux. Après avoir suivi une formation complète (y compris du secourisme pour animaux) et s'être inscrite auprès des services vétérinaires, elle propose une offre complète de Pet Sitter. Pour des congés, des week-ends ou quotidiennement... Et parce qu'il est difficile de confier notre ami à quatre pattes, Hélène viendra gratuitement pour la première visite de contact, pour faire connaissance avec l'animal et son propriétaire, répondre à toutes les questions et connaître les habitudes du futur pensionnaire, afin de réduire le stress durant votre absence.

FAMILLE

MUMS IN STRASBOURG

www.mumsin.fr

Webzine.

Mums in Strasbourg est né d'une demande collective. En effet, qui peut répondre à des questions comme : que faire comme activité avec les enfants ? Comment trouver une bonne baby-sitter ? Petit à petit, le réseau social local et gratuit s'est concrétisé et optimisé. Cette plateforme permet de gagner du temps et d'avoir l'avis des internautes. Son utilisation est très simple : sélectionnez la catégorie (anniversaire, beauté...), puis le quartier (Strasbourg, Eurométropole et même le Haut-Rhin) et lancez votre recherche ! Cela permet de trouver une activité sympa à réaliser près de chez vous. Des bons plans et des astuces... Vous trouverez aussi des rubriques portraits de mamans et un e-shop.

ENTRAIDE

CARITAS SECOURS CATHOLIQUE D'ALSACE

8, rue des Jésuites ✆ 03 88 40 19 99
www.caritas-alsace.org
Du lundi au jeudi 8h15-12h et 14h-17h ; le vendredi 8h-12h. Pendant la période hivernale : de 9h à 10h30 les week-ends.

Caritas a pour mission de mettre fin à la pauvreté et s'engage pour la dignité et la solidarité au nom des personnes vulnérables. Avec les différentes crises économiques et sanitaires, le nombre de «nouveaux pauvres» a hélas explosé en Alsace et dans tout l'Hexagone. Au sein de cette structure, vous pourrez aisément trouver un accueil et et un accompagnement personnalisé, un temps de rencontre individuel, une aide financière éventuelle, une aide dans la recherche d'emploi... Toute l'équipe – permanents et bénévoles – sont là pour aider et épauler ceux dans le besoin.

ENTRAIDE

EMMAÜS MUNDO

4, rue du Général Rapp - **MUNDOLSHEIM** ✆ 03 88 18 15 61
www.emmaus-mundo.com
Ouvert du mardi au samedi de 10h à 12h et de 13h à 17h. Dernier dimanche du mois : 13h30 à 17h30. Livraison possible.

Si vous souhaitez faire un geste solidaire, pensez à Emmaüs. Cette structure d'insertion crée des emplois grâce à la collecte, le tri et la revente d'objets émanant de différents types de dons. Dans l'espace de vente de 1 000 m², une large gamme d'articles d'occasion sont proposés à des prix très bas. Vaisselle, vêtements, objets décoratifs ou de collection, jouets, livres, bijoux et encore bien d'autres trésors sont à portés de bourse. Vous pouvez chinez en ligne sur leur site en ligne Emmaüs Mundolsheim d'Bütig : www.label-emmaus.co. Et pour déposer vos dons (meubles, objets...), vous pouvez passer du lundi au samedi de 8h à 17h (enlèvement gratuit à domicile sur RDV au 03 88 18 15 61).

ENTRAIDE

LA CLOCHE - LE CARILLON

✆ 07 82 05 10 62
www.lacloche.org

Il s'agit d'une association qui développe des projets visant à changer le regard sur le monde des sans-abris et favorise le « faire ensemble » entre voisins avec ou sans domicile, pour une société plus inclusive. Elle développe Le Carillon dont la vocation est de sensibiliser les commerçants à la question de la grande précarité. Ils offrent des petits services gratuits du quotidien à des personnes sans domicile ou en grande précarité (utiliser le wifi, passer un appel d'urgence, consulter le journal, prendre un verre d'eau...) ou des produits, qui peuvent être offerts ou « mis en attente » par les clients sur le modèle du café suspendu. Une belle initiative solidaire !

LUTTE CONTRE LES DISCRIMINATIONS

LE REFUGE

7, rue de l'Entenloch
✆ 03 88 34 67 67
www.le-refuge.org
Ouvert du lundi au samedi de 14h à 18h.

Ouverte depuis 2014, la délégation du Bas-Rhin s'implique activement auprès des jeunes bénéficiaires grâce au soutien permanent de l'équipe de bénévoles. Son appartement-relais, situé non loin du centre-ville de Strasbourg, peut accueillir 4 jeunes LGBTI victimes d'homophobie et de transphobie ou mis à la rue par leurs parents ou leur famille. De nombreuses activités sont proposées à ces jeunes qui bénéficient aussi d'un accompagnement pour l'ensemble de leurs démarches sociales, professionnelles et administratives dans le but de leur offrir une nouvelle vie et de les conduire vers l'autonomie. De nombreux bénévoles leur offrent leur temps pour les soutenir et les aider à remonter la pente.

ENTRAIDE

DISPENSAIRE DE LA FONDATION ASSISTANCE AUX ANIMAUX

7, quai Turckheim
✆ 03 69 57 96 33
Ouvert du lundi au vendredi de 13h à 16h.

Le dispensaire de la Fondation Assistance aux Animaux de Strasbourg offre aux plus démunis la possibilité de venir faire soigner rapidement leur animal de compagnie. Les frais vétérinaires sont souvent élevés mais certaines maladies ou blessures ne peuvent pas attendre une rentrée d'argent. Ici on soigne donc au plus vite votre compagnon et on vous fait payer en fonction de vos revenus, ou rien pour les plus désargentés. Les soins apportés sont néanmoins tout aussi qualitatifs que dans un cabinet classique. Ici, les dons des uns financent les soins des autres.

SOLIDARITÉ - ENTRAIDE

LES FRIGOS SOLIDAIRES

17, rue Déserte
Libre service à toute heure.

Le concept des frigos solidaires a été créé à Paris. L'objectif est de mettre des réfrigérateurs en libre-service dans les grandes villes, afin de permettre un accès à la nourriture. Les restaurateurs ou encore les habitants du quartier peuvent ainsi mettre à disposition des restes ou encore des invendus dedans. Cette nourriture pourra être prise gratuitement par les sans-abris, les étudiants ou encore les familles nombreuses qui ont du mal à joindre les deux bouts. Une belle idée qui devrait se déployer dans d'autres villes comme par exemple Nancy. Le gros avantage de ce beau projet ? La solidarité envers les gens dans le besoin et un anti-gaspillage intelligent.

ESCAPADES

Besoin de faire un break ? L'idéal serait de pouvoir partir quelques heures ou quelques jours sans pour autant faire des centaines de kilomètres... Juste histoire de se dépayser, de changer d'air, de voir autre chose... Mais sans se ruiner pour autant ! Non, vous n'êtes pas utopiste ! Vous trouverez votre bonheur parmi les suggestions proposées au fil de ces pages. Voyons voir... Plusieurs options s'offrent à vous. Partir à l'aventure dans l'antre des pirates bretons de Mad Avel, le temps d'un après-midi ? Ou bien vous offrir un week-end détente à Niederbronn, avec séance de fitness, sauna, hammam, soins de beauté... Le tout suivi d'un repas gastronomique. Vous pourrez aussi en profiter pour faire un tour dans leur yourte en bois massif, particulièrement dépaysante... Entre le bruissement d'eau, le chant des oiseaux et la beauté des nénuphars, vous allez sans aucun doute passer un excellent moment ! Et si vous offriez un mini séjour à vos parents pour leurs noces d'or ? Ils reviendront plus détendus, plus optimismes, et se souviendront longtemps de ce moment.

Bitche
Wissembourg
Steinfeld
Hagenbach
Lemberg
Parc naturel régional des Vosges du Nord
Goetzenbruck
NIEDERBRONN-LES-BAINS
HUNSPACH
Mörsch
Durmersheim
Woerth
Wingen-sur-Moder
Reichshoffen
Surbourg
Muggensturm
Rastatt
Pfaffenhoffen
Kuppenheim
Haguenau
Trois Maisons
Hochfelden
Bischwiller
Sinzheim
Baden-Baden
Saverne
BRUMATH
Rheinmünster
HOERDT
GAMBSHEIM
Bühl
Obertal
Freistett
Vendenheim
Ottersweier
Mundolsheim
Achern
Bischheim
STRASBOURG
KEHL
Renchen
Lingolsheim
Molsheim
Willstätt
Appenweier
Oberkirch
Urmatt
Fegersheim
Offenburg
ALLEMAGNE
Obernai
Altenheim
Schutterwald
Hofweier
Erstein
Gengenbach
Andlau
Ottenheim
Friesenheim
Villé
Zell am Harmersbach
Lièpvre
Haslach im Kinzigtal
Sélestat
Ettenheim
Herbolzheim
Hornberg
Bergheim
Kenzingen
Elzach
Riquewihr
Kaysersberg
Endingen am Kaiserstuhl
Teningen
Emmendingen
Turckheim
Waldkirch
Colmar
Kunheim
Denzlingen
10KM
Ihringen
March
Sundhoffen

Kehl est une charmante ville frontalière allemande que les Strasbourgeois connaissent bien. Au cœur de l'Europe et empreinte d'un fort passé historique, elle accueille aujourd'hui près de 37 000 habitants, ainsi qu'une large diversité ethnique. En effet, 118 nationalités sont représentées à Kehl, dont quelque 3 100 Français. Avec sa belle zone commerciale, on y vient généralement d'abord pour y faire son shopping grâce au tram qui la relie à Strasbourg, mais elle a bien plus à offrir tant au niveau culinaire que culturel, comme le Jardin des Deux Rives et sa passerelle, trait d'union entre Kehl et Strasbourg. A vous de découvrir cette agréable ville allemande !

ART & CULTURE

KULTURHAUS

Kinzigstraße 36
Tarif et planification sur le site internet.

Cet ancien collège Tulla, réhabilité pour l'occasion, abrite aujourd'hui de nombreuses activités culturelles, essentiellement pour la jeunesse, dont une école de musique : les groupes et les batteurs se retrouveront dans les salles du sous-sol pour leurs cours, tandis que les autres formations et les répétitions se dérouleront au premier étage. Vous y trouverez également trois bureaux culturels où vous pourrez obtenir des informations sur les activités du secteur. Au deuxième étage, une salle de réception pour cabaret avec une scène, pouvant accueillir 130 spectateurs. Au rez-de-chaussée, le café de la culture, installé sur 215 m², est un lieu de rencontre et d'échange.

VILLA SCHMIDT

Ludwig-Trick-Strasse 12
✆ 07 62 94 63 99
www.lavillakehl.com
Ouvert tous les jours le midi et le soir. Carte : 25 € environ. Privatisation possible. Terrasse. Vente à emporter.

Tania Geny (du Why Not à Strasbourg) a repris la direction de la Villa Schmidt, une institution frontalière. Après une promenade dominicale dans les jolis jardins de la ville ou pour prendre le soleil sous la spacieuse véranda de la villa, le restaurant vous accueille pour une pause gourmande. A la carte, un vaste choix de plats offerts à tous les appétits : des pâtes, des salades généreuses, des poissons, des tartes flambées et une belle cuisine de brasserie (tartare de bœuf, galettes de pomme de terre gratinées au munster). N'hésitez pas à réserver pour un délicieux brunch à thème ! Le cadre est vraiment idyllique et symboliquement fort pour la culture franco-allemande.

AUTRICHIEN

MEYERHOF

Hauptstrasse 73 ✆ 07 85 18 98 685
www.meyerhofkehl.de
Ouvert du mardi au samedi de 10h à 21h. Carte : 18 € environ. Vin au verre. Terrasse.

Ce restaurant autrichien, au décor traditionnel, avec une jolie terrasse pour la belle saison, propose une carte simple mais variée. Vous trouverez ici les plats classiques de la gastronomie allemande et autrichienne dont le célèbre *apfelstrudel* en dessert. Pièces de viande ou de poisson, cèpes en saison, salades, tartines copieuses et appétissantes vous seront proposés. Vous pourrez ainsi déguster le Strammer Max, tartine de pain avec jambon paysan, fromage sélectionné et œuf. Pour la touche sucrée, les coupes glacées sont excellentes et très bien servies. Ici tout est frais et de saison, n'espérez pas trouver des fraises au mois de décembre... Le rapport qualité-prix est intéressant.

GLACIER

EISCAFE ITALIA

Blumenstraße 19 ✆ +49 7851 95 91 95 - Tram arrêt Kehl-Bahnhof.
www.eiscafe-italia-kehl.de
Ouvert du lundi au samedi de 9h à 23h ; le dimanche de 10h à 23h. Les horaires sont susceptibles de changer en hiver.

Kehl est une commune agréable pour faire son shopping et se promener. Lors de votre balade, prévoyez aussi une pause détente au Eiscafé Italia. Cet établissement familial sert des spécialités de crèmes glacées particulièrement goûteuses confectionnées sur place. Elles sont réalisées avec des ingrédients de qualité, selon des recettes personnelles. Autant dire que les produits sont frais et délicieux. Les coupes sont généreuses et parfaitement dressées. Vous pouvez aussi consommer des boissons, froides ou chaudes, et une petite restauration sucrée ou salée. L'ambiance est chaleureuse et simple, et on apprécie particulièrement la vaste terrasse. Les cartes sont traduites en français.

Situé à 45 kilomètres de Strasbourg, au pied des Vosges septentrionales dans un bel environnement de collines, Niederbronn-les-Bains est une station thermale dont le bienfait des eaux minérales et médicinales en fait la réputation depuis l'Antiquité romaine. Outre la tradition de thermalisme, la ville a également développé différentes activités d'écotourisme, liées à son implantation dans le Parc Naturel Régional des Vosges du Nord. Nul doute que vous trouverez des idées de sorties en pleine nature à réaliser, pour agrémenter une journée récréative ou un week-end. Profitez-en aussi pour faire un tour dans les rues de la ville. Découvrez des boutiques, discutez avec les commerçants... L'artisanat du secteur est remarquable. Et prenez le temps de vous attabler dans un restaurant typique, afin de déguster les plats régionaux, c'est réconfortant ! Ressourcez-vous à Niederbronn-les-Bains !

CASINO

CASINO BARRIÈRE DE NIEDERBRONN

10, place des Thermes ✆ 03 88 80 84 88
www.lucienbarriere.com
Ouvert toute l'année. Du dimanche au jeudi et les jours fériés de 10h30 à 2h ; le vendredi et le samedi de 10h30 à 4h.

Le casino Barrière met à la disposition des joueurs 125 machines à sous à partir de 1 centime et 12 roulettes anglaises électroniques. La salle des machines à sous est ouverte dès 10h30. À partir de 20h, les amateurs de jeux de tables n'auront que l'embarras du choix pour satisfaire leur envie d'en découdre de façon ludique : black-jack, Texas Hold'em Poker, roulettes française et anglaise... et même bataille. Le suspense risque bien de se faire sentir ! Des animations ponctuelles (soirées à thème, dîners spectacle, jeux) sont aussi proposées tout au long de l'année.

HÔTEL

HÔTEL-RESTAURANT MULLER

16, avenue de la Libération ✆ 03 88 63 38 38
www.hotelmuller.com
Chambre double à partir de 90 € ; suite à partir de 159 €. Pension complète. Demi-pension. Petit déjeuner buffet : 11 €.

Christine Rauch et Pierre Muller vous accueillent dans des chambres de très grand confort, récemment rénovées, ou dans des suites façon loft, dans lesquelles vous pourrez vous prélasser dans une baignoire balnéo et un coin salon plutôt cosy. Les baies vitrées de la piscine intérieure s'ouvrent en été sur le magnifique parc. L'espace Spa Galéo, ouvert également aux non-résidents, vous propose sur ses 400 m² zen de pierre et de bois dédiés au bien-être et à la détente, sauna, hammam, salles de fitness... Des professionnels de l'esthétique proposent des soins du corps et du visage en complément. Pierre Muller, maître restaurateur, mitonne une cuisine gastronomique.

SITE DE DÉCOUVERTE

VESTIGES DES FORGES DE JAEGERTHAL

Route d'Obesteinbach

Ce lieu chargé d'histoire et d'authenticité est l'un des berceaux de l'industrie métallurgique régionale. Le site vous offre une vue prestigieuse sur le château de Windstein. Ces vestiges évoquent l'activité métallurgique de la famille De Dietrich à Jaegerthal, arrêtée définitivement en 1890. Avec la maison toujours en place et les ruines, on devine l'importance qu'avait cette immense entreprise pour l'activité économique de la région au XIXe siècle. Vous en apprendrez beaucoup sur celle-ci grâce aux panneaux explicatifs nombreux, disponibles en français et en allemand.

VINS - ALCOOL

LA CAVE ANWEILLER

10, rue de la République
✆ 03 88 80 39 04
www.vins-anweiller.com
Fermé le lundi toute la journée et mercredi après-midi.

Dans cette très jolie boutique, Anne-Marie vous propose ses vins coups de cœur issus des domaines alsaciens, des bières ou des paniers cadeau-découverte. Une sélection de cognacs, d'armagnacs, rhums et whiskys ravira le palais des plus avertis. Du côté de l'épicerie fine, vous trouverez de bons produits du terroir : huiles, vinaigres, confits, chocolats, foie gras, tapenades, thés, confitures... Un coin de l'échoppe est réservé à la décoration et aux arts de la table, avec des verres, de la vaisselle, du linge de maison, des coussins et pochons parfumés, des photophores, bougies parfumées, chemins de table et serviettes. Anne-Marie Anweiller saura vous conseiller pour un cadeau de qualité.

Colombages sur les murs blancs étincelants, toits à pans coupés, géraniums aux fenêtres..., Hunspach est classé parmi les « plus beaux villages de France ». Les imposantes demeures blanches d'Hunspach, typiques de la région de Wissembourg, s'alignent le long de la rue principale du village. Certaines d'entre elles ont gardé ce qui fait la particularité d'Hunspach : les vitres à verre bombé qui permettent à ses habitants de voir sans être vus... Autre élément typique : les bancs napoléoniens. Établis sur deux niveaux, ils permettaient aux femmes de se reposer en posant leur panier sur la partie supérieure. De nombreux sentiers permettront aux promeneurs de découvrir le patrimoine naturel de la région.

OFFICE DE TOURISME

OFFICE DE TOURISME DU PAYS DE SELTZ-LAUTERBOURG

21, rue de la Première-Armée - **LAUTERBOURG**
✆ 03 88 05 59 79
www.tourisme-pays-seltz-lauterbourg.fr
Ouvert du lundi au vendredi de 9h à 12h.

Vous trouverez ici grâce au professionnalisme et à la parfaite connaissance de la région des employés de l'office de tourisme du pays de Seltz-Lauterbourg tous ce qu'il faut pour partir sereinement à sa découverte, tous les bons plans, toutes les visites, toutes les animations et activités. Vous pourrez également y prendre connaissance des randonnées pédestres et autres distractions de plein air. Vous pourrez également avoir accès à une multitude de prospectus répertoriant tout ce qu'il y a à faire dans le secteur de ce beau pays verdoyant et gorgé d'Histoire.

VISITE GUIDÉE

DISTILLERIE ARTISANALE HOEFFLER

17, rue des Jardins - **LOBSANN** ✆ 03 88 80 45 79
www.distillerie-hoeffler.com
Visites guidées de la distillerie et accès à la boutique sur rendez-vous. Visite guidée. Boutique. Animations.

Pour tout comprendre du mode de distillerie, suivez la visite de Marc Hoeffler. Vous apprendrez tout de la double distillation, une technique de distillation ancienne, qui permet d'obtenir des eaux-de-vie parfumées. Les alambics à cloches, datant de plusieurs générations, s'alignent contre le mur. Le charme de l'ancienne tradition plane dans la salle de distillation, avec les paniers en osier et les fûts en chêne... Après avoir découvert ce monde particulier, faites un tour à la boutique. Une trentaine de sorte d'eaux-de-vie et quelques liqueurs sont proposées.

BATIMENT HISTORIQUE - MILITAIRE

LE FORT DE SCHŒNENBOURG

Rue du Commandant Martial Reynier ✆ 03 88 80 96 19
www.lignemaginot.com
D'avril à novembre, du lundi au samedi 14h-16h ; le dimanche 9h30-11h et 14h-16h. Adulte : 8 €. Enfant : 5 €.

Le plus important ouvrage d'artillerie de la ligne Maginot vous délivre ses secrets. Le fort de Schoenenbourg, merveilleusement restauré, il vous plongera de cette époque historique. Vous visiterez près de 3 km de galeries, aménagées à une profondeur de 22 mètres sous la surface. Une cuisine, une usine de production électrique, centrale de filtrage de l'air, infirmerie, poste de commandement, bloc de combat avec tourelle équipée de canons... La visite guidée vous en apprendra beaucoup. Le parcours extérieur, très intéressant, est jalonné de pancartes explicatives et d'une table d'orientation. La quasi-totalité de la visite est accessible aux personnes à mobilité réduite.

ARTISANAT

BOUTIQUE KELSCH'IDÉE

76, rue Principale
✆ 03 88 80 53 67
Ouvert sur demande : téléphoner avant de passer à la boutique. Simone peut également vous faire visiter le village.

La boutique se niche au fond de la cour d'une jolie ferme. Découvrez l'univers tendre de Simone fait de lampes, de petits cœurs en kelsch (tissu en lin, à petits carreaux bleus ou rouges), mais aussi de poteries, coussins, savons, dentelles, rubans, nappes... Côté gourmandise, sur les étagères de délicats pots de confiture et des breuvages aux fruits. Une place est aussi faite aux artisans du coin, ce qui permet de proposer une gamme complète d'objets décoratifs dans différents styles, et une large gamme de prix. De quoi rapporter un souvenir typique. La boutique abrite aussi un petit musée, d'objets et de vêtements alsaciens. Une véritable voyage dans l'histoire.

ALSACE

RESTAURANT AU CERF

5, rue de la Gare ✆ 03 88 80 41 59
www.aucerf.fr

Ouvert uniquement le week-end midi et soir. Carte : 25 €. Vin au verre. Chèque Restaurant. Terrasse. Climatisation.

Si vous êtes dans le secteur, et que vous souhaitez déguster des plats régionaux pour un budget léger, faites une halte dans cette véritable winstub. Un menu du jour, ou un plat à la carte (il vous faudra être plus patient si vous optez pour cette deuxième option) et vous voilà servi avec convivialité. Pour Doris Esch-Jaeger, l'hospitalité et la bonne humeur sont en effet incontournables dans la restauration. Aux fourneaux, le chef concocte des plats mijotés, mais aussi des tartes à l'oignon, rognons de veau à la moutarde à l'ancienne, et bien sûr la traditionnelle choucroute en hiver. Ce restaurant est idéal pour découvrir la cuisine alsacienne. La décoration typique ravira les amateurs !

COFFEE SHOP ET SALON DE THÉ

PÂTISSERIE SALON DE THÉ FISCHER

52, rue Principale
✆ 03 88 80 42 36

Ouvert du lundi au vendredi de 5h à 12h30 et de 15h à 18h30 ; le samedi de 6h à 12h30 et de 14h à 17h.

Quand on fait du tourisme dans cette magnifique région et que l'on veut déguster des *bredele* (les fameux petits gâteaux alsaciens) hors de la période traditionnelle de Noël, on fait un tour à Hunspach. Dans cette pâtisserie, vous aurez la joie gourmande d'en trouver toute l'année ! Pour faire une pause rafraîchissante ou pour manger un petit quelque chose au cours de la journée, posez-vous un moment pour déguster une glace artisanale ou une savoureuse pâtisserie faite maison. Bretzels géants en brioche, kougelopfs, et tartes savoureuses vous y attendent !

HÔTEL

HÔTEL-RESTAURANT LE CYGNE

39, rue du Général-Mittelhauser
LAUTERBOURG
✆ 03 88 94 80 59
www.hotelcygne.eu

17 chambres. Chambre double de 59 € à 62 € ; chambre triple à partir de 72 €.

Idéalement situé au centre du village, vous apprécierez la belle vue sur l'église de la Sainte-Trinité. L'établissement a été entièrement rénové et offre un confort doux et contemporain. Les chambres sont agréables et bien équipées. Vous pourrez aussi profiter du restaurant pour apprécier les plats locaux. Entre tradition et terroir, votre séjour sera forcément plaisant, que ce soit pour un soir de passage ou pour un séjour d'agrément dans la région. Et pourquoi ne pas profiter d'une soirée étape, histoire de se faire une belle escapade au vert ?

GÎTE

MAISON UNGERER****

3, route de Hoffen
✆ 03 88 80 59 39
www.maison-ungerer.com

6 gîtes et 3 chambres d'hôtes (de 2 à 5 pers.). Capacité totale 35 lits. De 335 € à 540 € la semaine. Jardin. Boutique.

Dans ce charmant petit village traditionnel et typique, situé dans le Parc naturel régional des Vosges du Nord, à proximité de la ligne Maginot, des châteaux forts et des routes du vin et de la poterie, les gîtes de la Maison Ungerer ont gardé leur typicité alsacienne : la grande cour de ferme, les colombages, la décoration (avec un authentique poêle en faïence)... Profitez de la quiétude du jardin et du confort des pièces bien aménagées. À proximité, il y a un court de tennis, l'office de tourisme, une boutique de produits régionaux, une piste de pétanque, un centre d'équitation, une piscine, une discothèque... et la possibilité de faire de belles randonnées.

CHAMBRE D'HÔTE

CHAMBRE D'HÔTE ZIMMERMANN

9, rue du Chêne - **MOTHERN** ✆ 06 72 23 98 31
www.zimmermann-mothern.com

Deux chambres. Belle terrasse. Les animaux de compagnie sont acceptés sans supplément.

Situées au cœur d'un quartier résidentiel du village, ces chambres d'hôtes sont confortables et bien aménagées. Vous aurez aussi accès à une pièce où vous pourrez préparer et prendre vos repas, elle est équipée d'un réfrigérateur et d'un micro-ondes. À votre disposition, également une salle bibliothèque pour se reposer, lire un livre ou préparer ses itinéraires de balades. Et que dire de la belle terrasse qui donne sur le jardin qui vous ouvre ses bras à la belle saison... Claudine et Charles Zimmermann auront plaisir à vous «rencarder» sur les coins à visiter...

Situé au nord et à 18 kilomètres de Strasbourg, Hoerdt est accessible rapidement, par l'autoroute. Cette ville est le berceau de la culture des asperges, une plante potagère introduite dans la région en 1873. La fête de l'asperge est une tradition incontournable, qui a lieu au mois de mai ! Elle se déroule bien sûr dans les restaurants, mais aussi dans les fermes de la ville. L'asperge s'accompagne de différents jambons et sauces. En périphérie de la ville, l'hippodrome de Hoerdt a installé ses pistes et ses boxes en 1970. Cette structure a atteint une dimension nationale : en l'an 2000, il a été classé 1re catégorie au trot, et pôle régional pour le plat et l'obstacle. Régulièrement, des courses hippiques et des animations ont lieu sur ce site agréablement aménagé. Hoerdt est une belle destination à découvrir, le temps d'une escapade.

ALSACE

À LA CHARRUE

30, rue de la République ✆ 03 88 51 31 11
www.lacharrue.fr

Menu enfant : 9,50 €. Plat du jour : 11,50 €. Tarte flambée du jeudi au dimanche soir. Terrasse. Menus de 32 € à 42 €.

À La Charrue, le terroir s'invite à votre table ! Les recettes sont raffinées et les plats bien présentés. Les gourmands se régaleront de l'entrée jusqu'au dessert. L'établissement propose une belle carte des vins. Le menu à la carte évolue au fil des saisons et selon l'humeur du chef. Le week-end, en soirée, vous pourrez goûter la tarte flambée, en recette traditionnelle au feu de bois ou originale et pendant la saison (d'avril à juin), les asperges sont la grande spécialité de la maison : profitez-en ! Le service est très professionnel. La décoration est typique d'une ferme alsacienne. Le plus : à midi, le menu du jour, plein d'inspiration, est proposé à prix sympa !

COURSES HIPPIQUES

HIPPODROME DE STRASBOURG-HOERDT

Rue du Cheval-Noir ✆ 03 88 51 32 44 - Route de Bischwiller, 1 km avant d'entrer dans Hoerdt. Autoroute : A4 (sortie Hoerdt).
www.hippodrome-strasbourg.fr

Ouvert mardi et mercredi de 12h à 17h. Jeudi de 16h30 à 21h. Le week-end de 11h à 19h. Entrée : 5 €. Restaurant.

En une quarantaine d'années seulement, le petit hippodrome local est devenu une référence régionale, si ce n'est nationale : huit réunions nationales y ont lieu chaque année. Des réunions – trot, galop, obstacles – auxquelles les amateurs de « tiercé-quarté-quinté-quinté+ » peuvent assister dans le but de parier (avec modération) auprès des guichets ou simplement pour admirer le formidable spectacle depuis l'immense tribune. Si dans les films, les courses de chevaux sont souvent l'apanage de la bourgeoisie, à Hoerdt l'ambiance est plus détendue et familiale.

ITALIEN ET PIZZERIA

RESTAURANT BORSALINO

195, avenue de la République ✆ 03 88 68 19 64
www.le-borsalino.com

Du lundi au vendredi midi et soir, samedi et dimanche soir uniquement.

Végétariens et intolérants au gluten seront ravis d'apprendre que certains plats leur sont dédiés. Très régulièrement sont proposées des suggestions délicieuses, exotiques, copieuses et très qualitatives à prix réduits ainsi que des vins de petits producteurs soigneusement sélectionnés. Côté dessert, vous aurez au choix des spécialités italiennes, mais aussi salade de fruits, brownie, gaufres… Le tout dans des proportions XXL ! Pour ne rien enlever, vous serez ici reçus très chaleureusement, comme des amis. Quelques exemples de mets à déguster : lasagne de bœuf aux saveurs d'un pot-au-feu, gaufres au brocoli, onglet de bœuf grillé avec sauce au raifort, sucette de chèvre funky…

CUEILLETTE

FERME DOLLINGER

39, rue de la République ✆ 03 88 51 79 20
www.ferme-dollinger.com

Du lundi au vendredi de 9h à 19h. Samedi de 8h30 à 15h. Dimanche de 10h à 12h. Panier de 10 € à 15 € ou fruits 9,50 €.

A la ferme Dollinger, vous trouverez des fruits et des légumes du jardin, produits par la ferme depuis cinq générations. Ses spécialités sont avant tout l'asperge, mais aussi les pommes de terre et les fraises. Vous trouverez aussi d'énormes patates douces, des artichauts, ou encore plusieurs variétés de courges. Il est également possible d'acheter des produits locaux provenant d'autres fermes comme du fromage, du miel, ou encore de la viande et de la charcuterie. Pour vous simplifier la vie, vous pouvez réserver en ligne votre panier de la semaine puis venir le chercher quand ça vous arrange. En tout cas, c'est certain, vous aurez le choix parmi les produits frais et locaux.

GAMBSHEIM

Faisant partie des agglomérations du Ried du Nord qui s'égrènent le long du Rhin, Gambsheim, avec ses 1 736 hectares, est éloignée de 18 km de la capitale alsacienne. Gambsheim est une étape sur la Véloroute Rhin qui relie la source du Rhin, située à Andermatt en Suisse, à son embouchure à Rotterdam. Depuis 1975, le barrage hydro-électrique de Gambsheim, réalisation franco-allemande, comprend une liaison routière entre les deux pays. La commune abrite l'une des deux plus grandes passes à poisson d'Europe. Elle trouve son origine dans un accord franco-allemand visant le retour et la réintroduction des saumons et autres migrateurs. Elle contient un dispositif de piégeage, un système de vidéosurveillance (qui a notamment permis de filmer la remontée de silures), et un espace d'accueil du public. Des restaurants vous accueilleront pour une pause gastronomique et vous pourrez faire le plein de légumes frais en passant à la ferme.

FLEUR DE SUREAU

22, rue du Chemin-de-Fer
✆ 03 88 21 85 22
www.fleurdesureau.fr
Gault & Millau. Fermé les mardi et mercredi toute la journée, ainsi que le samedi après-midi. Terrasse. PMR.

Louis Ciolfi, propriétaire et cuisinier, a été à bonne école avec ses parents qui tenaient La Fleur de Lys, une institution à Metz, puis il est passé à la Cadière d'Azur à Bandol, chez René Bouvarel dans le Vercors, à Londres chez Gagnaire, puis à l'Arnsbourg. Il vous propose des produits classiques mais excellents, dans des recettes et associations revisitées ou novatrices pour toujours plus de découvertes gustatives. Marie-Laure, qui vous sert en salle avec le sourire, a également un beau bagage (Le Cheval Blanc à Lembach, Le Bateau Ivre à Courchevel, La Chèvre d'Or à Eze Village) et elle vous conseillera au mieux sur le choix parmi les bon vins que compte la carte.

SITE NATUREL

PASSAGE 309

Ecluse du Rhin ✆ 03 88 96 44 08
www.passage309.eu
Basse saison : dimanche et jours fériés 14h-17h. Haute saison : du mercredi au lundi 11h-13h et 14h-17h. Tarif : 2,50 €.

La passe à poissons est une construction permettant à ces animaux de contourner un obstacle en théorie infranchissable, en l'occurrence le barrage de Gambsheim-Rheinau. Outre une meilleure connaissance de la faune aquatique locale et de la protection des poissons migrateurs (saumon, truite de mer, lamproie), le Passage 309 offre également un véritable spectacle à ses visiteurs. Grâce à de grandes baies vitrées, les curieux peuvent voir et entendre les vertébrés aquatiques dans leur traversée de la passe. Voire même les toucher, puisque les lieux disposent également d'un « bassin tactile », où le visiteur peut nourrir et caresser des poissons. Une sortie très ludique...

FRUITS - LÉGUMES

LA FERME DU GRAND CHËNE

3, rue du Grand Chêne
✆ 03 88 96 85 96
Ouvert du lundi au vendredi de 9h à 12h et de 14h à 18h30 ; le samedi de 9h à 16h.

Vous êtes végétarien ? Flexitarien ? Bref, vous aimez les légumes frais ? Vous êtes un adepte des produits locaux issus des petits producteurs ? Alors faites sans hésiter une chouette virée à la ferme du Grand Chêne. Vous pourrez choisir à la ferme de beaux produits, mûris à point et d'une qualité optimale : tomates, salades, carottes, aubergines, pommes de terre, radis, rhubarbe, courges et potirons... Et bien sûr les fameuses asperges au printemps, tant réputées en Alsace. Et à Noël, la ferme vend des sapins Nordmann d'origine alsacienne. Lors de votre passage, prenez le temps de rendre visite aux animaux : des poules, des chats, et même un adorable lapin. So bucolique !

GASTRONOMIQUE

LE PARC

12, route Nationale
✆ 03 88 96 70 71
www.parc-restauration.com
Ouvert tous les jours midi et soir. Terrasse.

Depuis 1989, cette entreprise familiale s'identifie par la qualité et la fraîcheur des produits servis. Leur cuisine innovante et goûteuse leur permet d'être toujours à la recherche des meilleurs produits. À titre d'exemple, pour se mettre l'eau à la bouche : sandre rôti et sa sauce crustacés, viandes d'exception comme la noix d'entrecôte Black Angus ou l'onglet de bœuf Wagyu et échalotes confites ! La nage de fraises et framboises marinées basilic menthe ou le fondant au chocolat et fève tonka apporteront une touche finale originale. La salle est très lumineuse et permet d'apprécier la qualité des plats : Eh oui, en cuisine comme ailleurs, tout passe d'abord par le visuel !

Brumath fait partie des quelques rares sites d'Alsace qui ont été habités et fréquentés sans interruption depuis plus de cinq mille ans. Mais à Brumath, il y a aussi de très agréables plages de sable fin, avec une baignade sous surveillance de juin à septembre. Situé dans un cadre magnifique, vous apprécierez ce site bucolique et reposant. Ce plan d'eau naturel offre également la possibilité de pratiquer de nombreuses activités nautiques. Un Parc Aventure, installé sur le même site, offre des amusements diversifiés : mini-golf, volley-ball, accrobranche ou tennis de table. Si vous avez une petite faim, vous pourrez pique-niquer sur place grâce à l'infrastructure aménagée avec des tables et des bancs, ou aller à la crêperie, en mode pirate. Poussez jusqu'au Musée Archéologique, pour terminer sur une note culturelle. Une ville idéale, à une vingtaine de kilomètres de Strasbourg, pour passer une belle journée.

MUSÉE

MUSÉE ARCHÉOLOGIQUE

Place du Château ✆ 03 88 51 05 15
http://brumath.shabe.free.fr

Gratuit. Prendre RDV avec les bénévoles de la Société d'Histoire et d'Archéologie de Brumath et environs.

Les objets du musée archéologique sont judicieusement agencés dans le sous-sol de l'église protestante. Ce bâtiment était autrefois un château, érigé en 1717. Les pièces présentées sont des restes romains en provenance des fouilles sur le site archéologique : bijoux, fibules, urnes, sarcophage, stèles sculptées, dédicaces votives, statuettes en bronze, poteries... La pièce maîtresse est un vase à engobe gallo-romain du IIe siècle après J.-C., présentant une scène de chasse, un amour sculpté en demi-bosse et provenant d'un mausolée démantelé, dont les roches calcaires ont été réutilisées. La Société d'Histoire et d'Archéologie propose régulièrement des visites guidées.

SITE NATUREL

FORÊT DOMANIALE ET SENTIERS FORESTIERS

4, rue Jacques-Kablé ✆ 03 88 51 02 04
www.brumath.fr

Renseignements et carte du sentier forestier sur le site de la mairie de Brumath. En accès libre.

Dans la forêt domaniale, des tumuli d'inhumation datés des âges de bronze et de fer (témoins d'une activité humaine très ancienne) ont été découverts sur l'ensemble de la zone boisée. Deux sentiers de randonnée balisés par le Club Vosgien et la piste cyclable longeant le canal de la Marne au Rhin, ainsi que des chemins ouverts aux cavaliers quadrillent le massif. Allez voir aussi l'allée des séquoias géants et son sentier d'interprétation ou le Parc de Stephansfeld et son Arboretum, vous y passerez d'excellents moments en famille ou même seul pour vous ressourcer.

CRÉATEUR

ANNE MAÏ CRÉATION

129, rue de la République - **WEYERSHEIM** ✆ 06 80 59 12 94
www.anne-mai.com

Prix moyen de 45 € à 90 €. Visite de l'atelier (sur rendez-vous), atelier bijoux (cours sur inscription).

Anne Maï crée des bijoux uniques et sublimes. Elle imagine et fabrique elle-même chaque modèle qu'elle expose et vend sur son site Internet. Les pierres et les matières utilisées proviennent des quatre coins du monde. La créatrice croit dur comme fer que les bijoux sont porteurs d'une histoire et d'une tradition. Les pièces sont très variées, tantôt pleines de couleurs, tantôt plus sobres et classiques, tantôt ethniques... Bracelets, colliers, boucles d'oreilles, bagues et autres broches peuvent être réalisés sur mesure. Vous pouvez également effectuer des réparations ou participer à des ateliers bijoux. Des expositions et des ventes privées ou itinérantes sont aussi parfois organisées.

GÎTE

LES GÎTES DE L'ESCALIER

10, rue de Pfaffenhoffen ✆ 03 88 51 99 14
www.a-lescalier.com

De 660 € à 900 € la semaine. Nuitée 2 personnes : 110 € à 150 €. Table d'hôtes sur réservation. Jardin remarquable.

Ce lieu unique bénéficie en plus des gîtes et chambres d'hôte, d'une galerie d'art, d'un atelier d'artistes (ancienne salle des machines de la menuiserie transformée en boutique de céramiques) et d'un jardin « remarquable ». Les hébergements de la maison, qui date de 1950, ont été soigneusement décorés et sont tous très fonctionnels. Ce sont de petits cocons très agréables pour se reposer après une journée de découverte de la région. Pour être encore plus détendu, faites une promenade dans le jardin et allez au solarium, un pavillon d'inspiration japonaise disposant d'un jardin de thé. Au repas, vous goûterez à une cuisine saine et savoureuse concoctée à partir des produits du jardin.

STADE

FUN PARC

Rue du Plan d'Eau
✆ 03 67 10 39 61
www.fun-parc-brumath.fr
Tarifs selon l'âge et l'activité choisie.

© FUN PARC

© FUN PARC

Le Fun Parc Brumath vous accueille autour de son plan d'eau à Brumath avec un nouveau nom et surtout de nouvelles activités ! Paintball, accrobranche, mini-golf, Aquapark, chasse au trésor, course d'orientation et embarcations nautiques, il y en a pour tous les goûts de 3 à 77 ans ! Profitez également des paillotes, restaurant et bars avec terrasse en rooftop et sur pilotis, les pieds dans l'eau, idéal pour se détendre au soleil dans un sable fin ! En famille, entre amis, ou en groupe, Fun Parc vous propose des offres adaptées à chaque profil et vous promet à coup sûr de passer un excellent moment entre expériences, sports et farniente. Voici donc l'incontournable de la belle saison !

O'BROCOMAGUS

5, rue Jacques-Kablé
✆ 03 88 64 20 93
Ouvert du mardi au vendredi de 9h à 18h. Samedi jusqu ´à 17h. Terrasse. Vente à emporter. Boutique. PMR.

O'Brocomagus (l'appellation antique de Brumath) est un salon de thé de belle facture, situé en face de la médiathèque sur la place du Château, qui se transforme en restaurant pour le déjeuner. Il est tenu par la famille de boulanger-pâtissier-épicier Bernhard. L'établissement propose, en plus de ses pâtisseries et glaces, une petite restauration : quiches, sandwichs savoureux, petits plats du jour (poulet tandoori, paella du chef) et de brasserie (filet de perche, carpaccio, salades). Une jolie terrasse est à la disposition des clients à la belle saison. Un pur moment de gourmandise dans un cadre particulièrement agréable. Petit bonus : le plat du jour à 8,50 euros est inratable !

CRÊPERIE

MAD AVEL LA CRÈPERIE

182 A, avenue de Strasbourg
✆ 03 88 14 04 72
Ouvert le mardi soir. Du mercredi au dimanche le midi et le soir.

Bienvenue dans le monde des pirates ! Le décor, pour le moins original, vous emporte dans les aventures des pirates bretons, et c'est magique ! Musique de pirate pour l'ambiance et déguisements à disposition pour les enfants. À la carte, vous n'aurez que l'embarras du choix : galettes de noix de Saint-Jacques *pecten maximus* s'il vous plaît, au steak haché boucher ou encore à la véritable andouille de Guémené et crêpes sucrées originales et magnifiquement présentées. Forcément, puisque c'est un véritable maître crêpier qui les réalise. Le tout, agrémenté d'une bolée de cidre, doux ou brut, selon votre préférence, et d'une bonne dose de convivialité ! À l'abordage !

ALSACE

RESTAURANT LA PLACE CHEZ CHINO & THIERRY

7b, place de la Liberté
✆ 03 88 25 10 90
https://laplace75.wixsite.com
Ouvert tous les jours, sauf dimanche soir, lundi et mardi. Terrasse.

Agréable terrasse, décors modernes, accueil et cuisine auxquels on ne peut rien reprocher : voilà ce qui vous attend Chez Chino et Thierry ! On y dégustera un grümberger (hamburger régional à la viande de bœuf, jambon fumé et sauce bibelskäss), des bouchées à la reine et leurs spaetzle ou de tagliatelles aux girolles. Les amateurs de viandes rouges se délecteront avec une côte de bœuf ou entrecôte sauce béarnaise maison. Une cuisine issue des produits frais des marchés, des portions généreuses, un service agréable et réactif : un bon moment en perspective !

INDEX

© BBSFERRARI - ISTOCKPHOTO.COM

Panorama de Strasbourg.